Z-401

Werner Breitung

Hongkong und der Integrationsprozess.

Das Titelfoto zeigt die Flagge der SAR Hongkong vor dem Gebäude der Börse. Mit ihrer roten Farbe symbolisiert sie die Rückkehr Hongkongs in die VR China, während das blau der Glasfassade für die internationale Finanzmetropole steht.
Ein Symbol gleichermaßen für die Integration Hongkongs in die VR China wie für seine globalen Funktionen ist das Ausstellungs- und Kongresszentrum in Wanchai (Umschlagrückseite), in dem 1997 die Übergabefeier an China und seitdem Tagungen von Weltbank, Weltwährungsfonds und *Fortune*-Wirtschaftsforum stattfanden.

Fotos und Umschlagsgestaltung:
Werner Breitung

Vertrieb durch

Buchhandlung Wepf & Co. (wepf@dial.eunet.ch)

Eisengasse 5	5, Quai des Bataliers	Hauptstr. 400
4001 Basel	67000 Strasbourg	79576 Weil
Schweiz	France	Deutschland

Geographisches Institut der Universität Basel
Basler Beiträge zur Geographie, Band 48

Werner Breitung

HONGKONG UND DER INTEGRATIONSPROZESS

RÄUMLICHE STRUKTUREN UND PLANERISCHE KONZEPTE IN HONGKONG

Inauguraldissertation
zur Erlangung der Würde eines Doktors der Philosophie
an der Philosophisch-Naturwissenschaftlichen Fakultät
der Universität Basel

Wepf & Co., Basel, 2001

Genehmigt von der Philosophisch-Naturwissenschaftlichen Fakultät auf Antrag
von Prof. Dr. Rita Schneider-Sliwa (Basel)
Prof. Dr. Wolfgang Taubmann (Bremen)
Prof. Dr. Hartmut Leser (Basel)

Basel, den 12.2.2001
Prof. Dr. Andreas D. Zuberbühler (Dekan)

CIP-Titelaufnahme der Deutschen Bibliothek:

Breitung, Werner:
Hongkong und der Integrationsprozess.
Räumliche Strukturen und planerische Konzepte.
Basel: Wepf, 2001
(Basler Beiträge zur Geographie, Heft 48)
Herausgeberin: Prof. Dr. Rita Schneider-Sliwa
Zugl.: Basel, Univ., Diss.; 2001

ISBN 3-85977-102-7

Der Druck dieser Arbeit war in dieser Form nur dank der großzügigen
Unterstützung des Dissertationenfonds der Universität Basel sowie der
folgenden Institutionen möglich:
- Werenfels-Fonds der Freiwilligen Akademischen Gesellschaft Basel
- Josef-und-Olga-Tomcsik-Stiftung
- Geographisch-Ethnologische Gesellschaft Basel
- Basler Studienstiftung

© Werner Breitung. Dieses Werk ist urheberrechtlich geschützt. Die dadurch begründeten Rechte (insbesondere bezüglich Nachdruck, Übersetzung, Vortrag, Entnahme von Abbildungen und Tabellen, Sendung, Mikroverfilmung, Speicherung auf Datenträgern oder Vervielfältigung auf anderen Wegen) bleiben, auch bei nur auszugsweiser Verwertung, vorbehalten. Eine Vervielfältigung dieses Werkes oder von Teilen dieses Werkes ist auch im Einzelfall nur in den Grenzen des Urheberrechtsgesetzes in der jeweils geltenden Fassung zulässig. Sie ist grundsätzlich vergütungspflichtig. Zuwiderhandlungen unterliegen den Strafbestimmungen des Urheberrechts.

Vorwort

Als ich im Frühjahr 1983 zum ersten Mal nach Hongkong kam, fand ich die Stadt grässlich. Ich hätte mir damals nicht träumen lassen, dass ich 11 Jahre später dorthin ziehen würde und dass mir Hongkong zur zweiten Heimat werden würde. Nach fast vier Jahren dort erscheint mir diese Stadt heute aber nicht nur außergewöhnlich interessant sondern mit ihrer kulturellen Mischung, ihrer Nähe zur Natur und ihrer Lebendigkeit auch sehr lebenswert. Die Zuneigung zu Hongkong und seinen Menschen trug dann auch wesentlich dazu bei, mich die dreijährige Mühsal, mit der die nun vorliegende Dissertation auch verbunden war, durchstehen zu lassen, ohne die Freude daran zu verlieren.

Die zweite Motivation war das Thema: Die Veränderungen von Grenzregimen und Stadtfunktionen in Zeiten politischen, ökonomischen und gesellschaftlichen Wandels haben mich schon in meiner eigentlichen Heimat Berlin beschäftigt. Beide Städte erleben politische Umbrüche und die Integration in ein Umland, von dem sie lange Zeit weitgehend isoliert waren. Die äußeren Bedingungen und die Ausgestaltung des Umbruchs unterscheiden sich allerdings sehr. In Hongkong ist es bisher gelungen, einen über Jahrzehnte angelegten bruchfreien Übergang zu organisieren. Im Sommer 1997 konnte ich erleben, wie Scharen von Journalisten in die Stadt kamen, nur um festzustellen, dass die erwarteten dramatischen Geschichten von der chinesischen Machtübernahme so nicht stattfanden (manche hielt das übrigens nicht davon ab, sie dennoch zu schreiben). Heute sind die Journalisten wieder außer Landes, aber die wirklich interessanten Entwicklungen ereignen sich jetzt. Das Grenzregime, obwohl formal unverändert, wandelt sich von dem einer „Barriere" zu dem eines „Filters", der mehr und mehr Austausch zulässt. Das hat ökonomische, demographische, kulturelle, gesellschaftliche und raumstrukturelle Konsequenzen für Hongkong, die aus geographischer Sicht zu beleuchten eine ergiebige Aufgabe war. Auch die neben der regionalen Integration ablaufende Globalstadtentwicklung kann als Integrationsprozess verstanden werden. In der Zeit der Globalisierung bilden die ökonomischen und politischen Zentren der Welt ein Netzwerk, in das Hongkong funktional stärker integriert ist als in seine geographisch näher liegende Umgebung. Obwohl der Begriff „Integrationsprozess" im Titel vor allem als regionale Integration in die VR China zu verstehen ist, steht als zweite Bedeutung daneben immer diese nicht minder wichtige Integration Hongkongs.

Das Thema Grenzregime und Stadtentwicklung war für mich ein wesentlicher Beweggrund dafür, zur Promotion nach Basel zu kommen. Die vorliegende Arbeit hat von diesem Standort mit seiner Lage im deutsch-französisch-schweizerischen Dreiländereck und mit seiner Tradition der geographischen Grenzforschung und der praktischen grenzübergreifenden Zusammenarbeit profitiert, und sie fügt sich von daher trotz ihres regional völlig anderen Schwerpunktes gut in das Spektrum der Basler Stadt- und Regionalforschung ein.

Neben inhaltlichen Gründen für die Entscheidung nach Basel zu kommen will ich nicht den Anteil verschweigen, den die hartnäckige Ermutigung zur Promotion durch Frau Prof. Schneider-Sliwa hatte. Sie hat mich überhaupt erst veranlasst, den Weg aus dem Schuldienst zurück an die Universität zu finden. Ich möchte ihr dafür und für die Betreuung der Arbeit hier an erster Stelle danken. Dem Reisefonds und dem Dissertationenfonds der Universität Basel sowie allen anderen Geldgebern sei mein Dank für die finanzielle Unterstützung während der Promotionsphase und bei der Publikation dieses Bandes ausgesprochen.

Wichtige moralische und fachliche Unterstützung habe ich von meinem Zweitgutachter, Herrn Prof. Taubmann, und von mehreren Geographen in Hongkong, wie P. C. Lai, M. R. Peart, James Wang und Li Si Ming erfahren. Das gleiche gilt für die „trinationalen" fachlichen Kontakte von Basel aus nach Strasbourg, Mulhouse, Bern und Freiburg/Br. und in besonderem Maße für meine Kollegen am Geographischen Institut der Universität Basel. Für technische Unterstützung bin ich Martin Sandtner und Leena Baumann aus Basel sowie Alex Tang und Kim Lee aus Macau zu Dank verpflichtet.

In der Frühphase meiner Arbeit haben mir die Zusammenarbeit mit den damaligen Geographie-Kolleginnen Heather Rex und Mary Peart an der *German Swiss International School Hong Kong* und Exkursionen mit meinen Schülern dabei geholfen, einen praktischen Zugang zur Geographie Hongkongs zu finden. Hilfreich war damals auch die Chance, auf Exkursionen mit dem *Department of Geography* der *University of Hong Kong* und dem *Worldwide Fund for Nature* Teile Hongkongs und Shenzhens kennenzulernen, die mir sonst nicht zugänglich gewesen wären. Ich danke denen, die mir dies ermöglicht haben und allen Informanten, die ich teilweise mit meinen häufigen Nachfragen strapaziert habe, insbesondere Herrn Au H. K. vom *Census and Statistics Department* und Frau T. Chu vom *Planning Department*.

Dankbar bin ich darüberhinaus auch meinen Freunden in Hongkong, die mir bei vielen Recherchen vor Ort geholfen haben und mir mehr Kenntnis von der Stadt vermittelt haben als das durch solche Recherchen möglich ist. Ganz besonders herzlich sei Frau Prof. Margarret Fidow gedankt, deren stets offenes Haus das beste Standquartier war, das ich mir bei meinen zahlreichen Besuchen in der Stadt wünschen konnte, und *last but not least* meiner lieben Frau, Suan Lim – nicht nur weil sie wegen dieser Arbeit den größten Teil dieses Jahres auf ihren Mann verzichtet hat.

Basel, Dezember 2000

Zusammenfassung

Ausgehend von den getrennt geführten Diskussionen über Globalstädte und über den Wandel von Grenzregimen stellt diese Arbeit eine integrative Regionalstudie dar, die am Beispiel Hongkong die Wechselwirkungen zwischen lokaler und supralokaler Ebene aufzeigt. Dazu werden mit Hilfe quantitativer und qualitativer Methoden räumliche Strukturen untersucht. Unter anderem werden Zensusdaten, Daten aus Betriebsstättenzählungen und Daten zu grenzüberschreitenden Interaktionen (Personen- und Warenverkehr, Telekommunikation etc.) analysiert. Die Ergebnisse werden im Sinne des systemaren Ansatzes untereinander und mit ihren supralokalen Ursachen in Verbindung gesetzt. Die Arbeit verfolgt dabei drei Ziele:

(a) Erfassung und Dokumentation von sozialräumlichen, wirtschaftsräumlichen und siedlungsstrukturellen Veränderungen in Hongkong
(b) Erklärung dieser Veränderungen mit supralokalen Entwicklungen wie der Globalisierung, Entkolonialisierung und gesellschaftlichem Wandel
(c) Erfassung und Erklärung lokaler planerischer Steuerungsmöglichkeiten als Antwort auf diese Entwicklungen.

Aufgezeigt werden eine verstärkte Deindustrialisierung durch *outward processing* und ein Zuwachs bei unternehmensbezogenen Dienstleistungen durch die Globalstadtfunktionen, die sich im Saldo ausgleichen aber zu einer starken Konzentration der Arbeitsplätze im CBD führen. Ebenfalls durch die Globalstadtfunktionen nehmen alle internationalen Interaktionen (Verkehr, Finanz-, Waren- und Informationsströme) sowie die Immigration von Gutverdienenden und ihren Hausangestellten drastisch zu. Das führt zu verschärften sozialen Disparitäten und hat auch demographische und kulturelle Konsequenzen. Zum Beispiel steigt die Zahl der Englisch sprechenden Bewohner trotz der Entkolonialisierung, und in Hongkong bislang unübliche suburbane Wohnformen gewinnen an Bedeutung.

Auch regional nehmen grenzüberschreitende Interaktionen zu. Die wirtschaftliche Verflechtung durch *outward processing* zog persönliche Kontakte nach sich. Heute ist die Mehrzahl der Besuche im benachbarten Shenzhen privater Natur (Einkauf, Freizeitgestaltung, Besuche von Familie und Bekannten). Insbesondere steigt die Zahl der grenzübergreifenden Familien. Es wird argumentiert, dass in Shenzhen lebende Kinder Hongkonger Bürger die sehr niedrige Geburtenrate Hongkongs relativieren. Der Raum Hongkong weist Merkmale einer grenzübergreifenden Agglomeration auf. An einigen Stellen wird darauf hingewiesen, dass dadurch die Aussage von Statistiken verfälscht wird. So gehen Warenströme innerhalb von Firmen zwischen Hongkong und Shenzhen in die Außenhandelsstatistik ein, und in Shenzhen geborene Kinder von Hongkonger Bürgern zählen nicht als natürliches Wachstum sondern als Immigration. Diese statistischen Effekte deuten den notwendigen Perspektivwechsel von der Stadt zur Region als Bezugsgröße an.

Auch für die Planung wird nun ein solcher Perspektivwechsel gefordert. Zum Beispiel entspricht die grenzübergreifende Kooperation bei Wirtschaftsförderung und Infrastrukturplanung noch nicht den Erfordernissen. Auch heute noch stehen einer effektiven Zusammenarbeit politische Vorbehalte und unterschiedliche Wertesysteme im Wege, und der festgeschriebene Autonomiestatus Hongkongs erschwert die Schaffung von grenzübergreifenden Organen. Obwohl eine Einbeziehung Shenzhens in die Sonderverwaltungsregion Hongkong rechtlich möglich und langfristig sinnvoll erscheint, sind zunächst Information, Konsultation und Koordination zwischen den unterschiedlichen Verwaltungseinheiten gefragt.

In Hinblick auf die globale Verflechtung sind die Herausforderungen durch die Politik Hongkongs wesentlich weitblickender aufgenommen worden als bezüglich der regionalen Verflechtung. In verschiedener Hinsicht ist die Stadt ein Musterbeispiel für den Ausbau lokaler Stärken gegenüber supralokalen Veränderungen. Allerdings nehmen die Konflikte zwischen den Bedürfnissen der Globalstadt und der ansässigen Bevölkerung zu, und es wird deutlich, dass das koloniale System wenig Mechanismen des lokalen Interessenausgleiches und der Bürgerbeteiligung hinterlassen hat. An zwei Fallbeispielen wird die Findung eines solchen Interessenausgleiches nachvollzogen.

Die Arbeit zeigt durch ihren systemaren Ansatz Zusammenhänge zwischen den verschiedenen Entwicklungen in der Stadt Hongkong und das Zusammenwirken mehrerer gleichzeitiger äußerer Einflüsse auf die Stadt auf. Damit wird der Wandel des gesamten räumlichen Systems in einer über die Addition von Partikularergebnissen hinausgehenden Weise beschrieben. Diese integrative geographische Raumanalyse ist sowohl für Stadtplanung und Standortpolitik als auch für eine international vergleichenden Stadtforschung von Interesse.

English Summary

Based on the academic debates on both, the concept of the global city and the change of border regimes, this book is an integrative regional study looking into the interplay of local and supra-local forces within the spatial system of Hong Kong. To show current spatial patterns and processes in the city, the author applies qualitative as well as quantitative methods. On the quantitative side, he analyses census data, employment data and data on cross-border interactions (passengers, goods, telecommunication etc.). The results of this analysis are seen in relation to each other and to the influence of supra-local forces on them.

The three main objectives of this study are:

(a) To verify changes in social-spatial, economic-spatial and settlement structures in the 1990's in Hong Kong
(b) To explain these developments in the context of supra-local trends, such as globalisation, de-colonisation and social change
(c) To assess the actual and possible local influence of planning in response to these changes.

Among the main findings of the study are a rigid decrease of the manufacturing sector due to outward processing and a similar increase in business services due to the global city functions of Hong Kong. In balance the number of jobs remained stable but their geographical distribution within the territory has been adversely affected towards a much higher concentration in the CBD, which resulted in severe planning problems. Other consequences of Hong Kong's global city functions are increases in all kind of international interactions (flows of goods, passengers, finances and information) and especially migration (high-income immigrants as well as domestic helpers from South-East-Asia). This has deepened the social gap within the city and led to demographic and cultural changes at the same time. Examples for those changes are a higher percentage of English-speaking residents despite the de-colonisation, and the proliferation of suburban living patterns, which were until then rather untypical for Hong Kong.

Apart from the changes within the territory, a strengthening of regional cross-border interactions between Hong Kong and the Pearl River Delta Region could be shown. Following the economic linkages through outward processing were personal contacts. By the end of the 1990's, the bulk of visits to the neighbouring Shenzhen SEZ were of private nature (shopping, leisure, visiting family and friends) rather than business induced. Of particular interest for Hong Kong and its integration process is the rising number of cross-border families. The extremely low birth rate within the city has to be seen in the light of the growing number of descendants of Hong Kong residents born in the Mainland and in particular in

Shenzhen, who are successively moving to Hong Kong. The regional integration obscures some statistics, such as import and export statistics, which boast mainly intra-regional (even intra-company) "trade", and population statistics, counting children born to Hong Kong residents in Shenzhen as immigrants, when they move to Hong Kong, instead of natural population growth at the time of birth. These statistical effects point to a necessary change of perspective from the city to the region as the reference point for Hong Kong.

Such a change of perspective is also deemed necessary in the planning context. Cross-border co-operation in industrial promotion policies and infrastructure development for example is not yet up to the needs. Among the reasons are political resentments and a different set of values on either side of the border, as well as the status of Hong Kong as Special Administrative Region (SAR) with its high degree of autonomy. Although it would be legally possible and on the long term reasonable to include Shenzhen into the SAR, the integration process has to start on the level of co-operation before other options can be evaluated. This is comparable to a similar step by step establishment of cross-border planning in parts of Europe after WWII.

Whereas Hong Kong's politicians and planners reacted with great foresight to the challenges of the city's global linkages, they disregarded for political reasons those of its regional linkages. In some ways, still, the city is a model for others in how it is able to strengthen local potentials in order to cope with supra-local changes. However, conflicts between the needs of a global city and those of the local people are arising. As they have to be addressed, it becomes evident that the colonial system left few mechanisms for participation and for locally settling conflicts of interests. Two case studies (the North-West New Territories and the Harbour Reclamation Debate) show how major land-use conflicts have been negotiated between the Government and interest groups in the courts and in the political arena respectively.

In seeing Hong Kong as an urban system with interacting components locally and integrated in supra-local networks, the study stresses on the interdependence of different developments in Hong Kong and on the interplay of several simultaneous external influences. So, the changing character of Hong Kong as a global and regional city is analysed in a systemic way that goes far beyond studying and compiling singular results. As an integrative geographical area study it will be of special interest for people concerned with urban planning and policy as well as for scholars in the fields of internationally comparative urban and border studies.

Resumo en Esperanto

Surbaze de la du apartaj diskutoj pri mondurboj kaj pri la ŝanĝiĝo de landlimaj reĝimoj tiu-ĉi libro estas integriga regiona studaĵo, kiu celas montri per la ekzemplo Honkongo la interdependecon inter la loka kaj la superloka niveloj. Uzante kvantecajn kaj kvalitecajn metodojn ĝi studas spacajn strukturojn en Honkongo. Ĝi interalie analizas datumojn de popolnombradoj kaj laborlokaj nombradoj kaj pri translimaj interagadoj, ekzemple trafiko de personoj kaj komercaĵoj, telekomunikado k.t.p. Vidante la urbon kiel spacan sistemon la aŭtoro ligas la rezultojn unu kun la alia kaj kun iliaj superlokaj kaŭzoj. Tiu-ĉi tezo havas tri ĉefajn celojn:

(a) kapti kaj dokumenti la sociospacajn, ekonomiospacajn kaj setlaĵostrukturajn ŝanĝiĝojn en Honkongo
(b) klarigi tiujn ŝanĝiĝojn pere de superlokaj fortoj, kiel ekzemple tutmondigxo, dekolonizado kaj socia evoluo
(c) montri kiel al tiuj fortoj reagas loka planado por aktive influi la evoluon de la urbo kaj regiono.

Ekonomie ĝi montras fortan senindustriigon pro ekstera produktado kaj kreskadon de komercaj servoj pro la mondurbaj funkcioj de la urbo. Rilate al laborlokoj ambaŭ tendencoj nete egaliĝas, sed ili rezultas en forta koncentriĝo en la komerca centro (CBD). La mondurbaj funkcioj krome ege kreskigas ĉiujn internaciajn interagadojn (trafiko, fluoj de mono, komercaĵoj kaj informoj) kaj la enmigradon unuflanke de riĉuloj el okcidentaj landoj kaj aliflanke de servantoj el sudorienta Azio. Tio rezultas en pliakriĝinta socia malekvilibro, kaj havas ankaŭ demografajn kaj kulturajn konsekvencojn. Ekzemple kreskas la nombro de parolantoj de la angla (malgraŭ la dekolonizado), kaj antaŭurbaj vivstiloj, kiuj ĝis nun ne estis popularaj en Honkongo, gajnas gravecon.

Same kiel la mondskala kreskas ankaŭ la regiona translima interagado. La ekonomian interplektiĝon pro ekstera produktado sekvis privataj kontaktoj. Hodiaŭ la plejmulto de vizitoj al la najbara Shenzhen estas privataj (aĉetado, libertempado, vizitoj de familianoj kaj amikoj). Precipe kreskas la nombro de translimaj familioj. Eĉ argumenteblas ke en Shenzhen vivantaj infanoj de Honkonganoj iom kontraŭbalancas la tre malaltan nombron de naskoj en Honkongo. La regiono de Honkongo pli kaj pli havas la karakteron de translima urba regiono. La aŭtoro rimarkigas, ke tio malpreciziĝas la signifon de statistikeroj. Ekzemple la translima firmaointerna transporto de komercaĵoj inter Honkongo kaj Shenzhen eniras la statistikon pri ekstera komerco kaj Honkonganidoj naskitaj en Shenzhen ne estas nombritaj kiel natura kresko de Honkongo sed kiel enmigrado. Tiuj statistikaj efikoj instigas ŝanĝi la perspektivon de la urbo al la regiono kiel referencunuo.

Ankaŭ la planado devas tiel ŝanĝi la perspektivon. Ekzemple la translima kunlaboro rilate al ekonomia stimuligo kaj infrastruktura planado ankoraŭ tute ne kontentigas. La kaŭzoj estas parte politikaj diferencoj kaj malsamaj valoroj, parte la aŭtonoma statuso de Honkongo. Iam estonte la racia solvo estos inkludigi Shenzhen en la Specialan Administracian Regionon de Honkongo. Kvankam tio laŭleĝe jam nun estus ebla, la plej prokcima paŝo devas esti plibonigo de la kunlaboro inter la du komunumoj.

Honkongo respondis multe pli bone al la defioj de la tutmona interplektiĝo ol al tiuj de la interplektiĝo regiona. Laŭ kelkaj vidpunktoj la urbo estas eĉ modelo por la fortigo de lokaj fortoj responde al superlokaj ŝanĝiĝoj. Tamen estas konfliktoj kun la bezonoj de la enloĝantoj, kaj ili plimultiĝas kun la kresko de ambaŭ, la mondurbaj funkcioj kaj la enloĝantaro. Evidente la kolonia reĝimo ne postlasis taŭgan sistemon por solvi tiujn konfliktojn loke kaj por partopreni la enloĝantaron en la decidoj. Du kazoj estas prezentitaj en tiu-ĉi libro kiel ekzemploj por tiaj konfliktoj kaj la klopodoj solvi ilin.

Pro ĝia sistema vidpunkto la tezo montras interrilatojn inter la diversaj evoluoj en Honkongo kaj la samtempan efikon de pliaj eksteraj influoj. Tio videbligas la ŝanĝiĝon de la tuta spaca sistemo pli profunde ol simpla kompilado de informoj. Tial tiu-ĉi integriga geografa spacoanalizo estas interesa kaj por respondeculoj pri urboplanado kaj loka politiko kaj por internacie komparanta urbanisma esplorado.

Inhaltsverzeichnis

Zusammenfassung VII
English Summary IX
Resumo en Esperanto XI
Inhaltsverzeichnis XIII
Verzeichnis der Abbildungen und Tabellen XVII

**1 Einleitung:
Hongkong als regionale Fallstudie**   **1**

    1.1 Konzeptionelle Einführung und Zielsetzung 1
        1.1.1 Hongkong im Zusammenspiel supralokaler und lokaler Kräfte 1
        1.1.2 Hauptziele der Arbeit 2
    1.2 Zentrale Thematik 3
    1.3 Hauptthesen und 4 Arbeitshypothesen 5
        1.3.1 Entwicklung zu einer grenzübergreifenden Agglomeration 5
        1.3.2 Suburbanisierung nach amerikanischem Muster 6
        1.3.3 Ausbau der Globalstadt 7
        1.3.4 Entwicklung zur Megastadt 8
    1.4 Relevanz der Arbeit 10
    1.5 Methodisches Vorgehen 11
        1.4.1. Methodisches Konzept 11
        1.4.2. Fallbeispiele 12
        1.4.3. Informations- und Datenquellen 13
    1.6 Aufbau der Arbeit 15

**2 Hintergrund:
Stadt- und Grenzräume im Wandel**   **17**

    2.1 Konzepte zu den übergeordneten Entwicklungen 17
        2.1.1 Globalisierung 17
        2.1.2 Entkolonialisierung 19
        2.1.3 Gesellschaftlicher Wandel 21
    2.2 Konzepte zu den untersuchten Prozessen 22
        2.2.1 Grenzräume 22
        2.2.2 Suburbanisierung 26
        2.2.3 Globalstädte 27
        2.2.4 Megastädte 29
    2.3 Konzepte zur Regionalplanung 31

3 Hongkong: Koloniale, globale, regionale Stadt 33

3.1 Hongkong als Kolonialstadt 33
    3.1.1 Entstehung und Entwicklung der Kronkolonie Hongkong 33
    3.1.2 Politische Hintergründe der Übergabe Hongkongs an China 35
3.2 Hongkong als Globalstadt 37
    3.2.1 Hafen 37
    3.2.2 Flughafen 39
    3.2.3 Telekommunikation 41
    3.2.4 Finanz- und Dienstleistungszentrum 42
    3.2.5 Regionale Hauptverwaltungen 44
    3.2.6 Tourismus 46
3.3 Funktionale Integration Hongkongs in die VR China 47
    3.3.1 Handel und Industrie als Vorreiter der Integration 47
    3.3.2 Kooperation bei Ver- und Entsorgung 49
    3.3.3 Enge finanzielle Verflechtungen 50
    3.3.4 Zunehmender grenzüberschreitender Verkehr 51
    3.3.5 Grenzüberschreitende Einkäufe und Tourismus 54
    3.3.6 Wohnen und persönliche Kontakte 55

4 Hongkong: Strukturen und Konzepte der Stadtplanung 57

4.1 Planungskultur 57
4.2 Akteure der Stadtplanung 58
    4.2.1 Planning Department 58
    4.2.2 Planungskommissionen 59
    4.2.3 Die Rolle des privaten Sektors 61
4.3 Rechtliche Bedingungen der Stadtplanung 62
    4.3.1 Aus der Kolonialzeit überkommene Besonderheiten 62
    4.3.2 Planungsgrundlagen 64
    4.3.3 Planungsrichtlinien und Planwerke 66
4.4 Die gegenwärtige strategische Territorialplanung für Hongkong 68
    4.4.1 Ziele und Struktur der Territorial Development Strategy 68
    4.4.2 Grundaussagen zu Raumentwicklung und Flächenreserven 70
    4.4.3 Reaktionen auf die TDSR 73
4.5 Berücksichtigung der regionalen Integration in der Planung 74
    4.5.1 Regionale Planungsansätze in der TDSR 74
    4.5.2 Stand der planerischen Kooperation 76

5 Analyse: Bevölkerung und sozialräumliche Veränderungen 77

5.1 Datengrundlage und -aufbereitung 77
    5.1.1 Zensusdaten 77
    5.1.2 Kartographische Darstellung (GIS) 79

5.2 Bevölkerungsentwicklung 81
 5.2.1 Natürliche Bevölkerungsentwicklung 81
 5.2.2 Außenwanderung 82
 5.2.3 Bevölkerungsdichte 85
 5.2.4 Binnenmigration 87
5.3 Sozialräumliche Struktur 90
 5.3.1 Einheimische und Fremde 90
  5.3.1.1 Neuzuzüge 92
  5.3.1.2 Nationalitäten 92
  5.3.1.3 Sprachen 96
 5.3.2 Familiäre Strukturen 98
  5.3.2.1 Alters- und Geschlechterstruktur 99
  5.3.2.2 Haushaltsstruktur 101
 5.3.3 Verteilung des Wohlstands 102
5.4 Fazit 104

6 Analyse: Wirtschaftsräumliche Veränderungen   105

6.1 Datengrundlage und -aufbereitung 105
 6.1.1 Beschäftigtendaten 105
 6.1.2 Defizite der Datengrundlage 105
 6.1.3 Aufbereitung der Daten 107
6.2 Wirtschaftlicher Strukturwandel 108
 6.2.1 Charakteristika der Industrialisierung Hongkongs 108
 6.2.2 Die Deindustrialisierung und ihre Auswirkungen auf Hongkong 109
6.3 Räumliche Verteilung der Beschäftigten in Hongkong 112
 6.3.1 Räumliche Verteilung nach Wirtschaftssektoren 112
  6.3.1.1 Industrie 112
  6.3.1.2 Handel und Verkehr 114
  6.3.1.3 Unternehmensbezogene Dienstleistungen 114
  6.3.1.4 Persönliche Dienstleistungen 116
 6.3.2 Gesamtbild 116
6.4 Auswirkungen auf ausgewählte Teilräume 120
 6.4.1 Central Business District 120
 6.4.2 Cheung Sha Wan 125
6.5 Fazit 128

7 Raumnutzungskonflikte: Fallbeispiel nordwestliche New Territories   129

7.1 Landnutzung in den nordwestlichen New Territories 130
 7.1.1 Konkurrierende Nutzungsarten 130
 7.1.2 Naturschutz 131
 7.1.3 Historische Entwicklung der Landnutzung 133
 7.1.4 Bau suburbaner Siedlungen 138

7.2 Das „Sunnyville"-Projekt und seine stadtplanerischen Implikationen...140
    7.2.1 Ausgangssituation Nam Sang Wai.................................141
    7.2.2 Mögliche Nutzungskonzepte 142
    7.2.3 Das „Sunnyville"-Konzept..142
    7.2.4 Rechtliche Auseinandersetzung 145
    7.2.5 Entwicklung nach der Entscheidung................................146
7.3 Die Entwicklung der NWNT im größeren Kontext 147
    7.3.1 Ursachen der Veränderungen in den NWNT...................147
    7.3.2 Planerische Konsequenzen...148

8 Raumnutzungskonflikte: Fallbeispiel Wanchai   149

8.1 Nutzung und Bebauung Wanchais...149
    8.1.1 Historische Entwicklung...149
    8.1.2 Gliederung in Teilgebiete 151
8.2 Exkurs: Landgewinnung in Hongkong 155
8.3 Central Wanchai Reclamation Scheme 159
    8.3.1 Argumente für und gegen das Projekt 160
    8.3.2 Gegenvorschläge...162
    8.3.3 Verlauf und Ergebnis der politischen Auseinandersetzung 164
8.4 Die Entwicklung Wanchais im größeren Kontext 166
    8.4.1 Der wachsende CBD als Auslöser der Veränderungen................166
    8.4.2 Dezentralisierung als Strategie für Hongkong.................167

9 Synthese: Konzepte zur Raumentwicklung und -planung in Hongkong   169

9.1 Zusammenfassung der raumwirksamen Veränderungen 169
9.2 Vier Konzepte zur Analyse der aufgezeigten Prozesse....................171
    9.2.1 Suburbanisierung 171
    9.2.2 Grenzübergreifende Metropolitanregion..........................173
    9.2.3 Globalstadt 175
    9.2.4 Megastadt 177
9.3 Übergeordnete Ursachen..178
9.4 Konsequenzen für die Planung 181
    9.4.1 Konkrete Aufgaben der Planung für Hongkong 182
    9.4.2 Von der Stadt- zur Regionalplanung................................186
9.5 Allgemeine Schlussfolgerungen..188

Literaturverzeichnis..189
Verzeichnis der Informanten 203
Abkürzungsverzeichnis 205
Übersichtskarte von Hongkong 207

Verzeichnis der Abbildungen und Tabellen

Abbildungen

Abb. 1.1. Interaktion der supralokalen und der lokalen Ebene
im Stadtsystem Hongkong 4
Abb. 1.2. Schematischer Überblick über den Aufbau der Arbeit 16
Abb. 3.1. Kwai Chung, der Containerhafen von Hongkong (Foto)..............38
Abb. 3.2. Hongkongs Einbindung in Luftverkehrsnetzwerke
auf drei verschiedenen Ebenen als Schema..40
Abb. 3.3. Gebäude der Bank of China (Foto)..42
Abb. 3.4. Karte der grenzüberschreitenden Infrastruktur 49
Abb. 3.5. Zum Grenzübertritt berechtigter PKW
mit Zulassungen in Hongkong und Guangdong (Foto)......................51
Abb. 3.6. Reisende von Hongkong in die VR China (mind. eine Ein- und
Ausreise monatlich) nach Reisezweck und Zielgebiet (Diagramm)....53
Abb. 3.7. Übersichtskarte der Perlflussdeltaregion..56
Abb. 4.1. Organisationsschema der Hongkonger Planungsbehörden 59
Abb. 4.2. Beispiel für ein „Kleinhaus" in den New Territories (Foto)..........64
Abb. 5.1. Die zwei Hierarchien statistischer Raumeinheiten in Hongkong 78
Abb. 5.2. Einteilung Hongkongs in *XL TPU Groups* und fünf Gebietstypen......80
Abb. 5.3. Zu- oder Abnahme der Bevölkerung 1991-1996 und
Bevölkerungsdichte 1996 (Karte) 86
Abb. 5.4. Migration zwischen Kernstadt, New Towns und den übrigen
New Territories 1991-96 und Zuzug aus dem Ausland 88
Abb. 5.5. Suburbanes Wohngebiet in Sai Kung (Foto)..................................89
Abb. 5.6. Werbung für die suburbane Siedlung Discovery Bay (Foto).........89
Abb. 5.7. Verteilung der neuzugezogenen Bevölkerung (Karte)...................91
Abb. 5.8. Philippinische Hausangestellte im Stadtzentrum (Foto) 94
Abb. 5.9. Verteilung der Nationalitäten auf die fünf Gebietstypen 1991
und 1996 (Diagramm)..95
Abb. 5.10. Verteilung der englischsprachigen Bevölkerung (Karte) 97
Abb. 5.11. Altersstruktur nach Gebietstypen (Diagramm) 99
Abb. 5.12. Anteil der Haushalte mit 1-2 und mit mehr als 5 Personen
nach Gebietstypen (Diagramm) 101
Abb. 5.13. Verteilung der Einkommensklassen in Hongkong
nach Gebietstypen 1991 und 1996 (Diagramm) 103
Abb. 6.1. Beschäftigte in der Industrie nach Bezirken................................113
Abb. 6.2. Beschäftigte unternehmensbezogener Dienste nach Bezirken 115

Abb. 6.3. Die 18 Bezirke Hongkongs und ihre Gruppierung (A-C)
sowie zwei Teilräume (CBD, Cheung Sha Wan) 118
Abb. 6.4. Beschäftigte ausgewählter Wirtschaftszweige Hongkongs
nach Teilgebieten 1992 und 1997 (Diagramm) 119
Abb. 6.5a. Foto des östlichen CBD (Ortsteil Wanchai) 120
Abb. 6.5b. Foto des westlichen CBD (Ortsteil Central) 121
Abb. 6.6. Beschäftigtenstruktur des CBD von Hongkong 1997 (Karte) 122
Abb. 6.7. Beschäftigungsentwicklung ausgewählter Branchen im CBD
Hongkongs 1992-1997 (acht Karten) 123
Abb. 6.8. Cheung Sha Wan: Vielgeschossige Industriebauten (Foto) 125
Abb. 6.9. Übersichtskarte des Untersuchungsgebietes Cheung Sha Wan
mit Flächennutzung 1997 126
Abb. 6.10. Beschäftigungsentwicklung ausgewählter Branchen
in Cheung Sha Wan 1991-1997 (sechs Karten) 127
Abb. 7.1. Übersichtskarte Landnutzung nordwestliche New Territories
(NWNT) um 1998 129
Abb. 7.2. Historische Entwicklung der Landnutzung in der
Deep-Bay-Region in den NWNT (Kartenserie) 132
Abb. 7.3. Mangroven vor den Mai Po Marshes in den NWNT (Foto) 134
Abb. 7.4. Wilde Containerlagerung bei Tin Shui Wai in den NWNT (Foto) 135
Abb. 7.5. Luftaufnahme der NWNT vom 3.10.1972 136
Abb. 7.6. Luftaufnahme der NWNT vom 17.12.1992 137
Abb. 7.7. Fairview Park (Foto) 138
Abb. 7.8. Palm Springs von den Mai Po Marshes aus gesehen (Foto) 140
Abb. 7.9 Beantragte Wohnungsbauprojekte in den NWNT (Karte) 141
Abb. 7.10. Siedlungsplan 2000 für das *Sunnyville*-Projekt in Nam Sang Wei 143
Abb. 8.1. Phasen der Landgewinnung in Wanchai (Karte) 150
Abb. 8.2. Topographische Karte Wanchai 150
Abb. 8.3. Zone 1: Wan Chai Road, Cross Street (zwei Fotos) 152
Abb. 8.4. Zone 2: Hennessy Road, O'Brien Road (zwei Fotos) 153
Abb. 8.5. Zone 3: Gloucester Road, Fleming Road (zwei Fotos) 154
Abb. 8.6. Landgewinnung und Abbaugebiete des Füllmaterials (Karte) 156
Abb. 8.7. Cartoon aus der *South China Morning Post* vom 16.7.1997 159
Abb. 8.8. Central Wanchai Reclamation Scheme (Karte) 162
Abb. 8.9. Flugblatt der Society for Protection of the Harbour gegen
innerstädtische Landgewinnung 163
Abb. 8.10. Gegenentwurf eines Architekten für die
Wan Chai Reclamation Phase 2 164
Abb. 9.1. Wirkungsgefüge wichtiger raumwirksamer Veränderungen
in Hongkong (Übersicht) 170
Abb. 9.2. Die Metropolitanregionen Berlin und Hongkong
im gleichen Maßstab (zwei Karten) 183
Übersichtskarte von Hongkong 207

Tabellen

Tabelle 3.1. Ein- und ausgehende Frachtmengen nach Verkehrswegen 38
Tabelle 3.2. Zahl der Flugverbindungen pro Woche von Hongkong aus 39
Tabelle 3.3. Telefonate von/nach Hongkong in Mio. Minuten nach Ländern 41
Tabelle 3.4. Firmen und regionale Hauptverwaltungen aus
ausgewählten Ländern in Hongkong 44
Tabelle 3.5. Grenzübertritte in die VR China nach Grenzübergang 1993-99 52
Tabelle 3.6. Reisende zwischen Hongkong und der VR China (mind. ein
Besuch monatlich) nach Gruppe und wichtigstem Reisezweck 52
Tabelle 3.7. Reisende, die mindestens einmal monatlich von Hongkong
in die VR China reisen, nach Zielgebiet und Reisezweck 53
Tabelle 4.1. Bilanz des Town Planning Board 1995-1996 60
Tabelle 4.2. Erwartetes Wachstum Hongkongs bis 2011 70
Tabelle 5.1. Änderungen an *Large TPU Groups* 1991
für die Karten in dieser Arbeit 78
Tabelle 5.2. Entwicklung von Geburten- und Sterberate in Hongkong
1961-1998 81
Tabelle 5.3. Entwicklung von Emigration und Immigration
in Hongkong 1987-1997 84
Tabelle 5.4. Bevölkerungsdichte in Hongkong 1981-1996
auf verschiedenen Maßstabsebenen 85
Tabelle 5.5. Wohnort der umgezogenen Bewohner fünf Jahre zuvor (in %) 88
Tabelle 5.6. Hongkonger Bevölkerung nach Geburtsort 1961-1996 90
Tabelle 5.7. Ausländische Staatsbürger in Hongkong 1987-1997 93
Tabelle 5.8. Bevölkerungszusammensetzung der fünf Gebietstypen
1991 und 1996 (in %) 96
Tabelle 5.9. Anteil der Sprachen in Hongkong 1991 und 1996 98
Tabelle 5.10. Altersgliederung und Frauenanteil
nach Nationalität 1996 (in %) 100
Tabelle 6.1. Erwerbstätigenzahlen des *By-Census* 1996 und Beschäftigten-
zahlen des *Quarterly Survey of Employment and Vacancies
(QSEV)* 1997 für ausgewählte Wirtschaftszweige 106
Tabelle 6.2. Erwerbstätige nach Wirtschaftssektoren in Hongkong 1961-96 110
Tabelle 6.3. Beschäftigte, Betriebe und Betriebsgrößen in ausgewählten
Wirtschaftszweigen Hongkongs 1992 und 1997 111
Tabelle 6.4. Beschäftigtenzahlen ausgewählter Branchen im CBD
Hongkongs 1992 und 1997 122
Tabelle 6.5. Industriebeschäftigte und -betriebe 1992 und 1997 in
ausgewählten Bezirken 125
Tabelle 7.1. Landnutzung im Gebiet um die Deep Bay 1903-1997
in Prozent der Gesamtfläche 133
Tabelle 8.1. Staatseinnahmen durch Landtransaktionen in Mio. HK$ 157
Tabelle 8.2. Büroraumprognose für die drei Teilbereiche Hongkongs
bis 2011 168

1 Einleitung:
Hongkong als regionale Fallstudie

1.1
Konzeptionelle Einführung und Zielsetzung

1.1.1
Hongkong im Zusammenspiel supralokaler und lokaler Kräfte

Städte und Regionen sind als offene Systeme von äußeren Faktoren abhängig. Im Zeitalter der Globalisierung bestimmen zunehmend supralokale, d. h. lokal nicht zu beeinflussende Kräfte ihre Standortvorteile und Entwicklungspotentiale mit. Der Standortwettbewerb unter Städten und Regionen verschärft sich mit der neuen Flexibilität von Kapital und Arbeit und der weltweiten Öffnung der Märkte.

Dies ist nur ein Aspekt dessen, was in der öffentlichen und fachöffentlichen Diskussion als Globalisierung bezeichnet wird. Globalisierung hat ökonomische, gesellschaftliche, kulturelle und politische Aspekte (vgl. Kapitel 2.1.1). Alle diese Aspekte beeinflussen das globale Städtesystem und das Profil einzelner Städte, insbesondere der sogenannten Globalstädte (*global cities*) als Lenkungs- und Steuerungszentren der Weltwirtschaft. Es machen sich dabei sowohl vereinheitlichende Tendenzen bemerkbar als auch eine zunehmende funktionale Spezialisierung und damit Profilierung von Standorten. In jedem Fall zeigt sich, dass die Bedingungen der ökonomischen, sozialen und räumlichen Entwicklung von Städten durch die Globalisierung im Wandel sind.

Erhebliche Transformationswirkung geht auch von politischen Wenden und der Änderung von Grenzfunktionen aus. Prozesse staatlicher Integration oder Disintegration haben funktionale und raumstrukturelle Auswirkungen v. a. auf Städte, die Zentrumsfunktionen gewinnen oder abgeben sowie auf solche in Grenzlage. Einzugsgebiete ändern sich, und Grenzfunktionen sind heute differenzierter zu bewerten als mit der klassische Unterteilung in Außen- und Binnengrenzen. Neben diesen dominierenden Trends spielen gesellschaftliche Veränderungen und für Hongkong speziell die Entkolonialisierung, das Ende des Kalten Krieges und die inneren Veränderungen in der Volksrepublik (VR) China eine Rolle.

Unter dem Druck supralokaler Kräfte betreiben viele Städte und Stadtregionen eine strategische Neupositionierung, um sektorale oder regionale Standortvorteile zu gewinnen und ihre Potentiale in Wirtschaft, Wissenschaft, Verkehr und Lebensqualität auszubauen. Es zeigt sich dabei, dass lokale Kräfte die Wirkung supralokaler Trends wenn nicht egalisieren, so doch modifizieren oder abfedern können.

Hongkong ist durch die politische Integration in die VR China und die Kräfte der Globalisierung einem besonders starken Wandel ausgesetzt. Verschiedene supralokale Entwicklungen entfalten gleichzeitig ihre Wirkung auf die Stadt und setzen sie einem vielfältigen Veränderungsdruck aus. Auf ökonomischer Ebene wirken der zunehmende Wettbewerb mit den anderen Metropolen Asiens und eine engere wirtschaftliche Verflechtung mit dem chinesischen Hinterland. Auf politischer Ebene wirkt sich der Rückzug der Kolonialmacht und ein zunehmender Einfluss Pekings aus. Bevölkerungsstrukturell könnte eine stark anwachsende Immigration aus der VR China massive Wirkungen entfalten, und kulturell zeichnet sich ein Konflikt zwischen der Besinnung auf die eigene Sprache und Kultur und den Einflüssen der Globalstadt ab. In dem durch diese Veränderungen bestimmten Handlungsfeld muss die Stadtplanung Hongkongs ihre Position neu definieren, um den Anforderungen der Zukunft gerecht zu werden. Vor allem wird es darauf ankommen, den Übergang von der Stadtplanung zur Regionalplanung zu schaffen.

1.1.2
Hauptziele der Arbeit

Die drei Hauptziele dieser Arbeit sind:

1. *Die Erfassung von sozialräumlichen, wirtschaftsräumlichen und siedlungsstrukturellen Veränderungen in Hongkong.* Raumstrukturelle Veränderungen werden v. a. anhand der demographischen, sozialräumlichen und wirtschaftsräumlichen Strukturen und deren Beziehungen untereinander dokumentiert. Obwohl die Übergabe Hongkongs 1997 erfolgte, wurde der Untersuchungszeitraum 1991 bis 1997 gewählt. Es wird postuliert, dass wichtige Veränderungen bereits mit der Einigung über die Zukunft Hongkongs in den 80er Jahren einsetzten. Seither wurden antizipativ auf vielen Ebenen Verbindungen intensiviert, so dass sich die tatsächliche Übergabe nicht mehr als Zäsur darstellte.

2. *Erklärung der raumstrukturellen Veränderungen mit supralokalen Trends.* Ausgegangen wird von der These, dass globale bzw. supralokale Kräfte die lokalen Entwicklungen in Hongkong in starkem Maße beeinflussen. Solche Kräfte sind Entkolonialisierung und chinesischer Einfluss, Globalisierung und Standortwettbewerb sowie allgemeingesellschaftliche Trends. Bei der Untersuchung ihrer räumlichen Auswirkungen wird ein pluralistischer Ansatz mit vier gängigen Analysekonzepten angewendet: die grenzübergreifende Agglomeration, die suburbanisierte Stadt, die Globalstadt und die Megastadt. Jedes dieser Konzepte legt den Schwerpunkt auf einzelne Aspekte der urbanen Entwicklung. In ihrer Gesamtheit werden die Strukturen und Prozesse Hongkongs in der Synthese erfasst und erklärt.

3. *Erfassung und Erklärung lokaler planerischer Steuerungsmöglichkeiten zur Modifizierung der supralokal bedingten stadtstrukturellen Entwicklungen.* Ausgehend von einer globalen-lokalen Dialektik wird auch postuliert, dass lokale Kräfte die supralokalen Entwicklung abfedern oder ihnen entgegensteuern können. Aufgezeigt werden bestehende Planungskonzepte Hongkongs und perspektivische Optionen für deren Weiterentwicklung. Dazu zählt die regionalplanerische Steuerung auf eine grenzüberschreitende, moderat suburbanisierte Metropolitanregion hin ebenso wie eine vorausschauende Stadtplanung, die gleichermaßen die Globalstadt unterstützt wie der Megastadt entgegensteuert.

1.2
Zentrale Thematik

Im Zusammenhang mit der Globalisierung richtet sich das wissenschaftliche Interesse an städtischen Entwicklungen häufig auf die ökonomische, aber auch kulturelle und politische Rolle einzelner Städte im globalen Städtesystem, besonders ihre Lenkungs- und Steuerungsfunktionen (FRIEDMANN 1986, 1995; SASSEN 1991, 1994, 1996; KRÄTKE 1995). Die wissenschaftliche Literatur zur Stadtentwicklung unter neuen Rahmenbedingungen ist von sozialwissenschaftlichen, aggregierten, nicht spezifisch raumbezogenen Betrachtungsweisen dominiert. Dabei wird oft implizit ein überall gleicher Einfluss supralokaler Entwicklungen unterstellt. Stadtstrukturelle Variationen durch das Zusammenwirken lokaler Besonderheiten mit globalen wirtschaftlichen und politischen Kräften finden kaum Beachtung.

Wenig thematisiert sind dann auch die folgenden geographischen Aspekte:
- Die *Neupositionierung* einer Globalstadt im Städtesystem. Auch Globalstädte unterliegen weltwirtschaftlichem Strukturwandel oder politischem Wandel als externen Einflüssen, die ausgeprägte Auswirkungen auf die Stadtregion haben können, z. B. wenn andere Stadtregionen zu ihr in Konkurrenz treten. Um auch unter veränderten Bedingungen Stabilität und steigenden Wohlstand gewährleisten zu können, müssen laufend das Standortprofil geschärft und lokale komparative Standortvorteile ausgebaut werden.
- Das *Zusammenwirken* unterschiedlicher Prozesse, die von der Makroebene ausgehend gleichzeitig in einer Stadtregion wirksam werden, ebenso die lokalen Varianten solcher Prozesse. Die Eigenheiten eines jeden Raumes, die sich aus seiner geographischen, kulturellen und politischen Situation ergeben, modifizieren die global wirkenden wirtschaftlichen oder stadtstrukturellen Kräfte und verleihen ihnen ein spezifisch lokales oder regionales Gepräge.
- Die *systemaren lokalen Beziehungen* mit Auswirkungen übergeordneter Entwicklungen auf das System Stadt. Diese Beziehungen verbinden die ökonomischen, politischen, sozialen, kulturellen und geographisch-raumstrukturellen Ebenen, welche ihrerseits mit der supralokalen Makroebene interagieren (vgl. Abb. 1.1).
- Lokalplanerische *Adaptionsstrategien*, mit denen man Entwicklungen auf den verschiedenen Ebenen zu begegnen versucht. Dies kann Strategien privater Akteure ebenso umfassen wie behördliche Strategien und Mischformen wie staatlich-private Planungsallianzen.

Die Arbeit soll diese Themen am räumlichen Beispiel Hongkong und aus geographischem Blickwinkel beleuchten. Es wird von einem integrativen, holistischen Ansatz ausgegangen, bei dem stets der Raumbezug im Mittelpunkt steht. Von daher ist die Arbeit gleichermaßen von regionalgeographischer wie von allgemeingeographischer Bedeutung. Sie zeigt räumliche Strukturen und Prozesse Hongkongs auf, und sie liefert Impulse für die aktuellen Fachdiskussionen zu Globalstädten und Grenzräumen. Zugleich ist sie mit ihrem Bezug zu planerischen Fragestellungen praxisbezogen.

Geographisch wechselt die Arbeit zwischen drei *Maßstabsebenen*:
- Die *Makroebene* hat vor allem als Erklärungsebene Bedeutung. Sie umfasst globale und regionale Netzwerke, die die Entwicklung Hongkongs beeinflussen.
- Die *Mesoebene*, das Territorium Hongkongs, steht im Mittelpunkt der Arbeit. Auf ihr werden Raumstrukturen analysiert und Wandlungsprozesse aufgezeigt.
- Die *Mikroebene* einzelner Stadtteile wird zur exemplarisch vertieften Analyse von Wirtschafts- und Sozialstrukturen sowie Planungskonflikten herangezogen.

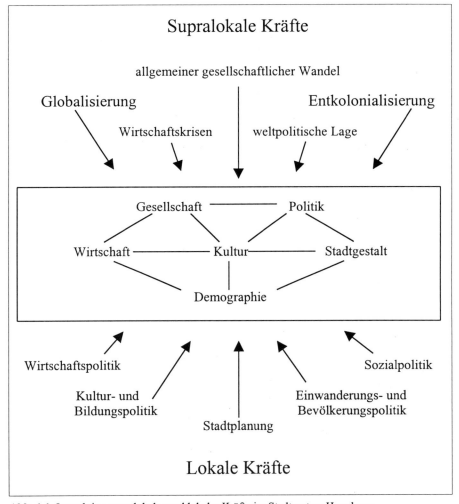

Abb. 1.1. Interaktion supralokaler und lokaler Kräfte im Stadtsystem Hongkong.

Supralokale, d. h. lokal nicht veränderbare Einflussgrößen, wirken sich im „System Stadt" vielfältig aus: auf Macht- und Administrationsstrukturen, Partizipation und Meinungsbildungsprozesse (Politik), ökonomische Strukturen (Wirtschaft), Bevölkerungsentwicklung (Demographie), soziale Strukturen und Lebensformen (Gesellschaft), Werte und Normen, Kommunikationsstrukturen, Planung und Raumgestaltung (Kultur) sowie die physische Stadtgestalt (Raumstruktur).

1.3
Hauptthesen und 4 Arbeitshypothesen

Im Einklang mit der Zielsetzung werden zwei Hauptthesen formuliert:

1. Hauptthese: Supralokale Kräfte und stadtstrukturelle Auswirkungen. Globale beziehungsweise supralokale Kräfte haben einen wesentlichen Einfluss auf die lokalen Urbanisierungs- und Wandlungsprozesse in Hongkong.

2. Hauptthese: Lokale Kräfte und modifizierende Effekte. Ausgehend vom Konzept der globalen-lokalen Dialektik liegt in den lokalen Kräften ein großes Potential, den supralokalen Kräften z. B. durch eine geeignete Planungspolitik wirkungsvoll zu begegnen. Mit Stadt- und Regionalplanung wird versucht, stadtstrukturelle Entwicklungen und Urbanisierungsprozesse zu steuern.

Ausgehend von der ersten Hauptthese werden die vier Arbeitshypothesen 1.3.1 bis 1.3.4 aufgestellt. Sie beruhen jeweils auf einem modellhaften Konzept der urbanen Entwicklung, und wenden es auf den Fall Hongkong an. In Kapitel 9.2 wird am Ende zunächst wieder auf diese vier Konzepte zurückgegriffen. Kapitel 9.3 überprüft dann die erste Hauptthese und Kapitel 9.4 die zweite Hauptthese (vgl. Abb. 1.2).

1.3.1
Entwicklung zu einer grenzübergreifenden Agglomeration

Mit Hongkongs Übergang an die VR China zeichnet sich eine grenzübergreifende Agglomeration mit Shenzhen und anderen Städten in Guangdong ab. Da die Grenze formal ihre Funktion nicht ändert, ist das nicht selbstverständlich. Es wäre denkbar, dass Hongkong als autonome *Special Administrative Region* (SAR) weiter klar von seiner Umgebung getrennt bleibt. In der Vergangenheit hatte sich gezeigt, dass diese Trennung dem wirtschaftlichen Erfolg und der Lebensfähigkeit der Stadt keinen Abbruch tat. Bis in die frühen 80er Jahre war eine Integration Hongkongs in die VR China nicht zu erwarten, und aus der Übereinkunft über die Zukunft Hongkongs von 1984 folgte sie auch nicht zwangsläufig. Drei Gründe lassen dennoch die Entstehung einer grenzübergreifenden Agglomeration erwarten:

- *Die enge kulturelle Verbindung Hongkongs und Chinas:* Generell gibt es in den chinesischen Gemeinden überall auf der Welt ein enges Gefühl der Verbundenheit untereinander und speziell mit dem Mutterland. Diese Verbundenheit äußert sich auch in wirtschaftlichen Kontakten. Politische Grenzen sind bei solchen Kontakten zweitrangig. Hinzu kommt im Falle Hongkong die Tatsache, dass die meisten Bewohner Hongkongs entweder selbst in der VR China geboren sind oder mit dem überschaubaren Abstand von nur ein bis zwei Generationen von Emigranten aus China abstammen. Daraus ergeben sich noch bestehende familiäre Bindungen mit den Heimatorten, von denen viele in Guangdong liegen. Es gibt Beispiele von Wirtschaftsführern Hongkongs, denen es ein persönliches Anliegen ist, in ihrer Heimatstadt in China zu investieren (z. B. Shantou und Nansha in Guangdong).

- *Ökonomische Vorteile:* Grenzüberschreitende wirtschaftliche Verflechtungen, Handelsverbindungen und arbeitsteilige Produktion unter Ausnutzung jeweiliger komparativer Vorteile sind zum beiderseitigen ökonomischen Nutzen. Hongkong profitiert von niedrigen Produktionskosten und der Nähe zum Absatzmarkt jenseits der Grenze. Das Umland profitiert vom *Know-How* und den weltweiten Verbindungen Hongkongs sowie seinem hohen Bedarf an Arbeitskräften und Produktionsmitteln. Beide Seiten haben daher ein wirtschaftliches Interesse, derartige Kontakte auszubauen. Enge wirtschaftliche Verbindungen führen mittelbar auch zur Intensivierung sonstiger, auch persönlicher Kontakte und Interaktionen.
- *Abnehmende Bedeutung von Grenzen:* Im Zeitalter der Globalisierung sind staatliche Grenzen als Barrieren für einen Austausch von Waren und Dienstleistungen, Personen, Finanzen, Informationen von abnehmender Bedeutung. Beispiele sind der europäische Integrationsprozess, Kooperationen in ASEAN, NAFTA und APEC aber auch die zunehmende ökonomische, politische und kulturelle Bedeutung multinationaler Konzerne und supranationaler Organisationen sowie neuer Medien mit überstaatlicher Reichweite (Internet, Satellitenfernsehen). Trotz einzelner Gegenbeispiele ist eine generelle Tendenz zu grenzübergreifenden Verbindungen feststellbar, die sich auch in Hongkong auswirkt.

1.3.2
Suburbanisierung nach amerikanischem Muster

Es wird oft untersucht, ob in einzelnen Ländern beobachtete Suburbanisierungsprozesse nach den gleichen Mustern wie in den USA verlaufen, wo sie besonders ausgeprägt auftreten und gründlich untersucht sind (*Konvergenzhypothese*), oder aber nach grundsätzlich anderen (*Divergenzhypothese*). Sollte sich eine Konvergenz der Entwicklung herausstellen, müsste die Planung auch in Hongkong den negativen Aspekten wie Segregation, zunehmendem Individualverkehr, Flächenverbrauch und Verödung der Innenstädte entgegenwirken.

Für eine solche konvergente Entwicklung sprechen:
- *Amerikanisch orientierte Wohnsiedlungen:* Die Konzeption einiger neuer bzw. geplanter Wohnsiedlungen vor allem in den nordwestlichen New Territories deutet auf eine Entwicklung nach amerikanischem Vorbild hin. Es handelt sich um Einfamilienhaussiedlungen mit Gärten, die von privaten Entwicklungsgesellschaften errichtet und sogar unter Bezug auf amerikanische Vorbilder vermarktet werden (Beispiel „Palm Springs" in den nordwestlichen New Territories). Dies sind eingezäunte, bewachte Areale mit Einrichtungen der Grundversorgung (*gated communities*), die auf Autobesitzer ausgelegt sind.
- *Erreichbarkeit:* Vor allem die Integration mit China, aber auch andere Faktoren erhöhen die Erreichbarkeit dieser Siedlungen und steigern so ihre Attraktivität. War die Verkehrserschließung der New Territories früher nur unbefriedigend, so können heutige Siedlungen an die Achsen des grenzüberschreitenden Verkehrs angeschlossen werden. Zunehmend wird zudem bei der Frage der Erreichbarkeit auch die von anderen Teilen der New Territories und Shenzhen in China, und nicht mehr nur die Erreichbarkeit in Bezug auf den CBD erwogen.

- *Grenzüberschreitende Perspektive:* Langfristig ist mit einer abnehmenden Trennwirkung der Grenze auch eine Ausweitung von Standorten für derartige Wohnsiedlungen nach China denkbar. Im Rahmen der unter 1.3.1 postulierten grenzüberschreitenden Agglomeration würden in wesentlich größerem Umfang Flächen für suburbane Bebauungsformen zur Verfügung stehen, ohne dass der Einpendelradius den vergleichbarer Städte in den USA überschritte.

Trotz dieser Gegebenheiten und erster Anzeichen für eine Suburbanisierung nach amerikanischem Vorbild sind entsprechend der geographischen Situation, der Planungstradition sowie politischer und kultureller Gegebenheiten Hongkong-spezifische Varianten des Suburbanisierungsprozesses zu erwarten. Auf solche lokalen Varianten ist auch in der Konvergenz-/ Divergenzdebatte (BERRY 1973) bereits an anderen Beispielen hingewiesen worden (vgl. Kapitel 2.2.2).

Gründe für eine divergente Entwicklung in Hongkong wären:
- *Planungstradition:* Die Hongkonger Planungsbehörden verfolgen unverändert entsprechend ihrer Planungstradition ein Leitbild von konzentrierter, planungsgesteuerter Entwicklung, das durch entsprechend weitreichende Befugnisse des Staates gestützt wird. Anteilig spielen daher die angeführten Siedlungen gegenüber der massiven Suburbanisierung mittels hochkonzentrierter New Towns keine große Rolle.
- *Verkehrspolitik*: Für die Verkehrsanbindung hängt Hongkong im Gegensatz zu den USA weitgehend vom öffentlichen Personennahverkehr (ÖPNV) ab. Die Entwicklung US-amerikanischer Städte war nur durch die individuelle Mobilität der Automobilgesellschaft möglich, die in Hongkong nicht gegeben ist. Obwohl der ÖPNV-Anteil nicht zwangsläufig auf dem hohen gegenwärtigen Stand (ca. 70 %) bleiben wird, ist eine völlige Umkehr des Modal Split weder praktikabel noch angestrebt, also nicht zu erwarten.
- *Psychologische Barrieren:* Noch stehen der Planung von Einfamilienhaussiedlungen für Hongkong jenseits seiner Grenzen wesentliche Faktoren entgegen. Shenzhen hat nach wie vor kein geeignetes Image (Lebensstandard, Infrastruktur, Kriminalität, Wohnumfeld) und die Grenze hat effektiv und psychologisch noch eine erhebliche Trennfunktion (z. B. durch lästige Grenzkontrollen). Langfristig ist allerdings in all diesen Punkten mit graduellen Änderungen zu rechnen.

1.3.3
Ausbau der Globalstadt

Hongkong hatte bereits vor der Übergabe an die Volksrepublik China den Charakter einer Globalstadt – funktional durch seine überregionalen Lenkungs- und Steuerungsfunktionen und seine Integration in weltweite Städtenetze (vgl. Kapitel 3.2) sowie kulturell durch die Besucher- und Immigrantenströme und durch seine internationale Prägung. Die Integration Hongkongs in die Volksrepublik China könnte sich auf diesen Globalstadtcharakter nun auf zwei gegenläufige Weisen auswirken.

Wachsende Bedeutung als Globalstadt:

- *Bedeutung Hongkongs als Finanzzentrum Chinas:* Die wichtigsten Funktionen einer Globalstadt, in den Bereichen Finanzwesen und unternehmensbezogene Dienstleistungen übt Hongkong weitgehend auch für die VR China aus. Durch die politische und funktionale Integration und das wirtschaftliche Wachstum in China nimmt die Bedeutung seines Finanzzentrums Hongkong noch zu.
- *Wachstum bei Handel und Verkehr:* Auch die Bedeutung des Handels- und Verkehrsknotenpunktes Hongkong nimmt durch die Integration zu. Der wachsende chinesische Markt ist mit der Weltwirtschaft vor allem über Hongkong verknüpft, wovon Flughafen, Hafen und Außenhandel Hongkongs profitieren.
- *Zielsetzung der chinesischen Führung:* Es ist erklärte Absicht nicht nur der Hongkonger, sondern auch der chinesischen Zentralregierung, die Bedeutung Hongkongs als Chinas Fenster zur Welt zu erhalten und auszubauen. Dies gilt ausdrücklich auch angesichts des gleichzeitigen massiven Ausbaus ähnlicher Funktionen in Shanghai.

Sinkende Bedeutung als Globalstadt:

- *Abwanderung ausländischer Fachkräfte:* Im Zusammenhang mit der Politik der *localisation* (ausländische Funktionsträger in öffentlichem Dienst und Privatwirtschaft werden durch Einheimische ersetzt) und mit Wirtschaftskrisen entsteht die Gefahr einer Abwanderung von Ausländern aus Hongkong.
- *Sprache:* Englisch wurde als offizielle Unterrichtssprache außer an einzelnen Schulen durch Kantonesisch (Chinesisch) ersetzt. Darunter könnten die für eine Globalstadt wichtigen Englischkenntnisse leiden. Allerdings wurde schon bisher „inoffiziell" überwiegend in Kantonesisch unterrichtet. Der Gebrauch des Englischen im öffentlichen Leben nimmt ab. Andererseits nimmt der Gebrauch des Hochchinesischen (Putonghua) zu, was sich langfristig auch als Standortvorteil für eine Globalstadt entwickeln könnte.
- *Städtekonkurrenz:* In der Konkurrenz speziell mit Shanghai könnte Hongkong seine komparativen Vorteile verlieren. Insbesondere mit einer fortschreitenden Öffnung der Volksrepublik und ihrem Beitritt zur Welthandelsorganisation (WTO) könnte die Mittlerrolle Hongkongs überflüssig werden.

1.3.4
Entwicklung zur Megastadt

Der Begriff Megastadt ist anders als der funktional definierte der Globalstadt zunächst durch eine sehr hohe Einwohnerzahl definiert (TAUBMANN 1996a). Da die Mehrzahl der jüngeren Megastädte in Entwicklungsländern liegt, ist mit ihnen ein komplexes Problemfeld von Umwelt-, Verkehrs- und Infrastrukturproblemen verbunden, das die Regierbarkeit dieser Städte in Frage stellt. In der Praxis ist diese Beeinträchtigung der Regier- oder Steuerbarkeit ein wesentlicheres Maß als die absolute Einwohnerzahl.

Für Hongkong stellt sich also die zweifache Frage, erstens ob die Integration in die bevölkerungsreiche und noch unterentwickelte Volksrepublik China eine starke Immigrationswelle zur Folge hat und zweitens ob dies gegebenenfalls die Steuerbarkeit der Entwicklungen in Hongkong beeinträchtigen würde.

Für eine massiv verstärkte Zuwanderung sprechen:

- *Pull-Faktor Wohlstandsgefälle:* Die Anziehungskraft des reichen und weltoffenen Hongkong im Vergleich zu den Städten der VR China und das Wohlstands- und Lohngefälle werden nur langfristig abzubauen sein, begünstigen also noch auf mittlere Sicht die Zuwanderung.
- *Push-Faktor Unterbeschäftigung:* In China gibt es viele unterbeschäftigte oder im Zuge des Abbaus von Staatsbetrieben freigesetzte Menschen, die außerdem hinreichend mobil sind, potentiell nach Hongkong abzuwandern.
- *Familienbindungen:* Viele Einwanderungswillige haben Familie in Hongkong, was erstens ein weiterer *pull*-Faktor ist und zweitens juristische Bedeutung hat, da Familienzusammenführungen meist nicht verwehrt werden können.

Dagegen sprechen andererseits:

- *Einwanderungspolitik:* Die Regierungen in Hongkong und Peking sind entschlossen, eine Masseneinwanderung zu unterbinden und halten an der Quote von täglich 150 chinesischen Immigranten fest, obwohl sie verfassungsrechtlich zumindest sehr problematisch ist.
- *Grenzregime:* Die unverändert vorhandene befestigte Grenze mit Sperrgebieten, mehrfach gesicherten Zäunen und gründlichen Kontrollen reduziert die illegale Zuwanderung auf ein kontrollierbares Maß.

Eine verstärkte Zuwanderung kann, muss aber nicht zwangsläufig zu einem Verlust der Steuerbarkeit führen. Bereits in früheren Phasen seiner Entwicklung hat Hongkong eine große Zahl chinesischer Zuwanderer absorbiert, was die Stadt zwar vorübergehend vor große Infrastrukturprobleme gestellt hat, ihrer Wirtschaft aber langfristig zugute kam.

Gegen einen Verlust der Steuerbarkeit selbst bei hoher Zuwanderung sprechen:

- *Familienbindungen:* Viele Zuwanderer kämen zunächst bei Verwandten unter und würden auch sonst auf Unterstützung rechnen können, was das Wohnraumproblem z. B. zwar nicht lösen aber abfedern würde.
- *Humankapital:* Zukünftige Zuwanderer könnten durch ein gutes Ausbildungsniveau, eine hohe Arbeitsbereitschaft und ihre Verbindungen nach China wesentliche Beiträge zur wirtschaftlichen Entwicklung Hongkongs leisten.

Für einen solchen Verlust der Steuerbarkeit sprechen:

- *Schülerzahlen:* Da viele Zuwanderungsberechtigte noch in jugendlichem Alter sind (Familienzusammenführungen), wäre das Schulsystem besonderen Belastungen ausgesetzt, was sich langfristig negativ auf Haushaltslage und Bildungswesen auswirkte.
- *Arbeitslosigkeit:* Der Arbeitsmarkt Hongkongs ist durch den wirtschaftlichen Strukturwandel heute weniger aufnahmefähig als zu früheren Zuwanderungswellen. Auf Arbeitslosigkeit können Kriminalität, Entstehung von Marginalsiedlungen und andere Erscheinungen von Megastädten der Dritten Welt folgen.
- *Abwanderung:* Eine Abwanderung von bisherigen Leistungsträgern der Gesellschaft könnte Hongkongs Status als Finanzzentrum und Globalstadt gefährden.

1.4
Relevanz der Arbeit

Die vorliegende Untersuchung zu Hongkong bereichert vor allem zwei wichtige Felder der gegenwärtigen Fachdiskussion: die Änderung von Grenzregimen und die Herausbildung von Globalstädten.

Grenzraumforschung. In den 90er Jahren hat die geographische Grenzraumforschung durch politische Veränderungen v. a. in Europa neuerliche Aktualität bekommen. Die meisten Untersuchungen zu Grenzen und Grenzräumen konzentrieren sich allerdings auf Europa und Nordamerika. Deren Ergebnisse sind nicht ohne weiteres auf andere Regionen übertragbar. In Hongkong lassen sich vor allem zwei Vorgänge idealtypisch beobachten:

- *Ausnutzung des Grenzraumpotenzials:* Grenzräume bieten ein ökonomisches und kulturelles Potenzial dadurch das sie im Überschneidungsbereich zweier Wirtschafts- bzw. Kulturräume liegen, und so die Nutzung der jeweiligen Vorteile von beiden gleichzeitig ermöglichen. Ein Raum, an dem das idealtypisch studiert wurde, ist die Grenze zwischen den USA und Mexiko. Es gibt auch Arbeiten, die derartige Prozesse unter dem Schlagwort „Growth Triangles" für Singapur und den südchinesischen Raum betrachten (OOI 1995, HO & SO 1997, FAU 1999). Der Erfolg speziell Hongkongs bei der Ausnutzung des Grenzraumpotenzials ist auch für Europa ein wichtiges Beispiel. An den Grenzen nach Osteuropa werden ähnliche Chancen wegen kultureller Vorbehalte und aus Sorge um Arbeitsplätze wesentlich weniger genutzt. Ohne eine vollständige Übertragbarkeit behaupten zu wollen, zeigt das Beispiel Hongkong doch, dass das Wirtschaftswachstum durch Produktivitätsgewinne die Arbeitsplatzverluste bei Auslagerung von Betriebsteilen mitunter wettmachen kann.
- *Abbau von Grenzfunktionen (Integration):* Der staatliche Integrationsprozess in Hongkong weicht durch kulturelle Besonderheiten und durch seine kontrollierte, langfristige Gestaltung von vergleichbaren Prozessen in Europa ab. Er kann als Gegenmodell zu dem von Systemzusammenbrüchen und chaotischen Transformationsprozessen begleiteten Grenzfunktionsabbau in Mitteleuropa, speziell Deutschland, dienen. Ein solches Gegenmodell ist von großer Wichtigkeit für andere Staaten Asiens, denen ein Integrationsprozess bevorstehen könnte. Dies ist insbesondere Korea, könnte potenziell auch Taiwan und Singapur betreffen. Es wird für diese Staaten zu fragen sein, inwieweit sich eine schrittweise Lösung wie in Hongkong auch in demokratischen Staaten realisieren lässt, und in Kulturkreisen, in denen nicht ähnlich langfristig gedacht wird wie im chinesischen.

Stadtforschung. Auch die geographische Stadtforschung erfährt in den 80er und 90er Jahren neue Aktualität. Der wichtigste Auslöser ist die zunehmende Determinierung der Stadtentwicklung durch Einflüsse auf der globalen Ebene. Die steigende Bedeutung der Globalstädte als Lenkungs- und Steuerungszentralen der Weltwirtschaft hat wieder über die Fachwelt hinaus Interesse an der Entwicklung der Städte geweckt. Es besteht aber noch Bedarf an systematischen, auch empirischen Analysen der Auswirkungen auf einzelne Städte. Sie sind für die räumliche Differenzierung der Erkenntnisse notwendig und geben Aufschluss über Interaktionen und Interdependenzen zwischen einzelnen Kausalfaktoren.

Speziell der Bedeutung nicht-westlicher Ökonomien in diesem Zusammenhang wird die fachwissenschaftliche Literatur nicht gerecht. Häufig werden beispielsweise Rangfolgen von Globalstädten anhand von Zweigniederlassungen nur unter Berücksichtigung US-amerikanischer bzw. westlicher Firmen erstellt (z. B. BEA-

VERSTOCK et al. 1999). In Hongkong zeigt sich zum Beispiel, dass auch die Präsenz von Betrieben und Kapital aus der VR China relevant sein kann. Das Bewusstsein, dass Städte als Standorte miteinander in Konkurrenz stehen, ist in den Globalstädten Asiens weiter verbreitet als in Europa.

Regionale Geographie. Die vorliegende Arbeit trägt auch dazu bei, das Verständnis für die Region Ostasien, für China und speziell für Hongkong zu vertiefen. Seit BUCHHOLZ (1978, 1987 und 1985 mit SCHÖLLER) und SCHRYEN (1992) ist keine deutschsprachige geographische Monographie über Hongkong erschienen, während sich die Ausgangsbedingungen und inneren Strukturen der Stadt in der Zwischenzeit wesentlich verändert haben. Auch auf internationaler Ebene fehlt es an Arbeiten mit einem vergleichbaren systemaren Ansatz. Vorliegende umfassendere Darstellungen zu Hongkong sind entweder eher ökonomisch ausgerichtete Standortstudien (ENRIGHT et al. 1997, BERGER & LESTER 1997) oder recht schematische Regionalgeographien (CHIU & SO 1986, LO 1992).

Aus Sicht der deutschsprachigen Geographie füllt die Arbeit auch insofern eine Lücke als die Zahl derjenigen, die sich überhaupt mit dem chinesischen Kultur- und Wirtschaftsraum auseinandersetzen (vgl. KRAAS & TAUBMANN 2000) gegenwärtig gering ist. Der enormen wirtschaftlichen, politischen und kulturellen Bedeutung und der hohen Dynamik des Raumes wird die deutschsprachige geographische Chinaforschung zur Zeit jedenfalls nicht gerecht (FLÜCHTER 2000).

Planerische Relevanz. Für die Planungspraxis in Hongkong hat eine Umbruchsphase begonnen. Mittelfristig wird man die Stadt und ihr formal bis zum Jahr 2047 von ihr getrenntes Umland als eine Einheit zu betrachten haben und zu einer integrierten Regionalplanung übergehen müssen. Schon jetzt gibt es in den Planungskonzepten Ansätze in diese Richtung. Die Chancen, die eine früher aus politischen und rechtlichen Gründen gemiedene Einbeziehung der Region für die Hongkonger Planung bieten, werden aber bei weitem nicht ausgeschöpft. Noch besteht ein Defizit hinsichtlich grenzübergreifender Regionalplanung und Planungskooperation, obwohl diese zu einer Entlastung Hongkongs beitragen könnten. Die hemmenden politischen und rechtlichen Differenzen dürfen nicht ignoriert werden, müssen aber im Interesse einer vernünftigen Raumentwicklung überwunden werden.

1.5
Methodisches Vorgehen

1.5.1
Methodisches Konzept

Die Arbeit geht von einem holistischen Ansatz aus. Integrativ verbindet sie über den Raum Hongkong verschiedene Zweige der Humangeographie (Stadt-, Wirtschafts-, Bevölkerungs-, Sozial- und Verkehrsgeographie, angewandte und politische Geographie). So wird aus unterschiedlichen Elementen das „System Hongkong" rekonstruiert und in Hypersysteme wie eine entstehende Metropolitanregion am Perlflussdelta und das weltumspannende Netz der Globalstädte eingeordnet.

Systemansatz. Eine systemare Betrachtungsweise bietet sich immer dann an, wenn ein z. B. räumlich abgrenzbarer Ausschnitt der Wirklichkeit durch äußere Eingriffe verändert wird. Nur durch die Betrachtung möglichst aller wesentlicher Bestandteile sowie vor allem ihrer Interaktionen untereinander können Auswirkungen von äußeren Eingriffen in das System vorhersagbar und in gewissem Maße steuerbar werden (KLAUS 1998, S. 2). Hongkong ist ein hochdynamisches System, das eindeutig abgrenzbar ist und (systemtheoretisch gesprochen) einen sehr hohen „Energiedurchsatz" hat. Konkret entspricht dies Immigration und Emigration und dem Austausch von Waren, Dienstleistungen, Kapital und Informationen.

In dieser Arbeit wird das *System Hongkong* mit seinen baulichen, ökonomischen und sozialräumlichen Strukturen sowie deren inneren Wirkungszusammenhängen analysiert. Als Leitlinie dieser Analyse dienen die vier in den Arbeitshypothesen genannten Modelle. Ziel ist es, die Dynamik des Systems herauszustreichen, indem innere Veränderungen und äußere Einflüsse auf das System in den Mittelpunkt gestellt werden. An äußeren Veränderungen, ziehen sich die Globalisierung und die Integration in die VR China als zwei Leitlinien durch die Arbeit.

Netzwerke. Beide Prozesse, Globalisierung und regionale Integration, haben mit der Einbindung des Systems in übergeordnete Netzwerke zu tun. Hongkong steht in vielfältiger Weise in Relation mit anderen Orten und äußeren Akteuren. Man kann dies als Netzwerke betrachten, formiert durch mannigfaltige Interaktionen zwischen geographisch mehr oder weniger entfernt liegenden Orten. Dieses Denkmodell ist geeignet, äußere Abhängigkeiten und Einflüsse deutlich zu machen, unter denen sich innere Strukturen verändern (CASTELLS 1995, 1999). In Bezug auf Globalstädte gehen auch BEAVERSTOCK et al. (2000) von dem Netzwerkgedanken aus und weisen darauf hin, dass bestehende Studien sich zumeist auf die Untersuchung der Knotenpunkte in dem Netz konzentrieren und die Verbindungen zwischen den Knoten vernachlässigen. Neben der Präsenz bestimmter Einrichtungen in der Stadt selbst ist auch die Art und Intensität der Interaktionen mit anderen Zentren auf globaler Ebene von herausragender Bedeutung für die Charakterisierung von Globalstädten. Dies wird in Kapitel 3 aufgegriffen und in gleichem Sinne auf die Frage der regionalen Integration ausgedehnt. Die Betrachtung von Raumausstattung und Vernetzung liegt sehr pointiert der Analyse von Hongkongs doppelter Rolle als globale und regionale Stadt in Kapitel 3.2 und 3.3 zugrunde.

1.5.2
Fallbeispiele

Der Einordnung des „Systems Hongkong" in übergeordnete Zusammenhänge auf der Makroebene steht eine exemplarische Vertiefung durch Fallbeispiele auf der Mikroebene gegenüber. Die holistische Betrachtung wird so durch eine konkrete, partikuläre ergänzt. Fallbeispiele machen die wirtschaftsräumlichen Veränderungen an ihren Brennpunkten präziser erkennbar und verdeutlichen Entstehung und Management planerischer Konflikte in Hongkong. Ersteres geschieht am Beispiel des CBD und eines von Deindustrialisierung besonders betroffenen Stadtteils, zweiteres anhand von Konflikten, die einerseits für die Stadtentwicklung Hongkongs von grundlegender und langfristiger Bedeutung sind und andererseits unmittelbar auf die beiden entscheidensten übergeordneten Einflüsse zurückgehen.

- *Auswirkungen der Integration mit China (Bsp. NWNT):* Der Integrationsprozess wirkt sich am stärksten in der Nähe der Grenze aus. Am Beispiel der besonders betroffenen nordwestlichen New Territories (NWNT) (Kapitel 7) wird untersucht, wie ein grenznaher Standort seinen periphären Charakter verliert und für verschiedene Nutzungen, besonders das suburbane Wohnen, interessant wird. Dadurch kommt es zu Konflikten zwischen diesen Entwicklungsinteressen und den Belangen des Naturschutzes. Ganz konkret werden diese Konflikte am Beispiel des Rechtsstreits um das „Sunnyville"-Projekt in Nam Sang Wai aufgezeigt.
- *Auswirkungen der Globalstadtfunktionen (Bsp. Wanchai):* Der Zuwachs von Globalstadtfunktionen wirkt sich am stärksten im CBD Hongkongs aus. Dessen Expansion geschieht einerseits durch Verdrängungsprozesse in benachbarten Stadtteilen und andererseits durch Landgewinnung im Victoria Harbour. Beides ist beispielhaft im Bezirk Wanchai zu beobachten. Als planerischer Konflikt wird in Kapitel 8 besonders die politische Debatte um weitere innerstädtische Landgewinnung nachgezeichnet.

Es hätte alternative Fallbeispiele gegeben, zum Beispiel den Erweiterungsdruck auf Hafen und Flughafen (zu beiden vgl. NG 1992). Die Frage des Flughafenstandortes ist inzwischen längerfristig gelöst. Sie wird erst wieder stärker diskutiert werden, wenn wie vorgesehen massiv Wohnsiedlungen in Flughafennähe errichtet worden sind und Beschwerden über Fluglärm, Sicherheit und überlastete Zufahrten zunehmen. Hinsichtlich des Hafens wurde ein aufkommender Konflikt entschärft, als die Ausbaupläne am Standort Penny's Bay (Nordost-Lantau) nach der Entscheidung für einen Disney-Themenpark dort auf Eis gelegt wurden. Er kann allerdings wieder aufkommen, wenn ein Alternativstandort ausgewählt ist. In Kapitel 3.2.1 und 9.4.1 wird kurz auf diese Frage eingegangen. In Zusammenhang mit beiden übergeordneten Einflüssen steht das Problem der „wilden" Containerlagerflächen in den New Territories, das in Kapitel 7.1.3 angesprochen wird.

1.5.3
Informations- und Datenquellen

Die Fragestellungen der Arbeit werden mit einer Mischung aus quantitativen und qualitativen Methoden angegangen. Zugrunde liegen neben der Fachliteratur auch amtliche Statistiken, sogenannte „graue Literatur" (Planungsunterlagen, Positionspapiere, Gerichts- und Parlamentsprotokolle etc.) sowie die Auswertung aktueller Zeitungen und Zeitschriften in Hongkong. Am häufigsten wird dabei die größte englischsprachige Tageszeitung Hongkongs *South China Morning Post* zitiert. Sie berichtet sehr fundiert auch über Stadtplanungsfragen (z. B. regelmäßige Berichte über Sitzungen des *Town Planning Board*, Immobilienmarkt und neue Planungsgesetzgebung). Auch ihre Berichterstattung über die politische und wirtschaftliche Entwicklung sowie über See- und Luftverkehr ist jeweils fundiert und ergiebig. Ausgewertet wurden zudem die *Far Eastern Economic Review, Asiaweek* und die inzwischen nicht mehr existenten *Window* und *Hong Kong Standard* (heute *Hong Kong i-mail*). Vor allem hinsichtlich der Stadtplanung und der Fallbeispiele wurden auch Experteninterviews, Ortsbegehungen, Luftbilder und Karten ausgewertet. Im einzelnen beruhen die Kapitel auf folgenden Hauptdatenquellen.

Globale Netzwerke. Die Einbindung in das internationale Luftverkehrsnetz wurde mit einer stichprobenartigen Zählung der von Hongkong aus angeflogenen Orte erfasst. Dabei wurden an sieben verschiedenen Wochentagen, über die Monate Januar bis Juni 2000, alle Ziel- und Zwischenstopporte ausgezählt, die in der Abfluginformation der AIRPORT AUTHORITY (2000a) erschienen. Da die Rangfolge an den einzelnen Stichtagen nur geringfügig variierte, ist davon auszugehen, dass die Verbindungen des ersten Halbjahres 2000 ziemlich realistisch erfasst wurden.

Über die Telekommunikationsverbindungen gibt es nach Auskunft der zuständigen Behörde keine nach Städten aufgeschlüsselten Statistiken. So musste mit einer Aufschlüsselung nach Ländern gearbeitet werden, die lediglich in der VR China etwas differenziert (OFFICE OF THE TELECOMMUNICATIONS AUTHORITY 2000).

Als Kennzahl für finanzielle Verflechtungen wurden Zahlen über ausländische Direktinvestitionen herangezogen, die allerdings durch Firmenregistrierungen in sogenannten Steueroasen (Britische Jungferninseln, Bermuda etc.) verfälscht werden. Die internationalen finanziellen Verflechtungen sind damit noch nicht adäquat wiedergegeben. Für künftige Studien müsste noch eine verfeinerte Methode zur Erfassung grenzüberschreitender Geldtransaktionen gefunden werden.

Eine gängige Methode für die Erfassung der Einbindung in globale Netzwerke ist die Betrachtung von Firmenniederlassungen im Dienstleistungssektor, insbesondere sogenannter regionaler Hauptverwaltungen großer Firmen. Für Hongkong konnte eine Statistik zu solchen regionalen Hauptverwaltungen herangezogen werden, die jährlich vom *Industry Department* herausgegeben und dann vielerorts zitiert wird.

Regionale Netzwerke. Die Zahl der Grenzübertritte wird nach Übergang und Verkehrsmittel vom *Immigration Department* erfasst. Zudem gibt es Stichprobenbefragungen des CENSUS AND STATISTICS DEPARTMENT (1997b,c) zu Hongkonger Bürgern, die in der VR China verheiratet sind bzw. dort arbeiten. Eine großangelegte Untersuchung des CENSUS AND STATISTICS DEPARTMENT (2000) zu Zielen und Motiven für Grenzübertritte konnte teilweise noch in diese Arbeit einfließen. Zum Thema grenzüberschreitendes Einkaufsverhalten hat die Bezirksgruppe Nord der DEMOCRATIC ALLIANCE FOR BETTERMENT OF HONG KONG (1999) zwei Befragungen unternommen, die ebenfalls in diese Arbeit eingeflossen sind. Wünschenswert wären noch Zahlen über den Grundbesitz von Hongkongern in der VR China und qualitative Interviews, die die entstandenen grenzübergreifenden Verflechtungen besser erklären und differenzieren lassen würden. Gespräche dazu wurden bisher nur unsystematisch im eigenen Bekanntenkreis durchgeführt.

Sozial- und wirtschaftsräumliche Veränderungen. Das Kapitel zu Bevölkerung und sozialräumlichen Veränderungen basiert vor allem auf der Volkszählung 1991 und dem Mikrozensus 1996 (vgl. Kapitel 5.1.1). Ergänzend werden auch andere Statistiken, z. B. des *Immigration Department* zitiert.

Hauptdatenquelle zur Erfassung der wirtschaftsräumlichen Veränderungen sind die Betriebsstättenzählungen von 1992 und 1997 (vgl. Kapitel 6.1.1). Sie wurden ergänzt durch die Erwerbstätigenstatistik der Zensen, die Außenhandelsstatistik, die Büropreisstatistik (*Rating and Valuation Department*) und andere. Für die Fallstudien wurden auch Ortsbegehungen unternommen.

Stadtplanung. Es wurden von Dezember 1996 bis April 2000 Experteninterviews mit neun Fachleuten der Stadtplanung in Hongkong geführt (siehe Anhang), von denen Ergebnisprotokolle angefertigt wurden. Einige der Gesprächspartner stellten interne Papiere und Planungsunterlagen („graue Literatur") zur Verfügung.

Die Landnutzung und ihre Veränderung in den nordwestlichen New Territories (Fallbeispiel 1) wurde durch Auswertung von Karten und Luftbildern, für Tabelle 7.1 auch quantitativ, erfasst (vgl. FUNG 1997 mit Satellitenaufnahmen). Hinzu kamen zahlreiche Ortsbegehungen. Die Debatte um die Bebauung von Nam Sang Wai wird auf der Basis von Expertengesprächen und „grauer Literatur" dargestellt.

Die Überformung der Bau- und Nutzungsstruktur Wanchais (Fallbeispiel 2) wurde in Ortsbegehungen und fotografischer Dokumentation, unterstützt durch Karten und historische Darstellungen, ermittelt. Die Diskussion um die Landgewinnungen im Victoria Harbour wurde in Experteninterviews und Gesprächen mit Bürgern nachvollzogen. Dazu bot die Teilnahme an einer Unterschriftensammlung einer Bürgerinitiative Gelegenheit. Die dabei gewonnenen Erkenntnisse konnten durch eine demoskopische Untersuchung (CHUNG & CHAN 1997) untermauert werden.

1.6
Aufbau der Arbeit

Die Arbeit besteht im folgenden aus einem allgemeinen und einem empirischen Teil sowie der Synthese.

Allgemeiner Teil: Zunächst wird im folgenden Kapitel 2 die theoretische Grundlage in den durch die Thesen vorgegebenen Sachfeldern Grenzräume, Suburbanisierung, Globalstädte, Megastädte und Regionalplanung gelegt, um eine Einordnung der vorliegenden Arbeit in den geographischen Fachkontext zu ermöglichen.

In Kapitel 3 und 4 wird auf das Studiengebiet Hongkong eingegangen. Die Struktur von Kapitel 3 wird durch die Begriffe koloniale Stadt, globale Stadt und regionale Stadt vorgegeben. Das Studiengebiet wird so fokussiert auf drei Themen (koloniale Vergangenheit und ihre Überwindung, Globalstadtfunktionen und regionale Integration) eingeführt. Kapitel 4 schließlich stellt speziell die Strukturen und das wichtigste Gesamtkonzept der Stadtplanung in Hongkong dar.

Empirischer Teil: Kapitel 5 und 6 zeigen überwiegend quantitativ anhand statistischer Daten demographische und sozialräumliche Entwicklungen (Kapitel 5) sowie wirtschaftsräumliche Entwicklungen (Kapitel 6) im Hongkong der 1990er Jahre auf und dokumentieren sie mit GIS-Karten, Tabellen und Diagrammen.

Kapitel 7 und 8 untersuchen exemplarische Raumnutzungskonflikte, die durch diese Entwicklungen mitverursacht sind. Übergeordnete Veränderungen werden in Beziehung zu kleinsträumigen Konflikten und Steuerungsoptionen gestellt. Als Beispiele werden die nordwestlichen New Territories (Kapitel 7) und der Innenstadtbezirk Wanchai (Kapitel 8) gewählt (vgl. Kapitel 1.4.2).

Synthese: Kapitel 9 führt die Ergebnisse der einzelnen Untersuchungsschritte zusammen. Dabei orientiert es sich an den in Kapitel 1.1.2 aufgestellten Zielen. Die wichtigsten raumwirksamen Veränderungen (Ziel 1) werden zusammengefasst und mit den Konzepten grenzübergreifende Agglomeration, suburbanisierte Stadt, Globalstadt und Megastadt in Beziehung gesetzt (Kapitel 9.1/9.2). Im Sinne des zweiten Hauptzieles werden sie in Kapitel 9.3 erklärt, und im Sinne des dritten Hauptzieles in Kapitel 9.4 die Perspektive für planerische Steuerung der Transformation im Großraum Hongkong diskutiert.

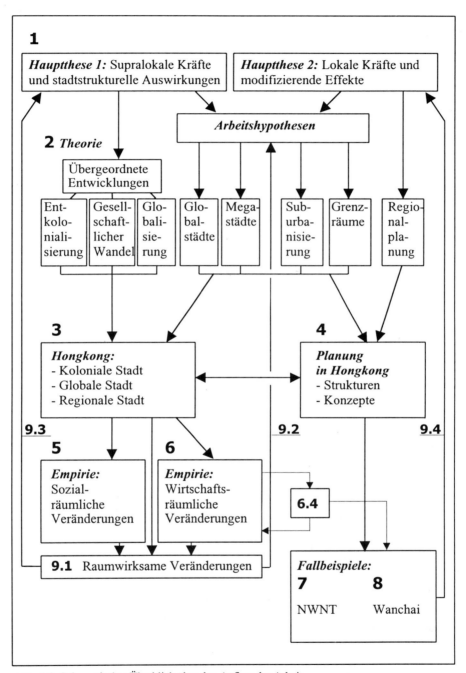

Abb. 1.2. Schematischer Überblick über den Aufbau der Arbeit

2 Hintergrund:
Stadt- und Grenzräume im Wandel

2.1
Konzepte zu den übergeordneten Entwicklungen

In diesem Kapitel werden übergeordnete globale Trends beleuchtet, die – obwohl sie unabhängig von Hongkong stattfinden – die Entwicklung der Stadt nachhaltig beeinflussen. Die in Kapitel 2.1 ausgewählten Trends Globalisierung, Entkolonialisierung und gesellschaftlicher Wandel sind wichtige außergeographische Voraussetzungen für (stadt-)geographische Entwicklungen, die in späteren Kapiteln zur Erklärung der Veränderungen in Hongkong herangezogen werden. Die Entwicklungen werden anhand der fünf in Kapitel 2.2 dargelegten Begriffe Grenzraum, Suburbanisierung, Globalstadt, Megastadt und Regionalplanung analysiert.

2.1.1
Globalisierung

Die Globalisierung ist eine der grundlegendsten und daher in Wissenschaft und Öffentlichkeit wohl meistdiskutierten gesellschaftlichen Entwicklungen unserer Zeit. Sie hat verschiedene Dimensionen und ihre Auswirkungen beeinflussen die meisten Bereiche des Lebens, so auch die in den Folgekapiteln untersuchten Entwicklungen.

Dimensionen des Globalisierungsbegriffes. Die „Gruppe von Lissabon" (CARAÇA et al. 1997, S. 49), führt zur Definition des Begriffes Globalisierung sieben Globalisierungskonzepte an (Globalisierung von Finanzen und Kapitalbesitz, der Märkte und Marktstrategien, von Technologie, Forschung und Entwicklung bzw. des Wissens, von Lebensformen und Konsummustern sowie des Kulturlebens, von Regulierungsmöglichkeiten und politischer Steuerung, Globalisierung als politische Einigung der Welt und Globalisierung von Wahrnehmung und Bewusstsein), die sich in folgende vier Dimensionen zusammenfassen lassen.

- *Ökonomische Dimension.* Zunahme der Bedeutung multinationaler Konzerne, internationale Verflechtungen in Produktion, Handel und Dienstleistungen, zunehmende internationale Finanzströme und Investitionsstrategien, Ortslosigkeit von Kapital und Arbeit.
- *Politische Dimension.* Zunehmende Macht transnationaler, auch politikfremder Akteure, Stärkung internationaler politischer Strukturen (z. B. IWF, WTO, EU), Abnahme nationaler Regulationsmöglichkeiten, zunehmender Einfluss einer führenden Weltmacht.

- *Kulturelle Dimension.* Vereinheitlichung der Lebensformen und Konsummuster sowie des Kulturlebens, aber auch wachsende Multikulturalität in den Städten; Globalisierung des Bewusstseins und der Wahrnehmung, grenzüberschreitendes Alltagshandeln (Internet, Ferngespräche, Fernreisen, persönliche Kontakte etc.).
- *Technologische Dimension.* Fortschritt der Informations-, Kommunikations- und Verkehrstechnologie, Aufbau weltumspannender Netze (Telefon, Internet, Satellitenfernsehen), Verkürzung von Reisezeiten, Automatisierung und Fernsteuerung von Betriebsabläufen.

Im Gegensatz zu den älteren Begriffen Internationalisierung und Multinationalisierung geht der Begriff Globalisierung nicht mehr vom Nationalstaat als Bezugsgröße aus. Über die Verbindung nationaler Akteure und Handlungsfelder hinaus werden nunmehr neue, von der nationalen Ebene losgelöste globale Akteure und Handlungsfelder postuliert (CONTI & GIACCARIA 1998, S. 18). Vielbeachtet waren in diesem Zusammenhang die Thesen vom Ende des Nationalstaates (OHMAE 1995) und vom Ende der Geographie (O'BRIEN 1992), die von der völligen Überwindung der nationalen Bezugsebene bzw. der Bedeutung räumlicher Bezüge ausgehen, was sich allerdings als ebenso provokativ wie falsch erwiesen hat.

Hintergründe und Folgen der Globalisierung. Gelegentlich wird die Frage nach den Ursachen der Globalisierung (und im Zusammenhang damit der Behauptung ihrer Unabwendbarkeit) untersucht. OSSENBRÜGGE (1998, S. 5) tritt dabei der verbreiteten Ansicht entgegen, dass Globalisierungsprozesse weltwirtschaftlich begründet sind und die nationale Politik sich ihnen als Sachzwang fügen muss. Er führt sie vielmehr auf bewusste politische Entscheidungen zurück (GATT-Prozess, Deregulierung, Privatisierung). Die Ursachen liegen wohl gleichermaßen auf der ökonomischen, politischen, kulturellen und technologischen Ebene. Vor allem die Bedeutung des technischen Fortschritts ist nicht zu unterschätzen. Erst die moderne Datenverarbeitung, die Datenübermittlung per Satellit und Glasfaser, das Internet, Fortschritte in Luftverkehr und betrieblicher Automatisierung haben die Globalisierung ermöglicht oder sogar zwingend zur Folge gehabt (CASTELLS 1995).

Stärker als die Ursachen stehen die Folgen der Globalisierung im Mittelpunkt des öffentlichen und wissenschaftlichen Interesses. Sie werden zumeist interdisziplinär mit Blick auf politisch-gesellschaftliche (ALTVATER & MAHNKOPF 1996, SASSEN 1996, BECK 1997) oder ökonomische (SCHAMP 1996, NUHN 1997, ALTENBURG 1996) Folgen untersucht. Der Geographie fällt dabei die Rolle zu, stärker die räumlichen Auswirkungen der Globalisierung sowohl theoretisch-konzeptionell als auch auf der Ebene konkreter Beispielsräume aufzuzeigen.

Dabei kann auf gesellschafts- und wirtschaftswissenschaftliche Erkenntnisse, zum Beispiel der Regulationstheorie (vgl. BARTHELT 1994, KRÄTKE 1996) zurückgegriffen werden. Unter dem Stichwort post-fordistische Produktion und Regulation werden Flexibilisierung von Produktion und Arbeitsverhältnissen, Auslagerung von Fertigungsschritten, Reduzierung der Fertigungstiefe, *just-in-time*-Fertigung zusammengefasst. Gleichzeitig gewinnt der Produktionsfaktor Kapital gegenüber dem Produktionsfaktor Arbeit an Gewicht ebenso wie der tertiäre Sektor gegenüber dem sekundären Sektor. Insbesondere nimmt der Finanzsektor durch Auslandsdirektinvestitionen und spekulative Elemente (*„Casino-Ökonomie"*) an Bedeutung zu.

2.1.2
Entkolonialisierung

Unter Entkolonialisierung sei hier der Abbau des europäischen Einflusses und die Unabhängigkeit und Eigenständigkeit nicht-europäischer Staaten verstanden. Es soll von einem Kolonialismusbegriff ausgegangen werden, der neben der politischen Dimension auch wirtschaftliche und kulturelle Abhängigkeiten berücksichtigt. Entsprechend hat auch die Entkolonisierung drei Dimensionen:

Politische Dimension. Eine der einschneidendsten Veränderungen auf der politischen Weltkarte dieses Jahrhunderts ist das Verschwinden der Kolonialreiche. Spätestens seit dem Zweiten Weltkrieg geht der direkte politische Einfluß Europas in der Welt zurück (HOLLAND 1985, DARWIN 1988). Man kam durch die Entlassung der Kolonien in die politische Unabhängigkeit dem Postulat des Selbstbestimmungsrechts der Völker nach. Auslöser waren entweder blutige Unabhängigkeitskriege (z. B. in Algerien), friedliche Ablösungsbestrebungen (z. B. Indien) oder auch Ereignisse im „Mutterland" (z. B. die „Nelkenrevolution" in Portugal). Dadurch waren die Kolonien in unterschiedlichem Maße auf ihre Unabhängigkeit vorbereitet und fanden unterschiedlich günstige Übergangsbedingungen vor. Die größten Probleme ergaben sich in den sehr plötzlich entlassenen portugiesischen Kolonien, wie Angola, Moçambique, Ost-Timor (nur in Macau wurde ein Rückzug Portugals durch China verhindert). Eine 14-jährige gezielte Vorbereitung auf die Entkolonialisierung wie in Hongkong ist eine ungewöhnlich günstige Voraussetzung. Sie erlaubt den geordneten Aufbau neuer politischer Strukturen und die Konsolidierung einer neuen örtlichen Elite. Für politische wie wirtschaftliche Akteure besteht weitgehende Klarheit, und ein Machtvakuum wird vermieden.

Die Auflösung der europäischen Kolonialreiche fand schwerpunktmäßig in den 60er Jahren statt und war zum Zeitpunkt der Übergabeverhandlungen um Hongkong prinzipiell abgeschlossen. Mit der Übergabe Hongkongs 1997 und Macaus 1999 rückte die Zukunft der verbliebenen Kolonien noch einmal in der Blickpunkt der politischen und wissenschaftlichen Diskussion (z. B. ALDRICH & CONNELL 1998). Es handelt sich bei ihnen allerdings nur noch um wenige und überwiegend kleine Territorien (zumeist wirtschaftlich unbedeutende Inseln). Auch als letztes im weltwirtschaftlichen Maßstab wirklich bedeutendes Kolonialgebiet nimmt Hongkong eine Sonderrolle ein, ebenso wie durch die Tatsache, dass es anders als die meisten Kolonien nicht in die Unabhängigkeit entlassen, sondern in ein mit ihm territorial sowie ethnisch-kulturell verbundenes neues „Mutterland" eingegliedert wurde. Frühere Beispiele dafür waren von deutlich kleinerer Dimension, wie zum Beispiel Goa und Malakka, oder nur begrenzt vergleichbar, wie die zeitweise Übergabe Südwestafrikas (Namibia) als Mandatsgebiet an Südafrika.

Wirtschaftliche Dimension. Die politisch unabhängig gewordenen Staaten blieben zumeist wirtschaftlich von der vormaligen Kolonialmacht abhängig, da aus der Kolonialzeit herrührende wirtschaftliche und gesellschaftliche Strukturen persistent blieben (NOHLEN 1984, S. 337). Die einseitige Abhängigkeit von der ehemaligen Kolonialmacht wurde oft nur durch die Konzentration wirtschaftlicher Macht bei überwiegend westlichen transnationalen Unternehmen abgelöst. Man spricht in dem Zusammenhang von Neokolonialismus, der von der Dependenztheorie für die

Armut der Länder der sogenannten „Dritten Welt" verantwortlich gemacht wird (CARDOSO 1976, FURTADO 1981, NOHLEN 1984, S. 137ff, 423ff). Erst mit dem wirtschaftlichen Aufstieg von Ländern wie Malaysia und Singapur traten ehemalige Kolonien aus diesen Abhängigkeiten heraus und entwickelten sich selber zu wirtschaftlichen Mittelmächten, was ihnen viel Beachtung in der „Dritten Welt" einbrachte, da sich damit ein Ausweg aus der Abhängigkeitsspirale anzudeuten schien (MAHBUBANI 1998, S. 45, 118). Über den wirtschaftlichen Erfolg dieser Länder ist viel geschrieben worden (u. a. KOSCHATZKY 1986; SCHÄTZL 1986, 1992; PATTEN 1998, S. 144ff; LANDES 1998, S. 475ff). Das besondere an Hongkong war, dass es eine vergleichbare Entwicklung vollzogen hat als es noch eine Kolonie war. Die wirtschaftliche Entkolonialisierung ist hier der politischen vorangegangen. Dass das möglich war, hatte vielfältige Gründe (von der besonderen Situation Hongkongs als städtische Enklave über die „Schaufensterfunktion" in Zeiten des Kalten Krieges hin zu dem über die Zeit gewandelten Rollenverständnis der Kolonialmacht). Auf jeden Fall ist Hongkongs politische Entkolonialisierung durch die eigenständige wirtschaftliche Position sehr erleichtert worden.

Kulturelle Dimension. Die dritte Abhängigkeitsebene, die im Zuge der Globalisierung immer stärker ins Blickfeld rückt, ist die Nivellierung kultureller Unterschiede zugunsten einer Dominanz der westlichen Kultur (Kulturimperialismus). Obwohl diese Entwicklung weltweit anhält, ist auch ein Gegentrend zu bemerken. Mit dem wirtschaftlichen Erfolg Ost- und Südostasiens wurden auch Ansätze einer kulturellen Emanzipation erkennbar. Die sehr politisch geführte Diskussion um asiatische Werte und die wachsende Aufmerksamkeit für asiatische Kunst (Film, Musik, Literatur), Sprache und Philosophie deuten an, dass ein kultureller Eurozentrismus nicht von unbegrenzter Dauer sein muss. Der behaupteten Emanzipation Asiens wird von verschiedenen Autoren ein erheblicher weltpolitischer Einfluss beigemessen (ISHIHARA 1992, HUNTINGTON 1996, MAHBUBANI 1998, NAISBITT 1995). SCHOETTLI (1996) zitiert Lee Kwan Yew, den einflussreichen ehemaligen Ministerpräsidenten Singapurs mit den folgenden Worten:

> Wie sich Ostasien entwickelt, so wird eine Bestätigung von Asiens Kultur, seinen Traditionen und Werten erfolgen. (...) Anfänglich kann es zu Friktionen und Unannehmlichkeiten kommen, bis die Amerikaner und die Europäer sich darauf eingestellt haben und akzeptieren, dass sie es mit einem Ostasien mit mehr Selbstvertrauen zu tun haben. Die Renaissance von China und Ostasien wird die ganze Welt stärken.

Speziell China ist aufgrund seiner Größe, seiner sehr langen Kulturtradition und seiner wachsenden wirtschaftlichen Bedeutung auch ein zunehmend wichtigerer politischer und kultureller Faktor. So kann langfristig auch die heutige sprachliche Dominanz des Englischen (eine Spätfolge des britischen Weltreiches in Kombination mit der ökonomischen Dominanz der USA) durch eine wachsende Bedeutung des Chinesischen abgelöst werden. Es ist nicht zu erwarten, dass die mit Abstand größte Sprachgruppe der Welt bei voller Integration der VR China in die Weltwirtschaft und bei höherer Mobilität ihrer Bewohner weiterhin so unterrepräsentiert bleibt wie sie es gegenwärtig der Fall ist. Schon heute spielt das Chinesische im innerasiatischen Geschäftsverkehr eine erhebliche Rolle. Unterstützt wird seine zunehmende Bedeutung durch die chinesische Diaspora vor allem in den USA, die ein wichtiges Bindeglied zwischen Asien und dem Westen darstellt.

2.1.3
Gesellschaftlicher Wandel

Auch unter den gesellschaftlichen Trends sind solche, die mit Abstufungen und Ausnahmen weltweit feststellbar sind. Diese Trends wirken sich neben ökonomischen und politischen Veränderungen in global-lokaler Wechselwirkung auf Städte und Regionen aus (CONTI 1997, SCHNEIDER-SLIWA 1998). Einige wichtige solcher gesellschaftlichen Trends, die aus der Sicht von Hongkong und Ostasien Bedeutung haben, sind:

- *Alterung der Gesellschaft.* Erhöhte Lebenserwartung und abnehmende Kinderzahlen, entsprechend dem Modell des demographischen Übergangs, führen zu einer wesentlichen Erhöhung des Durchschnittsalters, was Folgen für den Infrastrukturbedarf und für die Alterssicherungssysteme hat. Diese Entwicklung, die in vergleichbarer Form in Europa schon länger anhält, hat sich in vielen Staaten Ostasiens (v. a. Japan, Hongkong, Singapur) im letzten Jahrzehnt zu einem ebenso großen Problem entwickelt.
- *Höhere Wohnraumansprüche.* Die Tendenz zur Kernfamilie ohne Großelterngeneration und mit weniger Kindern sowie zu nichtfamiliären Lebensformen führt zu sinkenden Haushaltsgrößen. Gleichzeitig mit einer durch frühere Selbständigkeit steigenden Zahl von Haushalten führt das zu veränderten und insgesamt steigenden Wohnraumansprüchen. In der Abkehr von der traditionellen Großfamilie folgen asiatische Gesellschaften damit westlichen Vorbildern. Verstärkt wird der Trend zu höherem Wohnraumbedarf noch durch den wachsenden Wohlstand, der z. T. in einen höheren Flächenverbrauch des einzelnen investiert wird (SIEVERTS 1997, S. 35).
- *Stärkere Partizipation von Frauen.* Durch eine veränderte Rolle der Frau in der Gesellschaft und eine stärkere Partizipation von Frauen am Erwerbsleben nimmt die Erwerbsbevölkerung zu. Da sich Männer im allgemeinen nicht gleichermaßen vom Arbeitsmarkt zurückziehen, müssen durch Wirtschaftswachstum zusätzliche Arbeitsplätze geschaffen werden, die bestehende Arbeit muss anders verteilt werden (Arbeitszeitverkürzung, früherer Ruhestand, späterer Berufseintritt) oder eine erhöhte Arbeitslosigkeit muss in Kauf genommen werden.
- *Mobilität.* Durch eine erhöhte individuelle Motorisierung steigt die Mobilität des Einzelnen, was erhebliche Auswirkungen auf Stadt- und Regionalstrukturen und auf die Umwelt mit sich bringt. Insbesondere fördert ein erweiterter Einpendelradius die Suburbanisierung und den Verkehrs- und Siedlungsflächenbedarf. Neben der täglichen Mobilität der Pendler steigt auch die Migrationsmobilität, indem Umzugshäufigkeit und -distanzen zunehmen.
- *Freizeitgesellschaft.* Bei zunehmender Trennung von Arbeit und Freizeit und gleichzeitig sinkender Durchschnittsarbeitszeit bekommt die Freizeitgestaltung einen immer höheren Stellenwert für den einzelnen und in der Gesellschaft. Auch diese Entwicklung ist für Ostasien im Gegensatz zu westlichen Gesellschaften noch vergleichsweise neu. Dies ist in doppelter Weise raumwirksam. Zum einen haben Freizeitnutzungen ihren eigenen Flächenbedarf (in besonderem Maße z. B. Golfplätze) und zum zweiten fördert ein geringerer Stellenwert des Arbeitsortes in der Lebensgestaltung die Funktionstrennung und damit die Suburbanisierung.

2.2
Konzepte zu den untersuchten Prozessen

Globalisierung, Entkolonialisierung und gesellschaftlicher Wandel führen zu strukturellen Veränderungen der Stadt und Region Hongkong. Wichtige Prozesse sind ein Funktionswandel der Grenze um Hongkong, ein Funktions- und Bevölkerungszuwachs und ein stärkeres Vordringen der Entwicklung in den suburbanen Bereich. Für jeden einzelnen dieser Prozesse gibt es vergleichbare Fälle, theoretische Modelle und eine mehr oder weniger umfangreiche Fachliteratur. Im folgenden sollen diese jeweils überblicksartig dargestellt werden.

2.2.1
Grenzräume

Veränderungen von Grenzfunktionen sind kein Hongkong-spezifischer Vorgang sondern durch Entkolonialisierung, Globalisierung, neue Nationalismen und Regionalisierung ausgelöst in vielen Teilen der Welt von Aktualität (z. B. Nahost, Balkan, EU, frühere Sowjetunion). Obwohl den jeweiligen Einzelfällen ganz unterschiedliche historisch-politische Konstellationen zugrunde liegen, gibt es grundsätzliche Trends, die der Grenzforschung, und damit auch der Politischen Geographie neue Aktualität geben (OSSENBRÜGGE & SANDNER 1994). Bevor auf diese Veränderungen eingegangen wird, sollen zunächst allgemein die Funktionen und Auswirkungen von Grenzen analysiert werden.

Technische Grenzfunktionen. Politische Grenzen stellen den Übergangssaum von zwei disjunkten politischen Einheiten dar. Heutzutage handelt es sich bei Staatsgrenzen zumeist um wohldefinierte (wenngleich in ihrer genauen Lage oft umstrittene) Grenzlinien. Historisch gesehen stehen dem Grenzräume, wie Marken oder neutrale Zonen gegenüber, die einen nicht linear abgrenzbaren Übergang zwischen Staatsgebieten herstellten. Grenzen als fixierte und in der Landschaft markierte Trennlinien können verschiedene technische und hoheitliche Funktionen erfüllen (eigene Aufstellung unter teilweiser Verwendung von LEIMGRUBER 1980, S. 71f):

- *Verwaltung:* Festlegung und Markierung des Hoheitsgebietes (Definition und Demarkation), Ordnung von Zuständigkeiten, Ort der Registrierung ein- und ausreisender Personen sowie ein- und ausgeführter Waren
- *Schutz der politischen Ordnung und der Sicherheit:* militärische Verteidigung der äußeren Sicherheit, Eindämmung politischer Infiltration, Abwehr verbotener Gegenstände (Waffen, Drogen, Schriften etc.), Abwehr unerwünschter Personen, Zurückhalten von Personen, deren Ausreise nicht gewünscht wird, Fahndung nach Straftätern
- *Staatsfinanzen:* Erhebung von Zöllen und Gebühren, Abgleichung von Steuern und Abgaben, Mindestumtausch von Devisen
- *Wirtschaft:* Schutz des Binnenmarktes (Einfuhrbeschränkungen und -erschwernisse), Schutz des Arbeitsmarktes (Eindämmung und Kontrolle von Zu- bzw. Abwanderung), Schutz der Währung (Beschränkung und Kontrolle des Devisenverkehrs)
- *Gesundheit und Naturschutz:* Abwehr von Gesundheitsgefahren für die Bevölkerung und die Tierwelt (Impfungen, Einreise- oder Importverbote), Artenschutz (Ausfuhrverbote)
- *Kultur:* Funktion zur Identitätsstiftung, Schutz von Kulturgütern (Ausfuhrverbote)

Es sind hoheitliche Entscheidungen eines Staates, in welchem Umfang konkrete Grenzen einzelne dieser Funktionen erfüllen, ob sie dazu befestigt und bewacht und Grenzkontrollen durchgeführt werden. Auch von diesen Entscheidungen hängt ab, in welchem Maße sie als offene oder geschlossene Grenzen empfunden werden. RATTI (1993, S. 244f) hält dem Begriff der Barrierefunktion von Grenzen den der Filterfunktion entgegen. Die meisten Grenzen ermöglichen einen Austausch mancher Interaktionen und anderer nicht, und sie ermöglichen sie nicht in beide Richtungen gleichermaßen. Da der Offenheitsgrad von Grenzen auch Veränderungen unterworfen ist, sind Grenzfunktionen immer als temporär und dynamisch anzusehen (GRIMM 1995, VAN DER WUSTEN 1994, S. 404).

Psychologische Wirkungen von Grenzen. Psychologisch gibt es eine Beziehung zwischen Identität und Grenzen. NEWMAN & PAASI (1998, S. 194) bezeichnen diese Begriffe sogar als zwei Seiten einer Medaille. Eine Identitätsfindung erfolgt häufig durch Abgrenzung des Selbst gegen das Andere. Diesem Zusammenhang und dem Wunsch nach überschaubaren und damit begrenzten Handlungsräumen entspringt die Existenz von Grenzen (LEIMGRUBER 1980, S. 67, MASSEY & JESS 1995, S. 162, SIBLEY 1995). Sie sind also als soziale Konstrukte anzusehen.

Auch die Wirkung von Grenzen hat eine psychologische Komponente. Eine materielle Sperrwirkung entsteht durch Befestigung, Kontrollen und rechtliche Zugehörigkeit, durch sozialen Druck z. B. in Vierteln in denen Außenstehende sich bedroht fühlen, oder die physische Sperrwirkung einer vielbefahrenen Straße. Eine psychologische Sperrwirkung kann schon durch das eigene (Nicht-) Zugehörigkeitsgefühl, das Image des Gebietes jenseits der Grenze oder seine mangelnde Kenntnis entstehen. Die psychologische Trennwirkung kann mitunter wesentlich dauerhafter sein als die materielle, wie man am Beispiel der innerdeutschen Grenze sieht (SCHEINER 1999, 2000). Auch nach Abbau der materiellen Trennwirkung ändern sich Raummuster und räumliches Verhalten aufgrund einer „Mauer in den Köpfen" nur langsam.

Räumliche Auswirkungen. Durch die materielle und psychologische Trennwirkung haben Grenzen Einfluß auf Interaktionen wie Personen- und Warenverkehr, Handel, Finanztransaktionen, Telekommunikation, persönliche Bindungen, Rechtsbeziehungen und andere mehr. Die Intensität solcher Interaktionen kann als Maß für die tatsächliche Trennwirkung (HEIGL 1974, S. 45: „Zäsur") dienen, da sie psychologische Faktoren ebenso berücksichtigt wie die faktische Offenheit bzw. Geschlossenheit der Grenze.

Durch Grenzen ergeben sich Diskontinuitäten (z. B. verkehrlich, kulturell, ökonomisch, rechtlich, aktions- und perzeptionsräumlich) die sich jeweils raumstrukturell manifestieren. Oft lassen sich Grenzverläufe sogar auf Luft- und Satellitenaufnahmen durch optisch unterschiedliche Landnutzung oder durch unterbrochene Verkehrswege rekonstruieren (DIERCKE WELTRAUMBILD-ATLAS 1981, S. 92f, 96f; AU & LULLA 1997, S. 45). Durch differenziertere Untersuchungen kann man diskontinuierliche Verteilungen z. B. von Bauformen, Sprachen, wirtschaftlichen Verknüpfungen und persönlichen Bekanntschaften feststellen (WIRTH 1979).

Grenzen haben neben linearen Auswirkungen entlang der Grenzlinie auch punktuelle und flächenhafte räumliche Auswirkungen. Punktuelle Auswirkungen können an Grenzübergängen als exponierten Grenzkontaktzonen entstehen. Diese haben ihr spezielles Standortprofil mit grenzbezogenen Funktionen (Wechselstuben, Speditionen, Hotels) und grenzüberschreitenden Interaktionen, die z. B. Sprachkenntnisse und persönliche Kontakte fördern. Grenzen haben stets auch flächenhafte Auswirkungen in ihr Hinterland hinein. Durch Grenzkontakte und/oder den Einfluss reduzierter Interaktionen entstehen Grenzräume, die besonders bei relativ geschlossenen Grenzen wirtschaftlich benachteiligt, andererseits z. B. bei starkem wirtschaftlichem Gefälle zwischen Staaten, auch bevorzugt sein können.

Ansätze der geographischen Grenzraumforschung. Grenzen und Grenzräume haben den dualen Charakter von Konflikt- und Kontaktzonen (PRESCOTT 1987). In der geographischen Grenzraumforschung als Teil der politischen Geographie lag der Schwerpunkt zunächst auf der Erforschung von Grenzkonflikten. Erst in den letzten Jahrzehnten änderte sich die Perspektive hin zur Grenzkontaktforschung (MINGHI 1991, WASTL-WALTER & KOFLER 2000). Grenzen erlauben nicht nur Kontakte mit dem jeweils jenseitigen Gebiet, sie ermöglichen sie oft erst, indem sie Diskontinuitäten z. B. kultureller oder ökonomischer Art erhalten, die sonst durch Diffusionsprozesse nivelliert würden. Solchen grenzübergreifenden Kontakten wurden zahlreiche kleinräumige Studien gewidmet, die den Abbau von Grenzfunktionen v. a. in Europa untersuchen. Meist geht es dabei mit unterschiedlicher Schwerpunktsetzung um kulturelle, wie die Herausbildung grenzübergreifender Identitäten, und wirtschaftliche Verbindungen (z. B. KLEMENCIC & BUFON 1994, OSSENBRÜGGE 1994, SCHAMP 1995 und KAMPSCHULTE 1997 zu Ostmitteleuropa, MOHR 1999 und EDER & SANDTNER 1999 zur Region Basel und MARTINEZ 1994 zu Nordamerika), kulturräumliche Auswirkungen von Grenzen (MINAMIDE 1991) und grenzübergreifende Planung (LEZZI 1994, CLEV 1999). In Asien steht die grenzübergreifende Arbeitsteilung als ökonomischer Standortfaktor im Zentrum der grenzbezogenen Forschung (z. B. HO & SO 1997, FAU 1999 zu Singapur und Hongkong im Vergleich, KIM & WU 1998 zu Tumen, WU 1998 im Überblick).

LEIMGRUBER (1980) und FOUCHER (1989) stellen die Untersuchung realer Grenzverläufe und -funktionen und die Erforschung der Perzeption von Grenzen als zwei kombiniert anzuwendende Ansätze heraus. Tatsächlich wird man dem komplexen Konstrukt einer Grenze nur durch eine Kombination von Herangehensweisen gerecht, die sich noch weiter aufschlüsseln lassen (BREITUNG 2000):

- *Politischer Ansatz:* Grenzen als rechtlich-politische Konstrukte, deren Grenzfunktionen mit ihren gesetzlichen und politischen Grundlagen zu erklären sind.
- *Physischer Ansatz:* Grenzen als Landschaftselement, das durch Kartierung von Grenzanlagen und eines Gestaltwandels in der Kulturlandschaft deutlich wird.
- *Sozioökonomischer Ansatz:* Grenzen als Diskontinuität sozialer Indikatoren, wie Arbeitslosigkeit oder Lohnniveau (Wohlstandsgrenzen).
- *Funktionaler Ansatz:* Grenze als Trennelement in Interaktionsnetzen, die durch Analyse von Aktionsräumen und Kommunikationsnetzen hervortreten.
- *Psychologischer Ansatz:* Perzeption von Grenzen, „Grenze in den Köpfen", erfassbar durch *mental maps* und Interviews zu Fragen der Identität.

NEWMAN & PAASI (1998, S. 200) weisen auf den interdisziplinären Charakter der Grenzforschung hin und betonen dabei den Auftrag der Geographie, den territorialen Bezug herzustellen.

Perspektiven der Grenzraumforschung. Die besondere Herausforderung der gegenwärtigen Grenzraumforschung liegt darin, dass in Bezug auf Grenzen weltweit aktuell zwei starke, gegenläufige Trends wirken. Einerseits büßen Grenzen durch die Globalisierung und weltweite Integrationsprozesse zunehmend an Bedeutung ein. Andererseits nehmen die Zahl der Grenzen und das Bedürfnis nach territorialer Unabhängigkeit weltweit gesehen zu. Zusammengenommen verlieren Grenzen dadurch ihre Absolutheit. Grenzfunktionen variieren zunehmend und einzelne Grenzen müssen wesentlich differenzierter eingestuft werden. Zum Beispiel wird die klassische Unterteilung in Außen- und Binnengrenzen fragwürdig. Die Außengrenzen europäischer Staaten sind zunehmend als EU-Binnengrenzen anzusehen, die vormaligen Binnengrenzen der Sowjetunion sind jetzt Außengrenzen „unabhängiger Staaten" und bei Grenzen wie denen der palästinensischen Autonomiegebiete, der SAR Hongkong oder der montenegrinisch-serbischen Grenze gelingt gar keine begriffliche Zuordnung. Durch gleichzeitige Globalisierung und Regionalisierung relativiert sich der Grenzbegriff.

Einer der zwei oben angesprochenen Trends ist der Abbau von Grenzen durch Integrationsprozesse in Wirtschaft und Politik. Durch multinationale Konzerne und grenzüberschreitende Mega-Fusionen, aber auch durch zunehmende Integrationsbestrebungen auf Staatsebene (EU, APEC, ASEAN, NAFTA etc.), steigt die Bedeutung global wirkender Akteure. Die nationalstaatliche Ebene und deren Grenzfunktionen verlieren an Bedeutung. Beispielsweise ist der Informationsfluss durch Internet und Satellitenfernsehen nicht mehr kontrollierbar. Selbst für die Landesverteidigung verlieren die Grenzen angesichts computergesteuerter Mittel- und Langstreckenraketen an Bedeutung. Mit den Globalstädten entsteht ein Netzwerk funktional eng verbundener Orte, zwischen denen sich Menschen, Informationen und Finanzströme hin und her bewegen, ohne deren innerstaatliche Bezüge noch zu teilen. CASTELLS (1995) führt den Begriff *space of flows* (statt *space of places*) dafür ein. In einem solchen *space of flows* spielen Grenzen keine wirkliche Rolle mehr. TAYLOR (1996) spricht von *shared spaces* und gleichzeitig von *multi-identities*, einem Zugehörigkeitsgefühl zu mehreren Staaten. Tatsächlich gibt es immer mehr Menschen, deren persönlicher Biographie die Zuordnung einer eindeutigen Staatsbürgerschaft nicht gerecht wird. Bei der angesprochenen engen Verbindung von Grenzen und Identität, erscheinen Staatsgrenzen zunehmend unzeitgemäß.

Andererseits haben politische Grenzen noch immer eine starke wirtschaftsräumliche Trennwirkung (HELLIWELL 1998), und die meisten Menschen verbringen weiterhin den Großteil ihres Lebens in dem zufälligen Land ihrer Geburt (HIRST & THOMPSON 1995, S. 420). Neben den beschriebenen globalen Netzen gibt es noch die nationalen Systeme, mit denen die meisten Menschen ihre Identität verbinden. Das Bedürfnis nach überschaubaren nationalstaatlichen Einheiten nimmt sogar zu. Staaten zerfallen, und an ethnisch durchmischten Zonen entzünden sich Konflikte. HUNTINGTON (1996) prophezeit die Zunahme ethnisch-kultureller Kriege, und tatsächlich nimmt die Zahl der Staaten, und damit der Staatsgrenzen, seit Jahrzehnten zu. Weniger als 70 Staaten gab es vor dem Zweiten Weltkrieg, etwa 90 Anfang der 60er Jahre, etwa 160 Anfang der 80er Jahre und etwa 190 heute (NEWMAN & PAASI 1998, S. 197f). Trotz Globalisierung streben weitere Regionen nach Unabhängigkeit. Die Grenzforschung wird es also weiterhin mit einer steigenden Zahl von Grenzen und einer zunehmend differenzierteren Trennwirkung zu tun haben.

2.2.2
Suburbanisierung

Unter Suburbanisierung versteht man die Verlagerung von Bevölkerung, Funktionen und Arbeitsplätzen aus der Kernstadt in Vororte. Diese Entwicklung findet schon seit dem 19. Jahrhundert statt und ist daher auch bereits lange Gegenstand der geographischen Forschung. Ein Höhepunkt der Suburbanisierung folgte auf den Beginn der Massenmotorisierung nach dem Zweiten Weltkrieg. Schwerpunkte waren die USA und Großbritannien, aber es war ein weltweiter Vorgang, jeweils abhängig von Verkehrsinfrastruktur, Motorisierungsgrad und Planungstradition. Für die USA haben ihn z. B. GARNER & YEATES (1980) dargestellt, für die Bundesrepublik Deutschland BOUSTEDT et al. (1975). Die Errichtung von *new towns* entsprechend der auf Howard und Abercrombie zurückgehenden britischen Planungstradition kann ebenfalls der Suburbanisierung zugerechnet werden, obwohl die ursprüngliche Idee war, durch die Errichtung unabhängiger Städte einer weiteren Suburbanisierung entgegenzuwirken. Die meisten tatsächlichen *new towns* (z. B. um London, Hongkong, Singapur) sind aber weder unabhängig noch hinreichend von der Stadt entfernt um diesem Ziel zu entsprechen.

Schwerpunkt der Suburbanisierung war zunächst die Bevölkerungssuburbanisierung, später auch die Verlagerung von Arbeitsplätzen und insbesondere Einzelhandelseinrichtungen an den Stadtrand. Die Suburbanisierung als relative Verlagerung innerhalb der Agglomeration ist oft schwer von einer Ausbreitung der Stadt durch Wachstum (Wachstum der Außenbereiche ohne Abnahme im Zentrum) zu trennen. In beiden Fällen kann als negative Folge eine Zersiedlung des Umlandes auftreten, die Folgen für die Innenstädte sind aber unterschiedlich. Suburbanisierung kann zu einer Verödung der Innenstädte, verbunden mit sozialen und baulichen Problemen führen (BRADBURY et al. 1982, SCHNEIDER-SLIWA 1996). Bei einem allgemeinen Stadtwachstum kann man von einem gleichzeitigen Wachstum von Außenzone und Innenstadt ausgehen.

Es gab historisch gesehen verschiedene Trends von Urbanisierung, Suburbanisierung, Reurbanisierung, Exurbanisierung und Counterurbanisierung (BERRY 1976, GARNER & YEATES 1980). Der Begriff der Counterurbanisierung unterscheidet sich von dem der Suburbanisierung dadurch, dass nicht die unmittelbare Umgebung der Städte sondern stadtferne Regionen wanderungsbedingt relativ zu den Städten an Bevölkerung gewinnen und dadurch auch stärker von städtischen Lebensformen geprägt werden.

Gründe für eine Suburbanisierung. Ein wesentlicher auslösender Faktor für Suburbanisierungsprozesse ist ein Bodenpreisgefälle von der Innenstadt in die Vororte. Am Stadtrand sind größere Wohn- oder Verkaufsflächen zu finden, bzw. die Mieten und Kaufpreise liegen dort niedriger (vgl. LICHTENBERGER 1991). Hinzu kommen eine zunehmende Mobilität durch die Massenmotorisierung und gewandelte Wohnraumansprüche, z. B. durch mehr Freizeit, die in der Wohnung oder der Umgebung der Stadt verbracht wird, sowie durch die gewachsene Kaufkraft (SIEVERTS 1997). Als *Push*-Faktor kann auch eine abnehmende Wohnqualität in der Innenstadt zur Suburbanisierung beitragen. Zum Teil sinkt diese Wohnqualität gerade durch den zunehmenden Autoverkehr, der durch die Suburbanisierung ausgelöst wurde.

Geographische Forschung zur Suburbanisierung. Sowohl die Suburbanisierungsprozesse selber als auch ihre Erforschung erfolgten zunächst und besonders intensiv in den USA. Die Entwicklung in anderen Ländern wird daher oft mit der US-amerikanischen verglichen. Die Debatte, ob Suburbanisierungsprozesse analog zu den dortigen Vorbildern verlaufen (Konvergenz) oder sich wesentlich unterscheiden (Divergenz) wurde durch BERRY (1973) aufgebracht. BRAUN (1996) hat sie zum Beispiel aufgegriffen, als er die Entwicklung neuer Vorortzentren australischer Großstädte untersucht hat und Unterschiede zu US-amerikanischen Entwicklungen aufzeigen konnte.

In jüngerer Zeit sind vor allem folgende Themen Gegenstand geographischer Forschung zur Suburbanisierung gewesen:

- Verlagerung von Dienstleistungs- und Verkaufseinrichtungen in den Stadtrandbereich (Businessparks, *Factory Outlet Center* und Großmärkte auf der „Grünen Wiese") und Entstehung neuer Zentren außerhalb der Kernstädte (z. B. BRAUN 1996, KULKE 1999)
- „Nachholende" Suburbanisierung in Ostdeutschland und anderen Transformationsländern (z. B. GANS & OTT 1996, BREITUNG & SCHNEIDER-SLIWA 2000)
- Grenzüberschreitende Suburbanisierung im Rahmen der europäischen Integration (z. B. RAMM 1999)
- Stadtökonomische Auswirkungen der Suburbanisierung, z. B. Notwendigkeit eines interkommunalen Lastenausgleichs (z. B. ODERMATT 1999)
- Neue Formen suburbaner Siedlungen, wie *gated communities* (BLAKELEY & SNYDER 1997, GMÜNDER et al. 2000) oder umweltfreundliche bzw. autofreie Wohngebiete wie das Forum Vauban in Freiburg/Br.

2.2.3
Globalstädte

Entgegen der ursprünglich verbreiteten Ansicht, dass durch die Entwicklung der Telematik räumliche Bezüge und der Faktor Zentralität in der Ökonomie keine Rolle mehr spielen werden, ist inzwischen vor allem durch Veröffentlichungen von FRIEDMANN (1986, 1995) und SASSEN (1991, 1994, 1996) die Erkenntnis erwachsen, dass Zentralität weiterhin eine Schlüsseleigenschaft des ökonomischen Systems bleibt. Das Konzept der *global city*, hier Globalstadt genannt, geht davon aus, dass die räumlichen Knotenpunkte der Produktions-, Finanz- und Kontrollbeziehungen der globalisierten Wirtschaft sogar stark an Bedeutung gewinnen. Städte wie New York, London, Tokio, Paris, Hongkong, Frankfurt, Los Angeles und Sydney weisen eine immer stärkere Kumulation von wirtschaftlichen Lenkungs- und Steuerungsfunktionen, vor allem im Finanzsektor auf (SASSEN 1994; KRÄTKE 1995, S. 105ff; BRONGER 1997).

Diese Globalstädte sind gleichzeitig untereinander immer enger durch Netzwerke der Kommunikation und Kooperation verbunden, die Interdependenz schaffen (CASTELLS 1995, 1999). Mit den globalen Funktionen und Kontakten verändern die Städte auch einen Teil ihres Charakters, und nationale Besonderheiten weichen einer international einheitlichen *Globalstadtkultur*.

Kriterien für Globalstädte. In den Mittelpunkt der Betrachtungen werden meist ökonomische Kriterien gestellt, da die Bildung von Globalstädten als eine Folge globalen wirtschaftlichen Wandels verstanden wird. Solche Kriterien sind z. B.:
- die Bedeutung der Börse, die Zahl der Haupt- und Regionalverwaltungen multinationaler Konzerne, niedergelassene Banken und internationale Anwaltsbüros (DUNNING & NORMAN 1987, FEAGIN & SMITH 1987, BEAVERSTOCK et al. 1999)
- die Einbindung in globale Netzwerke, messbar z. B. in der Zahl der Auslandstelefonate, der Flugverbindungen, der Besucherzahlen, der internationalen Finanztransaktionen, die Zahl der Internet-Anschlüsse (ENRIGHT et al. 1997).

Hinzu kommen gesellschaftlich-kulturelle Kriterien, wie zum Beispiel:
- eine Lebensqualität, zumindest in Teilbereichen der Stadt, die den Bedürfnissen ausländischer Fachleute, Manager und Diplomaten entspricht (SIMON 1995)
- eine internationale Atmosphäre, Multikulturalität und Vielfalt der Lebensweisen (KORFF 1996).

Schließlich wird als zusätzliches Kriterium trotz der generell funktionalen Definition oft die Einwohnerzahl herangezogen (TAUBMANN 1996a).

Globalstädte und ihr Hinterland. Bei den Globalstädten handelt es sich nicht nur um eine neue (globale) Stufe der bekannten zentralen Orte. Eine Globalstadt ist theoretisch ohne die zusätzliche Funktion des Zentrums für ein nationales Hinterland vorstellbar. Als Hongkong noch stärker von seinem chinesischen Hinterland isoliert war, kam es dieser theoretischen Situation recht nah. Dennoch sind in der Praxis die meisten Globalstädte auch gleichzeitig nationale Zentren. Zusätzliche wirtschaftliche, politische oder kulturelle Funktionen auf nationaler Ebene schaffen Synergien, die ihre Entwicklung als Globalstadt unterstützen können. Begrifflich müssen die beiden Konzepte aber unterschieden werden. Der Begriff Globalstadt bezieht sich auf Funktionen auf globaler Ebene und nicht für ein Hinterland.

Wichtigste Zielrichtungen der Forschung zu Globalstädten.
- Es gibt zahlreiche Versuche, ein hierarchisches System von Globalstädten aufzustellen (COHEN 1981, FRIEDMANN 1986, FEAGIN & SMITH 1987, HAGA 1997). Die quantitativen Ergebnisse und Klasseneinteilungen sind dabei allerdings meist recht fragwürdig, erstens weil es schwierig ist, sich auf sinnvolle Klassifikationskriterien zu einigen, zweitens weil die Datengrundlagen oft schon eine Vergleichbarkeit in Frage stellen (z. B. ist die Abgrenzung der Stadtgebiete nie vergleichbar) und drittens werden solche Vergleiche lokalen Gegebenheiten meist nicht gerecht, da sie zum Beispiel nationale Funktionen nicht von globalen trennen können. Ähnlich problematisch ist der Versuch das globale Städtenetz mit seinen unterschiedlich starken Interrelationen graphisch darzustellen (FRIEDMANN 1986, BEAVERSTOCK et al. 1999). RIMMER (1996) und BEAVERSTOCK et al. 2000 wenden ihre Aufmerksamkeit von den Globalstädten als Knoten innerhalb der Netze auf die quantitative Erfassung ihrer Verknüpfungen (siehe auch Kapitel 3.2 dieser Arbeit).
- Die zweite Sichtweise geht mehr von der Perspektive der einzelnen Stadt aus. Durch die neuen kompetitiven Konstellationen innerhalb des globalen Städtenetzwerks müssen die Städte zunehmend ihre Standortprofile schärfen, um

komparative Vorteile zu erlangen (ENRIGHT et al. 1997, HARRIS 1997, PERRY et al. 1998, SCHNEIDER-SLIWA 1998 und andere). Dies bedeutet oft eine wirtschaftliche Restrukturierung und hat Auswirkungen auf Planungsprozesse, die flexibler und durch die Macht internationaler Investoren weniger normativ werden. Stadtentwicklungspolitik wird vielfach nur noch als Stadtmarketing gesehen (HAMM 1999, S. 50ff). Unter dem Einfluss der Globalisierung haben auch nationale Raumordnungskonzepte eine Kehrtwende von dem Ziel der gleichen Chancen in allen Landesteilen hin zur Stärkung der Zentren vollzogen (Niederlande, Großbritannien). Wie z. B. in den Londoner Docklands dienen auch die Infrastrukturmaßnahmen in Hongkong (vgl. BREITUNG & SCHNEIDER-SLIWA 1997) der Stärkung des Standortes im internationalen Wettbewerb.

- Drittens werden Prozesse innerhalb von Globalstädten thematisiert. Dabei werden vor allem vier Veränderungen festgestellt: eine Verschiebung vom sekundären zum tertiären Wirtschaftssektor, ein starkes Wachstum des CBD, ein Anwachsen der Immigration sowohl von hochqualifizierten Fachleuten (Experten, Manager) als auch von Hilfspersonal (Hausangestellte, Boten, Reinigungskräfte) und schließlich ein sozialer Wandel mit Polarisierung und verstärkter Segregation (FRIEDMANN 1986; BRAKE 1988; SASSEN 1991, 1994; FAINSTEIN et al. 1992; KRÄTKE 1995, S. 165ff). CHU (1996) überprüft überblicksartig die Perlflussregion auf solche Globalstadterscheinungen. In Kapitel 5 und 6 dieser Arbeit geschieht das detaillierter auf die Globalstadt Hongkong bezogen.

- Viertens wird die Frage gestellt, wer Entscheidungsprozesse auf lokaler Ebene beeinflussen kann und ob die zunehmende Macht globaler Akteure die Einfluss- und Gestaltungsmöglichkeiten der Bewohner unangemessen einengt. Es wird die Frage gestellt, wem gehört die Stadt? – wobei von einem Interessengegensatz zwischen ortsansässiger Bevölkerung und globalen Akteuren ausgegangen wird (HITZ et al. 1992, SCHMID 1996). Für Hongkong wird auf eine solche Frage in Kapitel 8 dieser Arbeit eingegangen.

2.2.4
Megastädte

Für Megastädte werden unterschiedliche Definitionen gegeben (BRONGER 1996), die aber alle die Einwohnerzahl der Stadt in den Mittelpunkt stellen. Meist wird eine quantitative Abgrenzung von fünf Millionen oder laut Vereinten Nationen acht Millionen (TAUBMANN 1996a) zugrundegelegt. Die Zahl dieser Städte steigt ständig an. Waren die ersten Megastädte noch die Metropolen der großen Industrieländer (London, New York, Paris; s. BRONGER 1996, S. 74), so traten sie in der zweiten Hälfte des 20. Jahrhunderts gegenüber den schnell wachsenden Metropolen der Entwicklungsländer in den Hintergrund. Heute zählen Sao Paulo, Mexico-City, Bombay und Seoul zu den größten Städten der Welt. Eine auch nur halbwegs befriedigende Angabe ihrer Einwohnerzahl scheitert einerseits an dem Mangel zuverlässiger Statistiken (Aufnahmemethoden, Erhebungsfrequenz, illegale Bewohner) und an der grundsätzlichen Frage, welche territoriale Grundlage man zugrunde legt. Die Gesamtzahl der Megastädte dürfte aber bei knapp 50 liegen, wenn man den Grenzwert von fünf Millionen zugrundelegt, und etwa halb so hoch, wenn man den Grenzwert von acht Millionen zugrundelegt (eigene Schätzung nach Vergleich diverser unterschiedlicher Aufstellungen).

Für die Praxis wichtiger als die absolute Einwohnerzahl sind die damit verbundenen spezifischen Probleme von Megastädten. Verstärkt durch die Tatsache, dass es sich zumeist um Metropolen der Entwicklungsländer handelt, treten hier massive Probleme bei Infrastruktur (Verkehr, Versorgung, Wohnungsbau), bei sozialen Fragen (Gesundheitsversorgung, Bildungswesen, Arbeitsmarkt, Armutsbekämpfung) und im Umweltbereich (Frischwasserversorgung, Luftqualität) auf. Typisch ist die Entstehung von Squattersiedlungen, in denen teilweise über 50 % der Stadtbevölkerung leben (MERTINS 1984, HAUSER 1991). KRAAS (1997, S. 146f) nennt sechs Charakteristika der heutigen Megastädte in der „Dritten Welt"

- hoher Geburtenüberschuß, hoher Zuwanderungsüberschuss
- auch im nationalen Vergleich weit überproportionaler Bevölkerungsanstieg
- Überproportionales Wachstum von Marginalsiedlungen
- schichtenspezifische Benachteiligung, Verdrängungsprozesse, extreme Disparitäten
- Parallele Lebenswelten, Identitäts- und Integrationsprobleme bei Zuwanderern
- hohe Umweltbelastungen.

Sie grenzt Entwicklungsmuster heutiger Megastädte in der „Dritten Welt" gleichzeitig durch fünf Punkte von denen der frühen Megastädte in den Industrieländern ab (KRAAS 1997, S. 144ff).

- Sie nehmen keine internationale Avantgarderolle wahr. Ihre Entwicklung hängt hinter der anderer Städte und Staaten zurück.
- Die Industrialisierung findet mit dem Wachstum der Städte statt und ist nicht durch sozioökonomische Veränderungen im Vorfeld vorbereitet
- Die gesundheitlichen Gefahren für die Bewohner heutiger Megastädte sind weit niedriger, die Arbeitslosigkeit hingegen ist höher.
- Das Stadtwachstum erfolgt wesentlich schneller.
- Die Megastädte sind heute global eingebunden und abhängig.

BRONGER (1997, S. 38ff) weist auf zuletzt abnehmende Wachstumsraten von Megastädten hin. Die Entwicklungsdynamiken der Megastädte in Entwicklungsländern nähern sich denen in den Industrieländern an. Entscheidende Unterschiede bleiben aber die funktionale Primatstellung und die extreme gesellschaftliche Polarisation in den Megastädten der „Dritten Welt".

Eine Folge des unkontrollierten, schnellen Wachstum der Megastädte ist die Gefahr der Unregierbarkeit. Es wird immer schwieriger, das komplexe und ständig wachsende System Stadt zu steuern. KRAAS (1997) weist am Beispiel Bangkok nach, dass dieses Problem noch durch kulturelle Faktoren verschärft werden kann. FELDBAUER & PARNREITER (1997, S. 16) weisen darauf hin, dass sich auch die immer weiter anwachsende Kluft zwischen den Eliten und den armen Bevölkerungsschichten innerhalb dieser Städte auf deren Steuerbarkeit auswirkt. Die Eliten in den Megastädten orientieren sich unter Einfluss der Globalisierung in wachsendem Maße an der Lebenswelt der Ober- und Mittelschicht und den Bedürfnissen internationaler Investoren und entfernen sich dabei von den Problemen und Bedürfnissen des größten Teiles der Bevölkerung.

Die deutschsprachige Literatur zum Thema Megastädte behandelt diese entweder allgemein im Zusammenhang mit Globalstädten (TAUBMANN 1996a, KORFF 1996, FELDBAUER & PARNREITER 1997) oder der Entwicklungsländerproblematik (MERTINS 1984, HAUSER 1991) oder sie untersucht einzelne Fallbeispiele (GORMSEN & THIMM 1994, FELDBAUER et al. 1997, KRAAS 1997).

2.3
Konzepte zur Regionalplanung

Planung ist nicht einfach ein Mittel zur Steuerung räumlicher Strukturen, sondern sie muss stets auch als Mittler kultureller Werte und als Instrument der Machtausübung gesehen werden (SCOTT 1992, S. 14). Sie beinhaltet damit eine Zielebene und eine Machtebene. Beide müssen bei der Formulierung und bei der Bewertung von planerischen Strategien berücksichtigt werde. Die Ziele von Planung hängen von Traditionen, Ideologien, Werten und Interessen sowohl der Planer selber als auch der übrigen Akteure ab. Letztere können politische Parteien, Träger öffentlicher Belange, engagierte Bevölkerungsgruppen und Wirtschaftsinteressen umfassen. Bei der Abwägung der zumeist widerstrebenden Interessen, Ideologien und Werte spielen dann Machtfragen eine entscheidende Rolle (SCHMID 1996).

Bei der Regionalplanung im Gegensatz zur Stadtplanung ergibt sich das Problem, dass im allgemeinen eine größere Zahl von Gebietskörperschaften betroffen ist, zwischen denen eine Abstimmung meist nicht einfach ist. Es gibt zum Beispiel zwischen Kernstadt und Umlandgemeinden unterschiedliche Interessen und oft auch abweichende Werte. Dies zeigt sich bei Fragen wie Konzentration vs. Dekonzentration, Strukturerhalt vs. dynamische Entwicklung, Funktionstrennung vs. Funktionsmischung und ganz zentral bei der Frage der finanziellen Lasten.

Es müssen Strukturen der Entscheidungsfindung gefunden werden, die alle Beteiligten berücksichtigen, aber gleichzeitig mit hinreichend Entscheidungs-Macht unterfüttert sind, um effektiv wirken zu können (PRIEBS 1998). Auch dabei gibt es typische Konfliktlinien, wie die Fragen zentrale Planung vs. lokale Autonomie und Partizipation vs. Planungsbeschleunigung. Vor diesem Hintergrund sind verschiedene administrative Lösungen möglich, die sich vor allem durch das Maß an kommunalem Souveränitätsverlust unterscheiden (SENATSVERWALTUNG FÜR STADTENTWICKLUNG UND UMWELTSCHUTZ BERLIN 1990, S. 38f.).

- Eingemeindung der Umlandgemeinden in die Kernstadt
- Formal gleichberechtigter Zusammenschluss der Kernstadt und der Umlandgemeinden zu einer Einheitsgemeinde (z. B. Groß-Berlin 1920)
- Bildung einer Zwei-Stufen-Stadt nach französischen Vorbild (in Deutschland in Saarbrücken verwirklicht) mit verteilten Kompetenzen und Einnahmequellen
- Zusammenschluss von Gemeinden durch ein Landesgesetz zu einem Regionalverband mit eigener Verwaltung und definierten Kompetenzen (an der Finanzierung beteiligt sich dann neben den betroffenen Gemeinden auch das Land)
- Bildung eines freiwilligen Zweckverbandes (z. B. Stadt-Umland-Verband), dem einzelne Entscheidungskompetenzen von den unabhängigen Gemeinden übertragen werden (umlagefinanziert von den beteiligten Gemeinden)
- Schaffung von Koordinationsgremien zwischen den unabhängigen Gemeinden mit Beratungsfunktion, aber ohne eigene Entscheidungskompetenzen.

Bei grenzübergreifenden Regionen ergeben sich über die genannten generellen regionalplanerischen Konflikte hinaus noch spezielle Probleme. Dies gilt zum Teil auch schon bei innerstaatlichen Grenzen, z. B. zwischen Bundesländern, vor allem aber bei Staatsgrenzen wie bei Basel oder sinngemäß auch in Hongkong.

Schwierigkeiten der grenzüberschreitenden Regionalplanung (nach CLEV 1999):
- Unterschiede in den Verwaltungs- und Entscheidungsstrukturen (z. B. zentralistische oder föderalistische Kompetenzverteilung)
- Unterschiede in den Fiskal- und Rechtssystemen
- Unterschiede in der Rolle des Staates und der Privatwirtschaft
- Unterschiede in den Planungssystemen (z. B. Planmaßstäbe und -inhalte, Verbindlichkeit der Pläne)
- kulturelle und mentalitätsbedingte Unterschiede
- besondere Sensibilität durch diplomatische Komponente

Erfahrungen mit Kooperationen bei der grenzüberschreitenden Regionalplanung gibt es vor allem in Europa (LEZZI 1994). Dort haben nach dem Zweiten Weltkrieg die Raumplaner als erste informell grenzüberschreitende Kontakte aufgebaut (CLEV 1999, S. 38). In Hongkong fanden erste Kontakte zu den Planern jenseits der Grenze vor 1997 ebenfalls informell, ohne „Segen von oben" statt (CHU 1997).

Leitbilder. Neben der klaren Regelung der Entscheidungsbefugnisse (Machtebene) ist die Zielebene von Planung entscheidend. Seit Anfang des 20. Jahrhunderts wurden verschiedene siedlungsstrukturelle Modelle als Leitbild zur Steuerung der Entwicklung von Stadtregionen entworfen (HALL 1966, S. 235ff, SENATSVERWALTUNG FÜR STADTENTWICKLUNG UND UMWELTSCHUTZ BERLIN 1990, S. 34; LESER 1993).

- *Kompakte Stadt* (z. B. Moskau): keine Zersiedlung, dichte Bebauung bis zur „Stadtkante", auch im Außenbereich kompakte Bebauung als Satellitenstädte
- *Sternstruktur* (z. B. Basel): weit verbreitete Form, durch Orographie oder Verkehrswege vorgegeben, „Stadtspinne" (LESER 1993)
- *Netzstruktur* (z. B. Los Angeles): Verbindung mehrerer gleichberechtigter Zentren durch ein Netz von Entwicklungsachsen (LYNCH 1961)
- *Ringstruktur* (Randstad Holland): Sonderform, durch physisch-geographische und historische Bedingungen vorgegeben, ringförmige Entwicklung um einen wenig verdichteten Kern (MUSTERD & OSTENDORF 1996, IDG 1997)
- *Bandstadt* (Modell sozialistische Stadt): Entwicklung entlang einer Achse, oft mit dem Ideal der Funktionstrennung verbunden (KARGER & WERNER 1982)
- *Dezentrale Konzentration* (Modell Berlin/Brandenburg): Stärkung regionaler Zentren im Umkreis eines Hauptzentrums (doppelte Zielrichtung: Verhinderung einer zu einseitigen Konzentration und Verhinderung der Zersiedlung)

Ein Kernproblem ist immer die Abwägung zwischen starker Verdichtung und flächenhafter Zersiedlung. Beides ist mit Vor- und Nachteilen verbunden. Hongkong ist sicherlich das extremste Beispiel einer hochverdichteten Stadt (SIEVERTS 1997, S. 45). Das Gegenmodell ist die nordamerikanische Stadt mit extremen Flächenverbrauch und geringer Bebauungsdichte. Die meisten der oben genannten Leitbilder streben eine Gliederung der Stadtregion in verdichtete und wenig bebaute Subzonen an. Einerseits werden Entwicklungsachsen und Subzentren ausgewiesen, andererseits Grüngürtel wie um London oder Seoul (vgl. DEGE 2000) oder das „Grüne Herz" der Randstad Holland (vgl. MUSTERD & OSTENDORF 1996, IDG 1997). In Hongkong entsprechen dem die zahlreichen *Country Parks* in den New Territories, die zusammen etwa 40 % der Fläche Hongkongs einnehmen. Ein regionalplanerisches Leitbild unter Einschluss des Umlands besteht bisher nicht.

3 Hongkong:
Koloniale, globale, regionale Stadt

3.1
Hongkong als Kolonialstadt

3.1.1
Entstehung und Entwicklung der Kronkolonie Hongkong

Die Insel Hongkong (chines. Xianggang) war anders als das nahegelegene Macau, das schon im 16. Jh. von Portugal als Handelsniederlassung und Missionszentrum gegründet wurde, bis zur Mitte des 19. Jahrhunderts kaum bewohnt. Es bot wenig Siedlungsfläche, war aber wegen des Tiefseehafens und der Lage am Perlfluss vor Kanton von großer strategischer Bedeutung. Von dort aus wurde der größte Teil des chinesischen Überseehandels abgewickelt. Deshalb ließ sich Großbritannien in Folge der gewonnenen Opium-Kriege 1842 zunächst die Insel Hongkong, 1860 die Halbinsel Kowloon und 1898 die New Territories mit weiteren Inseln (Outlying Islands) übertragen (BARD 1993, S. 36ff, BUCHHOLZ & SCHÖLLER 1985, S. 12f). Anders als die unbefristet eroberten Hongkong und Kowloon wurden die New Territories durch einen Pachtvertrag für 99 Jahre abgetreten. Auf den Ablauf dieser Frist im Jahre 1997 ging später die *Joint Declaration* Großbritanniens und der VR China über die Übergabe des gesamten Territoriums von 1.092 km^2 (einschließlich der inzwischen dem Meer abgewonnenen Flächen) zurück.

Hongkong entwickelte sich zunächst als räumlich-funktional vom chinesischen Hinterland unabhängige Einheit. Der Handel, auch mit Kanton und den anderen Städten im Perlflussdelta, wurde auf dem Seeweg abgewickelt. Das britische Interesse konzentrierte sich daher auf den Victoria Harbour, die Meerenge zwischen der Insel Hongkong und Kowloon. Um diesen siedelten sich nicht nur die Briten sondern auch die als Arbeitskräfte zuziehenden Chinesen an. Die New Territories waren also kaum Transitgebiet zwischen Hongkong und China sondern dienten als strategische Pufferzone und dann zur Versorgung der Stadt mit Lebensmitteln und Trinkwasser. Die dort lebenden Menschen standen den britischen Besatzern teilweise sehr feindlich gegenüber. Sie wurden aber in ihren Lebens- und Wirtschaftsweisen zunächst kaum beeinträchtigt. Ihre Dörfer und kleineren Marktorte waren ursprünglich funktional auf Shenzhen orientiert (KÜCHLER & SUM 1971, S. 148). Bis zur Errichtung des Grenzzaunes 1979 konnten diese Kontakte aufrecht erhalten werden (BUCHHOLZ 1987, S. 8f, BATHA 1997). Die Grenze war sehr durchlässig. Pendelbeziehungen von den New Territories nach Hongkong entstanden andererseits nur langsam (KÜCHLER & SUM 1971, S. 160ff), und als Siedlungsfläche für Hongkonger wurden die New Territories erst in den letzten 30 Jahren der Kolonialzeit genutzt.

Hongkongs Rolle war die eines Vorhafens (*entrepôt*) für den Chinahandel. Seine Wirtschaft war von britischen Handelshäusern (Jardine & Co., Dent & Co.), Versicherungen und Banken (The Chartered, The Hongkong and Shanghai Bank) geprägt. Auch amerikanische und kontinentaleuropäische Firmen spielten eine gewisse Rolle (BARD 1993, S. 51ff). Als die Revolution in China Flüchtlinge und Industrie insbesondere aus Shanghai nach Hongkong trieb, kamen in großer Zahl chinesische Firmen hinzu (WONG 1988). Mit ihnen begann die zweite Phase der wirtschaftlichen Entwicklung Hongkongs. Erstmals kam der produzierende Sektor zu herausragender Bedeutung. Räumlich siedelte er sich überwiegend am damaligen Stadtrand Kowloons, zum geringeren Teil auf der Insel Hongkong und zunächst kaum in den New Territories an. Durch die neuen Bewohner und Gewerbebetriebe wurde Kowloon stark verdichtet und dehnte sich außerdem nach Norden in das damalige New Kowloon (heute etwa die Bezirke Sham Shui Po, Wong Tai Sin, Kowloon City und Kwun Tong) aus. Erst in den 70er Jahren wurden mit dem New-Town-Programm gezielt die New Territories entwickelt. Dadurch gelang es bis in die frühen 90er Jahre die letzten Überbleibsel der vor allem in den 60er Jahren entstandenen Squatter-Siedlungen (Bergsquatter, Bootssquatter, Dachsquatter) zu beseitigen.

Hongkong erlebte einen Wohlstandsschub und eine stärkere Einbindung in den Weltmarkt. Gesellschaftlich-kulturell war es von einer Mischung chinesischer und westlicher Einflüsse geprägt. Die politische Administration und das Rechtssystem blieben dabei kolonial. Auch wenn sich die britische Regierung selten in Angelegenheiten Hongkongs einmischte, hatte ihr Gouverneur auf lokaler Ebene doch unumschränkte Macht. Er setzte „Regierung" (*Executive Council* – ExCo), „Parlament" (*Legislative Council* – LegCo), Richter und Beamte ein und zeichnete alle Gesetze gegen. ExCo und LegCo waren eher beratende Gremien, um den labilen Interessenausgleich zwischen Wirtschaft, Administration, Berufs- und Interessengruppen aufrechtzuerhalten (KUAN 1979; CUTHBERT & MCKINNELL 1997, S. 296).

Auch die dritte Phase der Entwicklung Hongkongs geht auf externe Impulse zurück. 1978 begann die VR China im Rahmen ihrer Öffnungspolitik an Hongkongs Nordgrenze die Sonderwirtschaftszone (SWZ) Shenzhen zu errichten, um ausländische Investitionen anzulocken, ein Experimentierfeld für Wirtschaftsreformen zu schaffen und die Integration Hongkongs vorzubereiten (SCHRYEN 1992). Der Ausbau Shenzhens zur Millionenstadt mit hoher wirtschaftlicher Bedeutung führte erstmals zu nennenswerten landseitigen Interaktionen Hongkongs. Die Verlagerung von Industriebetrieben setzte ein, die Bahnstrecke Kowloon-Kanton (KCR) wurde ausgebaut und Grenzübergänge eingerichtet. Begünstigt durch die Öffnung Chinas und die Globalisierung expandierten nun Finanzwesen und unternehmensbezogene Dienstleistungen. Wirtschaftskraft, Einwohnerzahl und Wohlstand stiegen trotz oder wegen der seit 1984 feststehenden Übergabe an die VR China ständig. Hongkong wurde zu einer modernen Finanzmetropole und Globalstadt. Neben kolonial-britische und traditionell-chinesische Elemente traten die amerikanisch geprägte Globalstadtkultur und Einflüsse aus der VR China. Letztere wirkten nun über die Macht des Geldes aus der Volksrepublik und nicht mehr so sehr über Arbeiteraktivisten und antikolonialistische Kräfte. Im Spannungsfeld dieser kulturell-gesellschaftlichen Elemente entwickelte sich Hongkong zu einer ungewöhnlich vielfältigen Stadt und einem Bindeglied zwischen Ost und West, zwischen Weltmarkt und China.

3.1.2
Politische Hintergründe der Übergabe Hongkongs an China

China hat die ihm nach militärischen Niederlagen diktierten, dort so genannten „ungleichen Verträge" nie akzeptiert und die britische Kolonialherrschaft über Hongkong immer als Demütigung empfunden. Alle chinesischen Machthaber des 20. Jahrhunderts strebten die Wiedererlangung der außenpolitischen Stärke und des inneren Selbstbewusstseins an, die die Wiederherstellung chinesischer Souveränität über Hongkong ermöglichten (HUANG 1997, S.9). Der Ablauf des Pachtvertrages über die New Territories markierte einen geeigneten Zeitpunkt. Deng Xiao Ping machte der britischen Regierung unter Margaret Thatcher damals deutlich, dass die VR China 1997 die Rückgabe ganz Hongkongs erwarte und schlug den Status der Sonderverwaltungsregion (SAR) vor. Dass Großbritannien trotz anfänglicher strikter Ablehnung diesem Vorschlag nach langen, zähen Verhandlungen schließlich weitgehend unverändert zugestimmt hat, hatte verschiedene politische Gründe (BUCHHOLZ & SCHÖLLER 1985, S. 17ff; FEI 1997, S. 9).

- Perspektivisch wurde den britisch-chinesischen Beziehungen von britischer Seite eine hohe Bedeutung beigemessen. Es war deutlich, dass diese unter den Differenzen in der Hongkongfrage litten und zunehmend leiden würden, so dass eine Lösung im britischen Interesse war.
- Weltweit war die Auflösung der Kolonialreiche bereits so weit fortgeschritten, dass auf längere Sicht die britische Herrschaft über Hongkong als Anachronismus erschien.
- Gleichzeitig wurde der Nutzen Hongkongs als Kolonie für Großbritannien in Frage gestellt. Beispielsweise nahm der Nutzen als strategische Stellung im Kontext des Kalten Krieges mit dem Abbau der Konfrontation zwischen China und dem Westen ab.
- Man konnte schlecht den Ablauf eines der Verträge, auf dem man die Herrschaft über Hongkong stets gegründet hatte, ignorieren. Durch die räumliche Integration von Hongkong und Kowloon mit den New Territories (New Towns, Wasserversorgung etc.) erschien andererseits eine Überlebensfähigkeit der Stadt ohne die New Territories als unrealistisch.

In der Gemeinsamen Erklärung (*Joint Declaration*) der VR China und Großbritanniens vom 19. Dezember 1984 wurde die Übergabe des gesamten Territoriums an die VR China zum 1. Juli 1997 festgeschrieben (NIEH 1984, S.528ff). Ihm wurden als *Special Administrative Region* (SAR) für 50 Jahre weitgehende Autonomie sowie eine unveränderte Lebensweise und Wirtschaftsordnung zugesichert. Die SAR wird demnach von Bürgern Hongkongs regiert und verwaltet. Sie hat ihr eigenes Rechtssystem und eine unabhängige Judikative, die auch einen obersten Gerichtshof in Hongkong einschließt. Bis dahin war letztinstanzlich das oberste Gericht in London zuständig. Bei der Regierung in Peking liegen lediglich Zuständigkeiten in äußeren und Verteidigungsangelegenheiten. Dessen ungeachtet bleibt Hongkong unter dem Namen „Hongkong, China" unabhängig von der Volksrepublik in verschiedenen internationalen Gremien vertreten. Die Bürger Hongkongs erhalten spezielle Pässe der SAR, und die Ein- und Ausreisebestimmungen sind im Prinzip unverändert (auch für Chinesen – nur Briten werden nun mit anderen Ausländern gleichbehandelt). Mit dem Hongkong-Dollar behält Hongkong seine eigene, frei konvertierbare und an den US-Dollar gebundene Währung. Die Pekinger Regierung hat keinen Zugriff auf die erheblichen finanziellen Reserven der SAR und erhebt in Hongkong keine Steuern. Einzelheiten legt das 1990 ausgearbeitete Grundgesetz (*Basic Law*) der SAR Hongkong fest (CONSULTATIVE COMMITTEE FOR THE BASIC LAW 1990).

In den Folgejahren bereitete die Kolonialregierung ihren Rückzug durch schrittweise Übertragung von Positionen im öffentlichen Dienst an eine neue Elite von Hongkong-Chinesen vor (LEE 1998, S. 164ff). Bei der Übergabe Hongkongs war neben dem Gouverneur nur noch ein Brite in der Regierung vertreten. Diese *localisation* gewährleistete, dass es nach 1997 erfahrene chinesischer Politiker und Verwaltungsbeamte in Hongkong gab, die nicht auf Unterstützung durch die Zentralregierung in Peking angewiesen waren. Die Bedeutung dieses Vorgehens wird gerade im Vergleich zu der weniger weitsichtigen Personalpolitik Portugals im Vorfeld der Rückgabe Macaus im Dezember 1999 deutlich (DAVIES 1996, S. 43).

Darüber hinaus sollten die letzten Jahre britischen Einflusses genutzt werden, um Sozialsystem, politisches System, Umweltgesetzgebung und Infrastruktur noch vor der Übergabe des Territoriums zu modernisieren. Neben dem Wunsch, eine an westlichen Werten orientierte Politik anzustoßen solange man noch den Einfluss dazu hat, trat besonders nach den politischen Ereignissen in China 1989 (Niederschlagung der Studentenunruhen) der Gesichtspunkt der Vertrauensstiftung hinzu. Dies war sowohl für die mit dem neuen Großflughafens verbundenen Infrastrukturprojekte als auch für die Wahlrechtsreform maßgeblich (SUM 1995, PATTEN 1999, S.49ff). Wegen ihrer Auswirkungen über 1997 hinaus waren solche Projekte stets Konfliktpunkte, die die politischen Beziehungen zwischen Großbritannien und China belasteten. Die meisten von ihnen sind schließlich auch auf den direkten oder indirekten Druck der Pekinger Regierung hin weitgehend gescheitert.

Die umstrittenste Reform war die Einführung direkt gewählter Volksvertretungen auf drei geographischen Ebenen im Vorfeld der Übergabe Hongkongs. Auch ein Teil der LegCo-Abgeordneten, die bis dahin vom Gouverneur bestimmt oder seit 1985 auch von Berufverbänden entsandt wurden, wurde 1995 direkt gewählt (PEPPER 1996, OPITZ 1999). Obwohl die Wahlperiode bis 1999 dauern sollte, wurde das Parlament am 1.7.1997 aufgelöst. Die chinesische Regierung begründete dies mit der *Joint Declaration*, nach der „das gegenwärtige gesellschaftliche und wirtschaftliche System in Hongkong unverändert" belassen werden soll (NIEH 1984, S. 533). Ob sich das auf das 1984 oder 1997 „gegenwärtige" System bezog, war strittig. Im Grundgesetz der SAR ist nun eine schrittweise Demokratisierung festgeschrieben. Der Anteil der direkt gewählten Parlamentarier soll von 33 % (1998) über 40 % (2000) auf 50 % (2003) steigen. 2007 können theoretisch Parlament und Regierungschef frei gewählt werden (CHENG 1998).

Die Übergabe selber verlief vergleichsweise reibungslos. Im öffentlichen Leben Hongkongs wurden kaum einschneidende Veränderungen erkennbar. Änderungen auf politischer Ebene blieben weit hinter zuvor geäußerten Befürchtungen zurück. Dennoch hat der Prozess des Übergangs an China die Stadt verändert. Vor allem das Selbstverständnis der Bewohner hat sich gewandelt. Viele Hongkonger haben ihre chinesischen Wurzeln „entdeckt", erstmals Reisen nach China unternommen, Hochchinesisch gelernt und Vorurteile gegenüber der Volksrepublik China abgebaut. Nach einer Untersuchung der *Baptist University of Hong Kong* stieg der Anteil derjenigen die sich auf die Frage nach ihrer Identität als „*Chinese*" bezeichneten von 19 % im Februar 1993 auf 30 % vier Jahre später (DEGOLYER 1997, S. 15). Es ist bisher gelungen, einen über Jahrzehnte gestreckten Transformationsprozess so zu organisieren, dass es zu keinen größeren Brüchen kam.

3.2
Hongkong als Globalstadt

Der Identitätswandel Hongkongs ist nicht nur der Übergang einer britisch geprägten Enklave zur Metropole Südchinas. Die Stadt hatte schon vor 1997 einen eher internationalen als britischen Charakter und wird auf absehbare Zeit auch nicht zu einer chinesischen Stadt wie Shanghai, Peking oder Guangzhou werden. Der internationale Charakter ist funktional begründet. Hongkong ist nicht mehr nur *Entrepôt* zwischen China und Europa sondern fester Bestandteil von Städtenetzen, die es mit regionalen Zentren wie Taipeh, Shanghai, Kuala Lumpur, Bangkok und Seoul und Globalstädten wie Tokio, Singapur, Sydney, New York und London verknüpfen. Der konkrete Charakter dieser Verknüpfungen ist schwer fassbar. Als Indikatoren können Flug- und Telefonverbindungen, Finanztransaktionen sowie Netze von Geschäftskontakten und Niederlassungen dienen (vgl. Kap. 2.2.3). Im Folgenden werden einige dieser Interaktionen exemplarisch untersucht (vgl. Kap. 1.4.3). Dies bietet auch Erkenntnisse über seine regionale Ausstrahlung.

Hongkong strahlt vor allem nach *Greater China* aus (VR China, Taiwan und im weiteren Sinne die chinesische Diaspora Südostasiens). Tokio als das andere große Finanzzentrum Asiens bedient vor allem Japan und entwickelt aus kulturellen wie politisch-historischen Gründen nur geringe Bedeutung für China und Südostasien. Singapur als Zentrum Südostasiens und Shanghai als aufstrebendes Zentrum in China stehen in direkter Konkurrenz zu Hongkong. Auch Seoul, Kuala Lumpur und Taipeh gewinnen an Bedeutung. In dieser Situation ist die Positionierung des Standortes Hongkong von besonderem Interesse. Mehrere Studien haben die komparativen Stärken der Stadt und Möglichkeiten sie zu stärken untersucht (ENRIGHT et al. 1997, BERGER & LESTER 1997). Im folgenden werden wichtige Globalstadtfunktionen und die mit ihnen verbundene Einbindung in globale Netze betrachtet.

3.2.1
Hafen

Mit 168.838 t Gesamtumschlag und 16,2 Mio. TEU Containerumschlag (1999) hat Hongkong einen der umschlagsstärksten Häfen und den umschlagsstärksten Containerhafen der Welt (HONG KONG PORT AND MARITIME BOARD 2000). Da etwa 70 % des Umschlags von und nach China gehen (THOMPSON 2000), ist dies weitgehend eine Funktion des Zentrums Hongkong für sein chinesisches Hinterland. Internationale Verbindungen und hohe Effizienz sind die Hauptvorteile gegenüber chinesischen Häfen wie Shantou, Yantian und Shanghai, die mit deutlich niedrigeren Gebühren arbeiten. Auch sind die chinesischen Häfen und Eisenbahnen noch nicht hinreichend auf den modernen Containerverkehr eingestellt. Dank massiver Investitionen aus Hongkong (v.a. durch *Hutchison Wampoa Ltd.*) zeichnet sich hier aber ein Innovationsschub ab. Daher wird eine Verlagerung von Verkehr von Hongkong auf andere chinesische Häfen erwartet. Bei steigendem Außenhandel Chinas kann aber auch Hongkong mit einer Zunahme des Containerumschlags rechnen. Eine mit der Wirtschaftskrise revidierte Prognose sagt 1996-2016 jährlich 4,5 % Wachstum voraus (WONG 1998), deutlich weniger als die durchschnittlich 11 % von 1986-1996, aber mehr als die jetzige Hafeninfrastruktur leisten kann.

Tabelle 3.1. Ein- und ausgehende Frachtmengen nach Verkehrswegen (in Mio. t)

	Seeweg	Fluss	Straße	Schiene	Luft	Containerumschlag Kwai Chung
1989	64,66	9,03	7,96	2,37	0,73	3,317 Mio. TEU
1994	110,95	30,08	32,57	1,63	1,29	7,278 Mio. TEU
1999	128,22	40,61	38,55	0,55	1,97	10,295 Mio. TEU

Quelle: HONG KONG PORT AND MARITIME BOARD 2000

64 % des Containerumschlags Hongkongs wird an acht Terminals in Kwai Chung (Abb. 3.1) getätigt, der Rest auf Reede, an kleineren Piers und einem neuen Binnenhafen bei Tuen Mun (HONG KONG PORT AND MARITIME BOARD 2000). Der Binnenverkehr ins Perlflussdelta wächst stärker als der Seeverkehr, doch auch dieser verdoppelte sich 1989-1999 (Tabelle 3.1). Der 9. Containerterminal ist in Bau (vor Tsing Yi, gegenüber von Kwai Chung). Langfristige Pläne für vier Terminals vor Lantau sind seit der Entscheidung für ein Disneyland an gleicher Stelle eingefroren (vgl. Kap. 3.2.6). Damit wurde ein Konflikt mit Bewohnern der nahen suburbanen Siedlung Discovery Bay und Umweltgruppen (FRIENDS OF THE EARTH 1995) entschärft. Möglicherweise werden die Hafenanlagen nun auch bei Tuen Mun realisiert. Langfristig interessanter wäre aber die verstärkte Verlagerung von Containerverkehr in die Häfen Shenzhens. Sie findet aus Kostengründen bereits statt und wird oft als ein Verlust für Hongkong gesehen. Tatsächlich stellt sie aber eher eine Entlastung dar (WONG 1998; WANG 1997, S. 110ff; vgl. Kap. 9.4.1).

Abb. 3.1. Kwai Chung, der Containerhafen von Hongkong (Foto: Breitung, August 2000)

Kwai Chung liegt sehr nahe am Stadtzentrum von Hongkong, dessen Skyline im Bildhintergrund zu sehen ist. Es stells sich daher die Frage, ob ein weiterer Ausbau sinnvoll ist oder stattdessen eine Verlagerung von Verkehr auf nahegelegene chinesische Häfen gefördert werden soll.

3.2.2
Flughafen

Mit dem Mitte 1998 eröffneten Flughafen Chek Lap Kok, der 32,9 Mio. Passagiere und 2,22 Mio. t Fracht im Jahr abwickelt (1999/2000; AIRPORT AUTHORITY 2000b), ist Hongkong auch einer der wichtigsten Luftverkehrsknoten in Asien. Besonders stark sind die Zuwachsraten im Luftfrachtbereich (vgl. Tabelle 3.1), in dem Hongkong zuletzt an die Weltspitze vorgestoßen ist.

Eine Stichprobe von Hongkong ausgehender Flüge im 1. Halbjahr 2000 ergab pro Woche 1.915 Flüge zu 120 Destinationen in 40 Staaten (vgl. Kap. 1.4.3). Davon gingen 419 Flüge in 41 Städte der VR China, 1.094 Flüge in 48 andere asiatische Städte und 402 Flüge in 31 Städte außerhalb Asiens (die Zahl der Abflüge war etwas niedriger, da auch Zwischenstopps mitgezählt wurden). Die hohe Zahl von Zielen in der VR China ist ein Indiz für bestehende Verflechtungen über die großen Zentren hinaus mit allen Landesteilen. Letztlich überwiegen aber mit 78 % eindeutig die internationalen Flüge (wegen der im Schnitt größeren Flugzeuge ist ihr Anteil an den Fluggästen noch größer). Die internationalen Destinationen werden im Schnitt häufiger angeflogen als die chinesischen, da sich bei ihnen die Interaktionen stärker auf einzelne Zentren konzentrieren, auch wenn sich das durch umsteigende Fluggäste noch etwas relativiert. Das durch die Flugverbindungen konstituierte Städtenetzwerk besteht aus einem feinmaschigeren jedoch noch dünnen Netz von Verbindungen in die VR China und einem gröberen doch wesentlich festeren auf internationaler Ebene (vgl. Abb. 3.2). Die höchste Interkonnektivität und damit Erreichbarkeit besteht mit den Zentren Asiens. Die 10 häufigsten Destinationen liegen alle in Asien, zwei davon in der VR China. An 11. und 12. Stelle folgen mit New York und London die beiden klassischen Globalstädte des Westens (vgl. Tabelle 3.2). Mit etwa 14 Flügen täglich nach Singapur und 7 täglich nach New York stehen diese Städte in engerem Austausch mit Hongkong und sind von dort aus besser zu erreichen als viele geographisch nahegelegene Orte.

Tabelle 3.2. Zahl der Flugverbindungen pro Woche von Hongkong aus (1. Halbjahr 2000)

VR China		Asien (ohne VR China)		sonstige Zielorte	
1. Shanghai	71	1. Taipeh	231	1. New York	49
2. Peking	56	2. Bangkok	113	2. London	42
3. Guangzhou	31	3. Singapur	96	3. Sydney	32
4. Fuzhou	25	4. Tokio	94	4. San Francisco	26
5. Xiamen	22	5. Manila	74	5. Vancouver	26
6. Guilin	18	6. Seoul	65	6. Frankfurt	23
7. Nanjing	16	7. Osaka	64	7. Los Angeles	22
8. Hangzhou	14	8. Kaohsiung	50	8. Anchorage	19
9. Shantou	14	9. Kuala Lumpur	42	9. Paris	18

Quelle: AIRPORT AUTHORITY 2000a; Stichprobenartige Zählung an sieben verschiedenen Wochentagen über den Zeitraum 12.1.-20.6.2000 verteilt. Zwischenstopps wurden mitgezählt.

Um die Flugverbindungen als Beispiel für Interaktionen in Städtenetzen zu betrachten, sollte man Transitverkehre herausrechnen. In dem Sinne wären in Tabelle 3.2 vor allem die Werte von Anchorage (Zwischenstation nach Nordamerika) und Taipeh/Kaohsiung zu korrigieren. Bei letzteren ist Hongkong oft nur Zwischenstation, da es direkte Flüge aus der VR China nach Taiwan nicht gibt. Ansonsten repräsentieren die Flugverbindungen aber jeweils reale Kontakte (Reisen, familiäre Bindungen, vor allem Geschäftskontakte) zwischen den Städten. Sie sind aus zwei Gründen von Bedeutung für die Rolle Hongkongs als Globalstadt. Einerseits sind sie ein Indiz für eine Einbindung in globalstädtische Netzwerke und andererseits Voraussetzung für die Ansiedlung globaler Lenkungs- und Steuerungsfunktionen. Firmen und Institutionen mit weltweiten Verbindungen legen Wert auf eine einfache und schnelle Erreichbarkeit ihres Hauptsitzes und ihrer regionalen Zentralen. Aus diesem Grunde kommt der Funktion als Luftverkehrsknoten eine Schlüsselrolle in der internationalen Standortkonkurrenz zu.

Hongkong ist mit seinem neuen Flughafen gut positioniert, sieht sich aber mit drei Herausforderungen konfrontiert:

- Neue und ausgebaute Großflughäfen in Singapur, Kuala Lumpur und Seoul konkurrieren bei der zunehmenden Konzentration auf wenige Drehkreuze (*Hub-and-Spoke*-System) im Wettbewerb um Transitpassagiere mit Hongkong.
- Die VR China wird mehr direkte Auslandsflüge von Guangzhou, Shanghai und später auch anderen Städten zulassen, was zu Lasten des Transitverkehrs über Hongkong ginge. Gleiches kann für Flüge nach Taiwan gelten, die heute überwiegend in Hongkong zwischenlanden.
- Bei inzwischen drei weiteren Flughäfen in der Perlflussregion (Shenzhen, Zhuhai, Macau) mit trotz teilweise schlechter Auslastung zusammen etwa 20 Mio. Passagieren im Jahr (BAILEY 1996) gibt es auch kleinräumige Konkurrrenz, die zunehmen wird, wenn bald auch Guangzhou einen modernen Flughafen hat.

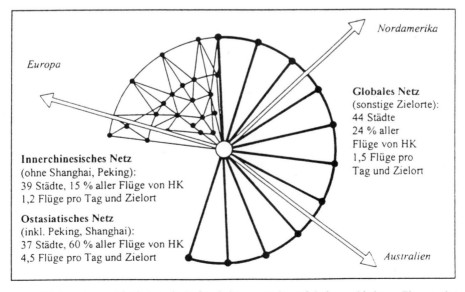

Abb. 3.2. Hongkongs Einbindung in Luftverkehrsnetzwerke auf drei verschiedenen Ebenen als Schema (Zahlen nach AIRPORT AUTHORITY 2000a)

3.2.3
Telekommunikation

Neben dem Luftverkehr kommt der Telekommunikation eine Schlüsselfunktion für globale Interaktionen zu. Auch die diesbezügliche Infrastruktur ist ein wesentlicher Standortfaktor für Globalstädte. Für Hongkong bedeutet seine hervorragende Ausstattung in diesem Bereich einen Vorteil, der die hohen Kosten für Büroflächen und Löhne zum Teil aufwiegt. Telekommunikationsdienste sind in Hongkong nicht nur unkomplizierter und auf modernstem Niveau, sondern auch preiswerter verfügbar als an den meisten Konkurrenzstandorten (ENRIGHT et al. 1997, S. 90).

Hongkong weist ein zu 100 % digitalisiertes Telefonnetz, eine Glasfaserkabeldichte von 6 km pro km², die höchste Mobiltelefondichte und die zweithöchste Faxdichte der Welt auf. Seine Anbindung an internationale Telekommunikationsnetze ist über 8 (in Kürze 10) untermeerische Glasfaserkabel und die größte zivile Bodenstation für den Satellitenfunk (im Südosten der Insel Hongkong) gewährleistet. Hinzu kommen zwei terrestrische Verbindungen mit Glasfaserkabel nach Guangdong, darunter eine im Juni 2000 eingeweihte 1.228 km lange Ringleitung, die über Man Kam To und Lok Ma Chau nach Hongkong führt und zehn Städte Guangdongs anbindet. Diese Hochleistungsverbindung versechsfachte die Kapazität zwischen Hongkong und der VR China auf 15 GBit pro Sekunde und ermöglicht nun 360.000 Telefonate gleichzeitig (CABLE AND WIRELESS HKT 2000).

Telefonate von und nach Hongkong werden nicht nach Städten aufgeschlüsselt (siehe auch RIMMER 1996, S. 91f). Die Aufschlüsselung nach Ländern zeigt aber einen hohen und wachsenden Anteil in die VR China, besonders nach Shenzhen, das mit Hongkong durch enge geschäftliche und persönliche Kontakte verbunden ist (vgl. Kap. 3.3.6). Generell lässt die Liste der Länder einen großen Einfluss familiärer Bindungen, insbesondere der zahlreichen getrennten Familien, vermuten.

Tabelle 3.3. Telefonate von/nach Hongkong in Millionen Minuten nach Ländern (Januar 2000)

Land	nach Hongkong	aus Hongkong	Insgesamt	Anteil
VR China	63,3	114,2	177,5	45,3 %
davon Guangdong	*49,9*	*84,6*	*134,6*	*34,3 %*
davon Shenzhen	*17,1*	*30,2*	*47,3*	*12,1 %*
USA	18,6	22,6	41,2	10,5 %
Kanada	15,4	15,8	31,2	8,0 %
Großbritannien	9,1	11,3	20,5	5,2 %
Philippinen	1,1	17,1	18,2	4,6 %
Australien	8,9	8,3	17,2	4,4 %
Taiwan	5,9	10,4	16,3	4,2 %
Singapur	4,6	6,9	11,5	2,9 %
Japan	4,2	6,7	10,9	2,8 %
Macau	4,4	4,0	8,5	2,2 %
andere	10,8	28,2	38,9	9,9 %

Quelle: OFFICE OF THE TELECOMMUNICATIONS AUTHORITY 2000

Abb. 3.3. Gebäude der Bank of China. (Foto: Breitung, Dezember 1995)

Das Gebäude der staatlichen chinesischen Bank überragt den damaligen Gouverneurspalast und die Bauten der amerikanischen Citibank (rechts) und der größten örtlichen Bank HSBC (links).

3.2.4
Finanz- und Dienstleistungszentrum

Der Anteil der Finanzwirtschaft im weiteren Sinne (einschließlich Versicherungen, Wirtschaftsberatung und Immobilien) am BIP Hongkongs stieg von 1984 bis 1997 von 15,6 % auf 26,2 % (CENSUS AND STATISTICS DEPARTMENT 1995, 2000a). Besonders nahmen ihre internationalen Interaktionen zu. Hongkong wurde zu einem Zentrum von Gold- und Devisenhandel und zu einem der größten Kreditgeber und Investoren Asiens. Seine ausländischen Direktinvestitionen in den ASEAN-Staaten Südostasiens trugen erheblich zu deren Wirtschaftswachstum bei. Ein wichtiger Faktor dafür war die kulturelle Verbundenheit mit den Auslandschinesen in diesen Ländern (H. YEUNG 1997; DICKEN & YEUNG 1999, S. 112ff). Das in Hongkong aufgenommene Kreditvolumen und dessen außerhalb der Stadt investierter Anteil, nahmen rasch zu. 1986 waren 33 % von insgesamt 500 Mrd. HK$ (64 Mrd. US$), 1996 53 % von 3.915 Mrd. HK$ (500 Mrd. US$) an Krediten für Aktivitäten außerhalb Hongkongs bestimmt (CENSUS AND STATISTICS DEPARTMENT 1997a, Tab. 10.3). Hongkong ist heute eines der fünf bedeutendsten Finanzzentren der Welt. Seine Börse ist die zweitgrößte Asiens, und in der Stadt sind 78 der 100 größten Banken der Welt tätig (VAN DER KNAAP & SMITS 1997, INFORMATION SERVICES DEPARTMENT 2000a). Als Geldgeber und Börsenstandort tritt Singapur offensiv als Konkurrent Hongkongs auf, ohne allerdings an dessen Bedeutung heranzukommen (HEATH 1996, HEALY 1998).

Hongkongs überragende Bedeutung ist die als Finanzzentrum der VR China. Staatliche wie private Firmen aus der Volksrepublik nehmen Kredite überwiegend dort auf bzw. legen ihre in Devisen erzielten Exporterlöse dort an. Auch werden an der Hongkonger Börse seit 1993 Titel aus der Volksrepublik, die sogenannten *Red Chips* und *H-Shares*, geführt. Auch in Shanghai und Shenzhen gibt es Börsen, doch Hongkong ist besonders geeignet, um internationale Anleger zu finden.

Allmählich entwickelt sich aber Shanghai, aller Rhetorik von Partnerschaft zum Trotz, zur Konkurrenz als Finanzzentrum Chinas (SCHÜLLER & HÖPPNER 1996). Anders als in der Deng-Ära, als mit den Sonderwirtschaftszonen und der Öffnung nach Hongkong speziell der Süden Chinas gefördert wurde, liegt jetzt der Schwerpunkt um Shanghai, wo sowohl Präsident Jiang Zemin als auch Ministerpräsident Zhu Rongji zuvor Bürgermeister waren. Vor allem das neue Finanzzentrum in Pudong bedeutet trotz zeitweise hohen Leerstands eine erhebliche Aufwertung (OLDS 1997). Neben der Infrastruktur sind aber ein weitergehender Systemwandel in der Volksrepublik und eine frei konvertierbare Währung Voraussetzung für den Status als Finanzmetropole. Schon 1996 äußerte sich Lu Ping, damals der chinesische Beauftragte für Hongkong und Macau (selber aber aus Shanghai), bemerkenswert realistisch zu der Konkurrenz zwischen Hongkong und Shanghai (LU 1996).

> Ich glaube nicht, dass irgendeine Stadt, Shanghai eingeschlossen, in der Lage sein wird, an Hongkongs Stelle zu treten. Denn unabhängig davon, wie sich Shanghai (...) oder andere Städte entwickeln, sie sind nach wie vor sozialistisch. Sie praktizieren immer noch ein sozialistisches System. Natürlich praktizieren wir jetzt Marktwirtschaft, aber es ist eine sozialistische Marktwirtschaft. Das ist der Unterschied. Hongkong ist anders. Hongkong wird weiter Kapitalismus praktizieren.

Ein Aufstieg Shanghais muss nicht zwangsläufig den Funktionsverlust Hongkongs zur Folge haben. Langfristig hat China sicher das Potential für zwei Finanzzentren.

Auch die unternehmensbezogenen Dienstleistungen Hongkongs sind stark international verflochten. In Bereichen wie Technologie-, Management-, Rechts- und Finanzberatung, Versicherungen, Immobilien und Baudienstleistungen, Werbung und Telekommunikation reicht der Markt Hongkongs nach China und Südostasien. Der Export von Dienstleistungen gleicht Hongkongs Handelsbilanzdefizit mehr als aus. Die Leistungsbilanz 1998 wies im Handel mit Dienstleistungen einen Überschuss von 66,7 Mrd. HK$ (8,5 Mrd. US$) und im Handel mit Gütern einen Verlust von 60,7 Mrd. HK$ (7,7 Mrd. US$) aus (CENSUS & STATISTICS DEPARTMENT 2000b, Tab. 12.7). Auch für den Arbeitsmarkt Hongkongs brachte der Boom der unternehmensbezogenen Dienstleistungen positive Impulse. Dabei verzeichneten wenig ortsgebundene Branchen wie Unternehmensberatung und Datenverarbeitung ein stärkeres Wachstum als z. B. Rechtsberatung und Werbung (VAN DER KNAAP & SMITS 1997, S. 8ff). Ein bedeutender Standortvorteil Hongkongs auf dem Feld der unternehmensbezogenen Dienstleistungen ist die Verknüpfung westlichen und asiatischen Humankapitals. Schneller als bei Finanzdienstleistungen könnten allerdings Standorte wie Shenzhen oder Shanghai Funktionen von Hongkong übernehmen, wenn dort Fach- und Fremdsprachenqualifikation sowie Infrastrukturausstattung verbessert werden. Schon jetzt wandern unternehmensbezogene Dienstleistungen von Hongkong in die Perlflussdeltaregion sowie produzierende Betriebe von dort weiter ins Landesinnere ab (TAUBMANN 1996b, S. 691, BERGER & LESTER 1997).

3.2.5
Regionale Hauptverwaltungen

Regionale Hauptverwaltungen transnationaler Wirtschaftsunternehmen (*regional headquarters*) haben verschiedene Aufgaben innerhalb der Firmen und der von ihnen gesteuerten Prozesse (verändert nach PERRY et al. 1998, S. 240f):

- Analyse des regionalen Marktes, strategische Entscheidungen mit regionalem Bezug
- Organisation von Netzwerken und Produktionsketten
- Finanzielle Kontrolle, teilweise finanzielle Verantwortung
- Kostenminderung durch Bündelung von Einkäufen
- Technische Unterstützung der Aktivitäten in der Region
- Mittler zwischen Zentrale und Mitarbeitern „vor Ort" in Entscheidungsprozessen
- Kommunikationskanal zwischen den verschiedenen Ebenen (in beiden Richtungen)

Durch die Globalisierung mit zunehmend komplexeren Produktions- und Distributionsstrukturen besteht ihre Aufgabe vermehrt im Organisieren von Netzwerken und Ausüben von Lenkungs- und Steuerungsfunktionen (PERRY et al. 1998, S. 238). Regionale Hauptverwaltungen sitzen an den Schlüsselstellen inner- und zwischenbetrieblicher globaler Netze. Zudem geht ihre geographische Positionierung stärker noch als die der Firmenhauptsitze aus wirklichen Standortentscheidungen hervor. Aus diesen zwei Gründen ist ihre Verteilung ein guter Indikator für Globalstadtfunktionen (DUNNING & NORMAN 1987). In Hongkong werden regionale Hauptverwaltungen mit nachgeordneten Niederlassungen und einfache regionale Büros unterschieden. 1999 wurden 840 regionale Hauptverwaltungen und 1.650 regionale Büros gezählt (LO 1999). Etwa ein Viertel der regionalen Hauptverwaltungen gehört zu US-amerikanischen, 15 % zu japanischen und 11 % zu britischen Firmen (1996). An die vierte Position war mit gut 10 % bereits die VR China vorgerückt. Auch bei den ausländischen Firmen insgesamt nahmen die aus der VR China und aus Taiwan besonders stark zu (vgl. Tabelle 3.4).

Tabelle 3.4. Firmen und regionale Hauptverwaltungen aus ausgewählten Ländern in Hongkong

Herkunftsland	ausländische Firmen[a]			Veränderungen	regionale Hauptverw.	
	1989	1994	1998	1989-98	1992[b]	1996[c]
USA	605	747	801	+32 %	206	188
Japan	286	336	339	+19 %	74	122
Großbritannien	350	383	415	+19 %	73	90
VR China	33	53	101	+206 %	-*	85
Deutschland	30	33	49	+63 %	28	40
Schweiz	53	45	41	-23 %	33	27
Frankreich	54	56	67	+24 %	25	26
Taiwan	9	28	39	+333 %	-*	25
Australien	104	110	108	+4 %	9	-*
Singapur	146	156	208	+42 %	-*	-*

Quellen: [a]CENSUS AND STATISTICS DEPARTMENT 1999, Tab. 18.13; [b]MARUYA 1995, Tab. 6.11; [c]PERRY et al. 1998, Tab. 1;   -* Angaben in den Quellen nicht enthalten

Während 70 % der regionalen Hauptverwaltungen in Singapur der Industrie zuzuordnen sind, überwiegt in Hongkong mit 45 % der Handel, vor Immobilien und unternehmensbezogenen Dienstleistungen (11 %) und Industrie (10 %) (PERRY et al. 1998, Tab. 2). Allerdings sind die ausländischen Mutterfirmen überwiegend Industrieunternehmen (1992: 40 % Industrie, 27 % Handel; nach MARUYA 1995, Tab. 6.12). Es ist davon auszugehen, dass sie in der VR China produzieren und ihre Produkte über Hongkong vertreiben (vgl. Kap. 6.1.2).

Als Standort regionaler Hauptverwaltungen steht Hongkong im Wettbewerb mit anderen globalen und regionalen Zentren. Die wichtigsten Konkurrenten sind Singapur, Shanghai, Tokio, Sydney, Peking, Kuala Lumpur und Taipeh. Insbesondere Singapur versucht, durch gezielte Steuererleichterungen und andere Konzessionen regionale Hauptverwaltungen von Hongkong abzuwerben (HEATH 1996, PERRY et al. 1998, HUGHES 1998). Damit war es vor allem während politischer Vertrauenskrisen in Hongkong, z. B. nach 1989, erfolgreich. In einer Umfrage unter Wirtschaftsführern Ende 1996 nannten 42 % Singapur und 16 % Hongkong als besten Standort Asiens für regionale Hauptverwaltungen. Im direkten Vergleich entschieden sich sogar 73 % für Singapur (STEPHAN & HIEBERT 1996). Nur ein Jahr später, nach der erfolgreichen Übergabe Hongkongs und der Wirtschaftskrise, gab es aber in Hongkong etwa sechsmal so viele regionale Hauptverwaltungen wie in Singapur, und die Attraktivität stieg eher (PERRY et al 1998, S. 239). Ein Wechsel nach Singapur ist schon deshalb oft keine Alternative mehr, weil die Einzugsbereiche enger werden. Nur die Hälfte der in Hongkong ansässigen regionalen Hauptverwaltungen sind überhaupt noch für Singapur zuständig. Die Zahl derjenigen, die nur noch Hongkong und die VR China bedienen, stieg von 8 % (1990) auf 39 % (1996) (PERRY et al. 1998, S. 244). Zunehmend wird auch auf diesem Feld die Konkurrenz mit Shanghai und Peking für Hongkong entscheidender werden als die mit Singapur.

Ähnliche Erwägungen wie bei den regionalen Hauptverwaltungen transnationaler Unternehmen spielen auch bei Standortentscheidungen von internationalen Organisationen eine Rolle. Mit der wachsenden Bedeutung sowohl dieser Organisationen als auch des Wirtschaftsraumes Ostasien werden zunehmend Regionalbüros für den asiatisch-pazifischen Raum eingerichtet. Hongkong war Ende der 90er Jahre z. B. als Sitz der *Pacific-Asia Travel Association* (PATA) und als Asienzentrale des Internationalen Währungsfonds (IWF) im Gespräch. Die Bank für Internationalen Zahlungsausgleich (BIZ) verlegte ihren zweiten Sitz neben der Zentrale in Basel 1998 nach Hongkong (SINCLAIR 1998, YIU & KOHLI 1998).

Standortfaktoren, die bei solchen Entscheidungen für Hongkong sprechen, sind die geographische Lage in der Mitte des ostasiatischen Wirtschaftsraumes und nahe am chinesischen Markt, die Verbindung westlicher und asiatischer Expertise, Verkehrsverbindungen, Finanz- und Verkehrsinfrastruktur, Telekommunikations- und Flugkosten, Büroraumangebot, Lebensqualität, Steuergesetzgebung und eine relativ geringe Korruption. Hongkongs größter Nachteil sind die hohen Immobilienpreise und die politische Ungewissheit. Der Vergleich verschiedener Kostenfaktoren (Büromieten, Gehälter, Kraftfahrzeuge, Telefongebühren, Flugpreise, Unternehmenssteuern) lässt allerdings erkennen, dass die höheren Miet- und Lohnkosten in Hongkong oft durch Einsparungen bei anderen Kostenfaktoren ausgeglichen werden können (ENRIGHT et al. 1997, S. 337ff; PERRY et al. 1998, Tab. 3).

3.2.6
Tourismus

Hongkong zieht jährlich etwa 10 Millionen Besucher an. Auch das ist ein Zeichen für die internationale Einbindung und zum Teil Folge von Globalstadtfunktionen. Die Besucher sind zum großen Teil Kongress- und Geschäftsreisende oder Städtetouristen, die wegen der internationalen Atmosphäre und Einkaufsmöglichkeiten kommen. Hinzu kommt, dass analog zur Entwicklung zwischen Hongkong und seinem Umland (vgl. Kap. 3.3.6) mit zunehmenden Interaktionen auch zwischen den Globalstädten ein Netz persönlicher Kontakte entstanden ist. Es wäre lohnend, diesen Sachverhalt näher zu untersuchen, aber auch ohne das an dieser Stelle zu tun, kann davon ausgegangen werden, dass dieser Effekt für einen nicht unerheblichen Teil der Reisen von und nach Hongkong verantwortlich ist.

Für Hongkong stellt der Tourismus einen der wichtigsten Wirtschaftszweige dar. 12 % der privaten konsumtiven Ausgaben werden von Besuchern der Stadt getätigt (DAVIES 1996, S. 89). Sie bringen Hongkong 9,5 Mrd. US$ an Deviseneinnahmen, zur Hälfte für Übernachtung, Stadtrundfahrten etc. und zur anderen Hälfte für Einkäufe. Nach erheblichen Einbrüchen infolge der Wirtschaftskrise und der Befürchtungen im Zusammenhang mit dem Machtwechsel steigen die Besucherzahlen inzwischen wieder. Von zunehmender Bedeutung ist der Tourismus aus der VR China, dessen Anteil von 19 % (1993) auf 29 % (1999) gestiegen ist. Damit war er der größte Einzelanteil, vor Taiwan und Japan, den traditionell wichtigsten Herkunftsländern (CENSUS AND STATISTICS DEPARTMENT 2000a).

Speziell in Hinblick auf Besucher aus der VR China wurde 1999 der Bau eines *Hong Kong Disneyland* im Norden Lantaus beschlossen, das 2005 eröffnet werden soll. Die öffentliche Hand ist Teilhaber und hat Ausgaben von 22,45 Mrd. HK$ (2,9 Mrd. US$) für des Projekt vorgesehen. Dieses staatliche Engagement begründete Regierungschef Tung Chee Hwa mit drei Argumenten (nach CLARKE 1999):

- Aufstieg Hongkongs zur führenden Tourismusdestination Ostasiens
- Festigung des Status von Hongkong als Weltstadt
- Sicherung des Wirtschaftswachstums und Vertrauensbildung nach der Wirtschaftskrise.

Das Areal soll insgesamt 280 ha umfassen, davon 230 ha Landgewinnung. Auf 126 ha soll der Themenpark selber entstehen, auf dem Rest Parkplätze und Hotels. Die Landgewinnung ersetzt frühere Planungen für einen 10. Containerterminal. Sie erfordert knapp 90 Mio. m^3 Füllmaterial, die zu 12 % aus Bauschutt bestehen sollen. Der Baugrund und die Verkehrsanbindung werden vom Staat zur Verfügung gestellt. Geplant sind ein Anschluss an die U-Bahn nach Tung Chung und an die Schnellstraßen zum Flughafen bzw. über die nordwestlichen New Territories nach Shenzhen sowie Fährverbindungen in die Innenstadt (CLARKE 1999, SO 1999).

Die chinesische Seite hat bereits angekündigt, dass sie mit der Eröffnung des *Hong Kong Disneyland* die Zahl der Besuchervisa für Besucher aus der Volksrepublik von gegenwärtig 1.500 pro Tag weiter anheben wird (LEE & LO 1999). Um auch für den internationalen Tourismus interessant zu bleiben, sind neben Touristenattraktionen der internationale Charakter der Stadt, Maßnahmen zur Verbesserung des Stadtbildes und der Aufenthaltsqualität in der Innenstadt sowie eine gezielte Stärkung des Ausstellungs- und Kongressstandortes von Bedeutung.

3.3
Funktionale Integration Hongkongs in die VR China

3.3.1
Handel und Industrie als Vorreiter der Integration

Bei der funktionalen Integration Hongkongs in die VR China spielte die Industrie eine Vorreiterrolle. Mit den Wirtschaftsreformen in China und der Einrichtung der SWZ Shenzhen (vgl. Kap. 3.1.1) begannen Hongkonger Unternehmen um 1980 mit *outward processing* im benachbarten Guangdong. Sie profitierten dabei von sozialen und kulturellen Bindungen sowie patriotischem Sentiment. Viele Hongkonger Wirtschaftsführer vermochten ihr Engagement als Beitrag zur Stärkung des Mutterlandes und des früheren Heimatortes darzustellen (SMART & SMART 1998). Über ¾ der Unternehmen des verarbeitenden Gewerbes in Hongkong unterhalten inzwischen Produktionsmöglichkeiten in der VR China (TAUBMANN 1996b, S. 690). Sie nutzen geschickt die komparativen Standortvorteile beiderseits der Grenze:

In Guangdong (SIT 1995, S. 172ff):
- etwa 90 % niedrigere Lohnkosten
- noch niedrigere Grundstückskosten
- schwächere Umweltstandards
- bessere Expansionsmöglichkeiten

In Hongkong (AMSDEN 1997, S. 335ff):
- hohe Informationsdichte
- gut ausgebildete Arbeitskräfte
- technische und Finanzinfrastruktur
- bessere Englischkenntnisse

Wie andere Studien (SIT & WONG 1989, SCHRYEN 1992, HONG KONG FEDERATION OF INDUSTRIES 1992, AMSDEN 1997), zeigen LI et al. (1995) Hintergründe und Folgen des *outward processing* auf. Sie befragten 28 kunststoffverarbeitende und 20 Elektronikfirmen, die zusammen 61 Fabriken in der VR China betrieben (38 % in Eigenregie, 12 % als *joint ventures* und 50 % als Vertragsarbeit). Unabhängig von den Besitzverhältnissen wurden betriebliche Entscheidungen von Hongkong aus getroffen (LI et al. 1995, S. 8f). Die Fabriken wurden überwiegend zwischen 1985 und 1990 schwerpunktmäßig in Shenzhen und Dongguan eröffnet. Grenznähe und Arbeitskraftangebot bestimmten die Standortwahl. Die Investitionen in China gingen einem Beschäftigtenwachstum um 282 % bei den Elektronikfirmen und um 356 % bei den kunststoffverarbeitenden Firmen einher. Die Mitarbeiterzahl in Hongkong sank hingegen um 82 bzw. 89 %. Nur 4,5 % bzw. 2,3 % aller Beschäftigten waren noch in Hongkong tätig, vor allem in Bereichen wie Entwicklung, Management, Marketing, Controlling und Rechnungswesen. Der Arbeiteranteil in den Hongkonger Betriebsteilen lag bei 11 %, der in den Fabriken jenseits der Grenze 92 % (eigene Berechnungen nach LI et al. 1995, S. 9f).

Die hier idealtypisch dargestellten betrieblichen Verflechtungen ließen den grenzüberschreitenden Handel massiv ansteigen. Mehr als die Hälfte des Hongkonger Außenhandels und ein Großteil des grenzüberschreitenden Verkehrs entsteht heute durch *outward processing* (vgl. Kap. 3.3.4). Darüber hinaus gehende Folgen für Hongkong (vgl. auch BREITUNG 1999) werden in Kapitel 6 dargestellt. Für die Perlflussdeltaregion ergab sich ein Wandel von einer Agrarregion zu einer der modernsten Industrieregionen Chinas (vgl. XU et al. 1995, SIT & YANG 1997, YEH & LI 1997, SANJUAN 1997, ENG 1997a, CHAN 1998).

Für die Zahl der in der chinesischen Perlflussdeltaregion durch Hongkonger Investoren geschaffenen Arbeitsplätze gibt es unterschiedliche Schätzungen:

- 2 Millionen in der VR China (RÖPKE 1997, S. 85)
- ca. 3 Millionen in der VR China (SHEN 1995, S. 63)
- ca. 3 Millionen in Südchina und über 5 Millionen in ganz China (TAUBMANN 1996b, S. 690)
- über 3 Millionen in der Perlflussdeltaregion (LI et al. 1995, S. 4)
- ca. 5 Millionen in der Perlflussdeltaregion (ENRIGHT 1997, S. 19).
- ca. 6 Millionen in Guangdong (SUNG 1998, S. 7).

Der rasch expandierende Arbeitsmarkt und die im innerchinesischen Vergleich hohen Löhne führten zu starken Wanderungsströmen aus der ganzen Republik ins Perlflussdelta (SKLAIR 1986, S. 83ff). Shenzhen wuchs auf fast 4 Mio. Einwohner, darunter 3 Mio. Erwerbstätige (HANG SENG BANK 2000). Es entwickelte sich, wie Hongkong zumindest in seiner Anfangszeit, zu einem Ort, an dem man zusammen kommt um viel Geld zu verdienen. Sowohl die Investoren aus Hongkong als auch die Arbeiter aus den verschiedenen Provinzen Chinas haben meist keine langfristige Perspektive oder Ortsbindung. CEN (2000) beschreibt die Auswirkungen dieser Konstellation auf die Arbeitsbeziehungen.

Hongkong hat eine starke Ausstrahlung auf die Perlflussdeltaregion entwickelt. Das zeigt sich z. B. an der Umorientierung ihres Verkehrsnetzes von Kanton nach Hongkong (SANJUAN 1997) und an den starken kulturellen Einflüssen der SAR (GULDIN 1995; SMART & SMART 1998, S. 111f). Mit dem Vordringen von Waren, Fernsehprogrammen und Modetrends aus Hongkong und zunehmenden persönlichen Kontakten hat die wirtschaftliche Integration auch eine Katalysatorfunktion für die Integration auf anderen Feldern entwickelt.

Stichprobenuntersuchungen des CENSUS AND STATISTICS DEPARTMENT (1997b) haben gezeigt dass die Zahl der Bürger Hongkongs, die im Laufe des Jahres einer Arbeit in der VR China nachgehen, sich von 1992 bis 1995 fast verdoppelt hat. Während sie 1989 noch bei 45.600 gelegen hat, stieg sie nun von 64.200 (1992) auf 122.300 Personen (1995). Es handelt sich bei ihnen zu 86 % um männliche und um überdurchschnittlich qualifizierte Arbeitskräfte. 27 % von ihnen besaß einen Hochschulabschluss, im Vergleich zu 18,3 % aller Hongkonger Erwerbstätigen. Die Mehrzahl dieser Arbeitskräfte (84.300 Personen) war in Hongkong bei der Firma angestellt, für die sie in China gearbeitet hat. 4.200 Personen waren außerhalb Hongkongs angestellt und der Rest gar nicht angestellt. 54 % arbeiteten im produzierenden Gewerbe, 29 % in Handel und Gastgewerbe, nur 12 % in sonstigen Dienstleistungen und 5 % in anderen Branchen (überwiegend Baugewerbe). Die meisten dieser Arbeitskräfte halten sich nicht dauerhaft sondern im Mittel (Medianwert) 4 Tage in China auf. Die große Mehrheit der Aufenthalte in China dauert jeweils bis zu einer Woche (77 %), nur 13 % bis zu einem Monat und 10 % über einen Monat.

Diese temporär in China beschäftigten Bürger Hongkongs, deren Zahl inzwischen auf mehrere Hunderttausend angewachsen sein wird, sind ein wichtiges Bindeglied zwischen der SAR und der VR China. Auf Betriebsebene verknüpfen sie Planung und Vertrieb in Hongkong mit der Produktion jenseits der Grenze und üben Aufgaben wie Qualitätskotrolle, Personalschulung und Betriebsoptimierung aus. Darüber hinaus erfolgt durch sie ein Transfer von Kultur und Lebensweisen (in beiden Richtungen) und der Aufbau persönlicher Bindungen.

3.3.2
Kooperation bei Ver- und Entsorgung

Bei der Versorgung Hongkongs mit Wasser, Erdgas und Elektrizität kooperiert man immer stärker mit dem chinesischen Umland. Hongkong bezieht seit 1995 Erdgas durch eine 780 km lange untermeerische Pipeline aus der Nähe von Hainan (Südchina), das zur Befeuerung der Kraftwerke Black Point und Castle Peak bei Tuen Mun dient. Die Stromnetze Hongkongs und Guangdongs sind seit 1979 miteinander verbunden. Hongkong exportiert Strom in die neu industrialisierte Perlflussdeltaregion, hat aber auch schon welchen aus dem 1994 mit finanzieller Beteiligung aus Hongkong gebauten Kernkraftwerk Daya Bay oder einem gemeinsam betriebenen Pumpspeicherkraftwerk bezogen. Die Wasserversorgung, lange Zeit ein Hauptproblem der Stadt, konnte durch einen bis ins Jahr 2010 reichenden Vertrag mit der Nachbarprovinz sichergestellt werden. Über eine 60 km lange Leitung aus dem Dongjiang werden ca. 70 % des Wasserverbrauchs Hongkongs gedeckt. Die zugesicherte Liefermenge wird von 720 Mio. m^3 (1996) noch bis auf 1.100 Mio. m^3 (2010) ansteigen (MATTHEWS 1996, S. 252). Die Versorgung mit Lebensmitteln wird ebenso wie die mit Baumaterial überwiegend durch Importe aus der VR China sichergestellt. In der Entsorgung ist man bislang weniger auf Kooperation angewiesen. Da aber die Kapazitätsgrenze von Hongkongs Mülldeponien bald erreicht ist und Flächen für neue Deponien im Stadtgebiet nicht ohne weiteres zur Verfügung stehen, werden Mülllieferungen nach China, möglicherweise in Verbindung mit dem Aufbau einer Recyclingindustrie dort, verstärkt öffentlich diskutiert.

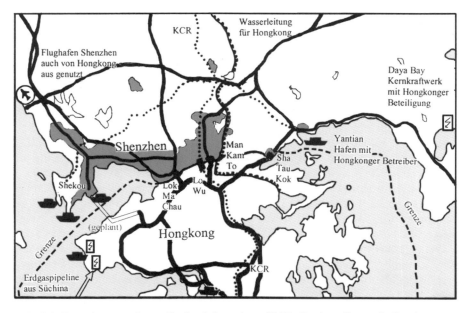

Abb. 3.4. Karte der grenzübergreifenden Infrastruktur. (KCR: *Kowloon Canton Railway*)

3.3.3
Enge finanzielle Verflechtungen

Hongkong und die VR China haben nach wie vor unterschiedliche Währungen, doch der Hongkong-Dollar nimmt zumindest in der Perlflussdeltaregion die Rolle einer Ersatzwährung ein. Über 30 % der in Banknoten oder Münzen existierenden Hongkong-Dollar zirkulieren in der VR China, etwa 20 % in Guangdong. Umgekehrt wird geschätzt, dass 25-40 % des in der SEZ Shenzhen zirkulierenden Geldes Hongkong-Dollar sind (CINI 1993, S. 139; TAUBE 1996, S. 41). Das Interesse am Hongkong-Dollar hat drei Gründe:

- Auslandsreisen sind inzwischen eher möglich geworden, der chinesische Yuan (Renminbi) ist aber nach wie vor nicht frei konvertierbar.
- Viele Waren und Dienstleistungen sind auch in der VR China nur oder zumindest einfacher gegen Hongkong-Dollar zu bekommen.
- Der Hongkong-Dollar wird als die langfristig stabilere Währung für Geldanlagen angesehen.

In Umlauf kommt er auch dadurch, dass Hongkonger Firmen in ihren Betrieben in Guangdong Löhne zum Teil in Hongkong-Dollar zahlen (SKLAIR 1986, S. 84). Die in Hongkong zirkulierenden Yuan (Renminbi) sind im Vergleich dazu unbedeutend, obwohl sie in einer wachsenden Zahl von Geschäften akzeptiert werden. Seit 1993 sind Ausfuhr und Umtausch in Hongkong gestattet (TAUBE 1996, S. 43).

Neben Investitionen im Rahmen des *outward processing* (vgl. Kap. 3.3.1) spielt Hongkong inzwischen auch als Investor in Einzelhandel, Infrastruktur und Immobilien eine große Rolle für den Süden Chinas. Hongkongs Banken wie die HSBC, *The Standard Chartered Bank* und die *Bank of East Asia* sind in der VR China gut vertreten. Hongkong ist die wichtigste Quelle für ausländische Direktinvestitionen in der VR China, und jene das wichtigste Ziel solcher Direktinvestitionen Hongkongs (außer den britischen Jungferninseln, die aber nur als Steueroase dienen).

Umgekehrt spielt die VR China durch staatliche, halbstaatliche und private Investitionen auch eine wichtige Rolle in Hongkong. Zunächst galt das nur für den Chinahandel, inzwischen aber auch im Bank- und Verkehrswesen, bei Immobilien und Infrastruktur. Die Zahl in Hongkong tätiger chinesischer Firmen, von denen einige sich allerdings nur dort registrieren, um zuhause von Vergünstigungen als „ausländischer" Investor profitieren zu können (SUNG 1998, S. 101f), stieg 1983-93 von 200 auf 15.000 (HUANG 1994). Ihr Investitionsvolumen wird auf 27 Mrd. US$ geschätzt. Im Transport- und Finanzwesen wird ihr Marktanteil in Hongkong auf jeweils etwa 25 % veranschlagt (INFORMATION SERVICES DEPARTMENT 2000b). Prominente in Hongkong tätige Firmen aus der Volksrepublik sind die *Bank of China* (Abb. 3.3) mit ihren 12 Schwesterbanken, *China Resources Co.*, *China Merchants Co.*, *China Travel Service* und *CITIC Pacific*. Es überwiegen aber kleinere, von einzelnen Städten und Landkreisen Chinas betriebene Firmen (SUNG 1998, S. 100ff). Beispiele von Hongkonger Firmen mit chinesischer Beteiligung sind *Dragon Air*, *Cathay Pacific*, *China Light and Power* und die Betreibergesellschaften von Containerterminals und der Tunnels zwischen Hongkong und Kowloon. Aus solchen Beteiligungen resultierte auch vor 1997 politischer Einfluss, der insbesondere bei Infrastrukturentscheidungen zum Tragen kam (Beispiele in SUM 1995, S. 84ff, TAUBMANN 1996b, S. 692 und SUNG 1998, S. 116).

3.3.4
Zunehmender grenzüberschreitender Verkehr

Mit wachsenden Bindungen zwischen Hongkong und China wächst auch der Verkehr zwischen beiden. Es gibt folgende Wege von Hongkong in die VR China:

- *Straße:* Von den drei Übergängen (Lok Ma Chau, Man Kam To, Sha Tau Kok; vgl. Abb. 3.4) ist v. a. ersterer von großer Bedeutung im Frachtbereich. Er ist seit 1994 für LKW rund um die Uhr geöffnet. Da nur in Guangdong zugelassene Fahrzeuge die Grenze überqueren dürfen (Abb. 3.5), spielt der grenzüberschreitende Personenindividualverkehr bislang keine große Rolle. Allerdings nehmen Linienbusse nach Guangdong an Zahl und Beliebtheit zu.
- *Bahn:* Der Personenverkehr konzentriert sich nach wie vor überwiegend auf den einen Übergang an der S-Bahnstrecke nach Shenzhen (KCR) bei Lo Wu. Trotz mehrfachen Ausbaus und Erweiterung seiner Öffnungszeit auf 6.30-22.30 Uhr ist er wieder an seiner Kapazitätsgrenze angelangt. Für etwas weitere Ziele, z. B. Guangzhou oder Peking, gibt es durchgehende Züge, bei denen die Hongkonger Grenzabfertigung schon im Bahnhof in Hung Hom stattfindet.
- *Schiff:* Es gibt Fährlinien zu 24 Häfen in China, zumeist im Perlflussdelta. Wichtige Ziele sind Zhuhai und Zhongshan im Westen des Perlflusses sowie der Flughafen von Shenzhen. Die Abfertigung geschieht in Hongkong in den Terminals in Tsim Sha Tsui und Sheung Wan.
- *Flugzeug:* Der Flugverkehr nach China betrifft überwiegend längere Strecken. In Guangdong werden nur Guangzhou und Shantou von Hongkong aus täglich angeflogen (vgl. Kap. 3.2.2).

Die Zahl der Grenzübertritte hat sich 1992-1999 mehr als verdoppelt. Dies betraf in erster Linie die Übertritte am Übergang Lo Wu und in zweiter Linie die Busverbindungen, also vor allem den Nahverkehr und weniger den Langstreckenverkehr (vgl. Tabelle 3.5). Obwohl auch die Zahl der einreisenden Bürger aus der Volksrepublik stark zunimmt, sind noch 86 % der Ein- und Ausreisenden Bürger Hongkongs und nur etwa 7 % der VR China (PLANNING DEPARTMENT 2000).

Abb. 3.5. Zum Grenzübertritt berechtigter PKW mit Zulassungen in Hongkong und Guangdong (Foto: Breitung, April 2000)

Tabelle 3.5. Grenzübertritte in die VR China nach Grenzübergang 1993-1999 (ohne Seeschiffe)

Jahr	Lok Ma Chau	Man Kam To	Sha Tau Kok	Lo Wu	Hung Hom	Fähren	Flughafen
1993	650.498	519.245	406.278	18.315.174	1.447.229	3.435.344	1.413.609
1995	1.257.328	517.049	449.373	21.370.205	1.109.047	3.528.216	1.520.473
1997	2.612.384	478.369	556.081	27.862.423	809.757	3.411.787	1.629.538
1999	4.803.727	496.768	600.193	38.119.215	934.355	3.016.898	1.560.399

Quellen: CENSUS AND STATISTICS DEPARTMENT 1996d, 2000b (Table 6.9)

Die meisten Übergänge sind an ihre Kapazitätsgrenze gelangt, da die Kolonialregierung die Infrastruktur zur Integration mit der VR China nicht gleichermaßen entwickelt hat wie die zur Integration in globale Netze. Inzwischen sind aber neue Straßen- und Bahnverbindungen geplant (PLANNING DEPARTMENT 1996d, 1998e). Im Schienenverkehr soll zunächst 2004 die bestehende S-Bahn von Sheung Shui aus über einen neuen Übergang bei Lok Ma Chau mit der U-Bahn in Shenzhen verbunden werden. Später wird dieser Übergang auch mit der *West Rail* erreichbar sein. Letztere soll zudem über eine Schienen- und Straßenbrücke über die Deep Bay mit Shekou im Westen an Shenzhen angebunden werden (vgl. Abb. 3.4). Beide Linien hätten auch für den Güterverkehr zwischen Containerhafen und Shenzhen große Bedeutung. Für den Autoverkehr ist darüber hinaus eine neue Schnellstraße nach Sha Tau Kok geplant. Eine immer wieder ins Gespräch gebrachte 30-40 km lange Brücke über die gesamte Perlflussmündung nach Zhuhai oder Macau (vgl. Abb. 3.7) wird zunächst nicht weiterverfolgt.

Der starke Anstieg des grenzüberschreitenden Verkehrs ist in erster Linie auf die wachsende Zahl der regelmäßigen Grenzpendler zurückzuführen. Darunter sind solche, die täglich zur Arbeit pendeln und andere, die zum Wochenende oder zumindest einmal monatlich auf die andere Seite der Grenze fahren, zum Beispiel um Frau und Kinder zu sehen oder Zeit im eigenen Wochenendhaus zu verbringen (vgl. Tabelle 3.6). Das PLANNING DEPARTMENT (2000) hat bei einer Befragung von Ein- und Ausreisenden über zwei Wochen ermittelt, dass 46 % aller befragten Hongkonger und 21 % aller Befragten aus der VR China in diese Gruppe fielen.

Tabelle 3.6. Reisende zwischen Hongkong und der VR China mit mindestens einem Besuch monatlich nach Gruppe und wichtigstem Reisezweck

627.300 Hongkonger Bürger mit Wohnsitz in Hongkong, die in die VR China reisen	34.400 Hongkonger Bürger mit Wohnsitz in der VR China, die nach Hongkong reisen	22.600 Bürger der VR China mit Wohnsitz in der VR China, die nach Hongkong reisen
40 % Geschäfte 17 % Einkauf, Freizeit 12 % Partner/Kinder besuchen 7 % Ferien im eigenen Haus 2 % Arbeit[a]	23 % private Besuche 22 % Arbeit[a] 19 % Geschäfte	63 % Geschäfte 11 % private Besuche 8 % Arbeit[a]

[a] „Arbeit": regelmäßige Fahrt zu festem Arbeitsplatz;   Quelle: PLANNING DEPARTMENT 2000
Grundlage ist eine Stichprobe von 45.709 Befragten an allen Kontrollpunkten im Herbst 1999.

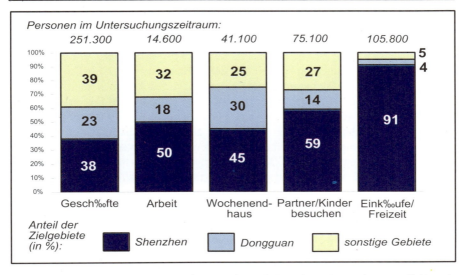

Abb. 3.6. Reisende von Hongkong in die VR China (mind. 1 Ein- und Ausreise monatlich) nach Reisezweck und Zielgebiet Quelle: PLANNING DEPARTMENT 2000, Diagramm: Breitung 2000

Die große Mehrheit der regelmäßigen Grenzübertritte in die Volksrepublik, insbesondere der privat motivierten, führt in die unmittelbare Umgebung Hongkongs, nach Shenzhen und in das benachbarte Gebiet Dongguan (s. Abb. 3.6 und Tabelle 3.7). Danach folgen der Osten des Perlflussdeltas (Gebiete Panyu/Zhongshan) und der Norden Guangdongs (Gebiete Guangzhou/Huizhou). Nach Shenzhen pendeln inzwischen mehr als zwei Drittel aus privaten Motiven wie Einkauf, Freizeit (vgl. Kap. 3.3.5) oder Besuchen bei Angehörigen und Freunden (vgl. Kap. 3.3.6).

Tabelle 3.7. Reisende, die mindestens einmal monatlich von Hongkong in die VR China reisen, nach Zielgebiet und Reisezweck

Zweck	Shenzhen	Dongguan	Guangzhou	Huizhou	Panyu	Zhongshan	alle Orte
Geschäfte	28,8 %	57,3 %	62,0 %	32,9 %	42,2 %	60,2 %	40,7 %
Familie/Freunde	25,7 %	18,8 %	23,1 %	44,1 %	23,4 %	11,9 %	24,1 %
Einkauf/Freizeit	28,3 %	4,0 %	3,7 %	1,6 %	4,1 %	4,2 %	17,4 %
Tourismus	8,2 %	4,6 %	5,5 %	6,4 %	11,8 %	8,3 %	7,6 %
eigenes Haus	5,5 %	12,3 %	2,2 %	8,0 %	15,5 %	14,3 %	6,8 %
Arbeit[a]	2,1 %	2,6 %	2,2 %	5,0 %	2,1 %	0,9 %	2,3 %
andere	1,3 %	0,5 %	1,3 %	1,9 %	0,9 %	0,2 %	1,1 %
Personen	338.081	101.689	55.842	17.072	15.316	12.572	604.440

[a] „Arbeit": regelmäßige Fahrt zu festem Arbeitsplatz;   Quelle: PLANNING DEPARTMENT 2000
Grundlage ist eine Stichprobe von 45.709 Befragten an allen Kontrollpunkten im Herbst 1999.

3.3.5
Grenzüberschreitende Einkäufe und Tourismus

Reisegruppen aus Hongkong spielen seit der Öffnung der VR China in den 80er Jahren eine wichtige Rolle im Chinatourismus. Hinzu kommen eine steigende Zahl von Besuchen bei Angehörigen vor allem an chinesischen Feiertagen. Auch Reisen zur Freizeitgestaltung in der Umgebung der Stadt werden immer populärer. Beispiele sind zahlreiche neue Golfplätze vor allem in Zhuhai und Shenzhen und drei populäre Themenparks in Shenzhen. Ein weiterer Trend ist der Erwerb von Ferien- und Wochenendhäusern. Meist wird dies als langfristige Investition gesehen, die nach zunächst nur gelegentlicher Nutzung später als Altersruhesitz dienen oder mit vermutlich hohem Gewinn veräußert werden kann. 7,6 % aller regelmäßig in die Volksrepublik reisenden Hongkonger gibt Tourismus (*sightseeing*) und 6,8 % den Aufenthalt im eigenen Haus als wichtigsten Grund an (vgl. Tabelle 3.7).

In jüngster Zeit sind, zumindest hinsichtlich der Häufigkeit auch Kurzbesuche in Shenzhen zu Unterhaltungszwecken populär geworden. Schon länger gibt es ein erhebliches Problem der Prostitution in Grenznähe. Zunehmend fahren nun auch Jugendliche zum Besuch von Diskotheken und Karaokebars von Hongkong nach Shenzhen, wo in dem Zusammenhang auch der Umschlag und Konsum billiger Drogen floriert. Über diese Erscheinungen hinaus weitet sich auch die alltägliche Nutzung von Einkaufsmöglichkeiten und Dienstleistungen (Friseur, Schneider etc.) Shenzhens durch Hongkonger aus. 28,3 % der regelmäßigen Hongkonger Besucher in der Volksrepublik fahren zum Einkaufen und zur Unterhaltung nach Shenzhen (vgl. Tabelle 3.7). Hinzu kommen diejenigen, die bei Dienstreisen und Besuchen bei Angehörigen von diesen Möglichkeiten Gebrauch machen.

Der Einzelhandel vor allem in den nördlichen New Territories beklagt spürbare Umsatzverluste. Die dortige DEMOCRATIC ALLIANCE FOR BETTERMENT OF HONG KONG (1999), eine der politischen Parteien der Stadt, hat daraufhin zwei Straßenumfragen zu diesem Thema durchgeführt (208 Personen im Dezember 1998 in den nördlichen New Territories und 819 im August 1999 in ganz Hongkong). 35 % der in der gesamten Stadt Befragten und 93 % in den nördlichen New Territories gaben an, bereits zum Einkaufen in Shenzhen gewesen zu sein. 6 % bzw. 25 % fahren sogar mehrfach wöchentlich. Sie gaben dabei im Schnitt etwa 100 DM pro Besuch für folgende Waren und Dienstleistungen aus (Anteil an den 484 „Ja"-Antworten beider Befragungen zusammen; mehrere Antworten waren möglich):

Restaurants, Unterhaltung	75 %	Haushaltswaren	24 %
Kleidungskauf, Schneider	56 %	Elektrogeräte	15 %
Körperpflege, Massage	39 %	Chinesische Oper	6 %

Am Grenzübergang Lo Wu gruppieren sich Einzelhandelsgeschäfte, fliegende Händler und seit 1994 die *Lo Wo Commercial City* mit 46.450 m² Verkaufsfläche. Die Ladenmieten liegen dort etwa halb so hoch wie in den nördlichen New Territories und die Löhne des Verkaufspersonals bei etwa einem Viertel, so dass die Preise um 40-50 % unter denen in Hongkong liegen (HANG SENG BANK 1999). Mit verbesserter Verkehrsanbindung und der Kultivierung von Produktqualität, Angebotsvielfalt und Service wird sich das Preisgefälle langfristig bei fortschreitender Integration Hongkongs und Shenzhens tendenziell abbauen.

3.3.6
Wohnen und persönliche Kontakte

Eine steigende Zahl von Hongkonger Bürgern lebt jenseits der Grenze in Shenzhen und pendelt teilweise sogar von dort nach Hongkong (vgl. Tabelle 3.6). Da dies bislang noch umständlich ist, gibt es dafür über die niedrigeren Kosten hinaus meist auch familiäre Gründe. Wenn einer von zwei Partnern keine Hongkonger Niederlassungsbewilligung hat, kommt ein Zusammenleben nur in der VR China in Frage. Derartige familiäre Konstellationen werden mit den wachsenden grenzüberschreitenden Interaktionen häufiger. Die Zahl der grenzübergreifenden Ehen nimmt zu. Nach einer Untersuchung 1996 waren 112.000 Hongkonger mit Partnern in der VR China verheiratet. 24,7 % dieser Ehen wurden im Zeitraum 1991-1996 geschlossen. Die Hongkonger Partner waren im Mittel 45 Jahre alt (Medianwert) und zu 88,6 % Männer. Der Anteil der Frauen stieg allerdings 1991-1996 von 6,8 % auf 11,4 %. Die Paare hatten im Schnitt zwei in der VR China geborene und dort lebende Kinder. Nur 28,7 % der grenzübergreifenden Ehepaare hatten keine solchen Kinder (CENSUS AND STATISTICS DEPARTMENT 1997c). Es gibt etwa 1.200 Kinder, die in Shenzhen leben aber in Hongkong zur Schule gehen, da sie wegen des Hongkonger Elternteils einreiseberechtigt sind (SZETO 1997, PLANNING DEPARTMENT 2000). Sie sind ganz überwiegend im Grundschulalter und zu über 60 % männlich. Die meisten werden morgens mit Schulbussen in Lo Wu abgeholt (PLANNING DEPARTMENT 2000).

Ein zweiter Faktor neben grenzübergreifenden Ehen sind Senioren, die für den Lebensabend in die VR China ziehen. Gründe dafür sind alte Heimatbindungen und die Aussicht auf Ruhe und niedrige Lebenshaltungskosten. Letzteres ist bei der weitgehend fehlenden Altersversorgung in Hongkong ein gravierendes Argument. Diese Strategie der Alterssicherung wird von Hongkong aus aktiv unterstützt. In Zhongshan und Zhaoqing (beides in Guangdong) werden mit Mitteln aus Hongkong für Hongkonger Bürger Seniorenheime errichtet (LEE 1997). Seit 1997 bleibt Rentnern, die nach Guangdong ziehen, dort ihr Sozialhilfeanspruch erhalten. Sie können ihn sich am neuen Wohnort auszahlen lassen. Nach 1 ½ Jahren hatten bereits über 1.000 Hongkonger Senioren davon Gebrauch gemacht (KWOK 1998). Bevorzugte Zielorte waren Guangzhou, Dongguan und Zhongshan. Probleme bereiten noch hohe und von den Hongkonger Versicherungen nicht anerkannte Arztrechnungen und in der VR China nicht auszahlbare Beerdigungsbeihilfen.

Der dritte Faktor sind schließlich Umzüge in günstigere Wohnungen in Shenzhen. Deren Kaufpreis liegt oft 70-80 % unter denen vergleichbarer Objekte in der Hongkonger Innenstadt (LI 2000, KO 2000). Hinzu kommen niedrigere Lebenshaltungskosten. Nach einer Studie des *Hong Kong China Relation Strategic Development Research Fund* sind über 1 Mio. Hongkonger interessiert, in den kommenden 10 Jahren nach Shenzhen zu ziehen. Schon jetzt gehen 10 % der Immobilienverkäufe dort an Ausländer (überwiegend Hongkonger). Die Zahl der für Hongkong angebotenen Objekte stieg von 79 (1998) über 105 (1999) auf 31 im 1. Quartal 2000. Besonders hoch war die Nachfrage in Lo Wu und Huanggang bei den bestehenden bzw. künftigen S-Bahn-Grenzübergängen (LI 2000). Viele Wohnungen in Shenzhen dienen zunächst nur als Investition oder Zweitwohnsitz. Mit einer Vereinfachung des Grenzübertrittes werden sich viele aber für eine der beiden Wohnung entscheiden (womit auch entsprechend Wohnraum frei werden wird!).

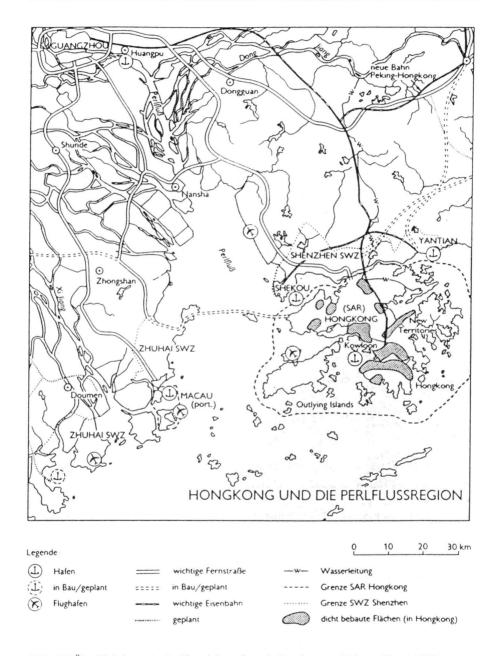

Legende			
⊥ Hafen	═══ wichtige Fernstraße	—w— Wasserleitung	
⊥ in Bau/geplant	═ ═ ═ in Bau/geplant	- - - - Grenze SAR Hongkong	
✈ Flughafen	▬▬ wichtige Eisenbahn	.... Grenze SWZ Shenzhen	
	.... geplant	▨ dicht bebaute Flächen (in Hongkong)	

Abb. 3.7. Überblickskarte der Perlflussdeltaregion mit Hongkong und Macau (Stand 1997). Entwurf: Breitung, Kartographie: Baumann

Die Karte zeigt räumliche Bezüge innerhalb der Perlflussdeltaregion auf. Inzwischen ist auch Macau eine SAR (*Special Administrative Region*) und das Fernstraßennetz wurde weiter ausgebaut. Das in der Karte verzeichnete Brückenprojekt wird allerdings nicht mehr weiterverfolgt.

4 Hongkong:
Strukturen und Konzepte der Stadtplanung

4.1
Planungskultur

Entgegen seiner im Grundsatz non-interventionalistischen Wirtschaftspolitik hat der Staat in Hongkongs durch seinen unmittelbaren Zugriff auf den Faktor Boden sehr weitreichende Möglichkeiten zur planerischen Gestaltung. Trotz dieses erheblichen marktfremden Einflusses ist die Planungspraxis in Hongkong aber eher zügig und investorenfreundlich (STALEY 1994, S. 35). Planungsrichtlinien sind im allgemeinen nicht sehr restriktiv, und vor allem ist die Beteiligung der Bürger in der Planung noch immer sehr begrenzt (NG 1992, S. 89ff).

Wurzeln dafür sind unter anderem in der Geschichte Hongkongs zu suchen, die von Fremdherrschaft, starker Zuwanderung und tiefgreifendem Funktionswandel geprägt ist. Durch diese drei Faktoren haben sich eine geringe Verbundenheit der Bewohner mit ihrem (meist temporären) Wohnumfeld, eine hohe Bereitschaft zu strukturellem Wandel und eine starke ökonomische Orientierung in allen Schichten der Bevölkerung herausgebildet. Eine Wertschätzung für die aktive Gestaltung des Stadtbildes und gegebenenfalls den Schutz von Stadt- und Landschaftsräumen entsteht erst in jüngster Zeit langsam (LAI 1996a, S. 374ff). Beispiele sind hier die politische Auseinandersetzung um die Landgewinnung im Victoria Harbour (vgl. Kapitel 8) und Aktivitäten von Umweltgruppen wie *Friends of the Earth (HK)*.

Auch in der akademischen Diskussion von Fragen der Stadtplanung dominieren in Hongkong Positionen, die ökonomischen Gesichtspunkten bei der Planung eine herausragende Bedeutung beimessen (z. B. STALEY 1994, LAI 1997). Ihnen stehen allerdings auch wertorientierte Positionen gegenüber, die eher die Lebensqualität der Bevölkerung und Verbesserung demokratischer Gestaltungsmöglichkeiten als Maßstab nehmen (z. B. NG 1996). Dieser Dualismus der Positionen tritt vor allem in der Diskussion um die Neufassung des höchsten Planungsgesetzes, der *Town Planning Ordinance* (vgl. Kapitel 4.3.2) zutage.

Sowohl in der akademischen als auch in der politischen Arena scheint der sich abzeichnende Wertewandel hin zu partizipativeren Planungsformen zum Teil auf Erfahrungen der beteiligten Akteure während ihres Studiums in westlichen Ländern, zuvorderst den USA, begründet zu sein. In gewissem Umfang wirkt Planung in Hongkong als ein von außen „importiertes" Konzept. Insofern spiegelt sich auch in der Planungskultur die kulturelle Mischung Hongkongs wider. Sie ist geprägt von der britisch-koloniale Geschichte, von den Werten und Interessen der ganz überwiegend chinesischen Bevölkerung und von jüngeren US-amerikanischen Einflüssen, die über die Geschäftswelt und vor allem über die Ausbildung an amerikanischen Universitäten Eingang in die planerische Diskussion finden.

4.2
Akteure der Stadtplanung

Für die mit der Stadtplanung betrauten Institutionen sind, wie für den gesamten Regierungs- und Verwaltungsapparat eine verwirrende Kompetenzverteilung, eine wenig transparente Hierarchie und ebenso wenig transparente Entscheidungsfindungsprozesse festzustellen. Ein Kennzeichen für die Verwaltung Hongkongs bis hin zur obersten Regierungsebene (*Executive Council*) ist die große Bedeutung einer Vielzahl von Kommissionen als Institutionen kollektiver Entscheidungsfindung, die parallel zu den gut ausgebauten und im wesentlichen zuverlässig arbeitenden Verwaltungsbehörden existieren. In dem Dualismus von Kommissionen und Behörden gab es historisch wechselnde Machtverteilungen. Während am Ende der Kolonialzeit im Rahmen der Lokalisierung und Demokratisierung die Position der Verwaltung gestärkt wurde, ist seit der Übergabe Hongkongs an die VR China eher eine gegenläufige Tendenz zugunsten der Kommissionen feststellbar.

Für Planungsfragen ist auf Behördenseite das *Planning, Environment and Lands Bureau* mit dem *Planning Department* zuständig. Die höchstrangige Kommission ist der *Executive Council*, der ohne explizite Ressortverteilung über alle Grundfragen der Politik inklusive der Planung berät. Die wichtigsten Kommissionen unmittelbar für den Planungsbereich sind *Land Commission, Committee on Planning and Land Development* (CPLD), *Land Development Corporation* (LDC), *Town Planning Board* (TPB), *Commission on Strategic Development* und *Land and Building Advisory Committee*. Von Bedeutung sind auch noch Kommissionen zu Fragen wie Verkehr, Wohnraum, Umwelt, Gewässer und Häfen etc. Die Stadtbezirke sind in Hongkong ohne jede stadtplanerische Kompetenzen.

Im folgenden werden die Rollen der Verwaltung, wichtiger Kommissionen und des privaten Sektors dargestellt. Auf die der betroffenen Bürger wird erst im Zusammenhang mit der Debatte um den *Territorial Development Strategy Review* (Kapitel 4.4.3) und bei den beiden Fallbeispielen (Kapitel 7 und 8) eingegangen.

4.2.1
Planning Department

Institutionalisiert wurde die Stadtplanung in Hongkong erstmalig 1947 mit einer eigenen Planungsabteilung im damaligen *Public Works Department*, die zur Unterstützung des in London angesiedelten obersten Planers für Hongkong Sir Patrick Abercrombie eingerichtet wurde. 1953 wurde eine *Planning Branch* im damaligen *Crown Lands and Survey Office* eingerichtet. Das war die Zeit des stärksten Bevölkerungswachstums durch „Babyboom" und Flüchtlingsströme (LO 1986, S. 161f). 1973 wurde sie weiter aufgewertet und in *Town Planning Office* umgetauft. Diesem oblag vor allem die Planung von New Towns in den New Territories. Speziell für die strategische Territorialplanung (*Territorial Development Strategy* und *Metroplan*) wurde 1980 eine gesonderte *Strategic Planning Unit* in der Umweltbehörde gebildet. 1990 wurde sie mit dem *Town Planning Office* in einem neu geschaffenen *Planning Department* zusammengeführt. Dieses ist heute eines der fünf Departemente des *Planning, Environment and Lands Bureaus* in der Landesverwaltung (PLANNING DEPARTMENT 1997a, S. 1ff; NG 1992, S. 92f).

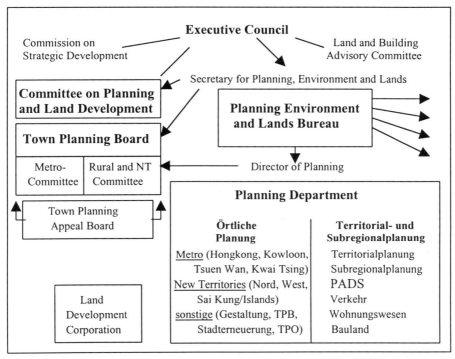

Abb. 4.1. Organisationsschema der Hongkonger Planungsbehörden. (Graphik: Breitung)

Die drei Ebenen der Planung in Hongkong (Territorialplanung, subregionale Planung, örtliche Planung) sind auf zwei Abteilungen des *Planning Departments* verteilt (vgl. Abb. 4.1). Territorialplanung und subregionale Planung sind in einer Abteilung zusammengefasst, der zusätzlich noch eine Unterabteilung für die *Port and Airport Development Strategy* (PADS) und zwei Sonderabteilungen zugeordnet sind. Die Abteilung örtliche Planung umfasst sechs regionale Arbeitsgruppen, auf die Unterabteilungen Metroarea und New Territories verteilt, sowie seit 1997 drei nicht-regionale Unterabteilungen (vgl. Abb. 4.1). Die Behörde ist auf etwa 800 Mitarbeiter angewachsen und konnte 1998 ein neu errichtetes Bürogebäude in North Point beziehen.

4.2.2
Planungskommissionen

Committee on Planning and Land Development (CPLD). Das CPLD setzt sich aus 13 Vertretern verschiedener Verwaltungsabteilungen zusammen. Den Vorsitz führt der *Secretary for Planning, Environment and Lands* (Leiter des *Planning, Environment and Lands Bureau*). Die Aufgabe des CPLD ist die Festlegung langfristiger und territoriumsweiter Planungen. Es wertet Studien aus und entwickelt *Planning Standards*, sektorale Pläne und die TDS als grundlegende Territorialplanung Hongkongs (INFORMATION SERVICES DEPARTMENT 1999).

Town Planning Board (TPB). Das schon 1939 in der *Town Planning Ordinance* vorgesehene TPB konstituierte sich 1951 (PLANNING DEPARTMENT 1997a, S. 1). Es setzte sich früher je zur Hälfte aus Beamten und Freiberuflern zusammen. Heute sind nur 8 der 34 Mitglieder Verwaltungsvertreter (u. a. der *Secretary for Planning, Environment and Lands* als Vorsitzender) und 26 vom Regierungschef ernannte Fachleute (SHIU 2000), wie Architekten, Ingenieure, Juristen oder Wissenschaftler. Die Arbeit im TPB ist ehrenamtlich und daher engen zeitlichen Begrenzungen unterworfen. So besteht de facto ein erheblicher Einfluss des *Planning Department*, das jeweils Vorschläge ausarbeitet, denen das TPB oft folgt, weil sich nicht alle Mitglieder in alle Fälle einarbeiten können (CHENG 1996).

Das TPB hat zwei Hauptaufgaben. Es entwirft und ändert rechtsverbindliche Pläne und entscheidet seit 1974 (A. CHAN 1998, S. 32) auch über Planungsgesuche, die für viele Nutzungen gestellt werden müssen. Damit hat das TPB mehr rechtsunmittelbare Entscheidungsbefugnisse als das CPLD. Seine Entscheidungen greifen stärker in die Handlungsmöglichkeiten von Grundbesitzern und Trägern öffentlicher Belange ein und sind in stärkerem Maße öffentlich diskutiert (vgl. Kap. 7.2). Für den Bereich der Planungsgesuche gibt es daher noch eine Revisionsinstanz, den *Town Planning Appeal Board*, die nach zweimaliger Ablehnung eines Gesuchs angerufen werden kann.

Bei einem Gesuch, das wie etwa 2/3 der Fälle, ohne zusätzliche Verzögerung bewilligt werden kann, ist mit einer Bearbeitungsdauer von 1 bis 1,5 Jahren zu rechnen (CHENG 1996). Das TPB tritt etwa in zweiwöchigem Turnus zusammen. Im Jahr 1996 waren das 27 Sitzungen (1995: 28 Sitzungen). Es sind dabei folgende Vorgänge abgearbeitet worden:

Tabelle 4.1. Bilanz des Town Planning Board 1995-1996 (TOWN PLANNING BOARD 1996, 1997)

	1995	1996
Neu verabschiedete *Outline Zoning Plans* (OZP):	2	5
LDC Development-Scheme-Plans zur Stadterneuerung:	3	0
Planänderungen (überwiegend Outline Zoning Plans):	23	34
Erstbearbeitete Einsprüche gegen Pläne	1.584	2.736 [a]
Gründlicher behandelte Einsprüche (z. B. Anhörungen)	158	3.813 [a]
Bearbeitete Planungsgesuche (1.Durchgang)	747	870
...davon in Metroarea oder New Towns	360	395
bewilligt	*261*	*300*
abgewiesen	*92*	*86*
nicht abschließend entschieden	*7*	*9*
...davon in den ländlichen New Territories	387	475
bewilligt	*236*	*316*
abgewiesen	*145*	*150*
nicht abschließend entschieden	*6*	*9*
Bearbeitete Planungsgesuche (2.Durchgang)	130	101
bewilligt (z. T. mit Auflagen)	*63*	*25*
abgewiesen	*62*	*74*
nicht abschließend entschieden	*5*	*2*

[a] Davon 2.586 zu einem einzigen OZP in der New Town Tin Shui Wai.

Metro Committee und *Rural and New Town Committee*. Im Juli 1991 wurden zwei regionale Unterkomitees für die Metroarea (Insel Hongkong, Kowloon, Kwai Tsing, Tsuen Wan) sowie für die restlichen New Territories gegründet. Als Ausschüsse des TPB übernehmen sie einzelne seiner Teilfunktionen (TOWN PLANNING BOARD 1996, 1997). Beide Gremien setzen sich aus je 12 Mitgliedern des TPB zusammen. Den Vorsitz hat jeweils der Leiter des *Planning Departments* (*Director of Planning*). Die beiden Unterkomitees halten ihre Sitzungen zumeist 14-tägig zwischen den TPB-Sitzungen ab. 1995 traten sie zu jeweils 20 und 1996 zu jeweils 23 Sitzungen zusammen. Die Ergebnisse sind in obiger Gesamtübersicht für den TPB enthalten.

Town Planning Appeal Board. Für Einsprüche gegen Entscheidungen des TPB gibt es seit Anfang der 90er Jahre den *Town Planning Appeal Board* (TPAB). Er besteht aus 42 Mitgliedern, die weder im TPB sitzen noch Vertreter der Verwaltung sind. Der TPAB tritt nur in seltenen Fällen zusammen und legt seine Befugnisse bisher sehr eng aus (A. CHAN 1998, S. 33ff). Er trifft in der Praxis selten Entscheidungen, die von denen des TPB abweichen. 1996 sind neun Revisionsfälle und 1995 zehn Revisionsfälle vom TPAB behandelt worden. Nur in einem Fall 1996 ist dem Einspruch stattgegeben worden. Die übrigen 18 Fälle wurden abgewiesen (TOWN PLANNING BOARD 1996, 1997).

4.2.3
Die Rolle des privaten Sektors

Ein großer Teil der offiziell von der Planungsbehörde erstellten Studien und Pläne werden von privaten Planungsbüros im Auftrag erstellt. Es werden dafür verschiedene Gründe genannt, die von flexiblerer Personaldisposition bis zu einer unterstellten bevorzugten Auftragsvergabe der früheren Kolonialregierung an britische Planungsbüros reichen. Durch die Vergabemechanismen und engen Zieldefinitionen nimmt die Behörde in der Praxis starken Einfluss auf die Ergebnisse der Studien. So beklagen Kritiker, private Planer träten sozusagen als ausführender Arm der Verwaltung mit wenig kreativen Kompetenzen auf (NG 1992, S. 97f).

Erheblichen Einfluss auf die Stadtplanung in Hongkong haben die großen Landentwicklungsgesellschaften wie *Cheung Kong*, *Henderson Land Development*, *Sun Hung Kai Properties*, *New World Development* und *Sino Land*. Fast alle neu auf den Markt kommenden Landflächen werden zunächst von diesen äußerst finanzkräftigen Firmen erstanden. Sie sorgen für Erschließung und Bebauung und verkaufen dann einzelne Wohnungen entweder an Endnutzer oder an Investoren. Dies ist für diese Gesellschaften ein lukratives Geschäft. Sie zählen zu den erfolgreichsten Unternehmen Hongkongs und ihre Besitzer, wie Li Ka-Shing, Lee Shau Kee und die Gebrüder Kwok, zu den reichsten Einzelpersonen Asiens. Sie haben großen Einfluss auf die Hongkonger Politik, aber auch weit über Hongkong hinaus. Das Oligopol dieser Firmen ist für die hohen Bodenpreise in Hongkong mitverantwortlich. Ihre Machtposition hilft ihnen in vielen Fällen, ihre planungsrechtlichen Wünsche durchzusetzen. In den New Territories, wo sie in großem Maßstab Landwirtschaftsflächen akkumuliert haben, ist es ihnen oft gelungen, Baugenehmigungen und Planänderungen durchzusetzen (vgl. Kapitel 7.2).

4.3
Rechtliche Bedingungen der Stadtplanung

Hongkongs Rechtssystem hat sich durch die Übergabe an die VR China nicht wesentlich geändert. Es ist nach wie vor britisch geprägt. Das heißt auch, dass weiterhin, wie im britischen *Common Law*, richterliche Urteile in Präzedenzfällen eine größere Rolle spielen als zum Beispiel im deutschen (oder auch im chinesischen) Zivilrecht. Bedeutende Veränderungen seit 1997 sind lediglich, dass die Gesetze jetzt übersetzt wurden und Verfahren auch in Kantonesisch abgehalten werden können, sowie dass ein neues oberstes Gericht in Hongkong eingerichtet wurde. Zuvor war letztinstanzlich der *Privy Council* in London zuständig. In Planungsfragen kommt sowohl die Bedeutung von Präzedenzfällen als auch die bisherige Rolle des *Privy Council* zum Tragen, wie exemplarisch an Fällen in den nordwestlichen New Territories gezeigt werden wird (vgl. Kap. 7.2). Es gibt darüber hinaus noch eine Reihe Besonderheiten des kolonialen und nunmehr postkolonialen Rechts. Soweit sie die Stadtplanung tangieren, werden diese hier näher beleuchtet, bevor auf die einzelnen planungsrechtlichen Bestimmungen eingegangen wird.

4.3.1
Aus der Kolonialzeit überkommene Besonderheiten

Landvergabesystem. Die wichtigste Besonderheit ist der Umstand, dass die Briten nach der Übernahme Hongkongs von China sämtliche Flächen zu *Crown Land* erklärt haben. Mit Ausnahme eines Grundstücks, das der Kirche vermacht wurde, wurden von Beginn an Flächen nur verpachtet und nicht verkauft. Dies geschieht zumeist durch Auktion (d. h. meistbietend), bei konkretem Entwicklungsinteresse des Staates durch Ausschreibung und für gemeinnützige Einrichtungen auf dem Wege der Landvergabe. Die Pacht ist üblicherweise auf 75 oder 99 Jahre begrenzt (generell zwischen 1 und 999 Jahren), je nach Vertrag verlängerbar und meist mit Nutzungsbedingungen verbunden (vgl. Kap. 4.3.2). Für die New Territories war die maximale Pachtdauer durch den Ablauf des übergeordneten Vertrages mit China 1997 begrenzt. Mit der britisch-chinesischen *Joint Declaration* wurden bestehende Verträge und das gesamte System bis 2047 fortgeschrieben (NIEH 1984, S. 541ff). Der Name *Crown Land* wurde in *Government Land* geändert. Als Pachtsystem mit rein staatlichem Grundbesitz ist das Bodenrecht Hongkongs weltweit eine seltene Ausnahme. Aus der Sicht der Planung hat es gegenüber einem auf Privateigentum an Land beruhenden System Vor- und Nachteile (YEH 1994, S. 8ff).

Vorteile:
- Neben der eher symbolischen Jahrespacht (*Crown rent*) sind die beträchtlichen Pauschalen bei Vertragsabschluss (*land premium*) als Staatseinnahmen wichtig.
- Die Pachtbedingungen bieten ein zusätzliches planerisches Instrument in Ergänzung zu den schwachen bau- und planungsrechtlichen Möglichkeiten.
- Staatlicher Grundbesitz und kontrollierte Landabgabe bieten eine wirksame Kontrolle des Stadtwachstums zur Vermeidung von Landschaftszersiedelung.
- Pachtverträge ermöglichen dem Staat Kündigungen bei Zahlungsverzug, Bruch von Bedingungen und, statt Enteignung, bei vorrangigem öffentlichen Interesse.

Nachteile:

- Die restriktive Landvergabe ist eine Hauptursache für die sehr hohen Immobilienpreise in Hongkong.
- Anpassungen der Pachtverträge an geänderte planerische Erfordernisse sind erst nach Ablauf der Pacht oder bei Änderungswünschen des Pächters möglich.
- Juristisch problematisch sind konfligierende Festlegungen in Pachtbedingungen und Planwerken, da der Staat hier mitunter als Verpächter Nutzungsrechte verkauft, die er dann als Gesetzgeber anschließend wieder einschränkt.

Bei allen Vorteilen des Hongkonger pachtgestützten Landmanagements bleibt die Verquickung mit planerischer Kontrolle problematisch. Im Sinne von Flexibilität, Transparenz und Rechtssicherheit wäre eine striktere Trennung anzustreben.

Unübersichtliche Besitzverhältnisse. Da in Hongkong meist nicht ganze Häuser sondern nur einzelne Wohnungen verkauft werden, sind die Besitzverhältnisse sehr kleinteilig und oft unübersichtlich. Das erschwert besonders Stadterneuerungsmaßnahmen. Es ist mit erheblichen Schwierigkeit verbunden, in älteren Stadtteilen die für Bebauungsveränderungen und Quartiersumgestaltung notwendigen Besitzeinheiten zusammenzubekommen. Dies war der Hauptbeweggrund, im Jahre 1988 die öffentlich-rechtliche *Land Development Corporation* (LDC) ins Leben zu rufen, die dieses Problem aber auch nur begrenzt lösen kann (LAU 1997).

Spezielle Regelungen für die New Territories. Der rechtliche Status der New Territories unterschied sich historisch in zweierlei Hinsicht von dem Hongkongs und Kowloons. Einerseits wurden die New Territories von den Briten als bis 1997 gepachtetes, nicht als erobertes Land angesehen, so dass Landflächen von ihnen weder verkauft noch über 1997 hinaus verpachtet werden konnten. Sie wurden offiziell am Anfang an die ursprünglichen Besitzer „zurückverpachtet", um Konflikte mit der ansässigen Bevölkerung zu vermeiden (LAI 1998, S. 46). Dadurch kommen heute die mit Suburbanisierung und Stadtwachstum verbundenen Wertzuwächse den Dorfbewohnern (bzw. der Entwicklungsgesellschaften, die das Land von ihnen aufkaufen) zugute. Auch ansonsten blieben die historische Rechte der Dorfbevölkerung weitgehend unberührt. Das führte zu Unterschieden zum Beispiel beim Wahlrecht und beim Erbrecht für Frauen, das es in den Dörfern lange Zeit nicht gab. Die Organisationen der Dorfbevölkerung (*Heung Yee Kuk*), denen die Briten einen Teil der Verwaltungsaufgaben übertragen haben, spielen heute noch eine wichtige Rolle in den New Territories (LI 1997, S. 189).

Die raumwirksamste Sonderregelung für die New Territories ist die sogenannte Kleinhauspolitik. Seit 1972 hat jeder volljährige männliche Nachkomme eines Dorfbewohners von 1898 (in männlicher Linie) das Recht ein Kleinhaus von bis zu drei Stockwerken in seinem Dorf (*Heung*) zu bauen. Ein solches Kleinhaus kann bis zu 8,23 m hoch sein und eine Grundfläche von bis zu 65,03 m^2 haben (LANDS DEPARTMENT 1997). Infolge dieser Regelung entstanden überall in den New Territories Häuser mit genau diesen Abmessungen (vgl. Abb. 4.2) ohne die übliche Planungskontrolle. Da sie erstens gegen die Intention des Gesetzgebers oft nicht für den Eigenbedarf genutzt werden, da zweitens die Regelung bei begrenzten Landflächen nicht unbegrenzt fortführbar ist und da sie drittens Bevölkerungsgruppen (Frauen, Zugewanderte) diskriminiert, gibt es zunehmend Kritik an der Kleinhauspolitik, die aber bislang dennoch fortbesteht (L. YEUNG 1997).

Abb. 4.2. Beispiel für ein „Kleinhaus" in den New Territories (Foto: Breitung, April 2000)

4.3.2
Planungsgrundlagen

Rechtsgrundlage der Planung in Hongkong ist die *Town Planning Ordinance*, auf die unten näher eingegangen wird. Im Vergleich zu entsprechenden Gesetzen in westlichen Ländern bietet sie nur unzureichende Möglichkeiten für eine effektive Planungskontrolle (YEH 1994, S. 11; CHENG 1996). Diese Rolle übernehmen zum Teil die Bestimmungen in Pachtverträgen und baurechtliche Bestimmungen. Es gibt somit drei verschiedene Ebenen der planerischen Regulierung von Bauvorhaben: Planungsrecht (Entscheidungen des TPB), Landrecht (Regelungen in den Pachtverträgen mit dem Staat) und Baurecht (Baugenehmigungen durch das *Buildings Department*). Ein Bauvorhaben kann mitunter alle drei Genehmigungen erfordern (vgl. Fallbeispiel nordwestliche New Territories), was im Regelfall etwa drei Jahre dauert (CHENG 1996).

Pachtverträge. Nachdem der Staat die weitreichenden Möglichkeiten durch seine Verfügungsgewalt über Grund und Boden hundert Jahre lang kaum genutzt hatte, entwickelte er seit dem Zweiten Weltkrieg die Pachtbedingungen zu einem Ersatz für planerische Festlegungen. Die Bedingungen betreffen z. B. (YEH 1994, S. 6f):

- Nutzung (Wohnen, Gewerbe)
- Bebauung (Art, Höhe, Dichte, Fluchtlinien)
- Gestaltung und Stadtbildwirkung (z. T. Genehmigungspflicht für Gestaltung)
- Anlage von Privatstraßen, Grünflächen, Parkplätzen (teilweise öffentlich nutzbar)
- Verbot störender Auswirkungen
- Fristen der Bebauung oder Erschließung des Grundstücks.

Oft muss für Nutzungs- oder Bebauungsänderungen die Änderung der Pachtvereinbarung beantragt werden, die gebührenpflichtig ist und vom *Lands Department* zur Hinzufügung weiterer Bedingungen genutzt werden kann. Für den Staat ist das die einzige Möglichkeit, Änderungen an Verträgen zu erwirken, die teilweise vor Jahrzehnten abgeschlossen wurden.

Verordnungen. Die *Buildings Ordinance* verlangt bei Neubauten oder baulichen Änderungen eine Genehmigung des *Buildings Department*, die unter anderem von stadtplanerischen Gesichtspunkten abhängt. Diese baurechtliche Kontrolle hat sich als wirkungsvoll bei Neubauten erwiesen, nicht aber bei Änderungen und Ergänzungen, die nur begrenzt erkannt und verfolgt werden können. Bei Umnutzungen ohne bauliche Veränderungen fehlt sogar jede Handhabe (YEH 1994, S. 4f).

Neben planungsrechtlichen und bautechnischen Bestimmungen sind noch eine Vielzahl anderer Bestimmungen von Bedeutung, so z. B. *Antiquities & Monuments Ordinance* (Denkmalschutz), *Country Parks Ordinance* (für Bauvorhaben in Country Parks), *Marine Parks Ordinance, Roads (Works, Use and Compensation) Ordinance, Foreshore and Seabed Reclamations Ordinance* (bei Landgewinnung; vgl. Kap. 8.2), *Hong Kong Airport Control of Obstructions Ordinance* (Einflugschneise), *Land Drainage Ordinance* und Umweltgesetze bezüglich Luft, Wasser, Abfall und Lärm (PLANNING DEPARTMENT 1995a, S. 34f).

Town Planning Ordinance (TPO). Die eigentliche planerische Rechtsgrundlage, die erwähnte *Town Planning Ordinance*, ist von 1939. Sie sah ursprünglich nur allgemein die Verabschiedung von behördenverbindlichen Plänen zur Landnutzung durch das TPB vor. Eine direkte Planungskontrolle dem Bürger und Landbesitzer gegenüber war zunächst nicht vorgesehen. Diese erfolgte erst, wie oben skizziert, auf dem Umweg von Pacht- und Baurecht. Die TPO wurde seit 1939 nur zweimal nennenswert geändert (PLANNING DEPARTMENT 1998a, S. 141ff). 1974 wurden direkte Planungsgesuche beim TPB eingeführt. Seitdem enthalten die örtlichen Pläne Listen von automatisch genehmigten und von genehmigungsfähigen Nutzungen. Die Kriterien für die Entscheidung über Planungsgesuche sind Planungsintention, Folgen für Bewohner, Wirtschaft und Umwelt, Infrastruktur und Verträglichkeit mit dem Umfeld (PLANNING DEPARTMENT 1995a, S. 27f). In der Praxis werden die meisten Gesuche bewilligt (STALEY 1994, S. 103). Die zweite nennenswerte Änderung erfolgte 1991 (PLANNING DEPARTMENT 1998a, S. 143f).

Änderungen durch die Town Planning (Amendment) Ordinance von 1991:

- Ausweitung des Gültigkeitsbereichs der TPO auf die New Territories
- Erweiterung der Nutzungsarten (z. B. Landwirtschaft, Landschaftspark etc.)
- Einführung von *Development Permission Area (DPA) Plans* für die Zeit bis es auch für die New Territories rechtsverbindliche *Outline Zoning Plans* gibt.
- Einführung einer unmittelbaren Planungskontrolle auf Gebieten mit OZP bzw. DPA-Plan (mit Strafen von bis zu 1 Mio. HK$ bei Verstößen)
- Einführung des *Town Planning Appeal Board* und der Planungskomitees (vgl. Kap. 4.2.2).

Mit der Verabschiedung der *Town Planning (Amendment) Ordinance* wurde auch eine völlige Neubearbeitung eingeleitet, um ein effektiveres und transparenteres Planungsrecht zu schaffen. 1996 wurden folgende Änderungen vorgeschlagen (HONG KONG GOVERNMENT 1996; PLANNING DEPARTMENT 1996a, S. 3f).

Town Planning White Bill 1996:

- *Bürgerbeteiligung:* dreimonatige Konsultationsperiode für rechtsverbindliche Pläne, einmonatige für Planungsgesuche; Beteiligung nicht nur betroffener Bürger
- *Transparenz:* Offenlegung von Funktionen und Interessen aller TPB-Mitglieder
- *Beschleunigung:* zeitliche Begrenzung der Bearbeitungsdauer auf 9 Monate, Schnellverfahren für Bagatellfälle; Ausschussbildung; administrative Entlastung
- *Planungssicherheit:* Verlagerung bau- und pachtrechtlicher Kontrollen ins Planungsrecht: Ausstellung eines Zertifikats durch das TPB zur Vorlage beim *Buildings Department*
- *Planungsziele:* Einführung von *Environmentally Sensitive Areas* und *Special Design Areas*; obligatorische Umweltverträglichkeitsprüfung
- *Planungskontrolle:* Zutritt von Kontrolleuren auf Privatgelände, Zulassung von Luftaufnahmen als Beweismittel, Strafverschärfung bei Verstößen.

Die halbjährige öffentliche Diskussion der *White Bill* brachte widersprüchliche Ergebnisse. Umweltgruppen, liberalere Planer und Politiker begrüßten die Grundrichtung und brachten noch weitergehende Vorstellungen ein, z. B. Bürgerbeteiligung auch bei überörtlichen Plänen und die Bündelung von Kompetenzen bei einer unabhängigen *Planning Authority* (NISSIM 1996, LYONS 1996a,b). Wirtschaftsnahe Planer kritisierten Verzögerungen des Planungsprozesses, die zusätzliche Bürokratie und abnehmende Planungssicherheit der Grundbesitzer (STALEY 1994, S. 105ff; LAI 1997, S. 114ff; PORTER 1997; HAMER 1997, S. 291f). Während es in den beiden ersten Punkten nur darum geht, welche Nachteile man für die Vorteile der neuen Regelung in Kauf nimmt, steht hinter dem letzten die grundlegendere politische Entscheidung, ob die Planungssicherheit des Grundbesitzers und Investors oder die planerische Flexibilität des Staates Vorrang haben soll. Die kontroverse öffentliche und behördeninterne Diskussion verzögerte das Gesetzgebungsverfahren noch, bis im Frühjahr 2000 schließlich eine reduzierte Version, z. B. ohne die vorgesehenen Planungszertifikate, verabschiedet wurde (SITO 2000).

4.3.3
Planungsrichtlinien und Planwerke

Grundlagen für Planungsentscheidungen sind Planwerke auf verschiedenen Ebenen und schriftlich verfasste Planungsrichtlinien (*Hong Kong Planning Standards and Guidelines*). Die Planungsrichtlinien legen für die unterschiedlichen Nutzungen jeweils detailliertere Mindeststandards fest (PLANNING DEPARTMENT 1998b).

Hong Kong Planning Standards and Guidelines:

- *Wohnen:* maximal zulässige Geschossflächenzahl in Abhängigkeit von verschiedenen Lagefaktoren (u. a. Aufteilung Hongkongs in vier Dichtezonen)
- *Gemeinschaftseinrichtungen:* Bedarf an Krankenhäusern, Schulen, Postämtern etc. nach Einwohnerzahl, jeweiliger Flächenbedarf der Einrichtung
- *Erholung/Freiflächen:* Sportflächenbedarf, Mindestforderungen an Freiflächen
- *Industrie:* Festlegung von Mindest- und Richtgröße der Grundfläche, Grundflächenzahl, Gebäudehöhe, Arbeitsplatzdichte und Ausstattung von Industriegebäuden in sieben Kategorien
- *Einzelhandel:* Richtwerte für Zentren, Bedarf an Märkten und Volksküchen
- *Ver- und Entsorgungseinrichtungen:* Bedarf und Mindestanforderungen
- *Verkehr:* Abmessungen und Hierarchie von Straßen, Bedarf und Abmessungen von Parkraum aufgeschlüsselt nach Gebäudenutzung
- *Umwelt und Naturschutz:* Immissionsschutzmaßnahmen, Abstandsflächen, Zusammenstellung der Natur- und Denkmalschutzrichtlinien.

In Hongkong hat sich eine dreigliedrige Planhierarchie herausgebildet. Die territoriumsweite Ebene bilden in erster Linie die *Territorial Development Strategy*, aber auch sektorale Planungen wie die *Port and Airport Strategy* (PADS). Sie sind für die Verwaltung verbindlich, nicht aber, wie die örtlichen Pläne als unterste Ebene unmittelbar dem Grundbesitzer gegenüber. Zwischen den örtlichen und territoriumsweiten Ebenen hat sich als historisch letzte die der fünf subregionalen Pläne etabliert. Einen über Hongkongs Grenzen hinausreichenden Plan gibt es aus statusrechtlichen Gründen nicht (vgl. Kapitel 4.5 und 9.4.2).

Territorial Development Strategy (TDS). Der erste territoriumsweite Plan (damals noch ohne Berücksichtigung der New Territories) war der *Abercrombie Plan* von 1949. Erst 1972 wurde mit dem *Colony Outline Plan* ein neues umfassendes Werk vorgelegt (PLANNING DEPARTMENT 1997a, S. 1f). 1984 trat die erste *Territorial Development Strategy* in Kraft. Eine Überarbeitung (*TDS Review*) trat nach der Veröffentlichung und Diskussion von Vorversionen 1993 und 1996 am 24.2.1998 in Kraft (vgl. Kap. 4.4). Die Einbeziehung von Bürgermeinungen und Interessen von Organisationen dabei war in Hongkong ein Novum (PLANNING DEPARTMENT 1996b; 1998a, S. 14ff). Inzwischen laufen schon wieder die Vorarbeiten für die nächste Überarbeitung. Die *TDS Review* ist eine Darstellung von Planungsintentionen in geschriebener Form und mit Übersichtskarten. Sie integriert bestehende sektorale Pläne und bildet die Grundlage für die subregionalen Pläne.

Port and Airport Development Strategy (PADS). Im Oktober 1989 wurde eine ressortübergreifende Planungskonzeption verabschiedet, um die Flughafen- und Hafenplanungen zu koordinieren. Der neue Flughafen mit allen damit verbundenen Infrastrukturmaßnahmen ist inzwischen realisiert, aber bei den Planungen zur Hafenerweiterung sind fortlaufende Aktualisierungen notwendig. Es gab nach der PADS in den Jahren 1992, 1995 und 1998 noch drei *Port Development Reviews* (PLANNING DEPARTMENT 1995b, 1999). Durch die Entscheidung, einen Disney-Themenpark im Nordosten Lantaus anzusiedeln, wo massive Hafenerweiterungen geplant waren, wurde eine Generalrevision der PADS notwendig.

Subregionale Pläne. Als erster subregionaler Plan wurde 1991 der *Metroplan* für die Insel Hongkong, Kowloon, Kwai Tsing und Tsuen Wan (Metroarea) erlassen. In ihm wird eine Dekonzentration von Nutzungen (Wohnen, Zentrumsfunktionen) und die Aufwertung des innerstädtischen Raumes z. B. durch ein Freiraumkonzept sowie die Forcierung der innerstädtischen Landgewinnung angestrebt (INFORMATION SERVICES DEPARTMENT 1991). Hintergrund waren die Entlastung der Kernstadt durch New Towns in den 80er Jahren und die Vertrauenskrise durch die Ereignisse in China 1989. Räumlich präzisiert (für künftige örtliche Pläne) und aktualisiert wurde der *Metroplan* durch *Development Statements* für die Teilbereiche West-Kowloon, South-East-Kowloon, Tsuen Wan/Kwai Tsing, Central and East Kowloon, Hong Kong Island West. Für die übrigen Teilbereiche stehen *Development Statements* noch aus. Der *Metroplan* selber wird gegenwärtig überarbeitet.

Darüber hinaus gibt es gültige subregionale Pläne für die südwestlichen und nordöstlichen New Territories. Die zwei anderen sind noch im Stadium provisorischer Landnutzungskonzepte. Anders als die TDS enthalten die subregionalen Pläne grobe Karten zur angestrebten Flächennutzung.

Örtliche Pläne. Block- oder grundstücksgenaue Flächennutzungsdarstellungen finden sich erst in den rechtsverbindlichen örtlichen Plänen, vor allem den *Outline Zoning Plans* (OZP). Sie wurden nach dem Zweiten Weltkrieg für die Insel Hongkong und Kowloon eingeführt, wo es sie heute weitgehend flächendeckend gibt (PLANNING DEPARTMENT 1998a, S. 79). Für die New Territories sind sie erst seit 1991 vorgesehen. Da gerade bei der dortigen starken baulichen Entwicklung eine planerische Kontrolle notwendig ist, wurden für die Übergangszeit provisorische, aber auch rechtswirksame Pläne über *Development Permission Areas* (DPA) erlassen. Zu den OZP und DPA gehören Listen mit pauschal genehmigten (*column 1*) und genehmigungsfähigen (*column 2*) Nutzungen sowie teilweise baulichen Einschränkungen (PLANNING DEPARTMENT 1995a, S.12ff). Diese Bestimmungen stehen rechtlich über den Festlegungen der Pachtverträge (LAI 1998, S. 47)

Zusätzlich zu den vom *Town Planning Board* erlassenen OZP und DPA-Plänen kann das *Planning Department* detailliertere Bebauungspläne (*Departmental Plans*) erstellen, die je nach Maßstab *Outline Development Plans* (ODP) oder *Layout Plans* (LP) heißen. Dies geschieht hauptsächlich bei komplexen Projekten wie New Towns oder Landgewinnung (PLANNING DEPARTMENT 1995a, S.16f).

4.4
Die gegenwärtige strategische Territorialplanung für Hongkong

Die im Frühjahr 1998 abgeschlossene Überarbeitung der *Territorial Development Strategy* (TDSR) bietet eine Gelegenheit zur aktuellen inhaltlichen Bestandsaufnahme der gegenwärtigen strategischen Territorialplanung.

4.4.1
Ziele und Struktur der Territorial Development Strategy Review

Als Generalziel formuliert die TDSR die Entwicklung einer breiten, langfristigen Konzeption für Landnutzung, Verkehr und Umwelt, mit der im Rahmen der Ressourcen die für Hongkongs Rang als regionales und internationales Zentrum und für bessere Lebensbedingungen notwendigen Flächen und Infrastruktureinrichtungen zur Verfügung gestellt werden können (PLANNING DEPARTMENT 1996b, S. 7). Es werden sechs konkretere Feinziele unterschieden:

- Ausbau Hongkongs als internationale Stadt und Zentrum für Handel, Finanzen, Information, Tourismus, Warenumschlag und Produktion
- Bereitstellung von Flächen und Infrastruktur für Wohnen, Wirtschaft, Erholung
- Erhaltung wichtiger Landschaften, ökologischer Potentiale, Kultur- und Naturdenkmale
- Schutz der Umwelt, Erhaltung der Luft- und Wasserqualität, Lärmvermeidung, Abfallwirtschaft und Gefahrenverminderung
- Entwicklung eines vielfältigen, leistungsfähigen, effizienten, umweltschonenden, sicheren und bequemen Verkehrssystems
- Flexibilität für privaten und öffentlichen Sektor bei Veränderungen in Finanzlage, Nachfragestruktur oder politischer Schwerpunktsetzung.

In der ursprünglichen Version von 1996 werden diese Feinziele gleichgewichtig dargestellt, während in der überarbeiteten Endversion von 1998 die Notwendigkeit von Kompromissen hervorgehoben wird. Insbesondere wird ausdrücklich die prioritäre Gewichtung des Wohnungsbaus betont. Der Schutz von Natur- und Kulturlandschaften wird nun zweckgerichtet zur Erhöhung der Attraktivität Hongkongs angeführt (PLANNING, ENVIRONMENT AND LANDS BUREAU 1998b, S. 1f). Der Wohnungsbau hatte mit dem integrationsbedingt erwarteten Zuwanderungsstrom an Bedeutung gewonnen, die Anziehungskraft der Stadt für Investoren und Touristen mit der Wirtschaftskrise. Der Ausbau der verschiedenen zentralen Funktionen Hongkongs steht nach wie vor an erster Stelle der Planungsziele.

Die TDSR war zunächst von zwei alternativen Entwicklungsszenarien ausgegangen, die sich vor allem darin unterschieden, wie weit das funktionale Hinterland Hongkongs in die VR China hinein reicht. Diese Frage beeinflusst den Infrastrukturbedarf Hongkongs erheblich, wie zwei unterschiedliche Versionen A und B des langfristigen Konzepts zeigen (PLANNING DEPARTMENT 1996b). Da sich bis zum Abschlussbericht 1998 bereits abzeichnete, dass die zugrundegelegten Bevölkerungsprognosen wesentlich zu niedrig veranschlagt waren, wird Version A nicht weiterverfolgt (PLANNING, ENVIRONMENT AND LANDS BUREAU 1998b, S. 3f).

Ausgehend von Zielen und Rahmenbedingungen wurden Anforderungen identifiziert und Bewertungskriterien gefunden. Die TDSR wird als offener Prozess dargestellt, in dem verschiedene Lösungsmöglichkeiten geprüft und dann auserwählte Strategien der Öffentlichkeit vorgelegt wurden. Allerdings lässt schon der Zwischenbericht von 1996 (PLANNING DEPARTMENT 1996b) klare Präferenzen erkennen. Bis zum abschließenden Bericht änderten diese sich auch eher durch veränderte Rahmenbedingungen als durch die Einwände der Öffentlichkeit.

Die sich schnell ändernden Rahmenbedingungen (Machtwechsel, Wirtschaftskrise, Bevölkerungsentwicklung) trugen dazu bei, dass die TDSR einen prozessualen Charakter angenommen hat. Der Schlussbericht erschien nicht als ein Endpunkt sondern leitete direkt zu den Arbeiten an der nächsten Revision über. Eine solche planerische Flexibilität ist mit der Globalisierung auch andernorts zu beobachten. Die Notwendigkeit, auf Investorenwünsche zu reagieren (in Hongkong z. B. bei *Cyberport* und *Disneyland*) steht langfristigen fixen Konzepten entgegen.

Die Planungsstrategien der TDSR wurden nach ihrem Zeithorizont in folgende Kategorien eingeteilt (PLANNING, ENVIRONMENT AND LANDS BUREAU 1998b, S. 3).

- Kurzfristige Projekte (bis 2001) waren nicht mehr Gegenstand von Planungsentscheidungen und wurden als gegeben in die Darstellungen einbezogen.
- Auch zu mittelfristigen Projekten (bis 2006) standen Grundsatzentscheidungen fest, die TDSR hatte bei ihnen aber noch eine koordinierende und ausgestaltende Funktion, insbesondere mit dem Ziel zusätzlicher Wohnraumschaffung.
- Zu langfristigen Projekten (bis 2011) waren Grundsatzentscheidungen und die Entwicklung von Umsetzungskriterien durch die TDSR notwendig.
- Über 2011 hinaus gibt es einen erweiterten Zeithorizont, für den Empfehlungen ausgesprochen und Entwicklungsmöglichkeiten aufgezeigt wurden.

Nach dem Verzicht auf die Verfolgung zweier Alternativversionen, wird die Struktur des Planungskonzepts nur noch von drei Dimensionen bestimmt, der zeitlichen (kurz-, mittel- und langfristiger sowie erweiterter Zeithorizont), der räumlichen (die fünf Subregionen) und der sektoralen. Letztere ist im folgenden Abschnitt die Grundlage für die Darstellung der Aussagen der TDSR.

Tabelle 4.2. Erwartetes Wachstum Hongkongs bis 2011 (PLANNING DEPARTMENT 1996b, S. 41f)

	Bestand mit Grundwachstum	strategisches Wachstum	Gesamtbedarf bis 2011
Einwohner in Millionen	6,51	1,59	8,10
Arbeitsplätze in Millionen	3,17	0,81	3,98
Wohneinheiten in Millionen	2,37	0,53	2,90
Bruttogeschossfläche in Millionen m^2:			
- Büroflächen	16,12	4,73	20,85
- allgemeine Industrieflächen [a]	36,39	5,98	42,37
- spezielle Industrieflächen [b]	1,21	3,91	5,12

[a] *Industrial, Industrial/Office (I/O)*
[b] *Industrial Estates, Business Estates, Science Parks, Rural, Special Industry*

4.4.2
Grundsätzliche Aussagen zu Raumentwicklung und Flächenreserven

Der Schwerpunkt der TDSR ist die Lokalisierung und Abschätzung von Flächenreserven angesichts des in den 90er Jahren wieder zunehmenden Bevölkerungswachstums und des gleichzeitigen Funktionszuwachses. Der Bericht von 1996 ging von einem Wachstum auf 7,3 Mio. Einwohner bis 2006 und 8,1 Mio. Einwohner bis 2011 aus (PLANNING DEPARTMENT 1996b, S. 9). Er ermittelte bis 2011 ein Grundwachstum (*Base Growth*), das als gesichert vorausgesetzt wurde und nicht mehr Gegenstand der TDSR war. Diese sollte Wege definieren, um den noch als *Floating Quantum* bezeichneten darüber hinausgehenden Bedarf zu decken. Er wurde aus dem durch Bevölkerungs- und Arbeitsplatzprognosen abgeschätzten strategischen Wachstum (*Strategic Growth*) bis 2011 abgeleitet. Die dort (in Version B) veröffentlichten Werte entsprechen auch denen des abschließenden Berichts von 1998, obwohl inzwischen vermutet werden muss, dass der Bedarf tatsächlich höher liegen wird.

Aus dem erwarteten Wachstum werden Flächen- und Infrastrukturbedarf hergeleitet. Der Flächenbedarf allein für Wohnraum, Büroraum, Industrie und Hafenanlagen wird auf etwa 32 km^2 geschätzt. Eine darüber hinausgehende Abschätzung der zu bebauenden Gesamtfläche wird nicht getroffen. Der Flächenbedarf kann im Prinzip auf drei Arten gedeckt werden: Landgewinnung vor der Küste, Bebauung von Freiflächen v. a. in den New Territories und Umnutzungen in der Kernstadt. Letzteres wird zur Flächengewinnung weitgehend ausgeschlossen, da eine weitere Verdichtung nicht wünschenswert ist. In den New Territories entfallen 408 km^2 auf *Country Parks* (in alten OZPs als *Green Belt* verzeichnet), in denen nicht ohne Genehmigung des *Country Park Board* gebaut werden darf (GOVERNMENT INFORMATION SERVICES 1994, LAI 1998, S. 49). Außerdem werden folgende Flächen grundsätzlich ausgeschlossen (PLANNING DEPARTMENT 1996b, S. 83):

- Ökologisch speziell wertvolle Gebiete und besonders schöne Naturräume
- Gebiete mit Hangrutsch- oder Überschwemmungsgefahr
- Sperrgebiete (z. B. Grenzgebiet, militärischeÜbungsgebiete)
- Freihalteflächen (z. B. für Hafenerweiterung, Stauseen).

Nach Ausschluss solcher Flächen nennt die TDSR folgende Potentiale für die Aufnahme des strategischen Wachstums (PLANNING DEPARTMENT 1996b, S. 83):

- 325.000 Einwohner auf Landflächen v. a. der New Territories
- 360.000 Einwohner innerstädtisches Verdichtungspotential
- 319.000 Einwohner auf Neulandflächen v. a. in der Innenstadt
- 425.000 Einwohner in kombinierten Land-/Neulandprojekten in den New Territories
- 285.000 Einwohner im kombinierten Stadterneuerungs-/Neulandprojekt Kowloon Bay.

Das Gesamtpotential liegt also um nur ca. 125.000 Einwohner über dem maximal erwarteten strategischen Wachstum, so dass eine Auswahl eher Prioritäten für die Reihenfolge festlegt als über die letztendliche Bebauung von Flächen zu entscheiden. Auswahlkriterien sind: Größe und Zuschnitt, Rechts- und Nutzungsverhältnisse, Fung Shui, Gefahren, geotechnische Probleme, Verträglichkeit mit benachbarten Nutzungen oder Naturräumen, Distanzen zu Abgas- oder Lärmemittenten und bei Landgewinnungsflächen Auswirkungen auf Strömungsverhältnisse, Wasserqualität und Seeverkehr sowie Erreichbarkeit mit Füllmaterial.

Bebauung von Freiflächen vs. Neulandgewinnung. Eine, wenn nicht *die* Kernthematik der TDSR ist die Frage, ob prioritär die Erschließung von Freiflächen in den New Territories oder die Landgewinnung in der Metroarea betrieben werden sollte. Entsprechend werden zwei verschiedene mittelfristige Szenarien aufgebaut und deren Vor- und Nachteile gegeneinander abgewogen.

Nutzbare Freiflächen gibt es vor allem in den Tieflandbereichen der nördlichen New Territories (ca. 158 km^2). Davon entfallen wegen Hochwassergefahr 34 km^2, Sperrgebieten 26 km^2, geplanter Dorf- und Einzelhausbebauung 30 km^2, anderer Nutzungen (v. a. Containerlagerung) 53 km^2 und aus ökologischen Gründen 2 km^2. Obwohl sich die Gebiete teilweise überlappen, ist das ein großer Teil des theoretischen Flächenpotentials (PLANNING DEPARTMENT 1996b, S. 65). Es ist allerdings die Frage gestellt worden, ob die Festlegung des Flächenpotentials aus politischen Gründen nicht bereits zu niedrig angesetzt ist (HAMER 1997, S. 290f).

Für die küstennahe Landgewinnung bleibt nach Berücksichtigung natürlicher Einschränkungen wie z. B. Wassertiefe und Gezeiten sowie nach Ausschluss potentieller Hafen- und Flughafenerweiterungsgebiete ein theoretisches Potential von 17 km^2 (PLANNING DEPARTMENT 1996b, S. 65).

Nachteile der Nutzung von Freiflächen:	*Nachteile der Landgewinnung:*
• komplizierte Besitzverhältnisse, dadurch langer Planungsvorlauf	• Beeinträchtigung von Landschaftsbild und mariner Natur
• Kosten für Landerwerb und -erschließung statt Einnahmen aus Landgewinnung	• Beeinträchtigung mariner Nutzungen (Schiffahrt etc.)
• Gefährdung wichtiger Natur- und Erholungsräume	• Verlagerung von küstenbezogenen Landnutzungen notwendig
• weitere Pendeldistanzen, Zunahme des Autoverkehrs	• Umweltbelastung auch bei Sandabbau und bei der Deponierung giftiger Sedimente.

Die getroffene Entscheidung ist eine Mischung beider Szenarien. Mittelfristig soll in der Metroarea (ganz überwiegend auf Neuland) Wohnraum für 340.000 Einwohner und außerhalb für 300.000 Einwohner geschaffen werden. Berücksichtigt man, dass von letzteren 240.000 in den New Towns Tung Chung und Tseung Kwan O zum Teil ebenfalls auf Neuland sein werden, wird doch ein Übergewicht der Landgewinnung deutlich. In der öffentlichen Diskussion war das der meistkritisierte Aspekt der TDSR. Bei anderen Nutzungen, insbesondere zentralen Funktionen und Büros, erweist sich die aufgebaute Alternative innerstädtische Landgewinnung vs. New Territories als Scheinalternative. Wiewohl Bürodezentralisierung sinnvoll ist, sind hier Standorte nicht ohne weiteres austauschbar (vgl. Kap. 8.4.2).

Als generelle räumliche Trends der Stadtentwicklung stellt die TDSR zwei Grundrichtungen fest. Einerseits war bereits durch die PADS eine Verschiebung von Funktionen (Hafen, Flughafen) und damit Entwicklungspolen von Ost nach West vorgegeben. Andererseits wird die zweite Richtung der Stadtentwicklung vom Zentrum im Süden zur Grenze im Norden bzw. Nordwesten verstärkt. Diese Entwicklung wird durch die neuen Verbindungen zur VR China gefördert und manifestiert sich in neuen New Towns, suburbanen Wohngebieten und Verkehrsachsen. Beide Tendenzen lassen einen besonderen Entwicklungspol in ihrem Kreuzungspunkt, dem Raum Tsuen Wan/Tsing Yi entstehen.

Wohnnutzung. Trotz des oben angesprochenen Übergewichts der Metroarea an den geplanten neuen Wohngebieten sieht auch die TDSR eine weitere Entwicklung der New Towns vor. Der Einwohneranteil der Metroarea soll von 78 % (1986) und 70 % (1991) bis 2011 weiter auf 56 % sinken. Im ausführlichen Bericht zur langfristigen Strategie (PLANNING DEPARTMENT 1996c) wird die Bedeutung der nordwestlichen New Territories im Zusammenhang mit der zunehmenden Bedeutung von Shenzhen als Arbeitsplatz gesehen. Neben dem weiterverfolgten Massenwohnungsbau in Hochhausform ist speziell in diesem Gebiet Einzelhausbebauung als Ergänzung vorgesehen, um verschiedenen Bedürfnissen gerecht zu werden.

Die wichtigsten Neubaugebiete für den Wohnungsbau sind Kowloon Bay (ehemaliger Flughafenstandort) und andere Neulandgebiete in der Innenstadt (Central/ Wanchai, Green Island), die massiv auszubauenden New Towns Tseung Kwan O und Tung Chung, Ergänzung der New Towns Tsuen Wan, Yuen Long, Tuen Mun und von Wohngebieten im Süden Hongkongs, das ehemalige Flüchtlingslager Whitehead sowie Standorte in den ländlichen New Territories (Kam Tin, San Tin).

Arbeitsplatzverteilung. Die Gesamtzahl der Arbeitsplätze soll von 1996 bis 2011 mit 28 % etwa so stark steigen wie die Bevölkerungszahl. Der Zuwachs wird sich allerdings vor allem im tertiären Sektor und räumlich im Zentrum Hongkongs konzentrieren. Als Ziel wird formuliert, verstärkt Arbeitsplätze an Verkehrsknoten außerhalb des CBD anzusiedeln. Speziell Tsuen Wan wird wegen seiner Schlüsselstellung zwischen Hafen und Flughafen sowie zwischen Shenzhen und dem Hongkonger CBD ein Potential als zweites Hauptgeschäftszentrum zugemessen.

Trotz drastisch rückläufigem Industrieanteil an der Wirtschaft Hongkongs wird von einem wachsenden Bedarf an Industrieflächen ausgegangen. Dahinter steckt vor allem der Wunsch, die Deindustrialisierung aufzuhalten und Hi-Tech-Industrie anzulocken. Der größte Teil des neuen Industrieflächenbedarfes wird im Bereich der speziellen Industrieflächen prognostiziert. Als Beispiele werden *Industrial Estates* in Tseung Kwan O und Tuen Mun, *Business Estates* am neuen Flughafen sowie der *Science Park* zwischen Tai Po und Shatin genannt. Industrielle Arbeitsplätze sind nach der TDSR künftig vor allem in den New Territories und an Standorten, an denen von ihnen wenig Belästigung ausgeht, anzusiedeln.

Verkehrswege und Infrastruktur. Hongkong muss Infrastrukturen für internationale Funktionen (z. B. Hafen, Flughafen, Kongresseinrichtungen), für die grenzübergreifende Integration (v. a. Verkehrsverbindungen) und für einen steigenden Eigenbedarf durch Bevölkerungswachstum (z. B. Anbindung neuer Wohngebiete) bereitstellen. Im ersten Punkt sind die wesentlichen Entscheidungen in der PADS bereits zu Beginn der 90er Jahre getroffen worden. Nur hinsichtlich des Hafens stehen noch größere Projekte an. Es wird prognostiziert, dass die Gesamtfläche für Hafenanlagen von 725 ha (1996) auf 1.310 ha (2001), 1.536 ha (2006) und 1.680 ha (2011) ansteigt. Dafür sollen unter anderem die Hafenstandorte Kwai Chung und Tuen Mun ausgebaut und eine Tiefwasserrinne (Tonggu-Kanal) zwischen beiden geschaffen werden (zu den zusätzlichen Plänen bei Lantau vgl. Kapitel 3.2.1).

Die größere Aufgabe ist die Schaffung grenzüberschreitender Verkehrsverbindungen. Hier hat die Kolonialregierung deutlich weniger investiert als in die Stärkung der internationalen Funktionen. Der ausführliche Bericht zur langfristigen Strategie (PLANNING DEPARTMENT 1996c) prognostiziert einen Anstieg des grenzüberschreitenden KFZ-Verkehrs von 24.000 (1994) auf 160.000 Fahrzeuge (2011). Die Kapazität der jetzigen Grenzübergänge ist nur auf 80.000 Fahrzeuge pro Jahr steigerbar. Es werden nun neue Übergänge für Straße und Schiene (vgl. Kapitel 3.3.4), ein neuer Hongkong-China-Fährterminal sowie Anschlussfernstraßen im Hinterland auf beiden Seiten geplant.

Die TDSR enthält darüber hinaus einen Verkehrswegeplan für den Nahverkehr. Angestrebt wird ein multi-modales, integriertes Verkehrssystem mit weiterhin hohem ÖPNV-Anteil. Der Individualverkehr soll im wesentlichen dem Gütertransport vorbehalten bleiben. Dennoch schätzt man, dass die Zahl der in Hongkong gemeldeten Kraftfahrzeuge von 460.000 (1994) auf 760.000 (2006) und 870.000 (2011) steigt. Neben dem ÖPNV-Netz wird daher auch das Straßennetz ausgebaut.

Freiflächen und Umweltschutz. Freiflächen sollen durch Ausweisung von *Unique Areas* und *Significant Areas* geschützt, aber auch kontrolliert genutzt werden. Eine strengere Bebauungskontrolle soll auch für *Zones of Transition* mit Bebauung und landwirtschaftlicher Nutzung gelten. Generell sind die östlichen New Territories stärker für Naturschutz und Erholung und die westlichen zur Bebauung vorgesehen (Ausnahme Mai Po). Themen des Umweltschutz, die in der TDSR angesprochen werden, sind Luftqualität, Wasserqualität, Abwasserentsorgung, Abfallentsorgung, Lärmschutz und Naturschutz. In den meisten Bereichen beschränkt sie sich darauf, Besorgnis zu äußern und detailliertere Studien vorzuschlagen. 1999 wurde eine umfangreiche Studie des *Planning Department* zur nachhaltigen Entwicklung in Hongkong begonnen, die im Laufe des Jahres 2000 abgeschlossen werden wird. In der TDSR spielten Umweltfragen abgesehen von ihrer Funktion als beschränkende Größe bei der Erschließung neuer Flächenpotentiale eine untergeordnete Rolle.

4.4.3
Reaktionen auf die TDSR

Die mangelnde Erfahrung mit partizipativen Planungsverfahren und das begrenzte Interesse der Öffentlichkeit an der Stadtgestaltung wurden an der recht bescheidenen Zahl schriftlicher Rückmeldungen im Rahmen der Bürgerbeteiligung deutlich.

Es gab nur 82 schriftliche Stellungnahmen von 43 Personen (davon 4 anonym) und 39 Organisationen. Die Organisationen verteilten sich folgendermaßen:

- Berufsorganisationen (v. a. im Bereich Planung, Bauwesen)   10
- öffentliche Verwaltung und Nahverkehrsunternehmen   9
- politische Organisationen, Umweltgruppen   8
- Wirtschaftsvertreter   6
- Bürgergruppen, Anwohnerkomitees   6

Das PLANNING, ENVIRONMENT AND LANDS BUREAU (1998a) hat die schriftlichen Stellungnahmen zusammen mit 20 Redebeiträgen im Parlament, 19 Anhörungen diverser Komitees und 8 Zeitungsartikeln ausgewertet, kommentiert und publiziert. Inhaltlich lassen sich folgende Haupteinwände herauskristallisieren:

- Die zugrunde gelegten Bevölkerungszahlen sind zu niedrig (z. B. weil die illegale Zuwanderung ignoriert wurde), so dass die vorgesehene Wohnraumversorgung nicht ausreicht.
- Die Integration Hongkongs mit seinem chinesischen Umland wird nicht hinreichend berücksichtigt. Das betrifft die grenzübergreifende Koordination ebenso wie die Planung grenzübergreifender Infrastrukturen und die Nutzung der Grenzzone.
- Es sollte ein stärker nachhaltiges Konzept angestrebt werden. Gesichtspunkte des Umwelt- und Naturschutzes werden nicht hinreichend berücksichtigt.
- Das Schnellbahnsystem sollte verbessert und (auch grenzübergreifend) erweitert werden.
- Die Stadterneuerung wird im Vergleich zur Erschließung neuer Flächen vernachlässigt.
- Die vorgesehene Landgewinnung sollte unterbleiben oder substanziell modifiziert werden. Dafür könnten die New Territories stärker besiedelt werden.
- Die Arbeitsplatzdezentralisierung sollte entschiedener gefördert werden.
- Durch die Deindustrialisierung können noch stärker als in der TDSR vorgesehen ehemalige Industriegebiete umgenutzt werden.

Die Eingaben sind meist fundiert, jedoch durch die Mischung von Bürgerbeteiligung, Anhörung von Trägern öffentlicher Belange, politischer und fachlicher Diskussion sehr heterogen. Im Hintergrund stehen teils ökonomische Interessen (z. B. bei Nahverkehrsbetrieben und Wirtschaftsvertretern), teils fachliche Standpunkte (z. B. bei Vertretern planerischer Berufe) und teils der Wunsch nach besserer Lebensqualität (z. B. bei Anwohnerkomitees und Umweltgruppen). Die Antworten des *Planning Department* sind überwiegend defensiv-erklärender Natur und nehmen nur selten erkennbar Impulse aus den Stellungnahmen auf. Dennoch bedeutet schon die sorgfältige Dokumentation eine Öffnung des Planungsprozesses hin zu einer Einbeziehung bisher Unbeteiligter in die planerische Diskussion.

4.5
Berücksichtigung der regionalen Integration in der Planung

4.5.1
Regionale Planungsansätze in der TDSR

Obwohl sich die TDSR aus statusrechtlichen Gründen nur auf das Territorium Hongkongs bezieht, gibt es anders als bei früheren Planungen ein Kapitel zu Entwicklungen im angrenzenden Perlflussdeltagebiet (PLANNING DEPARTMENT 1996b, S. 15ff). Es wird ein starkes Wachstum der nichtagrarischen Bevölkerung speziell in Shenzhen und Zhuhai und die Herausbildung zweier Entwicklungsachsen von diesen Orten nach Guangzhou festgestellt. Prognostiziert werden ein Bevölkerungsanstieg im Perlflussgebiet von 32 Mio. (1990) über 47 Mio. (2001) auf 52 Mio. (2011) sowie wirtschaftlich die Überwindung des Status als „verlängerte Werkbank" Hongkongs hin zu mehr wissensorientierter Wirtschaft mit höherem Lohnniveau. Als gravierende Auswirkungen auf Hongkong werden erwartet:

- Hongkong und vor allem sein Dienstleistungssektor wird von einem erwarteten weiteren wirtschaftlichen Wachstum in der Perlflussdeltaregion profitieren.
- Hongkong wird in wachsendem Maße Umweltbelastungen aus seiner Umgebung ausgesetzt sein (Gewässer- und Luftverschmutzung).
- Hongkong wird möglicherweise weniger als bisher auf die Perlflussdeltaregion zur Versorgung mit Trinkwasser und Lebensmitteln zurückgreifen können.
- Neu- bzw. ausgebaute Häfen und Flughäfen in der Region stellen eine Konkurrenz für diejenigen Hongkongs dar.
- Es ergibt sich die Notwendigkeit zum Ausbau der Grenzübergänge.

Es wurde also anerkannt, dass wesentliche Entwicklungsparameter Hongkongs von der Zukunft des Umlands und den Verbindungen zu diesem abhängen. Gleichzeitig bestand noch große Unsicherheit über diese Entwicklung, wie die Nebeneinanderstellung von vier Szenarios zeigt (PLANNING DEPARTMENT 1996b, S. 19). Selbst die Frage, in welchem Maße physische und planerische Verbindungen ausgebaut werden, wird nicht als Teil der Planung sondern quasi unkontrollierbare Randbedingung behandelt. Am Ende wird lediglich die Präferenz für ein Integrationsszenario mit moderatem Wachstum auf chinesischer Seite geäußert.

Nicht auf alle der oben aufgeführten Punkte wird in der TDSR konkreter eingegangen, aber im ausführlichen Bericht zur langfristigen Strategie (PLANNING DEPARTMENT 1996c) wird das Problem des grenzüberschreitenden Verkehrs näher analysiert. Verschiedene Ausbaumaßnahmen sind dafür geplant (vgl. Kap. 4.4.2). Die nordwestlichen New Territories sind trotz projektierter neuer Verkehrsachsen als Standort für Wohngebiete geringer Dichte vorgesehen. Das Grenzgebiet selbst wird aus Sicherheitsgründen weiterhin kaum in die Planung einbezogen. Nicht nur wurde zu recht kritisiert, dass die Planung grenzüberschreitender Verkehrsverbindungen zehn Jahre zu spät beginnt (HAMER 1997, S. 290), auch jetzt noch weist die Planung erhebliche Defizite hinsichtlich der Einbeziehung der Region auf.

- Eine genaue Lokalisierung und zeitliche Planung der künftigen Grenzübergänge, die schon sehr bald benötigt werden, steht auch heute noch aus.
- Aussagen zu einer veränderten Rolle der Grenze selbst und des bislang gesperrten Grenzgebietes werden nicht getroffen.
- Die Planung der nordwestlichen New Territories sieht diese im Grunde nach wie vor als peripheren Raum (Beispiel: Kleinhauspolitik, vgl. Kap. 4.3.1).
- Eine Nutzung Shenzhens zur Lösung des Platzproblems in Hongkong (z. B. Wohnraum, Hafenfunktionen) ist nicht einmal in Erwägung gezogen worden.
- Shenzhen wird nach wie vor als Konkurrenz und nicht als Teil der selben Agglomeration gesehen (Bsp. Planung für Hafen und Flughafen).
- Eine Berücksichtigung der Planungen Shenzhens und anderer Städte in der Perlflussregion ist nicht erkennbar, geschweige denn eine Koordination.

4.5.2
Stand der planerischen Kooperation

Die Perlflussdeltaregion, wie sie 1994 von der Regierung Guangdongs definiert wurde, umfasst 41.596 km² und ist in 25 städtische und 3 ländliche Gemeinden gegliedert (NG & TANG 1997, S. 8). Im Rahmen der Dezentralisierungspolitik der VR China und durch den Status der offenen Wirtschaftsregion erhielten diese Kommunen ein höheres Maß an Entscheidungsbefugnis. Das hat Bürokratien abgebaut und die Ansiedlung neuer Betriebe gefördert. Andererseits waren die Gemeinden zu einer konzeptionellen Planung weder bereit noch in der Lage. Die Folge waren Korruption, Konkurrenzdenken und erhebliche Koordinationsmängel schon innerhalb der chinesischen Perlflussregion. 1995 hat die Provinzregierung sich mit der Verabschiedung eines umfassenden Planungskonzeptes eingeschaltet (NG & TANG 1997, S. 20). In welcher Weise dies zum Abbau der offenkundigen Planungsmängel beiträgt, lohnt sich schon deshalb zu beobachten, weil es als Indikator für die Herausbildung neuer Regulationsformen im Rahmen des Systemwandels in der VR China gesehen werden kann (XU & NG 1998).

Für Hongkong von unmittelbarer Bedeutung sind zunächst die Nachbarstädte, v. a. das im Norden angrenzende Shenzhen sowie im Westen, durch die Perlflussmündung getrennt, Zhuhai und Macau. Shenzhen erstreckt sich entlang der Grenze zu Hongkong. Das ursprünglich am Grenzübergang Lo Wu gelegene Zentrum verlagert sich nach Nordwesten in Richtung der Hauptachse nach Guangzhou und des neuen Flughafens. Ein isolierter Pol ist der Hafen Yantian im Osten. Den Hauptverkehrsstrom von Guangzhou und dem Flughafen nach Hongkong will Shenzhen aus der Innenstadt heraushalten und über eine Deep-Bay-Brücke nach Hongkong leiten (SUN 1996, BROWN 1996). Die kleine ehemalige portugiesische Kolonie Macau hat im Vorfeld ihrer Übergabe viel Geld in eine Infrastruktur investiert, die konkurrierend zu der Hongkongs auftritt (NOBRE 1996, KRAAS 1998). Wie die ihr benachbarte Sonderwirtschaftszone Zhuhai (GAO 1996) liegt sie jedoch etwas im Schatten der Perlflussmündung. Vor allem Zhuhai sieht die Anbindung an Hongkong als prioritär an und treibt derartige Pläne selber voran (CHU 1997).

Eine Zusammenarbeit Hongkongs mit diesen Nachbarstädten gab es bis 1997 kaum. Zwar bestanden erste informelle Kontakte zwischen Planern beider Seiten, aber die Behörden unterhielten keine offiziellen Beziehungen und die Planungen wurden nicht wirklich abgesprochen. Ende 1994 wurde ein sporadisch tagendes *Infrastructure Coordinating Committee* gegründet (YEUNG Y. M. 1997, S. 254). Die mangelhafte Kooperation hatte zwei Gründe. Erstens standen ihr politische Konflikte und statusrechtliche Erwägungen im Wege, z. B. die Krise nach den Ereignissen in Peking 1989 und der chinesische Vorwurf, britische Firmen würden mit Aufträgen in Hongkong unangemessen bereichert (LAI 1995). Zweitens herrschte im *Planning Department* noch sehr insulares Denken vor (HAMER 1997, S. 291). Seit 1997 gibt es auch formell gegenseitige Besuche und Unterrichtungen über die jeweiligen Planungen. Das *Infrastructure Coordinating Committee* wurde durch technische Untergruppen auf Direktorenebene ergänzt, die etwa monatlich zusammentreten. Zudem gibt es Gespräche zwischen Guangdong und Hongkong über Umweltfragen (R. CHAN 1998). Es gibt aber keine Verpflichtung zu koordiniertem Vorgehen, geschweige denn eine übergreifende Planung. Oft scheitern gemeinsame Lösungen an Vorbehalten auf Hongkonger Seite.

5 Analyse:
Bevölkerung und sozialräumliche Veränderungen

Das Verständnis für Veränderungen der Bevölkerungs-, Wirtschafts- und Sozialstruktur Hongkongs ist eine wichtige Grundlage für Planung und ein Indikator übergeordneter Prozesse. Im Mittelpunkt des ersten quantitativ-empirischen Kapitels steht die Bevölkerungs- und Sozialstruktur. Hier wirken eine starke Zuwanderung, selektive Abwanderung, kulturelle Einflüsse und veränderte gesellschaftliche Werte und Normen. Bevölkerungsentwicklung und Sozialstruktur (Familienstruktur, Verteilung von Arm und Reich sowie von Heimischen und Fremden) werden quantitativ auf der Grundlage von Zensusdaten untersucht und in GIS-Karten und Diagramme umgesetzt. Ziel dieses und des nächsten Kapitels ist es,

(a) wesentliche und raumwirksame Trends zu erkennen
(b) diese untereinander in Beziehung zu setzen
(c) die vier Modelle aus den Arbeitshypothesen an ihnen zu überprüfen
(d) sowie sie mit supralokalen Entwicklungen zu erklären.

5.1
Datengrundlage und -aufbereitung

5.1.1
Zensusdaten

Für personen- und wohnungsbezogene Aussagen können die Daten von Volkszählung (*census*) und Mikrozensus (*by-census*) zugrundegelegt werden. Diese werden in Hongkong seit 1961 alternierend in je 10-jährigem Abstand erhoben, Volkszählungen immer im 1. und Mikrozensen (ca. 1/7 der Grundgesamtheit) im 6. Jahr des Jahrzehnts. Die folgenden Analysen basieren auf dem Mikrozensus 1996 und zum Vergleich der Volkszählung 1991 (CENSUS AND STATISTICS DEPT. 1991a, 1996a).

Ein längerer Zeitabschnitt hätte die Vergleichbarkeit wegen Änderungen in der Erhebungsmethode erschwert. Bereits 1996 gab es solche Änderungen. Zuvor erfasste man die am Stichtag Anwesenden und rechnete das Ergebnis auf die Gesamtbevölkerung hoch. Das ergab nur geringe Fehler, bis in den 80er Jahren die Zahl derjenigen anstieg, die beruflich in China waren. Seit 1996 nimmt man alle Einwohner zur Grundlage, unabhängig vom Aufenthalt zum Erhebungszeitpunkt (15. März, 3 Uhr). Sie werden am Wohnort erfasst und nicht mehr dort, wo sie übernachten. Im Grunde schränkt das die Vergleichbarkeit ein. Der Fehler ist aber nicht groß. Zur Volkszählung 1991 waren 2,7 % nicht in Hongkong und weitere 1,7 % übernachteten auswärts (CENSUS AND STATISTICS DEPT. 1996b, S. 1f, 65).

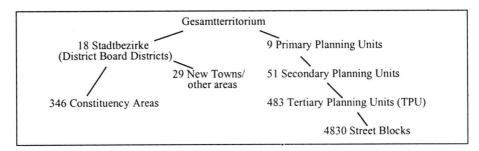

Abb. 5.1. Die zwei Hierarchien statistischer Raumeinheiten in Hongkong

Statistische Daten sind in Hongkong in zwei parallelen räumlichen Hierarchien erfasst (Abb. 5.1). Aus Datenschutzgründen werden für viele Merkmale kleine Gebiete wie TPUs und v. a. *Street Blocks* gruppiert. Es gab 1996 insgesamt 136 *Large TPU Groups* und 1774 *Large Street Block Groups*. Einige Statistiken werden seit dem Mikrozensus 1996 zusätzlich für die einzelnen New Towns erstellt.

Bis auf die auf New-Town-Ebene analysierte Binnenmigration (Kap. 5.2.4) erfolgt die Auswertung von Zensusdaten auf der Basis der *Tertiary Planning Units* (TPU). Die Grenzen dieser TPUs waren für 1991 und 1996 weitgehend identisch, sie waren aber unterschiedlich zu *Large TPU Groups* gruppiert. Um Vergleichbarkeit zu erreichen, wurden diese bis zu kongruenten Einteilungen weiter gruppiert.

Um Shatin und Sai Kung ergab das ein zu großes Gebiet, das in 4 Teile geteilt wurde. Weiterhin wurden um die New Towns Tuen Mun, Sheung Shui und Yuen Long einige dünn besiedelte TPUs von 1991 anderen *Large TPU Groups* zugeordnet, um New Towns und ländliche Gebiete zu trennen. In fünf Fällen ließ sich die Einwohnerzahl dieser TPUs aus den *Large Street Block Groups* rekonstruieren. Proportional zur Einwohnerzahl wurden die übrigen Daten dann um einen Reduktionsfaktor verringert bzw. um einen Inflationsfaktor erhöht (vgl. Tabelle 5.1). Der daraus resultierende Fehler liegt zumeist deutlich unter 1 %, ist also getrost zu vernachlässigen. Schließlich wurde die nur im Datensatz von 1996 enthaltene TPU 999 (Hausboote) gestrichen. Sie ist quantitativ unbedeutend und nicht zu verorten.

Tabelle 5.1. Änderungen an *Large TPU Groups* 1991 für die Karten in dieser Arbeit

TPU-Nr.	Lage	Einw.	von *LTG*	r	nach *LTG*	i
629	nördlich von Sheung Shui	1.160	624	1,60%	631	3,20%
433, 424	nördlich von Tuen Mun	4.415	411	8,02%	421	6,14%
523	südöstlich von Yuen Long	6.001	524	3,28%	521	8,203%
528	nordwestlich von Yuen Long	2.621	521	... *	524	... *
741, 742	östlich von Ma On Shan	1.258	757	1,838%	741	4,407%
761	südlich von Shatin	... **	756	0%	757	0%
762	östlich von Shatin	... **	756	0%	759	0%

r Reduktionsfaktor, i: Inflationsfaktor, *LTG*: *Large TPU Group* (mit Nummer)
* i und r von TPU Nr. 528 sind bereits mit denen von TPU Nr. 523 verrechnet.
** Beide sind kaum bewohnt und nicht als *Large Street Block Group* verfügbar. Die Umgruppierung konnte daher nicht korrigiert werden. Der resultierende Fehler liegt jedoch unter 1%.

Diese Schritte ergaben eine Einteilung in 114 Gebiete, für die sowohl 1991 als auch 1996 Daten vorliegen. Zusätzlich zu den durch die uneinheitlichen Areale notwendigen wurden weitere Gruppierungen vorgenommen, um Unterschiede in der Bevölkerungszahl zu reduzieren und die Erkennbarkeit kleiner Innenstadtareale auf der Karte zu verbessern. Auch dabei wurden strukturell homogene Gebiete angestrebt. Letztlich entstanden 68 Raumeinheiten als Grundlage der folgenden GIS-Darstellungen. Sie werden in dieser Arbeit *XL TPU Groups* genannt und mit der jeweils niedrigsten enthaltenen TPU-Nummer gekennzeichnet (Abb. 5.2).

Die *XL TPU Groups* wurden weiter nach inhaltlichen Kriterien zu fünf Klassen (statushohe Wohngebiete, dichte Wohngebiete Hongkong, dichte Wohngebiete Kowloon, New Towns und ländliche Regionen) aggregiert, um manche Sachverhalte übersichtlicher im Diagramm darzustellen (vgl. Abb. 5.2). Dabei wurde Tin Shui Wai realistischerweise 1991 als ländlich und 1996 als New Town eingestuft.

Inhaltlich umfassen die Zensen folgende Merkmale:
- *Personen:* Alter, Geschlecht, Familienstand, Bildung, Sprache, Geburtsort, Nationalität, Wohndauer in Hongkong und im Wohnbezirk, früherer Wohnbezirk
- *Erwerbstätige:* Art der Erwerbstätigkeit, Branche, Ort (nur 1996), Einkommen
- *Gebäude:* Gebäudetyp, Bewohner, Haushalte
- *Haushalte:* Art, Größe, Zusammensetzung, Haushaltseinkommen.

14 Merkmale davon wurden ausgewertet, 6 auch raumbezogen. Soweit nicht anders gekennzeichnet, stammen alle Daten dieses Kapitels aus dieser Quelle.

5.1.2
Kartographische Darstellung (GIS)

Aus den vom *Census and Statistics Department* erhaltenen Datensätzen wurden *Excel*-Tabellen angefertigt, die mit dem Programm *ArcView* (Version 3.2) in thematische Karten umgesetzt wurden. Die notwendigen digitalen Kartengrundlagen mit den Grenzen der statistischen Einheiten hat das *Lands Department* zur Verfügung gestellt. Diese Grundlagen wurden noch in zweierlei Hinsicht bearbeitet. Zum einen wurde die Gruppierung der TPUs zu *Large TPU Groups* und den oben dargestellten *XL TPU Groups* anhand von Listen nachvollzogen und die entsprechenden Polygone in der digitalen Karte einzeln vereinigt. Zum anderen wurden die Karten, die zunächst lediglich die Grenzen der statistischen Gebietseinheiten darstellten (egal ob sie auf Land oder im Meer verlaufen) zur Orientierung durch die Küstenlinien ergänzt. Letztere wurden aus den sehr detaillierten Umrissen der *Street Blocks* erzeugt und mit den Polygonen der statistischen Gebiete geschnitten.

Obwohl Punktrasterkarten einen unverfälschteren Eindruck von Verteilungen vermitteln, wurden Flächenfarbenkarten gewählt, auf denen Unterschiede optisch deutlicher werden und Werte zumindest ungefähr abgelesen werden können. Auf diesen ist allerdings die Darstellung absoluter Zahlen problematisch, da die Farbtöne immer Dichteverteilungen suggerieren. Deswegen wurden relative Größen gewählt (Bevölkerungsdichte, Relation von Neuzugezogenen zu Alteingesessenen, Relation englischsprachiger zu kantonesischsprachiger Bevölkerung). Die vom Programm vorgeschlagene Option „natürliche Klassenbildung" wurde so modifiziert, dass unter Berücksichtigung der real gegebenen Verteilungen und unter Verwendung „runder" Schwellenwerte praktikable und die tatsächliche Verteilung angemessen wiedergebende Klassen gefunden wurden.

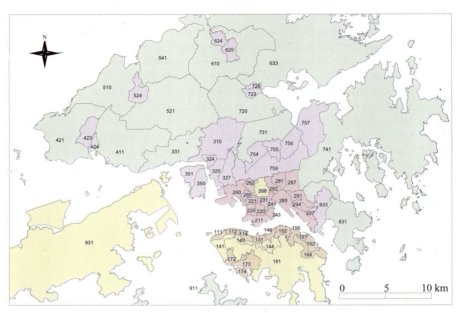

Gebietstypen

- ländliche Gebiete* (Bevölkerungsdichte 1991 unter 2000 E./km²)
- New Towns (Stand 1991)
- dichte Wohngebiete Kowloon*
- dichte Wohngebiete Hong Kong Island*
- statushohe Gebiete (über 12% der Einwohner 1991 mit über 40.000 HK$ Einkommen)

*außer statushohe Gebiete

Die TPU 510 (Tin Shui Wai) wurde 1996 als New Town eingestuft.

XL TPU Groups mit Nummer

111 Kennedy Town	211 Tsim Sha Tsui	297 Lam Tin	624 Sheung Shui
112 Sai Ying Pun	220 Ho Man Tin	310 Outer Tsuen Wan	625 Fanling
114 Central	221 Mong Kok	320 Kwai Chung West	633 Sha Tau Kok
131 Wan Chai	225 Yau Ma Tei	324 Inner Tsuen Wan	720 Tai Po (rural)
140 Mid-Levels	231 Central Kowloon	327 Kwai Chung East	723 Tai Po South
141 Pok Fu Lam	241 To Kwa Wan	331 Ting Kau	726 Tai Po North
144 Happy Valley	243 Hung Hom	350 Tsing Yi South	731 Fo Tan
146 Causeway Bay	260 Cheung Sha Wan	351 Tsing Yi North	741 Sai Kung
152 North Point	262 Shek Kip Mei	411 Gold Coast	754 Tai Wai
156 Tai Koo Shing	265 Sham Shui Po	421 Castle Peak	755 Shatin Center
161 Shau Kei Wan	268 Kowloon Tong	423 Tuen Mun North	756 Shatin East
162 Chai Wan	280 Lower Kwun Tong	424 Tuen Mun South	757 Ma On Shan
164 Siu Sai Wan	281 Tsz Wan Shan	510 Tin Shui Wai	759 Shatin South
172 Wah Fu	282 San Po Kong	521 Kam Tin	831 Clearwater Bay
173 Aberdeen	287 Choi Hung	524 Yuen Long	833 Tseung Kwan O
174 Ap Lei Chau	291 Jordan Valley	541 Mai Po	911 Lamma etc.
181 Island South	294 Upper Kwun Tong	610 Fanling (rural)	931 Lantau

Abb. 5.2. Einteilung Hongkongs in *XL TPU Groups* und fünf Gebietstypen
Geometrien: LANDS DEPARTMENT 1996b, Karte: Breitung

5.2
Bevölkerungsentwicklung

Grundsätzlich bestimmt sich die Bevölkerungsentwicklung einer abgeschlossenen Raumeinheit durch die Addition der natürlichen Bevölkerungsentwicklung (Geburten- minus Sterbefälle) und der Wanderungsbilanz (Einwanderung minus Auswanderung). In Hongkong weisen beide Bilanzen bemerkenswerte Charakteristika auf, auf die noch näher eingegangen wird. Jedoch spielt zahlenmäßig die Wanderungsbilanz die entscheidende Rolle. 1994 betrug das natürliche Wachstum 42.500 und das Wanderungssaldo 78.800 Personen, fünf Jahre später sogar 18.600 und 150.600. Das Gesamtwachstum stieg damit von 121.300 (1994) auf 169.200 (1999) Personen und die Wachstumsrate von 2,0 % auf 2,5 %. Die Bevölkerungszahl Hongkongs wuchs von 6.035.400 (1994) über 6.217.556 beim Mikrozensus 1996 auf 6.843.000 (1999) Einwohner (CENSUS AND STATISTICS DEPT. 1996a, 2000a).

5.2.1
Natürliche Bevölkerungsentwicklung

Die natürliche Bevölkerungsentwicklung entspricht weitgehend dem Modell des demographischen Übergangs. Noch in den 50er und 60er Jahren gab es in Hongkong einen starken natürlichen Bevölkerungsanstieg, da die Sterberate bereits niedrig und die Geburtenrate noch sehr hoch lag (vgl. Tabelle 5.2). Seitdem ist auch die Geburtenrate gesunken, so dass es nur noch ein geringes natürliches Bevölkerungswachstum gibt, und dieses auch nur durch die gestiegene Lebenserwartung (1996: Männer 75 Jahre, Frauen 81 Jahre). Die Fertilitätsrate reicht für die Reproduktion nicht aus. Sie war 1996 mit 1,2 eine der niedrigsten der Welt (SIU 1996, S. 328ff). Gründe sind allgemeine Trends in städtischen Gesellschaften entwickelter Länder, aber auch Hongkong-spezifische Faktoren. SIU (1996) nennt den hohen Anteil temporärer Immigrantinnen, die in Hongkong arbeiten, aber ihre Kinder in der Heimat (z. B. Philippinen) bekommen. Darüber hinaus ist für die niedrige Geburtenrate in Hongkong auch die Tatsache verantwortlich, dass eine zunehmende Zahl von Bewohnern Partner in der VR China haben und dort Kinder bekommen. Die niedrige Geburtenrate in Kombination mit steigender Lebenserwartung führt zu einem Wandel des Altersaufbaus mit Konsequenzen u. a. für Arbeitsmarkt und Altersversorgung, wie sie auch aus europäischen Ländern und Japan bekannt sind (vgl. Kapitel 5.3.2).

Tabelle 5.2. Entwicklung von Geburten- und Sterberate in Hongkong 1961 - 1998

Jahr	1961	1971	1976	1981	1986	1991	1996	1998
Geburtenrate	3,5%	2,0%	1,7%	1,7%	1,3%	1,2%	1,0%	0,8%
Sterberate	0,6%	0,5%	0,5%	0,5%	0,5%	0,5%	0,5%	0,5%
nat. Wachstum	2,9%	1,5%	1,2%	1,2%	0,8%	0,7%	0,5%	0,3%

Quellen: SIU 1996, S. 329 (1961-1991); CENSUS AND STATISTICS DEPARTMENT 1998, 2000a (1996, 1998)

5.2.2
Außenwanderung

Hongkongs Geschichte ist eine Geschichte der Immigration und Emigration. Noch bis nach dem II. Weltkrieg war der Grenzübertritt von und nach China über die New Territories weitgehend unkontrolliert und ungehindert möglich. Nur so waren damals exorbitante Bevölkerungsschwankungen möglich. Mit der japanischen Invasion in China stieg die Bevölkerungszahl Hongkongs von 988.000 (1936) auf 1.639.000 (1941). Mit der Eroberung Hongkongs 1941 sank sie auf 650.000 (1945), um sofort nach Ende der Besatzung auf 1.550.000 (1946) und bis 1961 auf 3.175.000 anzuwachsen (LO 1986, S. 160). Trotz erster Einwanderungsbeschränkungen in den 50er Jahren blieb ein hoher Migrationsüberschuss bestehen. Durch die Kulturrevolution in der VR China stieg er in den 60er und 70er Jahren so an, dass Hongkong die Grenzabsperrungen verstärkte. Seit 1974 werden die an der Grenze, seit 1980 auch die in der Stadt aufgegriffenen illegalen Einwanderer in die VR China abgeschoben (BUCHHOLZ & SCHÖLLER 1985, S. 70f). Dies ließ die illegale Einwanderung bis Ende der 80er Jahre abflauen.

Ab 1980 wurde der Zuzug aus China in Absprache mit der Regierung in Peking inoffiziell auf 75 Personen pro Tag begrenzt (SKELDON 1997, S. 266, 269). Dieser Wert wurde bis 1995 schrittweise auf 150 erhöht. Eine weitere Erhöhung ist nach dem Grundgesetz möglich und wahrscheinlich auch notwendig, da die Zahl der Hongkonger Ehepartner und Kinder in der VR China stark zunimmt (vgl. Kapitel 3.3.6). Es wird geschätzt, dass bereits über 300.000 Kinder aus der VR China ein Niederlassungsrecht in Hongkong haben, weil eines ihrer Elternteile aus Hongkong ist (DAVIES 1996, S. 49). Schon jetzt wandern über die Quote überwiegend solche Familienangehörige ein. Hinzu kommen Kinder aus grenzübergreifenden Beziehungen, die einreisen können, weil sie in Hongkong oder als Kind eines Hongkongers mit britischem Pass geboren sind.

SIU (1996, S. 343ff) führt die hohe Zahl grenzüberschreitender Heiraten unter anderem auf den Männerüberschuss in Hongkong und Integrationsschwierigkeiten der Immigranten zurück. Viele Hongkonger Männer, vor allem Zuwanderer, finden Partnerinnen eher in China, die dann mit Besuchervisa nach Hongkong kommen. Die Überschreitung der Visumsdauer wird nur mit einer geringen Geldstrafe geahndet, was zum Beispiel in Kauf genommen wird, um Kinder in Hongkong zur Welt zu bringen. Mangelnde Integration von Zuwanderern kann somit mittelbar zur weiteren Verstärkung der Immigration führen.

Im Grunde ersetzt die Immigration allerdings lediglich die natürliche Reproduktion im Territorium von Hongkong. Ein Teil der Reproduktion findet durch grenzübergreifende Beziehungen in der VR China statt und erreicht Hongkong dann als Immigration. Dadurch, dass in diesem Punkt die faktische Integration Hongkongs mit der VR China bereits weiter fortgeschritten ist als die rechtliche Regelung, ist die eingangs dieses Kapitels zitierte Situation einer abgeschlossenen Raumeinheit nicht mehr ganz gegeben. Die Kenngrößen natürliche Bevölkerungsentwicklung und Wanderungsbilanz sind daher nur scheinbar klar voneinander abgrenzbar.

Die Diskussion in Hongkong wird dennoch als eine Einwanderungsdiskussion geführt. Es herrscht die weit verbreitete Sorge, dass eine massiv steigende Zuwanderung zur Verschärfung urbaner Probleme führt. Die Regierung stieß auf wenig Opposition in der Bevölkerung, als sie 1999 den ständigen Ausschuss des nationalen Volkskongresses in Peking um eine „Reinterpretation" des Grundgesetzes bat, um unehelichen Kindern und denen, deren Eltern erst nach der Geburt nach Hongkong kamen, das Niederlassungsrecht zu verweigern (CHING 1999). Neben der Diskussion der rechtlichen Dimension (Gefährdung der Autonomie Hongkongs) sind aus bevölkerungsgeographischer Sicht vor allem zwei weitere Fragen relevant. Erstens sind die zu erwartenden Folgen dieser Zuwanderung zu überprüfen. In Hinblick auf die Integrationsfähigkeit der Zuwanderer und auf die Vorteile, die Hongkong in seiner Geschichte aus Einwanderungswellen immer ziehen konnte, lassen sich manche Befürchtungen zumindest relativieren. Zweitens muss hinterfragt werden, wie maßgeblich der Anstieg der Zuwanderung tatsächlich auf Immigranten aus der VR China zurückzuführen ist. 1995 kamen nur 28 % aller (legalen) Einwanderer im Rahmen der Quote aus der VR China. Selbst wenn man illegale Einwanderer und chinesische Zuwanderer mit Hongkonger oder britischen Papieren hinzuzählt, wird sicher weit weniger als die Hälfte der Zuwanderung auf Personen aus der VR China zurückzuführen sein (SIU 1996, S. 332ff).

In den 80er Jahren war die Immigration nach Hongkong stets etwas stärker als die Emigration (vgl. Tabelle 5.3). Das war selbst 1983/84 der Fall, als die Rückgabe Hongkongs verhandelt wurde und die Emigrantenzahlen stiegen. Eine negative Wanderungsbilanz gab es nur 1990, im Jahr nach den Ereignissen auf dem Tiananmenplatz in Peking. Diese zweite Vertrauenskrise führte zu einem Anstieg der Emigration und einem Absinken der Immigration, was damals in der Weltpresse viel Aufmerksamkeit fand. Eher unbemerkt änderte sich der Trend aber bereits nach wenigen Jahren. Die Emigration ist seit 1995 rückläufig, die Immigration stieg bereits 1991 wieder. Dabei handelt es sich nicht nur um Immigranten aus der VR China. Es sind folgende Hauptgruppen zu unterscheiden:

- Zu den Kindern Hongkonger Bürger, die über die offizielle Quote aus der VR China kommen, wurde oben bereits etwas pointiert gefragt, wie weit sie überhaupt der Immigration oder nicht eher dem natürlichen Bevölkerungswachstum zuzurechnen sind. Trotz der hitzigen Diskussion um sie wird ihre Integration wohl relativ problemlos verlaufen, da sie bereits Bezugspersonen in Hongkong haben. Zurückkommend auf eine der Hauptthesen, sind sie ein Anzeichen für die Entwicklung einer grenzübergreifenden Agglomeration.
- Die Zahl der Ausländer mit Arbeitsvisum (*Expatriates*) hat sich 1986-1995 von 15.281 auf 44.452 fast verdreifacht. Beschäftigte verschiedener Wirtschaftszweige konnten zur Arbeitsaufnahme einreisen, viele von ihnen für ausländische oder international tätige Firmen (SIU 1996, S. 334f). Diese Entwicklung steht in engem Zusammenhang mit dem Aufstieg Hongkongs zur Globalstadt.
- Das gleiche gilt für die Zuwanderung am anderen Ende der Lohnskala. Die Zahl der ausländischen Dienstmädchen stieg von 1986 bis 1995 um 133.252 an und machte damit über 35 % der Nettoimmigration dieses Zeitraumes aus. Der Anteil von den Philippinen sank leicht von 93 % (1987) auf 84 % (1995), vor allem zugunsten von Indonesierinnen (SIU 1996, S. 333).
- Die vierte maßgebliche Gruppe sind die Remigranten. Ein Großteil der in den 80er Jahren ausgewanderten Hongkonger ist inzwischen zurückgekehrt. Schätzungen gehen von über 100.000 Remigranten allein 1997 aus, als man sich einen Pass der neuen SAR sichern wollte (PEGG 1998b), meist allerdings ohne die ausländische Staatsbürgerschaft wieder aufzugeben.

Tabelle 5.3. Entwicklung von Emigration und Immigration in Hongkong 1987 - 1997

Jahr	1987	1988	1989	1990	1991	1992	1993	1994	1995	1996	1997
E	30	40	42	62	60	66	53	62	43	40	31
I	36	48	54	46	89	103	130	148	164	159	199
S	6	8	12	-16	29	37	77	86	121	119	168

E: Emigration in Tausend, I: Immigration in Tausend, S: Migrationssaldo in Tausend
Quellen: SIU 1996, S. 333 (1987-1995); INFORMATION SERVICES DEPT. 1997, 1998 (1996/1997)

Abgesehen von den Familienzusammenführungen ist der Anteil der Immigranten aus der VR China also noch relativ gering. Es ist aber nicht zu übersehen, dass Hongkong als chinesische und gleichzeitig westliche Stadt eine hohe Anziehungskraft in China hat. Bei einer weiteren Lockerung der Ausreisebestimmungen in der VR China würde es wahrscheinlich durchaus wieder zu größeren Zuwanderungswellen kommen. Die Frage wäre dann, ob die befürchtete unkontrollierte Megastadtentwicklung mit vielen Armutsflüchtlingen einsetzt oder es eher zur Abwanderung der chinesischen Eliten nach Hongkong kommt. Zur Zeit werden immerhin 15 % der Immigranten aus der VR China als wohlhabend und 25 % als Angehörige der Mittelschicht eingestuft (KONG 1999).

Noch einmal zur Emigration, die zwar quantitativ weniger relevant ist, aber qualitativ von Interesse sein könnte, wenn es zu einem *Brain Drain* käme. Für die Zeit bis 1997 schälen sich drei wichtige Emigrationsmotive heraus:

- Der wichtigste Grund für das Ansteigen der Emigration in den Jahren vor der Übergabe Hongkongs war die Sorge um die politische Zukunft der Stadt und der Wunsch, als Absicherung eine ausländische Staatsbürgerschaft zu erwerben. Die wichtigsten Zielländer waren Kanada, die USA und Australien. Alleine nach Kanada sollen 1983-1997 geschätzte 150.000 Hongkonger ausgewandert sein (PEGG 1998b), insbesondere in den Raum Vancouver.
- Verbunden damit stieg die Zahl der im Ausland Studierenden stark an. Ohnehin haben Auslandsstudien in Hongkong ein höheres Prestige, doch gerade in der Übergangszeit wollten viele ihre Kinder außer Landes wissen oder so die Emigration weiterer Familienmitglieder vorbereiten. Die Zahl neu ausgestellter Studentenvisa der wichtigsten Zielländer USA, Großbritannien, Kanada und Australien hat sich von 11.353 (1980) auf 21.128 (1990) fast verdoppelt (SKELDON 1991, S. 283; Graph in BREITUNG & SCHNEIDER-SLIWA 1997, S. 445). Bis 1996 sank sie wieder auf 14.095 (INFORMATION SERVICES DEPT. 1998, S. 467).
- Der dritte maßgebliche Faktor war der Rückgang britischer Staatsbediensteter in Hongkong. Pensionierte Mitarbeiter wurden durch Hongkong-Chinesen ersetzt (*Localisation*), und manche Briten haben gekündigt, um bis 1997 noch die kolonialzeitlichen Rückübersiedlungsvergünstigungen in Anspruch zu nehmen.

Seitdem ist die Emigration auf ein Rekordtief von 12.900 (1999) gesunken (KWOK 2000). Das kann sich jedoch ändern, wenn das wirtschaftliche oder politische Vertrauen nachlässt. Die Hongkonger Bevölkerung ist sehr mobil, was durch die zahlreichen ausländischen Staatsbürgerschaften noch verstärkt wurde.

5.2.3
Bevölkerungsdichte

Das dargestellte hohe Bevölkerungswachstum führte dazu, dass die Bevölkerungsdichte von 1981 bis 1996 um mehr als 1.000 E./km² anstieg. Es wird im Folgenden näher untersucht, wie dieser Dichtezuwachs räumlich verteilt ist und ob bestehende Disparitäten eher verschärft oder ausgeglichen werden. Tabelle 5.4 zeigt außer dem generellen Anstieg der Bevölkerungsdichte in Hongkong auch massive Umordnungsprozesse innerhalb des Territoriums. Trotz des Bevölkerungsanstiegs ist offenbar die Dichte der Kernstadt und besonders der hochkonzentrierten Bezirke Kowloons deutlich rückläufig. Gründe dafür sind Sanierungsmaßnahmen in den dichten alten Wohngebieten und Verdrängungsprozesse im CBD. Auf der anderen Seite steigt die Bevölkerung der New Territories durch den Bau von New Towns seit den 70er Jahren stark an (zum New Town Programm vgl. TERRITORY DEVELOPMENT DEPARTMENT 1983). Lebten 1966 nur 14,6 % der Bevölkerung in den New Territories, so hatte sich der Anteil bis 1986 auf 34,6 % schon mehr als verdoppelt und bis 1996 auf 46,4 % mehr als verdreifacht (CHIU & SO 1986, S. 233; CENSUS AND STATISTICS DEPARTMENT 1997a).

Die Bevölkerungsdichte der New Territories stieg auf 3.383 E./km², aber auch diese sind noch sehr ungleich verteilt. Abb. 5.3 zeigt das Raummuster: Kowloon und der Norden der Insel Hongkong haben extreme Dichtewerte über 20.000, teilweise über 100.000 E./km². Ausnahmen sind der CBD (Tsim Sha Tsui, Central) und drei Gebiete mit größeren Freiflächen (Containerhafen, ehem. Flughafen, Berge). Nordwestlich und südöstlich an Kowloon schließen sich New Towns mit ähnlichen Dichtewerten an. Auch Shatin nördlich der Kowloon Hills und Aberdeen südlich des Peak können noch als Ausläufer der Kernstadt gelten. Die übrigen New Towns liegen inselhaft im sonst kaum bewohnten Norden der New Territories. Dort und auf den vorgelagerten Inseln leben weniger als 1000 Menschen pro km². Am dünnsten besiedelt ist Lantau mit nur 200 E./km². Die Karte zeigt auch, dass sich die hohen Dichtediskrepanzen langsam ausgleichen. Die Einwohnerzahl der meisten Teile Kowloons und an der Nordküste Hongkongs nimmt ab, und Teile der New Territories erlebten fünfstellige Bevölkerungszuwächse in fünf Jahren (1991-1996). Diese waren jedoch weiterhin räumlich sehr konzentriert. Die New Towns Tseung Kwan O, Fanling, Ma On Shan, Tuen Mun, Tin Shui Wai und Tai Po sind mit über 400.000 zusätzlichen Einwohnern für ca. 3/4 des gesamten Nettozuwachses der New Territories, verantwortlich, während der ganze Bereich zwischen Fanling, Tai Po und Yuen Long unverändert ca. 800 E./km² aufweist.

Tabelle 5.4. Bevölkerungsdichte in Hongkong 1981 - 1996 auf verschiedenen Maßstabsebenen

Jahr	Gesamtes Territorium	ohne New Territories	dichtestbesiedelter Bezirk*
1981	4.760 E./km²	29.001 E./km²	165.000 E./km² (Sham Shui Po)
1996	5.780 E./km²	27.097 E./km²	53.610 E./km² (Kwun Tong)

Quellen: (1981): BUCHHOLZ & SCHÖLLER 1985, S. 78f * die Bezirksgrenzen wurden
(1996): INFORMATION SERVICES DEPT. 1997, Vorspann   zwischen den Stichdaten geändert.

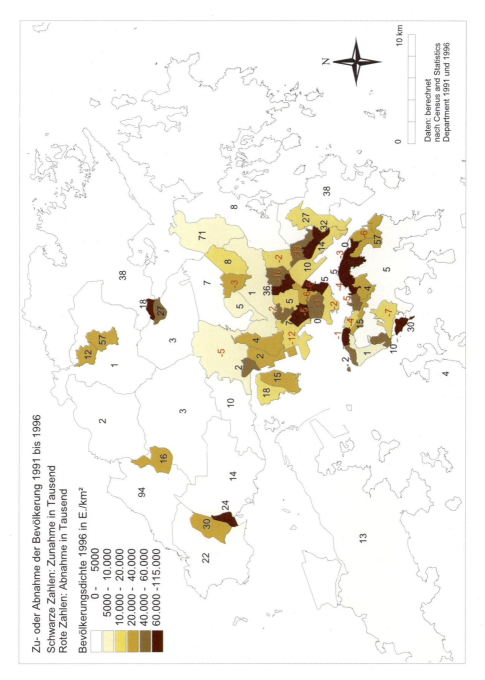

Abb. 5.3. Zu- oder Abnahme der Bevölkerung (1991-1996) und Bevölkerungsdichte (1996). Geometrien: LANDS DEPARTMENT 1996b, Karte: Breitung

5.2.4
Binnenmigration

Die New Towns als Orte des stärksten Bevölkerungszuwachses werden nur in geringem Maße als Erstwohnort von Zuwanderern gewählt (vgl. Abb. 5.7). Hinter den Dichteveränderungen stehen Unterschiede im natürlichen Wachstum und erhebliche Binnenwanderungen. Die Kernstadt verliert Einwohner, obwohl der ganz überwiegende Teil der Immigranten sich zunächst dort niederlässt. Ihr Nettoverlust an die New Towns von gut 200.000 Personen (1991-1996) überstieg die Wanderungsströme mit dem Ausland und den ländlichen Teilen der New Territories an Umfang (vgl. Abb. 5.4). Dennoch waren die Wanderungen innerhalb der Kernstadt und inzwischen auch unter den New Towns noch stärker. So waren über 50 % derjenigen, die zwischen 1991 und 1996 eine New-Town-Wohnung bezogen haben, bereits 1991 in einer New Town wohnhaft (dies und folgendes nach CENSUS AND STATISTICS DEPARTMENT 1996a; vgl. Tabelle 5.5).

In den älteren, innenstadtnäheren New Towns Kwai Chung und Tsuen Wan sind das vor allem Umzüge innerhalb der New Town, in anderen überwiegen Umzüge von einer New Town in eine jüngere, weiter außerhalb gelegene. 20 % der Bewohner von Tin Shui Wai waren 1991 in Tuen Mun wohnhaft und 13 % in Yuen Long. 16 % der Bewohner von Ma On Shan wohnten 1991 in der New Town Shatin. An zweiter Stelle nach den Zuzügen aus anderen New Towns folgen die aus Kowloon. Die Entlastung der überbevölkerten Teile Kowloons auch für Stadterneuerungsmaßnahmen entspricht der ursprünglichen Intention des New-Town-Programms. Eine besondere Rolle spielt hier heute die an Kwun Tong angrenzende New Town Tseung Kwan O, in der 22 % der 1996 gezählten Bewohner 1991 in Kowloon gewohnt hatten (ca. 50 % der in dem Zeitraum zugezogenen), mehrheitlich in Kwun Tong. Der Zuzug von der Insel Hongkong und aus den übrigen New Territories ist für die New Towns vergleichsweise unbedeutend. Lediglich in den nordwestlichen New Territories sind noch mehr als 5 % der New-Town-Bewohner nach 1991 aus dem umliegenden ländlichen Raum zugewandert. Bei den anderen New Towns ist davon auszugehen, dass dieser Prozess bereits früher abgeschlossen war.

Auch an die ländlichen Gebiete des Territoriums verliert die Kernstadt im Saldo Bewohner. Dieser Prozess ist in der Gesamtbilanz weniger bedeutend als die Wanderung in die New Towns, für die Zielgebiete ist aber etwa ein Viertel ihrer Bewohner zwischen 1991 und 1996 aus anderen Teilen Hongkongs oder dem Ausland zugewandert. Dabei gibt es deutliche Schwerpunktgebiete wie Sai Kung/ Clearwater Bay (Abb. 5.5) oder Discovery Bay auf Lantau (Abb. 5.6). In Sai Kung ist die Zahl der Zugewanderten mit ca. 36 % am höchsten, im Northern District mit ca. 15 % am niedrigsten (jeweils ohne die New Towns im Bezirk). In den für die Zuwanderung von außen attraktiven Bezirken, mit Abstrichen zählt auch der Landbezirk Yuen Long dazu (vgl. Fallbeispiel in Kapitel 7), kommt ein großer Teil der Zuwanderung aus den besseren Wohngegenden der Insel Hongkong und aus dem nicht-chinesischen Ausland. Oft geht diese Zuwanderung auf einzelne suburbane Siedlungen in einem ansonsten noch ruralen Bezirk zurück. In den anderen ländlichen Bezirken sind vor allem Personen aus den übrigen New Territories zugewandert (vgl. Tabelle 5.5).

Tabelle 5.5. Wohnort der umgezogenen Bewohner fünf Jahre zuvor (in %)

Wohnort 1991 →	HK	Kln.	NT[a]	IS[b]	LN[c]	AL[d]	Σ	(Bewohner 1996)
HK Island/Kowloon	29,6	39,9	8,7	0,8	0,4	20,7	100	(1.193.603)
New Towns[a]	6,7	25,7	52,6	0,9	3,8	10,3	100	(957.331)
Islands Distr./Sai Kung[b]	13,6	17,6	12,6	21,1	0,8	34,3	100	(47.515)
ländl. New Territories[c]	6,2	14,9	30,6	1,3	15,9	31,1	100	(55.974)
Insgesamt	19,0	32,8	28,0	1,3	2,3	16,6	100	(2.254141)

Erfasst sind alle Bewohner, die 1996 angegeben haben, 1991 unter anderer Adresse gewohnt zu haben (ohne Hausboote, aber mit Umzügen im gleichen Bezirk oder aus dem Ausland). Angegeben ist jeweils der Anteil der Herkunftsorte in Prozent. Grundlage sind die 18 Bezirke und speziell herausgerechnet die New Towns (errechnet nach CENSUS AND STATISTICS DEPT. 1996a).
[a] 12 New Towns (Shatin, Ma On Shan, Tai Po, Fanling, Sheung Shui, Yuen Long, Tin Shui Wai, Tuen Mun, Tsuen Wan, Kwai Chung, Tsing Yi, Tseung Kwan O)
[b] Die Bezirke Sai Kung und Islands District (ohne Tseung Kwan O New Town)
[c] Die Bezirke der New Territories ohne Sai Kung, Islands District und die New Towns.
[d] Ausland, einschließlich Macau und VR China

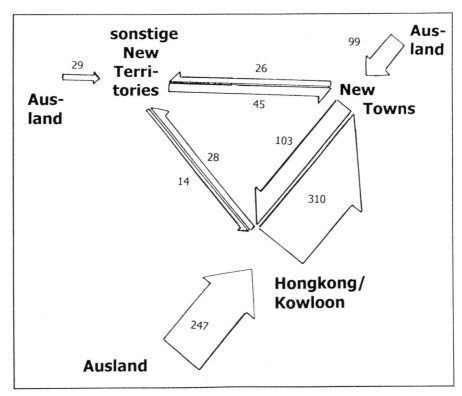

Abb. 5.4. Migration zwischen Kernstadt, New Towns und den übrigen New Territories 1991-96 und Zuzug aus dem Ausland (Abwanderung ins Ausland nicht erfasst), Zahlen in Tausend (Daten: CENSUS AND STATISTICS DEPARTMENT 1996a, Graphik: Breitung)

Abb. 5.5. Suburbanes Wohngebiet in Sai Kung. Anders als Discovery Bay (s. u.) ist Sai Kung keine geschlossen geplante Siedlung sondern ein altes Fischerdorf, das durch seine attraktive Lage mehr und mehr Städter anzieht und dadurch stark wächst. (Foto: Breitung, April 2000)

Abb. 5.6. Werbung für die suburbane Siedlung Discovery Bay. In einer Bucht auf Lantau gelegen war diese bisher nicht anders zu erreichen als per Schnellboot vom Stadtzentrum aus, wo die meisten Bewohner arbeiten. Discovery Bay ist eine als Gesamtprojekt von einer Firma entworfene Anlage ohne gewachsene Strukturen. Sie bietet ein für Hongkong untypisches Wohnumfeld (große Wohnungen, viel grün, autofrei, friedliche Atmosphäre). Entsprechend stellt die Werbung Attribute wie kinderfreundlich und ruhig heraus. Wenn Palm Springs (vgl. Kap. 7.1.4) an amerikanische Lebensformen anspielt, appelliert Discovery Bay eher an europäische. Es hat einen hohen Ausländeranteil, zieht aber durchaus auch Einheimische an. (Foto: Breitung, April 2000)

5.3
Sozialräumliche Struktur

5.3.1
Einheimische und Fremde

Bei einem Ort des ständigen Zuzugs von Fremden und einer Globalstadt ist das Thema Immigration und Integration von besonderem Interesse, die Definition des Begriffes „einheimisch" allerdings besonders schwierig. Tabelle 5.6 zeigt, dass noch in den 60er Jahren weniger als die Hälfte der Bevölkerung in Hongkong geboren war. Inzwischen ist der Anteil auf über 60 % gestiegen, aber noch immer ist knapp 1/3 der Bewohner in China geboren und ein steigender Anteil andernorts (z. B. Großbritannien, USA, Philippinen). Der starke Anstieg der im Ausland geborenen war eine der bemerkenswertesten Erkenntnisse des Mikrozensus 1996. Dieses Kapitel untersucht, welche Gruppen (z. B. Nationalitäten) dabei besonders vertreten sind und wie sie sich regional über das Territorium verteilen (Mischung oder Segregation). Die Arbeitshypothesen aufgreifend wird das Ergebnis im Zusammenhang mit den Konzepten Globalstadtentwicklung, Megastadtentwicklung und Bildung einer grenzübergreifenden Agglomeration betrachtet. Hinsichtlich der Begriffe „einheimisch" und „fremd" soll hier nicht ausführlich auf die spannende Frage von Selbstverständnis und Identität der Bewohner Hongkongs (vgl. Kapitel 3.1.2) eingegangen sondern pragmatisch nach Indikatoren gesucht werden.

Als naheliegendstes Kriterium für Fremdheit wird zunächst die Aufenthaltsdauer in Hongkong betrachtet. In Abb. 5.7 wird die Relation von Bewohnern mit unter einem Jahr und mit neun und mehr Jahren in Hongkong in ihrer räumlichen Verteilung dargestellt. Dass die erste Gruppe neben Zugezogenen auch ca. 40 % Neugeborene umfasst, nimmt den sehr klaren Verteilungsmustern dabei nur etwas an Schärfe. Bei Remigranten aus dem Ausland wurden alle Jahre in Hongkong zusammengerechnet. Für eine Differenzierung nach Bevölkerungsgruppen werden anschließend zusätzlich die Staatsangehörigkeit und, da diese Kategorie in Hongkong nur begrenzt aussagefähig ist, die zu Hause überwiegend gesprochene Sprache untersucht. Zusammengenommen lassen diese drei Kriterien deutliche Raummuster erkennen.

Tabelle 5.6. Hongkonger Bevölkerung nach Geburtsort 1961-1996

Jahr	Hongkong	China[a]	Ausland	Σ
1961	47,7 %	50,5 %	1,8 %	100 %
1971	56,4 %	41,6 %	2,0 %	100 %
1981	57,2 %	39,6 %	3,2 %	100 %
1986	59,4 %	37,0 %	3,6 %	100 %
1991	59,8 %	35,6 %	4,6 %	100 %
1996	60,3 %	32,6 %	7,1 %	100 %

Daten: SIU 1996, S. 337, CENSUS AND STATISTICS DEPARTMENT 1996a [a] auch Macau

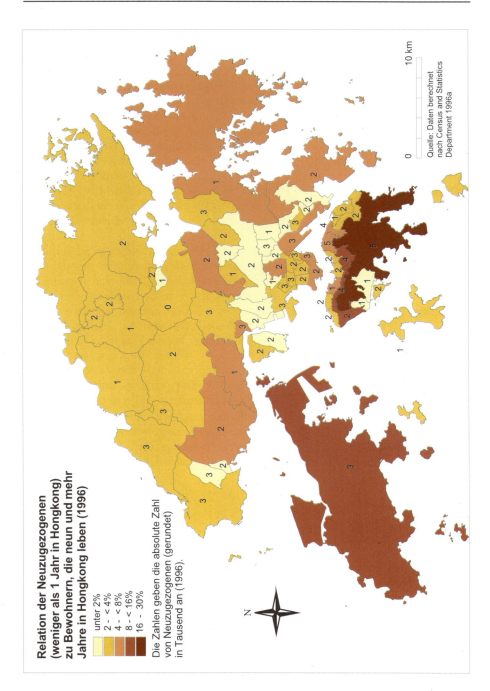

Abb. 5.7. Verteilung der neuzugezogenen Bevölkerung.
Geometrien: LANDS DEPARTMENT 1996b, Karte: Breitung

5.3.1.1
Neuzuzüge

Die Werte in Abb. 5.7 streuen von nahe Null bis fast 30 %, mit den höchsten Anteilen auf der Südseite Hongkongs (mit dem Peak), gefolgt von Pok Fu Lam und den Mid-Levels. Dies sind die statushöchsten Wohngegenden (FRIEDRICH & HELMSTÄDT 1985, S. 46). Auch auf Lantau ist der Anteil hoch, v. a. wegen Discovery Bay. Die niedrigsten Werte sind in Siedlungen mit hohem Sozialwohnungsanteil wie Shek Kip Mei, Wah Fu, Choi Hung und einigen New Towns zu finden. In Kowloon haben Tsim Sha Tsui, Hung Hom (Whampoa Garden) und Kowloon Tong einen etwas höheren Anteil, in den New Territories die Ostküste (Sai Kung, Clearwater Bay) und die Küste zwischen Tsuen Wan und Tuen Mun. Alles das sind attraktivere Wohnlagen. Des weiteren treten an den Universitätsstandorten auffällig höhere Werte auf, wohl wegen der auf dem Campus lebenden ausländischen Lehrenden und Studierenden.

Der für die Verteilung maßgebliche Faktor ist die Zuwanderung von Führungskräften aus dem Ausland, deren Wohnungen meist vom Arbeitgeber gestellt sind. Dies bestätigen im Folgenden die Analysen zu Nationalität, Sprachen und Einkommen. Offensichtlich besteht ein Zusammenhang zu den stark zunehmenden Globalstadtfunktionen Hongkongs. Verglichen mit 1991 nahmen vor allem in den Mid-Levels, Happy Valley und Pok Fu Lam die Werte stark zu. Tendenziell vergrößern sich die Disparitäten zwischen Vierteln mit hohem Zuwandereranteil und solchen, die fast nur von Einheimischen bewohnt werden. In Ausnahmen gab es auch einen Anstieg in Vierteln mit zuvor geringem Anteil von Zugewanderten, v. a. im Osten Hongkongs (North Point, Tai Koo Shing) und in Teilen Kowloons (Yau Ma Tei, Lower Kwun Tong). Das könnte andeuten, dass diese günstig gelegenen Viertel angesichts steigender Zuwanderung und noch stärker steigender Mieten in den traditionellen Zuzugsgebieten durch den Zuzug von außen gentrifiziert werden. Eine andere Erklärung wäre theoretisch, dass generell der Anteil ärmerer Zuwanderer zunimmt. Dies ist aber mit den Einkommensdaten nicht belegbar.

5.3.1.2
Nationalitäten

Die üblicherweise untersuchte Kategorie Nationalität erweist sich in Hongkong als problematisch und nur begrenzt aussagekräftig. Da es vor 1997 keine Hongkonger Staatsangehörigkeit gab, sind Einheimische und Fremde statistisch schwer zu trennen. Die Mehrheit der Bewohner hatte den Status britischer Überseebürger (BNO), der 1986 eingeführt wurde und den des *British Dependent Territories Citizen* (BDTC) weitgehend abgelöst hat. Wer in Hongkong geboren war, konnte einen BNO-Pass beantragen, der als Reisedokument, nicht aber zur Niederlassung in Großbritannien geeignet ist. Bei der Übergabe Hongkongs waren dort 3.449.401 britische Überseebürger registriert (GEOGHEGAN 2000). In Hongkong niederlassungsberechtigte Zuwanderer aus China bekamen ein Identitätszertifikat (CI), das als Reisedokument ungünstiger war, aber sonst gleiche Rechte gewährte. Außerdem gab es natürlich Briten und Chinesen mit regulären Pässen. Andere hatten mangels Alternative noch die Staatsbürgerschaft eines Landes, in dem sie sich schon lange nicht mehr aufhielten oder galten als staatenlos (z. B. Inder). Eine weitere schwer abgrenzbare Gruppe sind Hongkonger Bürger, die eine ausländische, meist kanadische, US-amerikanische oder australische Staatsbürgerschaft erlangt hatten. Großbritannien hatte zudem nach der Vertrauenskrise von 1989 in einem Sonderprogramm denen die reguläre britische Staatsbürgerschaft angeboten, deren Abwanderung befürchtet wurde oder die politisch besonders gefährdet waren (*British Nationality Scheme*). In dem Rahmen sind etwa 138.000 britische Pässe ausgestellt worden (GEOGHEGAN 2000). Von einem ähnlichen Angebot Singapurs wurde nur begrenzt Gebrauch gemacht. All diese Gruppen mit ihren jeweiligen Nationalitäten sind in unterschiedlichem Maße in Hongkong heimisch und von „Fremden" statistisch schwer trennbar. Bei mehrfachen Staatsbürgerschaften ist für das *Immigration Department* (Tabelle 5.7) das Einreisedokument und für das *Census and Statistics Department* die Selbsteinstufung maßgeblich. Zahlen zur Aufenthaltsdauer deuten darauf hin, dass viele der im Zensus ausgewiesenen Kanadier (weniger der US-Bürger) Remigranten sind.

Seit 1997 gibt es einen Pass der SAR Hong Kong, ein chinesisches Dokument, das in Hongkong ausgegeben wird und international weitgehend anerkannt ist. Die britischen BNO-Pässe gelten weiter und werden von den britischen Auslandsvertretungen auch verlängert. Die VR China erkennt sie nicht offiziell an und ermutigt zu ihrer Abgabe, doch sie duldet sie stillschweigend. Viele Hongkonger haben nun zwei Pässe, die sie je nach Situation verwenden. Nicht-chinesischen Bürgern ohne ausländische Staatsbürgerschaft (v. a. Indern) wurde noch kurz vor der Übergabe Hongkongs die britische Staatsbürgerschaft eingeräumt.

Tabelle 5.7. Ausländische Staatsbürger in Hongkong 1987-1997 in Tsd. (31.12.) und % Zuwachs

Jahr	Philip.	Kanada	Japan	Thailand	Austral.	USA	GB	Malays.	Indien	Indones.	Gesamt
1987	39	9	9	10	9	15	14	10	16	?	172
1988	44	10	9	11	10	16	14	11	16	?	186
1989	51	12	10	13	11	18	16	11	17	?	207
1990	61	13	11	14	12	19	16	12	17	?	228
1991	72	15	11	17	13	21	16	12	18	?	251
1992	84	18	12	20	15	24	18	13	18	11	283
1993	99	20	14	22	17	26	20	13	19	15	321
1994	116	25	18	24	19	30	24	14	20	20	369
1995	128	28	22	26	21	33	27	14	21	26	415
1996	129	31	22	25	21	35	26	14	22	32	?
1997	134	33	21	25	22	36	22	14	22	37	?
87-92	114%	92%	45%	93%	68%	60%	30%	24%	14%	?	65%
92-97	60%	87%	15%	29%	47%	38%	18%	9%	58%	239%	?

Daten: SIU 1996 (1987-1995), S. 336; SCHLOSS 1998 (1996-1997); Zuwachs: eigene Berechnung
Die Daten beruhen auf Angaben des *Immigration Department* und berechnen sich aus Ein- und Ausreisezahlen. Es ist also die Zahl der anwesenden Ausländer angegeben, nicht die der wohnhaften. Das ist problematisch, wenn man gleichzeitig den Stichtag 31.12. sieht. Viele Ausländer sind in der Zeit auf Weihnachtsurlaub, was nur zum Teil durch Touristen ausgeglichen wird. Speziell die Zahl der (katholischen) Philippinos kann dadurch um bis zu 20 % zu niedrig angegeben sein. Trotzdem lassen sich die Angaben relativ zueinander vergleichen. Ein Vorteil dieser Zahlen gegenüber den Zensusdaten ist zudem, dass die in Hongkong ausgegebenen Pässe nicht erscheinen und so ein realistischeres Bild von der Zahl der Briten in Hongkong entsteht.

Bei allen Vorbehalten über die Aussagekraft des Kriteriums Staatsbürgerschaft und die Ausländerstatistik des *Immigration Department* (vgl. Anmerkungen zu Tabelle 5.7) sind doch deutliche Tendenzen sichtbar. Die Zahl der Ausländer nimmt stärker zu als die allgemeine Bevölkerungszahl – mit besonders hohen Zuwachsraten bei Nordamerikanern und Bürgern ärmerer südostasiatischer Länder (Philippinen, Indonesien, anfangs auch Thailand). Die Globalstadtfunktionen Hongkongs bringen zahlreiche Manager und Börsenmakler vor allem aus den USA und noch mehr Dienstpersonal aus den Philippinen und Indonesien in die Stadt. Die stagnierenden Werte 1997 sind in der Wirtschaftskrise in Asien begründet, die zum Rückgang der Investitionen z. B. aus Japan, Malaysia und Thailand geführt hat. Die Einwanderung aus Indonesien und den Philippinen hingegen wird als Arbeitsmigration durch wirtschaftliche Probleme im Heimatland eher gefördert. Der Anteil der Briten sinkt, da sie seit 1997 bei Arbeitserlaubnissen nicht mehr bevorzugt werden. Zudem kehrten viele britische Staatsbedienstete in die Heimat zurück.

Die räumliche Verteilung der Nationalitäten differiert stark (vgl. Abb. 5.9). Bei den „Einheimischen" sind diejenigen mit CI in den älteren, chinesischeren und ärmeren Quartieren besonders stark vertreten und die (in Hongkong geborenen) *British Nationals (Overseas)* in den New Towns. Mit zunehmendem Aufenthalt in Hongkong nähert sich das Verteilungsmuster der (oft älteren) CI-Halter jetzt dem Bevölkerungsdurchschnitt an. Die Daten der britischen Bürger sind schwer zu interpretieren. Sie umfassen u. a. englische *Expatriates* und Arbeiter, chinesische Bauern der New Territories und Nutzer des *British Nationality Scheme*. Auf letztere gehen die starke Zunahme der Werte und deren Annäherung an die ortsübliche Verteilung zurück. Die Verteilungsmuster der westlichen Ausländer und der Filipinas ähneln sich, da letztere meist als Hausangestellte bei ihren Arbeitgebern leben.

Abb. 5.8. Philippinische Hausangestellte im Stadtzentrum (Foto: Breitung, August 2000).

An ihrem arbeitsfreien Tag kommen, u. a. aus Mangel an eigenem Wohnraum, Tausende von Filipinas im CBD der Stadt zusammen und nehmen den Raum ein, den in der Woche die Finanzwelt dominiert. Das Zentrum wandelt damit jeweils für einen Tag seine kulturelle Prägung.

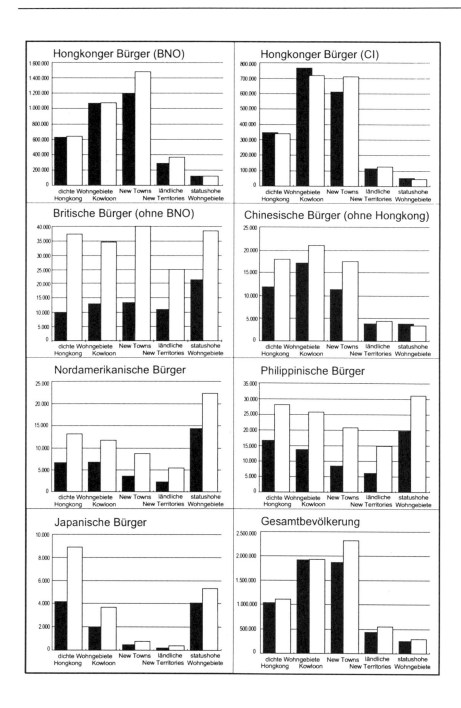

Abb. 5.9. Verteilung der Nationalitäten auf die fünf Gebietstypen 1991 (schwarz) und 1996 (weiß) Graphik: Werner Breitung, Daten: CENSUS AND STATISTICS DEPARTMENT 1991a, 1996a
BNO: *British National Overseas* (meist in Hongkong geboren); CI: *Certificate of Identity*

Tabelle 5.8. Bevölkerungszusammensetzung der fünf Gebietstypen 1996 und 1991 (kursiv) in %

Gebietstyp	Hongkong (BNO)	(CI)	Briten (ohne BNO)	Philippinen	Chinesen (ohne HK)	Nordamerikaner	Japaner	andere
dichte Wohngebiete	57,2	30,4	3,4	2,5	1,6	1,2	0,8	2,9
Hongkong	*60,0*	*33,5*	*1,0*	*1,6*	*1,1*	*0,6*	*0,4*	*1,8*
dichte Wohngebiete	55,6	37,2	1,8	1,3	1,1	0,6	0,2	2,1
Kowloon	*55,7*	*40,0*	*0,7*	*0,7*	*0,9*	*0,4*	*0,1*	*1,6*
New	64,0	30,8	1,7	0,9	0,7	0,4	0,0	1,4
Towns	*64,0*	*33,0*	*0,7*	*0,5*	*0,6*	*0,2*	*0,0*	*1,1*
ländliche New	65,3	22,7	4,5	2,7	0,8	1,0	0,1	3,1
Territories	*65,2*	*26,3*	*2,5*	*1,4*	*0,9*	*0,5*	*0,0*	*3,2*
statushohe	41,0	15,8	12,9	10,4	1,1	7,5	1,8	9,7
Wohngebiete	*46,7*	*20,3*	*8,3*	*7,7*	*1,4*	*5,6*	*1,6*	*8,4*
Gesamt-	59,2	31,2	2,8	1,9	1,0	1,0	0,3	2,5
territorium	*59,6*	*34,4*	*1,2*	*1,2*	*0,9*	*0,6*	*0,2*	*1,9*

Daten: eigene Berechnungen nach CENSUS AND STATISTICS DEPARTMENT 1991a, 1996a

Die räumlich ungleich verteilte Zunahme einiger Nationalitäten verändert das ethnische Gefüge von Stadtteilen (vgl. Tabelle 5.8). Vor allem in den statushohen Wohngebieten stieg der Ausländeranteil weiter von ca. 33 % auf 43 % (knapp 40 % ohne Hongkong-Chinesen mit ausländischem Pass). Der größere Teil des Zuwachses entfiel auf Dienstpersonal. Die ländlichen Gegenden hatten den zweitgrößten Anstieg des Ausländeranteils von 8,5 % auf 12 %. Berücksichtigt man die Konzentration auf wenige Standorte, ergibt sich dort sogar die stärkste Zunahme. Zudem war der Zuwachs dort ethnisch besonders selektiv. Während sich der Anteil von Nordamerikanern, Briten und Philippinos etwa verdoppelte, stagnierte der der übrigen Ausländer bei ca. 4 %. Auch in den dichten Gebieten der Insel Hongkong stieg der Ausländeranteil in den zweistelligen Bereich, während er in Kowloon (ca. 7 %) und den New Towns (ca. 5 %) nach wie vor niedrig liegt.

Wenn man also untersucht, ob es in Hongkong eine Suburbanisierung amerikanischen Stiles gibt, muss man berücksichtigen, dass ein Teil der Suburbanisierung von Amerikanern, die im Zuge der Globalstadtentwicklung nach Hongkong kommen, und von Remigranten aus Amerika ausgeht. Wenn man die Megastadtentwicklung durch die Integration mit der VR China untersucht, muss man sehen, dass die erwartete Steigerung des chinesischen Bevölkerungsanteils zumindest bis 1996 nicht zu erkennen ist. Der Arbeitskräftebedarf im Niedriglohnbereich wird bisher fast ausschließlich durch Immigration aus Südostasien gedeckt.

5.3.1.3
Sprachen

Neben Kantonesisch werden in Hongkong auch Englisch, Putonghua (Hochchinesisch) und chinesische Dialekte wie Fukien (v. a. Taiwan-Chinesen), Hakka, Chiuchau oder Schanghainesisch gesprochen (vgl. Tabelle 5.9). Obwohl nur etwa 3 % der Bevölkerung zu Hause Englisch spricht und ein noch wesentlich geringerer Teil muttersprachlich, beherrscht mehr als ein Drittel der Bevölkerung diese Spra-

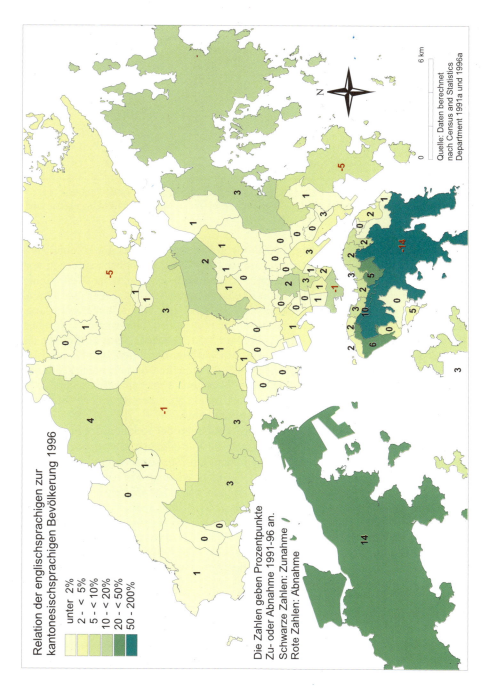

Abb. 5.10. Verteilung der englischsprachigen Bevölkerung.
Geometrien: LANDS DEPARTMENT 1996b, Karte: Breitung

Tabelle 5.9. Anteil der Sprachen in Hongkong 1991 und 1996 (ohne Berücksichtigung von Kindern unter 5 Jahren und Stummen)

	zuhause hauptsächlich gesprochen		kann gesprochen werden	
	1991	1996	1991	1996
Kantonesisch	88,7%	88,7%	95,8%	95,2%
Englisch	2,2%	3,1%	31,6%	38,1%
Putonghua	1,1%	1,1%	18,1%	25,3%
andere chin. Dialekte	7,0%	5,8%	-[a]	-[a]
Japanisch	0,2%	0,3%	1,0%	1,2%
Philippinisch	0,1%	0,2%	1,1%	1,8%
andere Sprachen	0,6%	0,7%	-[a]	-[a]

Daten: Eigene Berechnung nach CENSUS AND STATISTICS DEPARTMENT 1996b (Table A11).
[a] keine Gesamtangabe möglich, weil die Werte für die einzelnen Sprachen/Dialekte gegeben sind

che, so dass ihr eine erhebliche Bedeutung zukommt. Trotz der Entkolonialisierung hat der Anteil derjenigen, die zu Hause hauptsächlich Englisch sprechen von 1991 bis 1996 um etwa 40 % zugenommen, und auch die allgemeine Verbreitung (nicht zwangsläufig die Qualität!) von Englischkenntnissen hat sich erhöht. Grund dafür sind vor allem die Zuwanderer im Rahmen der Globalstadtentwicklung, namentlich auch die Dienstmädchen von den Philippinen. Nur wenige von ihnen haben die Möglichkeit, zu Hause Philippinisch zu sprechen. Noch auffälliger als die der Englischkenntnisse ist die deutliche Zunahme der Putonghua-Kenntnisse. Während die Zahl der zu Hause überwiegend Putonghua Sprechenden kaum anstieg, schnellte der Anteil derjenigen, die Putonghua sprechen können, um 40 % nach oben. Hier sieht man, dass sich die Hongkonger bereits im Vorfeld sehr intensiv auf die Integration in China eingestellt haben.

Hinsichtlich der räumlichen Verteilung werden an der Relation der hauptsächlichen Sprachen Englisch und Kantonesisch die Verteilungsmuster der westlichen Ausländer (mit Dienstpersonal) besonders deutlich. Sie konzentrieren sich in den besseren Lagen der Inseln Hongkong und Lantau, wo auch der Anteil der Neuzuzüge hoch war. Die absolute Zunahme erreicht auch dort Höchstwerte. Hoch ist sie zudem in suburbanen Lagen (Gold Coast, Sai Kung, Palm Springs, Lamma), niedrig in den ländlichen New Territories und Kowloon. Einen deutlich rückläufigen Anteil hat der exklusive Süden der Insel mit dem Peak, wo die extreme Konzentration Englisch sprechender Bewohner, v. a. hohe Beamte und Führungskräfte der Wirtschaft, durch eine neue lokale Elite ergänzt wird (vgl. Abb. 5.10).

5.3.2
Familiäre Strukturen

Speziell für die chinesische Gesellschaft sind familiäre Bindungen von hoher Bedeutung. Auf ihnen basieren Alters- und Sozialversorgung sowie ein Großteil der wirtschaftlichen Kontakte. Veränderungen sind also hier von besonderer gesellschaftspolitischer Relevanz. Unter dem Einfluss von Globalisierung und allgemeinem Wertewandel ist eine Abkehr von den traditionellen Familienbindungen erkennbar, die mit quantitativen Methoden nur unzureichend zu erfassen ist. Einige

Aussagen sind dennoch auch hier möglich und erforderlich. Dazu werden fünf Variablen betrachtet: Alter, Geschlecht, Familienstand, Größe und Typ des Haushalts. Alters- und Haushaltsgrößenstruktur werden auch räumlich aufgeschlüsselt.

5.3.2.1
Alters- und Geschlechterstruktur

Durch die sehr niedrige Fertilität (vgl. Kap. 5.2.1) bei gestiegener Lebenserwartung altert die Bevölkerung Hongkongs rapide. Der Altersmedian stieg von 28 (1986) auf 34 Jahre (1996). Nur 18,5 % der Bevölkerung sind unter 15 Jahre alt (1986: 23,1 %, 1991: 19,2 %) und 10,1 % über 65 Jahre (1986: 7,6 %, 1991: 8,7 %). Neben der ältesten Altersgruppe steigt vor allem die der 30-44 jährigen deutlich an (vgl. Abb. 5.11). Dieses Altersegment ist in Hongkong wegen der hohen Zahl von Arbeitsmigranten seit jeher sehr stark vertreten. Es fällt aber auf, dass mit dieser Altersgruppe nicht auch gleichzeitig die Kinderzahl steigt. Ein hoher Anteil der zugewanderten 30-44-jährigen ist kinderlos oder hat Kinder außerhalb der Stadt.

Die Immigration dämpft die Alterung der Hongkonger Gesellschaft etwas ab. Betrachtet man nur die Einheimischen (BNO und CI), dann liegt der Anteil der 30-44-jährigen nur bei 28,3 % und der der über 60-jährigen schon bei 15,4 % (vgl. Tabelle 5.10). Bei den anderen Altersgruppen ist der Einfluss gering. Ausländer kommen meist im arbeitsfähigen Alter und ziehen im Alter wieder fort. Bei statushohen Migranten aus westlichen Ländern und Japan, denen meist der Arbeitgeber Schul- und Kindergartenplätze zahlt, sind auch die unter 14-jährigen stark vertreten. 1982 waren z. B. 56 % der Deutschen in Hongkong 35-50 Jahre, 27 % unter 20 Jahre und 0 % über 65 Jahre alt (FRIEDRICH & HELMSTEDT 1985, S. 39f). Migrantinnen aus Südostasien kommen meist ohne Kinder und verlassen Hongkong im Durchschnitt früher als andere Arbeitsmigranten. Auch *Expatriates* aus westlichen Ländern oder Japan bleiben nur selten bis zum Rentenalter. Bei den Zuwanderern aus der VR China hingegen ist ein dauerhafter Aufenthalt eher zu erwarten.

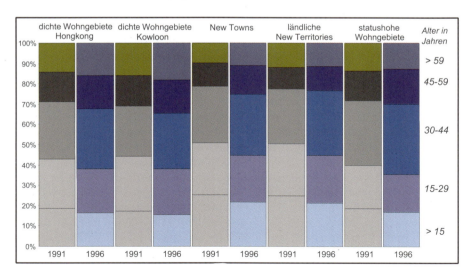

Abb. 5.11. Altersstruktur nach Gebietstypen (CENSUS AND STATISTICS DEPT. 1991a, 1996a)

Tabelle 5.10. Altersgliederung und Frauenanteil nach Nationalität 1996 (in %)

Alters-gruppe	Hong-kong (BNO)	Hong-kong (CI)	Briten (ohne BNO)	Philip-pinen	Chine-sen (ohne HK)	Nord-ameri-kaner	Japa-ner	Süd-asia-ten	Gesamt-bevöl-kerung
unter 14	26	4	26	2	16	33	23	17	18,5
15 - 29	29	11	18	36	27	13	15	34	22,6
30 - 44	31	23	41	53	34	33	43	27	29,5
45 - 59	9	27	12	8	14	15	16	18	15,1
über 60	5	35	3	1	9	6	2	5	14,3
Frauenanteil	49,0	48,7	48,0	92,5	51,3	48,2	47,1	44,0	50,0

Daten: eigene Berechnungen nach CENSUS AND STATISTICS DEPARTMENT 1996b, Tab. A9

Die beschriebenen Veränderungen der Altersstruktur vollziehen sich grundsätzlich in allen Gebietstypen. Im Ausmaß der Veränderungen gibt es aber Unterschiede. Der überdurchschnittlich hohe Kinderanteil in den New Territories sinkt besonders deutlich. In den New Towns steigt statt dessen der Seniorenanteil (natürliche Alterung), in den ländlichen Regionen der Anteil der 30-44-jährigen (Suburbanisierung). Der Anstieg dieser Altersgruppe konzentriert sich fast ausschließlich auf die ländlichen New Territories und die statushohen Wohngebiete. Der Seniorenanteil ist in den älteren Vierteln Kowloons besonders hoch und nimmt dort auch stärker als in anderen Stadtteilen zu (vgl. Abb. 5.11).

Der Zustrom von Frauen aus Südostasien gleicht auch den Männerüberschuss der Einwanderergesellschaft Hongkong aus. 1986 betrug der Frauenanteil 48,6 % (1991: 49,1 %), inzwischen liegt er bei 50 %. Besonders hoch ist der Frauenanteil der philippinischen (92,5 %), thailändischen (87,1 %) und indonesischen Bürger. Auch bei denen aus China und Macau (portugiesische Nationalität) liegt er über 50 %, vor allem in den mittleren Altersklassen (Familienzusammenführungen).

Die ausländischen Haushaltshilfen ändern neben der Alters- und Geschlechterstruktur auch die Erwerbstätigenstruktur. Der Frauenanteil an den Erwerbstätigen stieg von 28,7 % (1971, berechnet nach LEE 1996, S. 279) über 38,0 % (1991) auf 39,5 % (1996). Bei den unter 30-jährigen beträgt er sogar 49,3 %. Die Immigration verstärkt damit einen generell vorhandenen Trend. Auch inhaltlich besteht ein Zusammenhang zwischen der Übernahme häuslicher Arbeit durch Immigrantinnen und der steigenden Frauenerwerbstätigkeit in Hongkong.

Der Anteil unter 15-Jähriger ist bei Immigranten und Einheimischen gleichermaßen niedrig. Bei ersteren, weil Kinderlose eher ins Ausland gehen oder Kinder im Heimatland bei Angehörigen zurückgelassen werden, bei zweiteren weil viele Partner(innen) und Kinder in der VR China haben (vgl. Kap. 3.3.6). Hinzu kommt ein Wertewandel v. a. bei Frauen, der die traditionelle Priorität von Familie in der Lebensplanung relativiert. Dieser zeigt sich auch in wachsender Frauenerwerbstätigkeit (s. o.) und verändertem Heiratsverhalten. Der Ledigenanteil nahm in allen Altersklassen von 20-45 Jahren zu, am stärksten bei 25-29-jährigen Frauen (1986: 37,5 %; 1996: 52,0 %). Die Neigung zu heiraten sank bei Frauen stärker als bei Männern, und das Heiratsalter stieg besonders bei Frauen. Gleichzeitig stieg der Anteil geschiedener oder getrennt Lebender von 1,0 % der Männer bzw. 1,1 % der Frauen (1986) auf 1,6 % der Männer und 2,2 % der Frauen (1996). Der niedrigere

Wert bei Männern spiegelt deren höhere Wiederverheiratungschancen (insbesondere mit Frauen aus der VR China) wider. Hongkong erlebt einen schnellen Verlust traditioneller Familienwerte, der sich bei der Rolle der Familie dort besonders gravierend auswirkt. In diesem Kontext ist zum Beispiel zu verstehen, dass nun erstmals in Hongkong eine verbindliche Altersvorsorge eingeführt wird, und auch andere Institutionen traditionelle Aufgaben der Familie übernehmen müssen.

5.3.2.2
Haushaltsstruktur

Neben der Neigung zur Familiengründung nehmen auch die Bindungen innerhalb der bestehenden Familien ab. Es leben nicht mehr selbstverständlich alle Generationen in einem Haushalt zusammen. 1986-1996 sank die durchschnittliche Haushaltsgröße von 3,7 auf 3,3 Personen. Der Anteil der 2-Personenhaushalte stieg von 16 % auf 19 %, und der der Haushalte mit mehr als 5 Personen sank von 11 % auf 8 %. Der Anteil der Haushalte, in denen außer der Kernfamilie noch andere Verwandte leben, ging von 14 % auf 11 % zurück. Die Abkehr von den traditionellen Großhaushalten ist besonders deutlich in älteren Vierteln Kowloons, wo junge Familien aus den überbelegten Wohnungen in die New Towns ziehen und Ältere zurückbleiben. Inzwischen gibt es in den New Towns mehr Haushalte mit über 5 Personen als in Kowloon (vgl. Abb. 5.12). Die Zunahme von 1-2-Personenhaushalten betrifft besonders die New Towns mit ihren Neubauwohnungen, aber auch in den ländlichen Gebieten steigt der Anteil der bislang dort unüblichen Kleinhaushalte.

Trotz des steigenden Anteils von Senioren in Hongkong, nimmt also die Zahl der Familien ab, die noch bereit sind mit der älteren Generation zusammenzuleben. Dies ist nicht überwiegend mit dem steigenden Ausländeranteil erklären, sondern mit der Abkehr chinesischer Bewohner von ihren traditionellen Lebensformen. Auch dafür spielen allerdings die Kräfte der Globalisierung eine Rolle.

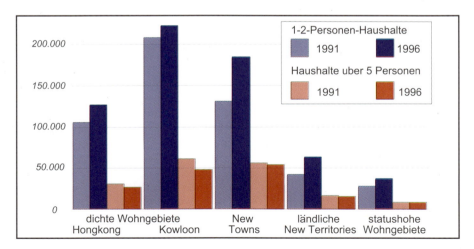

Abb. 5.12. Anteil der Haushalte mit 1-2 und mit mehr als 5 Personen nach Gebietstypen. (CENSUS AND STATISTICS DEPT. 1991a, 1996a)

5.3.3
Verteilung des Wohlstandes

Als Indikator für Wohlstand wird hier die Einkommenshöhe (genauer das Gesamteinkommen aus dem Hauptarbeitsverhältnis pro Erwerbstätigen im Monat Februar) gewählt. Ergänzend werden das mittlere Haushaltseinkommen und die Miethöhe betrachtet. Daten zu Vermögen sind leider nicht verfügbar. Die Vergleichbarkeit der Daten über mehrere Jahre ist wegen der Preissteigerung problematisch. Von 1991-1996 stieg der Einkommensmedian von 5.170 HK$ auf 9.500 HK$ pro Erwerbstätigen (+ 84 %) und von 9.964 HK$ auf 17.500 HK$ pro Haushalt (+ 76 %). Gleichzeitig stiegen die Verbraucherpreise für den Standardbedarf (*consumer price index A*) um 48 % (berechnet nach CENSUS AND STATISTICS DEPARTMENT 1997a, S. 97) und die Mieten fast doppel so stark. Das ergab auf die Erwerbstätigen bezogen einen Wohlstandszuwachs um etwa ein Drittel in fünf Jahren.

Der Zuwachs verteilt sich allerdings sehr ungleichmäßig auf die Einkommensklassen (vgl. Abb. 5.13). Am stärksten aufgestiegen sind die mittleren Einkommen. Die Gruppe 4.000-8.000 HK$ nahm zugunsten der von 10.000-15.000 HK$ deutlich ab. Die Zuwächse bei den höheren Einkommen, vor allem im Segment 20.000-40.000 HK$, gehen aber über diesen Aufstiegseffekt hinaus und sind nur mit Immigration zu erklären. Auch in der Einkommensklasse 2.000-4.000 HK$ gab es eine deutliche Zunahme. Sie ist zum Großteil durch zugewanderte Hausangestellte zu erklären, aber auch (da die Einkommen unter 2.000 HK$ kaum zurückgingen) durch weitere Zuwanderer im Niedriglohnbereich oder nominale Einkommensverluste. Die regionale Aufschlüsselung zeigt, dass wohl beides der Fall war.

Die Verteilungmuster der Einkommensklassen für Innenstadt und New Towns unterscheiden sich nicht grundlegend, nur sind in den New Towns und v. a. in den dichten Vierteln Kowloons die oberen Einkommensgruppen unterrepräsentiert. Die deutlichsten Trends seit 1991 sind eine Abnahme bei den mittleren Einkommen in Kowloon und eine Zunahme der leicht überdurchschnittlichen in den New Towns. Die dahinter steckende Binnenmigration war mit einem gesellschaftlichen Aufstieg verbunden. Die Einkommensklasse 2.000-4.000 HK$ wuchs in Hongkong stärker als in Kowloon und den New Towns (vgl. Abb. 5.13).

Eine leicht abweichende Verteilung der Einkommen zeigen die ländlichen New Territories. Dort waren schon 1991 sowohl die niedrigsten als auch die höchsten Einkommensklassen überrepräsentiert. Diese stehen für zwei grundsätzlich verschiedene Milieus. Die Einkommen unter 2.000 HK$ finden sich vor allem in den Dörfern, wo Landwirtschaft und Fischerei kaum überhaupt Gewinn abwerfen und bargeldlose Transaktionen von Gütern und Dienstleistungen eine größere Rolle spielen. Die Einkommen über 40.000 HK$ finden sich in suburbanen Siedlungen. Dieses Segment nimmt besonders stark zu und erstreckt sich gleichzeitig bis in mittlere Einkommensgruppen. Die Gruppe 10.000-15.000 HK$ hat sich mehr als verdreifacht und die 20.000-40.000 HK$ mehr als verdoppelt. Gleichzeitig stieg auch das Segment der Hausangestellten (2.000-4.000 HK$) überdurchschnittlich an. Die Daten spiegeln eine Ausweitung des suburbanen Milieus und eine Vertiefung der ohnehin starken Einkommensdisparitäten in den New Territories wider.

Noch deutlicher weichen die statushohen Wohngebiete von der Durchschnittsverteilung ab. Hier gab es schon 1991 zwei ausgeprägte relative Maxima, die sehr

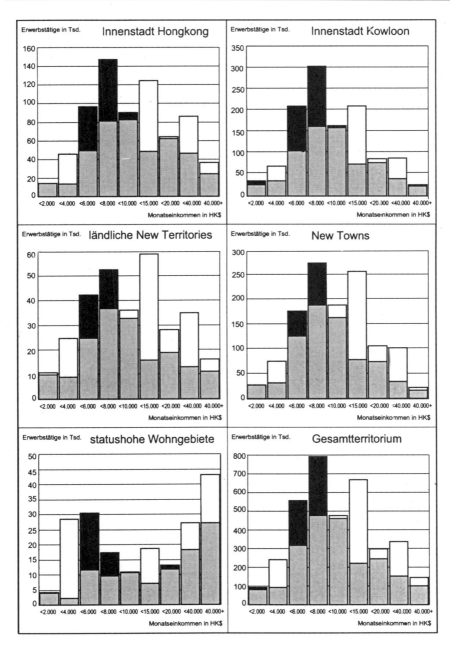

Abb. 5.13. Verteilung der Einkommensklassen (Monatseinkommen) in Hongkong nach Gebietstypen 1991 (schwarz) und 1996 (weiß). Die hellgrauen Abschnitte zeigen an, dass sich hinter der weißen Säule jeweils noch eine schwarze befindet.
Daten: CENSUS AND STATISTICS DEPARTMENT 1991a, 1996a; Graphik: Breitung

hohen und die leicht unterdurchschnittlichen Einkommen (letztere v. a. für Hauspersonal). 1996 waren beide nach wie vor erkennbar, aber das absolute Maximum lag nun mit großem Abstand bei den höchsten Einkommen und das zweite hatte sich von den Einkommen 4.000 HK$-6.000 HK$ zu den niedrigeren 2.000 HK$-4.000 HK$ verschoben. Es zeigt sich, dass die Immigration billiger Arbeitskräfte aus Südostasien offenbar sogar die Nominallöhne gedrückt hat. Die Verschärfung der Disparitäten, die sich bereits in den anderen Gebietstypen abzeichnete, findet in den statushohen Gebieten besonders extrem statt. Dies bedeutet erstens eine weitere Abkopplung dieser Gebiete von der Entwicklung der übrigen Stadt und zweitens eine Verschärfung der Gegensätze innerhalb dieser Viertel.

5.4
Fazit

Die demographischen und sozialräumlichen Daten bestätigen vor allem die Globalstadthypothese. Die Zuwanderung im Hoch- und im Niedriglohnsektor und die damit verbundene Segregation sind typisch für Globalstädte (vgl. Kapitel 2.2.3). Auch das Anwachsen der sozialen Disparitäten und die Zunahme von 1-2-Personenhaushalten sind typische urbane Entwicklungen unter dem Einfluss der Globalisierung. Die Bevölkerungszuwächse konzentrieren sich in Hongkong für beide Sektoren auf die selben Gebiete. Dies sind vor allem die statushohen Wohngebiete, auch die ländlichen New Territories, etwas die Innenstadt Hongkongs, weniger die New Towns und kaum Kowloon. Diese Entwicklung ist ungewöhnlich. Hongkong kann durch die fortbestehende Grenze die Zuwanderung aus seinem chinesischen Hinterland sehr wirksam kontrollieren und deckt den Bedarf an billigen Arbeitskräften lieber in Südostasien. Diese Arbeitskräfte leben meist bei ihren Arbeitgebern und müssen wegen ihres unsicheren Aufenthaltsstatusses als Ausländer bei Verlust des Arbeitsplatzes die Stadt verlassen.

Eine unkontrollierte Megastadtentwicklung wird so verhindert. Allerdings ist im Rahmen der Integration Hongkongs mit einem Anwachsen der Zuwanderung aus der VR China zu rechnen. Zwei Entwicklungen lassen dies erwarten. Erstens führen grenzübergreifende Familienkonstellationen dazu, dass ein Teil des Hongkonger Nachwuchses in der VR China zur Welt kommt. Ihnen wird auf Dauer der Zuzug nicht verwehrt werden können. Der Bedarf an Familienzusammenführungen ist schon jetzt nicht mehr über die bestehende Zuwanderungsquote zu befriedigen ist. Zweitens könnte die im Rahmen des wirtschaftlichen Systemwandels in der VR China wachsende Arbeitslosigkeit dazu verleiten, die südostasiatischen Haushaltshilfen durch Immigrantinnen aus China zu ersetzen. Beides hätte Nachteile, würde aber die Integration mit der VR China fördern.

Die Hypothese von der bereits entstehenden grenzübergreifenden Agglomeration ist allein mit Daten für das Territorium von Hongkong nicht zu belegen, aber die Verlagerung des Bevölkerungsschwerpunktes auf die chinesische Grenze zu kann sie zumindest stützen. Die steigende Attraktivität der New Territories als Wohnstandort liegt auch an aktions- und perzeptionsräumlichen Veränderungen im Rahmen des Integrationsprozesses. Verstärkt wird der dadurch ausgelöste Suburbanisierungsschub durch Remigranten und Globalstadtzuwanderer aus angelsächsischen Ländern, die zum Teil die dortigen Wohnideale nach Hongkong mitbringen.

6 Analyse:
Wirtschaftsräumliche Veränderungen

6.1
Datengrundlage und -aufbereitung

6.1.1
Beschäftigtendaten

Während die Zensusdaten zur Erwerbsstruktur am Wohnort durch Befragung erhoben sind, wird die Beschäftigtenstatistik (*Quarterly Survey of Employment and Vacancies*) durch repräsentative Stichproben in den Betrieben ermittelt. Sie erfasst Betriebe, Beschäftigte nach Geschlecht und freie Arbeitsplätze branchenweise auf den Ebenen der *District Board Districts* (Bezirke) und TPUs (vgl. Kap. 5.1.1). Die Branchen werden seit 1991 nach der *Hong Kong Standard Industrial Classification* (HSIC), einer Modifikation der zuvor benutzten *International Standard Industrial Classification* (ISIC), bis auf sechs Stellen gegliedert. Anders als beim Zensus gibt es keinen einheitlichen Stichtag sondern folgenden Jahresturnus: 1. Quartal (März) Dienstleistungen, 2. Quartal (Juni) Handel und Gaststätten, 3. Quartal (September) Industrie, 4. Quartal (Dezember) Außenhandel (CENSUS AND STATISTICS DEPARTMENT 1997d, S. 1ff). Im Folgenden werden sie auf Bezirksebene ausgewertet (für den CBD sowie Cheung Sha Wan auf TPU-Ebene). Die Bezugsjahre sind 1992 und 1997. Für die Industrie, bei der 1992 keine Erhebung stattfand, wurde auf die Daten des 3. Quartals 1991 zurückgegriffen. Soweit nicht anders gekennzeichnet, beziehen sich alle Angaben dieses Kapitels auf diese Erhebungen (CENSUS AND STATISTICS DEPARTMENT 1991b, 1992, 1997d). Ausgewertet wurde die Zahl der Beschäftigten und Betriebe in Branchengruppen bis zu drei HSIC-Stellen.

6.1.2
Defizite der Datengrundlage

Leider unterliegen die Beschäftigtendaten beträchtlichen Limitierungen. Für einige Tätigkeitsfelder werden keine oder zumindest keine räumlich aufgeschlüsselten Daten erhoben, z. B. für Beschäftigte in der öffentlichen Verwaltung und bei religiösen Organisationen, in Landwirtschaft/Fischerei und auf Baustellen. Ebenfalls nicht erfasst sind Haushaltshilfen, Künstler, Taxi-, Minibus- und LKW-Fahrer sowie z. T. Schiffspersonal. Die Zahlen der Beschäftigten in der öffentlichen Verwaltung (1992: 183.400, 1997: 184.200) und der Bauarbeiter (1992: 63.400, 1997: 78.100) werden zumindest in räumlich nicht aufgeschlüsselten Gesamtstatistiken erfasst (CENSUS AND STATISTICS DEPARTMENT 1998). Wenn man diese hinzuzählt, ergibt sich eine Gesamtzahl von 2,52 Mio. (1992) bzw. 2,55 Mio. (1997) Beschäftigten. Im Mikrozensus hingegen wurden 2,72 Mio. (1991) bzw. 3,04 Mio. (1996) Erwerbstätige erfasst. Berücksichtigt man die abweichenden Stichdaten und zieht Schätzwerte für die oben genannten Berufsgruppen ab, dann bleibt (nach eigener Schätzung) noch eine Differenz von 50.000 (1992) bzw. 200.000 (1997) Personen. Für diese verbleibende Diskrepanz gibt es drei Gründe:

- Selbständige ohne angemeldetes Gewerbe, wie Straßenhändler, Taxifahrer etc. ordnen sich beim Zensus möglicherweise einem Erwerbszweig zu, erscheinen aber nicht in der Beschäftigtenstatistik.
- Wer zum Erhebungszeitpunkt über 6 Monate im Ausland (z. B. der VR China) beschäftigt ist, wird beim Zensus aber nicht in der Beschäftigtenstatistik erfasst.
- Durch falsche oder ungenaue Angaben und unterschiedliche Erhebungsmethoden können in gewissem Umfang zusätzliche Abweichungen hinzukommen.

In welchem Umfang diese Faktoren zu der festgestellten Differenz beitragen, ist schwer abzuschätzen, aber es erscheint plausibel, dass der deutliche Zuwachs der Diskrepanz zwischen Beschäftigten- und Erwerbstätigenzahlen vor allem auf die zunehmende Zahl der in der VR China beschäftigten Hongkonger zurückgeht. Ähnlich wie schon bei der demographischen Entwicklung ist Hongkong auch als Arbeitsmarkt keine räumlich abgeschlossene Einheit mehr.

Der Vergleich zwischen Beschäftigten- und Erwerbstätigenzahlen für einzelne Wirtschaftszweige (vgl. Tabelle 6.1) zeigt bei unternehmensbezogenen Dienstleistungen nur geringe Diskrepanzen. Abweichungen im Bereich Verkehr sind durch die unvollständige Erfassung (s. o.) erklärbar. Bei Handel und Industrie treten aber ganz erhebliche Abweichungen auf, die sich untereinander jedoch nahezu ausgleichen. Etwa 250.000 Befragte des Mikrozensus haben sich offenbar dem produzierenden Gewerbe zugeordnet, obwohl ihre Betriebe als Außenhandelsbetriebe gezählt wurden. Die Vermutung liegt nahe, dass diese nach der Auslagerung ihrer Produktion aus der Sicht der Hongkonger Statistik nur im- und exportieren, im Bewusstsein der Mitarbeiter aber produzierende Betriebe mit Produktionsstätten jenseits der Grenze sind. Da Hongkong und sein Umland sich durch *outward processing* und Wiederausfuhren zu einem zusammenhängenden Wirtschaftsraum entwickeln, erscheint die Klassifizierung der Warentransaktionen als Im- und Export zunehmend fragwürdig. Dies ist bei Interpretationen der Außenhandelsstatistik ebenso zu berücksichtigen wie bei der hier untersuchten Branchenstatistik.

Tabelle 6.1. Erwerbstätigenzahlen des *By-Census* 1996 und Beschäftigtenzahlen des *Quarterly Survey of Employment and Vacancies (QSEV)* 1997 für ausgewählte Wirtschaftszweige

Wirtschaftszweige (gruppiert)	By-Census 1996	QSEV 1997
1. Unternehmensbezogene Dienstleistungen, Finanzwesen	408.686	407.727
2. Verkehr (Transport, Lagerung, Telekommunikation)	330.974	182.012
3. Handel (Außen-, Groß- und Einzelhandel, Gastgewerbe)	757.239	1.056.342
4. Produzierendes Gewerbe	574.867	309.160
Summe 3. + 4.	1.332.106	1.365.502

Die Nichtberücksichtigung von Berufsgruppen beschränkt die Aussagekraft der Beschäftigtenstatistik auf ein nicht ganz vollständiges Branchenspektrum. Dieses Spektrum reduziert sich weiter, wenn man die Ergebnisse räumlich aufschlüsseln will. Im Allgemeinen werden die Beschäftigten am Arbeitsort erfasst. Das räumliche Verteilungsmuster wird aber etwas verfälscht, dadurch dass einige Betriebe am Firmensitz gezählt wird. Eine dieser Ausnahmen ist die *Hong Kong Telecom*, die ihre Zentrale 1995 von Wanchai (*TPU* 134) in den Eastern District verlegte, was statistisch gesehen 13.489 Beschäftigte betraf. Nur ein Teil davon wechselte jedoch wirklich den Arbeitsort. Auch in den folgenden Fällen wurden alle Mitarbeiter am Sitz der Zentrale erfasst (mit Beschäftigtenzahl 1997 und Bezirk, dem sie zugezählt sind). Sie wurden in die folgende Auswertung nicht einbezogen.

- ca. 40.000 Beschäftigte in Krankenhäusern der *Hospital Authority* (Wanchai)
- ca. 30.000 Mitarbeiter von 11 Nahverkehrsbetrieben (Sham Shui Po, Kwun Tong, Eastern District und fünf andere Bezirke)
- ca. 10.000 Mitarbeiter von 3 Energieversorgern (Eastern District, Kowloon City)
- ca. 5.000 Mitarbeiter des *Hong Kong Jockey Clubs* (Wanchai).

6.1.3
Aufbereitung der Daten

Die 63 Branchengruppen wurden zunächst zu 30 Wirtschaftszweigen aggregiert, von denen 8 wegen mangelnder Aussagekraft oder Bedeutung eliminiert wurden. Die 22 übrigen wurden in Tabelle 6.3 aufgenommen und teilweise räumlich analysiert, wegen ihrer Bedeutung auch die Telekommunikation, obwohl deren Verteilungsmuster durch die oben angesprochene *Hong Kong Telecom* verfälscht wird (vgl. auch Anmerkung zu Abb. 6.7). Für die Analyse des CBD im TPU-Maßstab wird der Wirtschaftszweig Finanzwirtschaft noch in 4 kleinere Branchen unterteilt.

Bevor die Analyse sektoral und räumlich verfeinert wird, werden die folgenden 4 Sektoren betrachtet. Sie definieren sich aus den 30 Wirtschaftszweigen und umfassen auch die problematischen Branchen wie Verkehrs- und Gesundheitswesen.

- Industrie: Bergbau, produzierendes Gewerbe, Energieversorgung
- Handel und Verkehr: Großhandel, Außenhandel, Lagerung, Verkehrswesen
- Unternehmensbezogene Dienstleistungen: Finanzwesen, Telekommunikation, Hotels, unternehmensbezogene Dienstleistungen i. e. S., Reinigungsdienste
- Personenbezogene Dienstleistungen: Einzelhandel, persönliche Dienste, Gaststätten, Unterhaltung, Kultur, Bildung, medizinische und soziale Versorgung

Räumlich werden die Daten auf drei Maßstabsebenen analysiert (vgl. Abb. 6.3). Neben der TPU-Ebene für den CBD und ein Altindustriegebiet als exemplarische Teilräume (vgl. Kap. 6.4) und der Ebene der 18 Bezirke findet eine Unterteilung des Territoriums in die folgenden drei größeren Teile Anwendung:

- A: die drei zentralsten Stadtbezirke, die den *CBD* im weitesten Sinne bilden
- B: der Rest der sogenannten *Metroarea* als Kernstadt
- C: der Rest der New Territories bis zur chinesischen Grenze

Die aus Computerlisten des *Census and Statistics Department* in *Excel*-Tabellen übertragenen Daten wurden wieder in Diagramme und *ArcView*-Karten umgesetzt, für die die Anmerkungen aus Kapitel 5.1.2 entsprechend gelten.

6.2
Wirtschaftlicher Strukturwandel

Die Wirtschaft Hongkongs erlebte bereits zwei grundlegende Strukturwandel, zunächst nach dem Zweiten Weltkrieg vom *Entrepôt* ohne nennenswerte Industrie zu einer der bedeutendsten *Newly Industrialised Economies* (NIE), dann mit der Öffnung Chinas zur wieder deindustrialisierten Finanzmetropole (vgl. Kapitel 3.1.1). Auf die Besonderheiten des ersten Strukturwandels wird hier nur kurz eingegangen bevor der zweite genauer beleuchtet wird.

6.2.1
Charakteristika der Industrialisierung Hongkongs

Die Industrialisierung Hongkongs in den 50er bis 70er Jahren beruhte auf Produktionsmitteln, Know-how, Arbeitskräften und Kapital aus dem von Krieg, Bürgerkrieg und der Politik Mao Tse Tungs destabilisierten China (vgl. WONG 1988, RÖPKE 1997, 95f). Hongkongs liberale Wirtschaftsordnung und chinesischer Wirtschaftsgeist transformierten die Stadt in eine der ersten NIEs Asiens mit starkem exportorientiertem sekundären Sektor. Hongkong begann wie zuvor Japan, dann Taiwan, Südkorea, Singapur und später andere mit einfacher, arbeitsintensiver Produktion. Auf dem Weltmarkt setzten sich vor allem Kleidung, Plastikspielzeug und künstliche Blumen *Made in Hong Kong* durch. Im Zuge von Diversifizierung und qualitativer Aufwertung traten später Uhren, Elektrotechnik und Elektronik hinzu. Die mehr oder weniger zeitgleiche und ähnlich erfolgreiche Entwicklung mehrerer Volkswirtschaften Ostasiens verleitet dazu, sie als einen einheitlichen Prozeß zu sehen (Schlagwort „Tigerstaaten"). Bei allen Gemeinsamkeiten unterscheidet sich die Entwicklung Hongkongs aber auch von der der anderen NIEs.

- Durch den Zustrom von Unternehmern und Unternehmen aus China war Hongkong weniger auf ausländische Direktinvestitionen angewiesen als vergleichbare Staaten. Ende der 70er Jahre betrug der Anteil ausländischer Firmen am Export in Singapur 70 %, in Hongkong hingegen nur 10 % (RÖPKE 1997, S.112).
- Stärker als in den anderen NIEs ist die Industrie Hongkongs durch Klein- und Familienbetriebe geprägt (RÖPKE 1997, S. 97). ENG (1997b) führt das auf kulturelle Gründe zurück. Die Betriebe sind dadurch zwar flexibler und können Krisen eher abfedern, aber sie verzichten auf größenbedingte Synergien und hemmen tendenziell betriebliche Innovationen.
- Durch seinen kleinen Binnenmarkt war Hongkong stärker als z. B. Taiwan und Südkorea auf den Export angewiesen. Importsubstitution und Inlandsnachfrage haben bei seiner wirtschaftlichen Entwicklung nur eine geringere Rolle gespielt.
- Der wichtigste Unterschied ist die geringe staatliche Steuerung der wirtschaftlichen Entwicklung in Hongkong. Während in Südkorea, Taiwan und Singapur starke staatliche Institutionen den wirtschaftlichen Aufschwung und strukturellen Wandel planten und förderten, verfolgte die Hongkonger Kolonialregierung eine Politik des *Positiven Noninterventionalismus* (vgl. RÖPKE 1997, S. 101ff; BREITUNG 1999).
- Durch seine Betriebsstruktur und die noninterventionalistische Politik hat Hongkong einen Strukturwandel zu innovativer High-Tech-Industrie mit hoher Wertschöpfung weniger forciert als andere NIEs (BERGER & LESTER 1997, S. 342ff). Während jene die zur Steigerung des Lohnniveaus notwendige Produktivitätserhöhung durch technische Innovation und höherwertige Produkte erreichten, nutzte Hongkong die Chance, die sich durch die Öffnung Chinas bot (vgl. Kapitel 3.1.1).

6.2.2
Die Deindustrialisierung und ihre Auswirkungen auf Hongkong

Durch die Verlagerung der arbeitsintensiven Produktion in die nahegelegen chinesischen Sonderwirtschaftszonen nutzt Hongkong seine Grenzlage im Überschneidungsbereich zweier unterschiedlicher Wirtschaftsregime. Es macht sich die komparativen Vorteile beider Regime zunutze (vgl. Kap. 3.3.1 und BREITUNG 1999). Mit dieser marktgesteuerten Strategie konnte Hongkong die Produktivität sowohl der Industrie als auch der Gesamtwirtschaft stärker steigern als andere NIEs mit einem erheblichen Kapitaleinsatz zur Technologieförderung (vgl. SHEN 1995, S. 53f; DAVIES 1995, S. 6ff). Hongkongs Produktivitätssteigerungen beruhten auf einer Spezialisierung, bei der weniger produktive Beschäftigungsfelder über die Grenze verlagert wurden und produktivere im Stadtgebiet verblieben. Die höhere Produktivität ermöglichte eine deutliche Steigerung der Pro-Kopf-Einkommen in Hongkong (vgl. Kap. 5.3.3) und war damit der Schlüssel zu wachsendem Wohlstand der Bevölkerung und einer soliden Finanzausstattung der öffentlichen Haushalte. Beides waren wichtige Faktoren auch für die räumliche Entwicklung.

Die wichtigste negative Folge der Deindustrialisierung ist ein Beschäftigungsabbau im sekundären Sektor. Seit den 70er Jahren sinkt dessen Anteil, seit Mitte der 80er Jahre auch dessen absolute Erwerbstätigenzahl (vgl. Tabelle 6.2). Noch deutlicher wird der Rückgang, wenn man nur die Industrie betrachtet, deren Beschäftigtenzahl von 900.000 (Maximum) auf 309.200 (1997) um fast zwei Drittel sank (zur Diskrepanz von Erwerbstätigen- und Beschäftigtenstatistik vgl. Kapitel 6.1.2). Von 1991 bis 1997 betrug der Rückgang ca. 47 %, in den Hongkonger Traditionsbranchen Kunststoffverarbeitung, Textil- und Bekleidungsindustrie sogar über 66 % (ca. 224.000 Beschäftigte). Berücksichtigt man, dass ein Teil dem Außenhandel zugeschlagen und nicht entlassen wurde, bleiben immer noch netto mindestens 200.000 abgebaute Industriearbeitsplätze (vgl. Tabelle 6.3).

Anders als Deindustrialisierungsprozesse in europäischen und amerikanischen Städten führte dieser Arbeitsplatzabbau in Hongkong trotz gleichzeitigem Bevölkerungswachstum bis 1997 nicht zu nennenswert steigender Arbeitslosigkeit. Die durch *outward processing* erzielten Expansionsmöglichkeiten und Produktivitätszuwächse führten zu stetigem Wirtschaftswachstum. Gleichzeitig entwickelte sich Hongkong zum Lenkungs- und Steuerungszentrum auf globaler Ebene (VAN DER KNAAP & SMITS 1997, S. 3ff). Beides brachte einen Beschäftigungszuwachs um etwa ein Drittel in Finanzwesen, unternehmensbezogenen Dienstleistungen, Immobilien, Verkehr und Telekommunikation. Die Druckindustrie profitierte als einziger Zweig des sekundären Sektors von diesen Funktionen (vgl. Tabelle 6.3).

Die Zahl der Industriebetriebe sank insgesamt weniger als die der Industriebeschäftigten, da viele Firmen nur einen Teil ihrer Operationen nach China verlagert und die Betriebsstätten in Hongkong nicht völlig aufgegeben haben. Daraus ergibt sich für die besonders von *outward processing* betroffenen Branchen eine abnehmende Zahl von Beschäftigten pro Betrieb (vgl. Tabelle 6.3.). Diese Abnahme bezieht sich aber wohlgemerkt nur auf die Beschäftigten in Hongkong. Tatsächlich hat die Auslagerung von Produktion in die VR China größere Betriebe begünstigt und genau umgekehrt die durchschnittliche Beschäftigtenzahl erhöht (vgl. Kap. 3.3.1), wenn man die Hongkonger Betriebe insgesamt betrachtet und nicht mehr ein abgeschlossenes Territorium als Bezugsgröße heranzieht.

Für den Gewerbeimmobilienmarkt Hongkongs ergaben sich Leerstände und sinkende Preise. Im Durchschnitt des Territoriums sind über 10 % der Industrieflächen vakant (KO 1998c). Durch Betriebe, die ihre bisherigen Räumlichkeiten nicht aufgeben, sondern sie nur in geringerem Maße bzw. als Lager- oder Büroflächen nutzen, wird das Leerstandsproblem vor allem der traditionellen Industriegebiete etwas gedämpft aber nicht gelöst (vgl. Kap. 6.4.2). Neben dem quantitativen Rückgang gibt es auch qualitative Veränderungen der Nachfragestruktur nach Industrieflächen. Es werden heute auch von Industriebetrieben mehr Lager-, Ausstellungs- und Büroräume statt reiner Fabriken nachgefragt. Für die Standortwahl steigt die Bedeutung der Verkehrsanbindung durch die Einbindung in grenzübergreifende Produktionsstrukturen und die der Fühlungsvorteile und somit einer zentralen Lage wegen zunehmender Management-Funktionen (LI et al. 1995, S. 12). Die Kategorien Industrie- und Büroflächen nähern sich zunehmend an.

Die Exportstatistik Hongkongs wird inzwischen von Wiederausfuhren von und nach China dominiert. Eigenexporte Hongkongs haben an Bedeutung verloren. 1994 teilten sich die Exporte wertmäßig folgendermaßen auf:

19 % Exporte mit Ursprung in Hongkong
48 % Wiederausfuhren im Zusammenhang mit *outward processing* in China
27 % andere Wiederausfuhren von oder nach China
6 % Transithandel zwischen zwei anderen Ländern (z. B. Taiwan oder Macau).

Von den 81 % Wiederausfuhren mit einem Gesamtvolumen von 948 Mrd. HK$ (ca. 122 Mrd. US$) gingen ca. 323 Mrd. HK$ (ca. 41,5 Mrd. US$) über Hongkong in die VR China, und 546 Mrd. HK$ (ca. 70 Mrd. US$) von der VR China über Hongkong in andere Länder (berechnet nach TAUBMANN 1996b, S. 692).

Weitere Folgen für Hongkong sind Emissionsrückgang, sinkender Energie- und Wasserverbrauch, zunehmendes Verkehrsaufkommen und steigender Bedarf an Containerstellflächen. Potentiell steigen auch die außenwirtschaftliche Abhängigkeit von der VR China und Anfälligkeit für regionale oder sektorale Krisen. Wie das folgende Kapitel zeigt, nimmt auch die Konzentration von Arbeitsplätzen im CBD Hongkongs durch die Deindustrialisierung zu. Auswirkungen auf die Perlflussdeltaregion und den Integrationsprozess wurden bereits in Kap. 3.3.1 berührt.

Tabelle 6.2. Erwerbstätige nach Wirtschaftssektoren in Hongkong 1961 bis 1996

Sektor	1961	1971	1976	1981	1986	1991	1996
Tertiärer Sektor	494.757	639.053	842.380	1.134.430	1.456.419	1.703.363	2.176.947
Sekundärer Sek.	583.264	820.123	942.620	1.191.033	1.128.645	982.380	842.256
Primärer Sektor	96.450	64.976	48.590	48.560	48.514	21.721	18.190
Unklassifizierbar	16.628	22.835	13.220	30.044	9.695	7.152	6.305
Insgesamt	1.191.099	1.546.987	1.846.810	2.404.067	2.643.273	2.715.103	3.043.698
Anteil Industrie	43,0 %	47,0 %	(?)	41,2 %	35,8 %	28,2 %	18,9 %

Daten aus den Zensen und Mikrozensen nach VAN DER KNAAP & SMITS 1996, S.5 (*1961-1991*); CENSUS AND STATISTICS DEPARTMENT 1996c (*1996*), CHIU et al. 1997, S. 76 (*Anteil Industrie*)

Tabelle 6.3. Beschäftigte, Betriebe und Betriebsgrößen (Beschäftigte pro Betrieb) in ausgewählten Wirtschaftszweigen Hongkongs 1992[a] und 1997

Wirtschaftszweig (HSIC-Nr.)	Beschäftigte 1992[a]	Beschäftigte 1997	Änderung	Betriebe 1992[a]	Betriebe 1997	Änderung	Betriebsgröße 1992[a]	Betriebsgröße 1997
Nahrungs- und Genußmittelindustrie (311-314)	24.008	22.188	-7,6%	884	707	-20,0%	27,2	31,4
Textil- und Bekleidungsindustrie (320-329)	294.585	100.682	-65,8%	13.224	5.696	-56,9%	22,3	17,7
Kunststoffverarbeitende Industrie (355-356)	42.733	12.641	-70,4%	4.539	1.884	-58,5%	9,4	6,7
Metallverarbeitung und -bearbeitung (371-381)	48.620	20.645	-57,5%	6.312	3.245	-48,6%	7,7	6,4
Elektronikindustrie (382-384)	53.168	27.790	-47,7%	939	578	-38,4%	56,6	48,1
Geräte- und Fahrzeugbau (385-388)	64.615	34.381	-46,8%	6.809	4.178	-38,6%	9,5	8,2
Feinmechanik (389)	29.120	10.935	-62,4%	1.626	726	-55,4%	17,9	15,1
Druckgewerbe (342)	39.118	45.844	+17,2%	4.569	4.873	+6,7%	8,6	9,4
Großhandel (611-612)	77.826	81.256	+4,4%	16.970	16.831	-0,8%	4,6	4,8
Einzelhandel (621)	206.622	211.521	+2,4%	54.898	52.944	-3,6%	3,8	4,0
Außenhandel (631-632)	391.378	538.049	+37,5%	76.260	103.961	+36,3%	5,1	5,2
Gastronomie (641)	190.116	189.068	-0,6%	9.184	9.044	-1,5%	20,7	20,9
Beherbergungsgewerbe (651)	37.671	36.407	-3,4%	1.417	948	-33,1%	26,6	38,4
Seeverkehr, Lagerwirtschaft (714-716, 721)	31.126	35.382	+13,7%	2.571	3.482	+35,4%	12,1	10,2
Luftverkehr, Reisebüros, Speditionen (717-718)	53.334	75.041	+40,7%	3.619	5.903	+63,1%	14,7	12,7
Telekommunikation (731)	28.030	37.716	+34,6%	595	1.236	+107,7%	47,1	30,5
Finanz- und Versicherungswirtschaft (811-821)	133.105	167.100	+25,5%	11.321	15.770	+39,3%	11,8	10,6
Immobilienwirtschaft (831)	55.397	78.780	+42,2%	10.898	12.900	+18,4%	5,1	6,1
Unternehmensbezogene Dienste (832-921, 935)[b]	145.286	200.020	+37,7%	16.861	23.991	+42,3%	8,6	8,3
Erziehung, Lehre und Forschung (931-932)	85.643	99.502	+16,2%	2.133	2.577	+20,8%	40,2	38,6
Gesundheitswesen (933)	39.721	62.975	+58,5%	4.133	4.292	+3,8%	9,6	14,7
Persönliche Dienste i.e.S. (951-959)[c]	56.356	55.592	-1,4%	12.066	13.543	+12,2%	4,7	4,1

Daten berechnet nach CENSUS & STATISTIC'S DEPARTMENT 1991b, 1992, 1997d; [a] für HSIC-Nr. 311-389: 1991; [b] Rechts- und Wirtschaftsberatung, Buchhaltung, EDV, Bauwesen, Werbeagenturen, Arbeitsvermittlung, Reinigungs- und Wachdienste etc.; [c] Reparaturen, Wäschereien, Friseure, Fotografen etc.

6.3
Räumliche Verteilung der Beschäftigten in Hongkong

Die Betrachtung der Beschäftigung in ihrer räumlichen Verteilung zeigt Hongkong im Spannungsfeld zwischen Dezentralisierung und räumlicher Konzentration im CBD. Die Beschäftigtenzahlen der 18 Bezirke und der 3 Teile Hongkongs (vgl. Abb. 6.3) werden zunächst für jeden der vier in Kapitel 6.1.3 beschriebenen Wirtschaftssektoren getrennt untersucht. Abschließend wird die Gesamtentwicklung im Überblick betrachtet. Es ergibt sich dabei die zunächst überraschende Erkenntnis, dass die räumliche Konzentration im CBD zunimmt, obwohl für alle Sektoren eine Dezentralisierungstendenz festzustellen ist.

6.3.1
Räumliche Verteilung nach Wirtschaftssektoren

Für zwei der Wirtschaftssektoren (Handel und Verkehr, Persönliche Dienstleistungen) ist die Datengrundlage so unvollständig bzw. unzuverlässig, dass die räumliche Verteilung ihrer Beschäftigtenzahlen nur allgemein dargestellt wird (zu den Einschränkungen vgl. Kapitel 6.1.2). In den Sektoren Industrie und unternehmensbezogene Dienstleistungen ist eine präzisere Darstellung im Kartenbild möglich. Dies sind gleichzeitig die Sektoren mit den in inhaltlicher Hinsicht bemerkenswertesten Veränderungen.

6.3.1.1
Industrie

Die Industriegebiete Hongkongs konzentrieren sich vor allem auf einen Gürtel im Norden und Osten Kowloons von Kwun Tong bis Tsuen Wan. 1991 hatten alle Bezirke dieses Gürtels mehr als 50.000 Industriebeschäftigte. Das Maximum von 123.400 erreichte Kwun Tong. Alle übrigen Bezirke hatten weniger als 40.000 Industriebeschäftigte. Das Minimum von 500 verzeichnete der Islands District. Die Werte gingen in den klassischen Industriebezirken dann aber auch besonders stark zurück (vgl. Abb. 6.1, Tabelle 6.5). Weit unterdurchschnittlich war die Abnahme außerhalb der Metroarea, da dort noch Industriegebiete ausgebaut wurden. Tai Po wies (als einziger Bezirk) sogar eine leichte Zunahme auf. Dort sind 1997 noch über 40 % der Beschäftigten in der Industrie tätig gewesen. Außerhalb der Metroarea war der Anteil sonst nicht halb so hoch, und selbst in den Altindustriegebieten, wo 1991 noch bis zu 60 % der Beschäftigten in der Industrie tätig waren, erreichte kein Bezirk mehr einen Anteil von über 35 %.

Die höchsten absoluten Werte gab es in Kwai Tsing in der Nähe des Containerhafens mit ca. 48.000 Industriebeschäftigten und Kwun Tong in der Nähe des damaligen Flughafens mit ca. 47.000 Industriebeschäftigten. Außer diesen beiden Bezirken hatte keiner mehr als 28.000 Industriebeschäftigte. Für die nahe Zukunft ist zu erwarten, dass das Gebiet um den Containerhafen als einziger Schwerpunkt übrig bleibt, da Kwun Tong mit dem Wegzug des Flughafens seinen wichtigsten Standortfaktor verloren hat, was seinen in Ansätzen bereits erkennbaren Strukturwandel zum Dienstleistungsstandort beschleunigen wird.

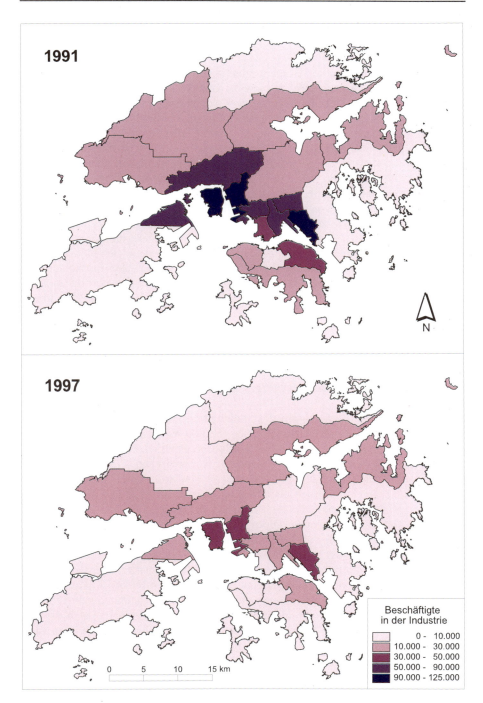

Abb. 6.1. Beschäftigte in der Industrie nach Bezirken (Bezirksnamen vgl. Abb. 6.3; Daten: CENSUS AND STATISTICS DEPARTMENT 1991b, 1997d; Geometrien: LANDS DEPARTMENT 1996b)

6.3.1.2
Handel und Verkehr

Die größte Konzentration von Beschäftigten in den Bereichen Handel und Verkehr wies sowohl 1992 als auch 1997 mit jeweils knapp 120.000 der Bezirk Yau Tsim Mong (Yau Ma Tei, Tsim Sha Tsui, Mong Kok) im Süden und Westen Kowloons auf. Historisch liefen an der Südspitze der Halbinsel See- und Schienenverkehr zusammen. Zudem lag sie zwischen Flughafen und CBD und war von beiden gut erreichbar. Noch heute ist vor allem Tsim Sha Tsui dicht besetzt mit kleinen Handelsfirmen und Reisebüros. Allerdings expandiert der Sektor dort nicht mehr. Von 1992 bis 1997 stiegen die Beschäftigtenzahlen in Handel und Verkehr vor allem im Umfeld von Hafen und Flughafen und in den alten Industriegebieten. Einerseits fand eine Umschichtung von Industrie- zu Handelsbetrieben statt, und andererseits konzentrierten sich beide zunehmend an den Knotenpunkten des Fernverkehrs, der im Zuge der Globalisierung an Bedeutung gewinnt. Weitere räumliche Schwerpunkte von Handel und Verkehr sind der CBD und außerhalb der Metroarea die New Town Shatin (letztere auf niedrigerem absoluten Niveau aber mit hohen Prozentwerten). Die Steigerungsrate von 1992 auf 1997 war in den nördlichen New Territories am höchsten. Der entscheidende Standortfaktor ist hier der zunehmende grenzüberschreitende Verkehr. Im Central and Western District waren die Beschäftigtenzahlen für fast alle Zweige des Sektors Handel und Verkehr rückläufig. Ausgenommen davon waren nur die Reisebüros.

6.3.1.3
Unternehmensbezogene Dienstleistungen

Dieser Sektor ist am stärksten auf das Stadtzentrum konzentriert. Von seinen gut 520.000 Beschäftigten entfielen 1997 über 155.000 auf den Central and Western District und über 322.000 auf die drei zentralsten Bezirke. Es gibt aber dennoch Dezentralisierungstendenzen. Das Wachstum war zwischen 1992 und 1997 im Central and Western District mit 21 % und in den drei zentralen Bezirken mit 14 % weit unterdurchschnittlich. Stadtweit wurden 30 % erreicht. Zuwächse durch die Dezentralisierung verzeichneten vor allem der Eastern District auf der Insel Hongkong und Teile Kowloons. Die mit Abstand höchsten absoluten Zuwächse wiesen Wanchai (+54.200) und der Eastern District (+52.600) auf. Kein anderer Bezirk nahm um mehr als 15.000 Beschäftigte zu. Während der Anteil des Sektors in Wanchai wegen der dort allgemein hohen Beschäftigungszunahme dennoch von 38 % (1992) auf 34 % (1997) sank, stieg er im Eastern District von 17 % auf 32 %. Höhere Zuwachsraten der unternehmensbezogenen Dienstleistungen gab es in den New Territories. In Sai Kung und im Northern District verdoppelten sich die Beschäftigtenzahlen des Sektors, und der Anteil an den örtlichen Beschäftigten stieg auf ca. 10 %, vor allem durch unternehmensbezogene Dienstleistungen im engeren Sinne und die Immobilienbranche. Gerade in Sai Kung hat im Zusammenhang mit Suburbanisierungstendenzen die Zahl der Maklerbüros unübersehbar zugenommen. Dennoch ist die Gesamtbedeutung des Sektors dort noch gering. Der Anteil der sonstigen New Territories an den im Sektor Beschäftigten stieg lediglich von 5,8 % auf 6,2 % an. Der Anteil der drei zentralen Bezirke sank gleichzeitig auf hohem Niveau von 70,7 % auf 62,0 % (vgl. Abb. 6.2 und 6.4).

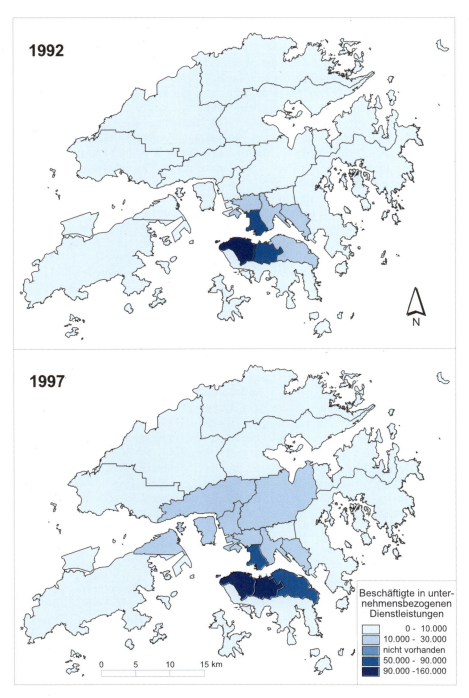

Abb. 6.2. Beschäftigte unternehmensbezogener Dienste nach Bezirken (Bezirksnamen vgl. Abb. 6.3; Daten: CENSUS AND STATISTICS DEPT. 1992, 1997d; Geometrien: LANDS DEPT. 1996b)

6.3.1.4
Persönliche Dienstleistungen

Wie schon bei Handel und Verkehr ist auch in diesem Sektor die Datenlage unvollständig. So sind zum Beispiel Krankenhauspersonal, Haushaltshilfen und der gesamte öffentliche Dienst gar nicht bzw. nur auf das Gesamtterritorium von Hongkong bezogen erfasst. Der restliche Sektor wuchs etwas stärker als die Bevölkerung und zeigte eine ähnliche räumliche Verteilung wie diese, da viele persönliche Dienstleistungen wohnortnah nachgefragt werden. So stagnierte die Beschäftigtenzahl des Sektors in der Metroarea (außer in Wanchai) und nahm außerhalb dieser, in den New Territories, zu. Die höchsten Zuwachsraten wiesen der Northern District, Sai Kung und Shatin auf. Schwankungen von über 50 %, wie in den anderen Sektoren, kamen bei den persönlichen Dienstleistungen nicht vor, da sie von supralokalen Einflüssen am wenigsten abhängig sind.

Betrachtet man einzelne Branchen, so erkennt man beim Einzelhandel deutliche Zuwächse in Wanchai und im Northern District. Der Bereich Gastronomie und Unterhaltung expandierte sowohl in Wanchai als auch in den New Towns und nahm in den Altindustriegebieten ab. Diese Gebiete haben mit den Industriebeschäftigten auch wichtige Dienstleistungskunden verloren. Bei den Beschäftigten von Sozialeinrichtungen ist territoriumsweit ein Zuwachs von 28 % festzustellen, was die Übertragung von traditionellen Funktionen der Familie auf die Gesellschaft widerspiegelt. Besonders deutlich ist diese Entwicklung in den New Towns mit ihren kleineren Wohneinheiten und stärkerer Anonymität. Mit 133 % in Tuen Mun und 71 % in Shatin ist der Zuwachs an Beschäftigten in Sozialeinrichtungen in den älteren New Towns wegen ihrer ungünstigeren Altersstruktur stärker als in denen, die heute bezogen werden (Yuen Long 46 %, Northern District 66 %). Der noch stärkere Beschäftigungszuwachs im Gesundheitswesen (vgl. Tabelle 6.3) ist räumlich nicht aufzuschlüsseln, inhaltlich aber im gleichen Kontext zu interpretieren. Lehre und Forschung expandierten zum einen durch den Aus- und Aufbau von Universitäten wie der *University for Science and Technology* im Bezirk Sai Kung und zum anderen durch die rasche Zunahme von Nachhilfe- und Sprachschulen (z. B. in Wanchai) im Zusammenhang mit der gestiegenen Bedeutung der englischen und der hochchinesischen Sprache im Zuge von Globalisierung respektive Integration mit China (vgl. Kapitel 5.3.1.3).

6.3.2
Gesamtbild

Abbildung 6.4 zeigt auf der vertikalen Achse die Verteilungen von Beschäftigten der wichtigsten Wirtschaftszweige auf die drei Teile der Stadt. Es wird deutlich, dass fast alle aufgeführten Wirtschaftszweige eine Dezentralisierung erlebten. Der Anteil der sonstigen New Territories an den Beschäftigtenzahlen nahm durchgängig zu, besonders deutlich in der Industrie sowie im Groß- und Außenhandel, aber auch in traditionell stark zentralisierten Branchen wie der Finanzwirtschaft und der Hotellerie. Der Anteil der drei zentralsten Bezirke hingegen nahm in fast allen Wirtschaftszweigen ab. Besonders drastisch war der Rückgang dieses Anteils im Groß- und Außenhandel, da diese Branchen starke Zuwächse außerhalb der Innenstadt erlebten. Einerseits sind viele Groß- und Außenhandelsbetriebe heute geographisch auf das neue Hinterland Hongkongs orientiert, so dass ein Standort in der Innenstadt für sie logistisch ungünstig wäre. Andererseits gibt es ehemalige Industriebetriebe, die durch *outward processing* in der Volksrepublik China heute in Hongkong dem Außenhandel zugerechnet werden, aber nach wie vor an den alten Industriestandorten, z. B. in New Kowloon angesiedelt sind.

Es haben zwei übergeordnete Entwicklungen stattgefunden, mit denen dieser Dezentralisierungstrend zu erklären ist. Erstens spielte die Umorientierung Hongkongs von einer bisher vorwiegenden seewärtigen Ausrichtung auf Europa, Nordamerika und Japan hin zu einer landseitigen Einbindung in sein chinesisches Umland eine Rolle. Die ursprünglich dominierenden Überseekontakte über den See- und Luftweg wurden durch regionale Kontakte auch über den Landweg – und damit räumlich über die New Territories – ergänzt. Durch die Zunahme von Interaktionen über die Nordgrenze Hongkongs hinweg erhöhte sich auch die Attraktivität der New Territories als Wohn- und Gewerbestandort.

Die zweite, von der ersten nicht ganz zu trennende Entwicklung war intern und stärker planungsgesteuert. Mit dem New-Town-Programm in den 70er Jahren unter dem damaligen Gouverneur Sir Murray MacLehose begann eine gezielte Dezentralisierungspolitik, die auch die Verteilung der Beschäftigten nachhaltig beeinflusste. Es wurden seitdem nicht nur Großwohnsiedlungen sondern auch Industriegebiete und z. B. Universitäten gezielt in den New Territories errichtet. Obwohl die Dezentralisierungstendenz bei den Beschäftigten weit weniger ausgeprägt ist als bei der Wohnbevölkerung (vgl. Kap. 5.2.4 und unten angegebene Wachstumsraten), ist sie für eine erhebliche Entlastung des zentralen Bereiches verantwortlich.

Betrachtet man das Diagramm (Abb. 6.4) nicht für einzelne Wirtschaftszweige sondern entlang seiner waagerechten Achse, so erkennt man die in Kapitel 6.2.2 angesprochenen sektoralen Verschiebungen. Der Anteil der (im Stadtzentrum schwach vertretenen) Industrie ist territoriumsweit stark gesunken, und die Anteile der im Zentrum besonders konzentrierten Branchen des Außenhandels und der unternehmensbezogenen Dienstleistungen haben zugenommen. Nur so ist erklärlich, dass insgesamt der Anteil des CBD an den Beschäftigten am stärksten zugenommen hat, obwohl er doch für jeden einzelnen Wirtschaftszweig rückläufig war. Diesen scheinbaren Widerspruch klärt die Abbildung auf. Die Gesamtfläche von A, die den Anteil des CBD an den Gesamtbeschäftigten repräsentiert, ist nicht in der Höhe gewachsen sondern nur durch die Verbreiterung einiger Säulen.

Der Anteil der drei zentralsten Bezirke an den Beschäftigten Hongkongs insgesamt stieg dadurch von 36,8 % (1992) auf 38,5 % (1997). Für die drei Bezirke ergab sich daraus ein jährlicher Beschäftigungszuwachs von etwa 1 %. Die ohnehin hohe Arbeitsplatzkonzentration im CBD nahm damit weiter zu. Dies hatte für die Stadtentwicklung ungünstige Konsequenzen. Die durch die Insellage des CBD ohnehin bereits erheblichen Verkehrsprobleme verschärften sich, und das ebenfalls schon problematisch hohe Bodenpreisniveau stieg (zumindest bis zur Wirtschaftskrise 1997) weiter an. Im einzelnen wird diese Entwicklung im Rahmen der exemplarischen Analyse des CBD im engeren Sinne (Kapitel 6.4.1) angesprochen.

Der Beschäftigtenanteil der New Territories (ohne die zur Metroarea zählenden Bezirke Tsuen Wan und Kwai Tsing) stieg allerdings ebenfalls. Der Zuwachs von 12,4 % (1992) auf 13,9 % (1997) entsprach etwa 2 % im Jahr, was prozentual mehr, aber in absoluten Zahlen weniger ist als im CBD. Vor allem lag der Beschäftigtenzuwachs in den New Territories damit weit unter dem Bevölkerungszuwachs, der im gleichen Zeitraum über 5 % jährlich betrug (nach CENSUS AND STATISTICS DEPARTMENT 1996b). Trotz ausgeprägter Suburbanisierungstendenzen auch bei der Arbeitsplatzverteilung, stieg also die Abhängigkeit der New-Town-Bewohner vom Arbeitsmarkt der Kernstadt. Dies widerspricht der ursprünglichen Zielsetzung des New-Town-Programmes. Es war erklärte Absicht, keine reinen Schlafstädte sondern ausgewogene und eigenständige Siedlungen in den New Territories zu schaffen. Aus diesem Motiv heraus wurden damals Industriegebiete angelegt, aber die starke Tertiärisierung der Wirtschaft wurde nicht vorhergesehen.

Stark abgenommen hat der Beschäftigtenanteil der restlichen Metroarea, in der die meisten traditionellen Industriegebiete liegen. Er sank von 50,8 % (1992) auf 47,7 % (1997), was einem jährlichen Verlust von mehr als 1 % der Beschäftigten entspricht. Diese Entwicklung, die gleichzeitig mit einer Abnahme der Bevölkerungszahl in diesem Gebiet stattfindet, kann als begrüßenswerte Entdichtung gesehen werden. Sie birgt aber auch Probleme. Der Strukturwandel muss planerisch unterstützt werden, wenn man Verfallserscheinungen der betroffenen Viertel vermeiden möchte. An dem Fallbeispiel Cheung Sha Wan wird diese Problematik in Kapitel 6.4.2 noch etwas genauer untersucht.

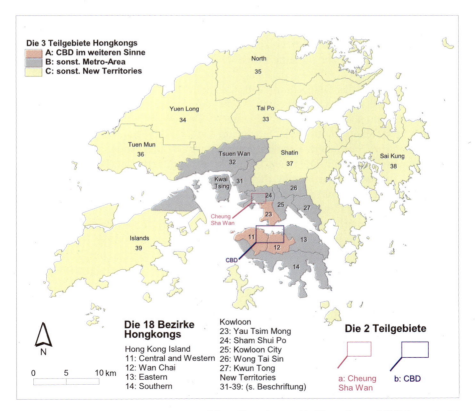

Abb. 6.3. Die 18 Bezirke Hongkongs und ihre Gruppierung (A-C) sowie zwei Teilräume (a, b) Geometrien: LANDS DEPARTMENT 1996b, Karte: Breitung

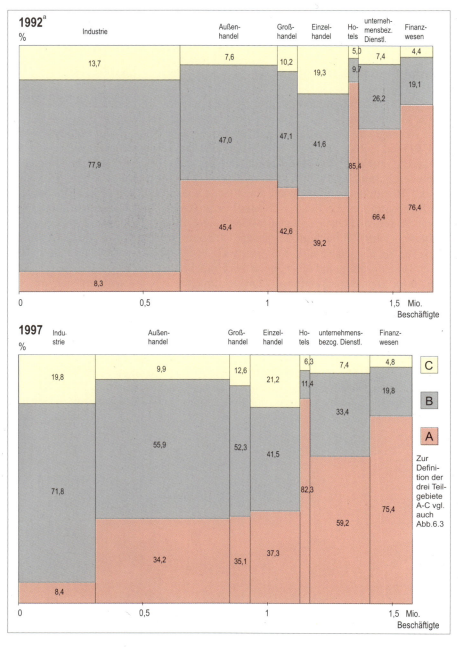

Abb. 6.4. Beschäftigte ausgewählter Wirtschaftszweige Hongkongs nach Teilgebieten 1992[a] und 1997 (berechnet nach CENSUS AND STATISTICS DEPT. 1991b, 1992, 1997d) [a] Industrie: Sept. 1991
A: CBD im weiteren Sinne (Central and Western, Wanchai, Yau Tsim Mong)
B: sonstige Metroarea (Hongkong und Kowloon ohne CBD i. w. S., Tsuen Wan, Kwai Tsing)
C: New Territories und vorgelagerte Inseln ohne Tsuen Wan und Kwai Tsing

6.4
Auswirkungen auf ausgewählte Teilräume

6.4.1
Central Business District

Die bisher verwendete Einteilung in Bezirke und drei Teilbereiche nach Abb. 6.3 ist für kleinräumliche Aussagen nicht genau genug. Insbesondere ist der Begriff des CBD enger zu fassen als das auf Bezirksebene möglich ist. Im Folgenden wird als CBD ein Gebiet von 11 TPUs verstanden, das sich von Sheung Wan bis Causeway Bay auf der Insel Hongkong erstreckt (vgl. Abb. 6.6). Während der CBD im weiteren Sinne (Teilgebiet A nach Abb. 6.3) 29,1 km² umfasst, beschränkt sich dieser CBD im engeren Sinne auf eine Fläche von 3,3 km² mit einer besonders hohen Konzentration von Finanzwirtschaft (v. a. Banken und Investment), unternehmensbezogenen Dienstleistungen, Außenhandel, Einzelhandel und Restaurants.

Dieses Gebiet ist noch größer als der ca. 1 km² große traditionelle CBD um die TPU 123 (z. B. nach SIT 1981), der noch heute das Kerngebiet mit besonders hohen Bodenpreisen und einer typischen Branchenstruktur ist (vgl. Abb. 6.5b und Abb. 6.6). Das wertschöpfungsintensive Finanzwesen konzentriert sich mit gut 65.000 Beschäftigten auf die TPUs 121, 123 und 124. Dies sind ca. 40 % aller Beschäftigten dieser Branche auf das Gesamtterritorium bezogen und über 70 % auf den CBD bezogen. Am zweitstärksten sind in diesem Kern-CBD die unternehmensbezogenen Dienstleistungen mit ca. 26.000 Beschäftigten vertreten. Als besonders stark konzentriert fallen darunter z. B. juristische Berufe auf (vgl. LAI 1996b, S. 11ff). Die unternehmensbezogenen Dienstleistungen sind generell aber gleichmäßiger verteilt als das Finanzwesen. In den benachbarten TPUs 122 und 131 liegen sie vor dem Außenhandel an der Spitze. Daran angrenzend, in Sheung

Abb. 6.5a Der östliche CBD (Wanchai). Mit dem neuen *Convention and Exhibition Centre* und dem *Central Plaza* ist Wanchai heute ein integraler Teil des CBD. Links: Causeway Bay.

Wan und Wanchai, dreht sich das Verhältnis zugunsten des Außenhandels um. Gleichzeitig verliert mit der Entfernung zum Kern-CBD die Finanzwirtschaft an Bedeutung. Im Osten Wanchais und in Causeway Bay schließlich dominieren Einzelhandel und Restaurants. Diese deutliche Abfolge (von Finanzwirtschaft im Kern über unternehmensbezogene Dienstleistungen und Außenhandel zu Einzelhandel und Restaurants am Rande des CBDs) ist von Bodenrenten und Fühlungsvorteilen determiniert. Sie hat sich, wie die folgende Analyse zeigt, in jüngster Zeit noch verstärkt.

Als die grundlegendsten Veränderungen von 1992 bis 1997 fallen bei den Beschäftigten im CBD erstens ein beträchtlicher Nettozuwachs und zweitens ein sektoraler Wandel auf. Der Zuwachs liegt mit über 10 % dort noch wesentlich über dem der drei zentralen Bezirke insgesamt (vgl. Kapitel 6.3.2). Innerhalb des CBD entfällt er zu etwa einem Drittel auf den Kern-CBD, wo ein Zugewinn von fast 15.000 Beschäftigten in der Finanzwirtschaft durch die Abwanderung in anderen Branchen relativiert wird, und zu fast 50 % auf Causeway Bay/Wanchai Südost (z. B. Times Square). Dort, im Osten des CBD, gab es überall im tertiären Sektor Beschäftigungszuwächse (Einzelhandel: +4.239, Restaurants: +3.758, unternehmensbezogene Dienstleistungen: +3.762, Außenhandel: +2.673, Finanzwirtschaft: +1.677, Telekommunikation: +1.168). Verdrängt wurden dort Wohnnutzung und die letzten Reste des sekundären Sektors (Bekleidungsindustrie). Vor allem wurde die Bebauung durch Hochhäuser erheblich verdichtet.

Der sektorale Wandel vollzieht sich als Verdrängung bestehender Branchen durch jeweils wertschöpfungsintensivere. Insbesondere in Wanchai macht sich das Vordringen des Kern-CBD in ein zuvor sehr gemischtes Wohn- und Gewerbegebiet bemerkbar. Eine Folge davon ist wachsende funktionale Segregation. Die Beschäftigtenzahlen steigen besonders dort, wo die betreffenden Branchen bereits stark konzentriert sind, z. B. Finanzwesen im Kern-CBD, unternehmensbezogene Dienstleistungen in Wanchai Süd, Einzelhandel in Causeway Bay (vgl. Abb. 6.7).

Abb. 6.5b Der westliche CBD (Ortsteil Central). Das traditionelle Zentrum ist das Bankenviertel (rechts) mit dem *Bank of China*-Gebäude. Bildmitte: Admiralty (Fotos: Breitung, August 2000)

Tabelle 6.4. Beschäftigtenzahlen ausgewählter Branchen im CBD Hongkongs 1992[a] und 1997

HSIC	Branche	1992[a]	1997	Differenz	in %
320-322	Bekleidungsindustrie	870	417	-453	-52 %
389	Feinmechanik	639	207	-432	-68 %
342	Druckwesen	4.277	4.078	-199	-5 %
631-632	Außenhandel	68.164	63.918	-4.246	-6 %
611-612	Großhandel	8.849	8.807	-42	-0 %
621	Einzelhandel	28.726	32.075	+3.349	+12 %
641	Gastronomie	29.657	30.946	+1.289	+4 %
651	Beherbergungsgewerbe	14.354	11.111	-3.243	-23 %
717	Luftverkehr und Reisebüros	1.552	3.350	+1.798	+116 %
731	Telekommunikation[b]	1.142	4.156	+3.014	+264 %
833	unternehmensbezog. Dienstleistungen[c]	56.699	71.260	+14.561	+26 %
935	Wirtschaftsverbände	1.487	1.570	+83	+6 %
811	*Banken*	*41.583*	*48.685*	*+7.102*	*+17 %*
812	*Investmentfirmen*	*13.275*	*22.568*	*+9.293*	*+70 %*
813	*börsenbezogene Einrichtungen*	*9.557*	*13.457*	*+3.900*	*+41 %*
819	*sonstige Finanzdienstleistungen*	*7.623*	*7.694*	*+71*	*+1 %*
81	Finanzwirtschaft insgesamt	72.038	92.404	+20.366	+28 %
	Summe dieser Branchen	288.454	324.299	+35.845	+12 %

[a] für den sekundären Sektor Werte von September 1991 statt 1992; [b] ohne Berücksichtigung der Telekommunikationsbranche in der TPU 134 (Wanchai Nord); [c] Rechts- und Wirtschaftsberatung, Buchhaltung, EDV, Bauwesen, Werbeagenturen, Arbeitsvermittlung, Wachdienste etc. Daten berechnet nach CENSUS AND STATISTICS DEPARTMENT 1991b, 1992, 1997d

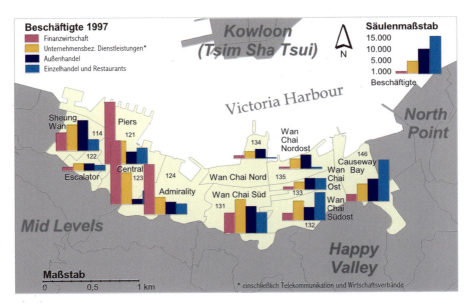

Abb. 6.6. Beschäftigtenstruktur des CBD von Hongkong 1997 (TPUs mit Nummer und Bezeichnung), Daten: CENSUS AND STATISTICS DEPT. 1997d, Geometrien: LANDS DEPARTMENT 1996b

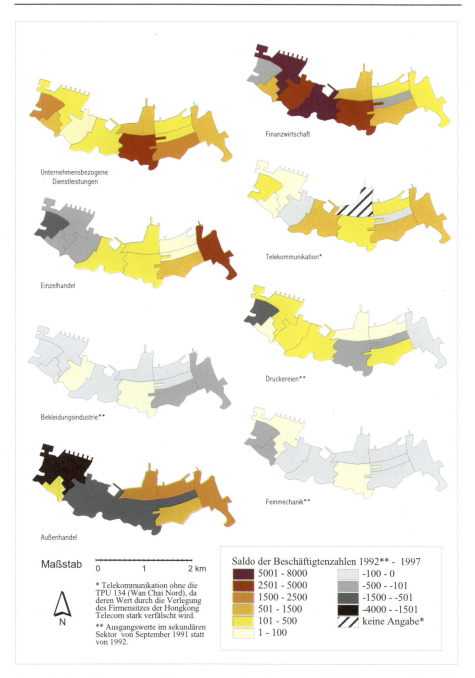

Abb. 6.7. Beschäftigungsentwicklung ausgewählter Branchen im CBD Hongkongs 1992-1997; Unternehmensbezogene Dienstleistungen = Buchhaltung, Rechts-/Wirtschaftsberatung, EDV, Bauwesen, Werbeagenturen, Arbeitsvermittlung, Wachdienste etc.; Daten: CENSUS AND STATISTICS DEPARTMENT 1991b, 1992, 1997d; Geometrien: LANDS DEPARTMENT 1996b

Die Industrie spielt im CBD keine Rolle mehr. Einzige Ausnahme sind Druck- und Kopierbetriebe, die von der Nähe zum Dienstleistungssektor profitieren und im Kern-CBD expandieren, während traditionelle Druckereien v. a. aus Sheung Wan abwandern. Auch die Bekleidungsindustrie hat potentiell ein Subsegment (Produktion hochwertiger oder besonders innovativer Mode), das sich in Innenstädten ansiedelt. Im Vergleich zu London und New York ist die Modeindustrie Hongkongs allerdings bislang wenig innovativ. Der leichte Zuwachs von knapp 100 Beschäftigten in Central und Wanchai Süd könnte jedoch eine Trendumkehr andeuten. Nach der Industrie bauen nun auch Groß- und Außenhandel, Gastgewerbe und teilweise Einzelhandel Beschäftigung im CBD ab (vgl. Tabelle 6.4 und Abb. 6.7). In den 80er Jahren war speziell die Versicherungswirtschaft weiter nach Osten, nach North Point abgewandert (vgl. LAI 1996b, S. 11ff).

Wachstumsbranchen sind Finanzwirtschaft, unternehmensbezogene Dienstleistungen und speziell Telekommunikation und Luftverkehr. Dieser für Globalstädte typische Trend spiegelt die zunehmende internationale Vernetzung wider. Neben Fernsprech-, Daten- und Flugverbindungen ist auch an internationale Finanztransaktionen zu denken, die für die besonders starken Zuwachsraten bei Investmentfirmen und börsenbezogenen Einrichtungen verantwortlich sind. Bei all diesen von den Lenkungs- und Steuerungsfunktionen der Stadt abhängenden Branchen sind die mit einer zentralen Lage verbundenen Agglomerationsvorteile von besonders hoher Bedeutung. Die Wachstumsraten dieser Branchen sind daher im CBD weit überdurchschnittlich.

Eine Verdrängung wertschöpfungsärmerer Tätigkeiten aus dem CBD findet auch innerhalb solcher Wachstumsbranchen statt. Mehr und mehr differenzieren sich sogenannte *back-office*-Funktionen, die problemlos verlagert werden können, und *front-office*-Funktionen, die stark auf eine gute Adresse und auf *face-to-face*-Kontakte angewiesen sind, aus. Im Saldo erfahren auch Branchen wie die Finanzwirtschaft eine Dezentralisierung (vgl. Abb. 6.4). Aktuelle Beispiele für solche firmeninternen Entwicklungen in drei der Wachstumsbranchen sind:

- *Finanzwirtschaft:* Die *Hongkong Bank (HSBC)* erwarb Ende der 90er Jahre für ihre *back-office*-Funktionen ein Bürohochhaus in Guangzhou (Kanton) und einen neuen Gebäudekomplex in Kowloon-West. Die *Standard Chartered Bank* verlegte gleichzeitig Operationen vom CBD nach Kwun Tong und die *Hang Seng Bank* nach Kowloon Bay (SITO 1998).
- *Telekommunikation:* Zahlreiche Firmen haben Hongkong-bezogene Aktivitäten (z. B. Pagerdienste) nach Macau und Shenzhen verlegt (SAUNIER 1998). Dem Marktführer *Hongkong Telecom* (heute: *Pacific Century Cyberworks HKT*) sind mehrere Telekommunikationsfirmen mit ihren Firmensitzen in den Osten Hongkongs gefolgt.
- *Luftverkehr:* Die Fluggesellschaft Cathay Pacific verlegte ihre Zentrale zum neuen Flughafen und *Back-Office*-Funktionen bis nach Australien (CHU 1997).

Für den CBD ist diese sektorale und firmeninterne Spezialisierung auf extrem wertschöpfungsintensive Nutzungen gleichzeitig Folge und Ursache sehr hoher Bodenpreise. Ende 1999 lagen die durchschnittlichen Büromieten (vgl. RATING AND VALUATION DEPARTMENT 2000) im Ortsteil Central ca. 50 % über dem Rest des CBD im engeren Sinne und 72 % höher als in Mong Kok (CBD im weiteren Sinne). Diese Spanne quantifiziert die geldwerten Agglomerationsvorteile im CBD. Die Diskrepanz ist seit 1992 deutlich gewachsen (vgl. LAI 1996b, S. 10), was zum Teil ein Effekt der Wirtschaftskrise ist, aber auch Hinweis auf eine zunehmende Differenzierung sein kann.

Tabelle 6.5. Industriebeschäftigte und -betriebe 1992 und 1997 in ausgewählten Bezirken

Bezirk	Beschäftigte: 1991	1997	Saldo	Betriebe: 1991	1997	Saldo
Sham Shui Po	69.700	25.062	-64 %	4.907	2.304	-53 %
Kowloon City	49.866	23.422	-53 %	2.703	1.188	-56 %
Wong Tai Sin	51.243	19.760	-61 %	2.228	1.335	-40 %
Kwun Tong	123.330	46.800	-62 %	7.343	4.046	-45 %

Daten nach CENSUS AND STATISTICS DEPARTMENT 1991b, 1997d

6.4.2
Cheung Sha Wan

Cheung Sha Wan ist ein Beispiel für die von der Deindustrialisierung besonders stark betroffenen traditionellen Industriegebiete Kowloons. Die wichtigsten dieser Industriegebiete sind Ma Tau Kok, To Kwa Wan (beide Bezirk Kowloon City), Cheung Sha Wan (Bezirk Sham Shui Po), San Po Kong (Bezirk Wong Tai Sin), Kowloon Bay, Kwun Tong und Yau Tong (alle Bezirk Kwun Tong). Tabelle 6.5 zeigt den drastischen Rückgang an Industriebeschäftigten und -betrieben in den vier betroffenen Bezirken.

Abb. 6.8. Cheung Sha Wan: Vielgeschossige Industriebauten (Foto: Breitung, März 1998)

Das Untersuchungsgebiet liegt im Bezirk Sham Shui Po an der Verkehrsachse in die westlichen New Territories und zum Containerhafen. Es umfasst 6 TPUs (vgl. Abb. 6.9) mit einer Gesamtfläche von 4,6 km². Ein Teil davon sind Neulandflächen, die für das *Airport Core Programme* (vgl. BREITUNG & SCHNEIDER-SLIWA 1997) angelegt wurden. Sie bestanden 1991 noch nicht und waren 1997 noch weitgehend unbebaut. Im Norden reichen zwei TPUs etwas in die ebenfalls kaum bebauten Kowloon Hills. Der Rest zerfällt grob in einen v. a. gewerblich genutzten Nordwesten um den U-Bahnhof Lai Chi Kok und einen v. a. wohngenutzten Südosten um den U-Bahnhof Sham Shui Po. In beiden Teilgebieten überwiegt dichte Blockbebauung mit über 10 Stockwerke hohen Gebäuden (vgl. Abb. 6.8).

Entsprechend der Flächennutzung unterscheidet sich die Beschäftigtenstruktur. Der Nordwesten weist sehr hohe Beschäftigtenzahlen auf, davon 1991 ca. 34.000 in der Bekleidungsindustrie (andere Industriezweige erreichen maximal um 2.000) und ca. 20.000 im Außenhandel. Bis 1997 hat die Bekleidungsindustrie dort fast 80 % ihrer Beschäftigten abgebaut, während der Außenhandel um ca. 6.000 expandierte. Der Südosten weist wesentlich niedrigere Beschäftigtenzahlen auf. Dort dominierten 1991 wie 1997 der Handel und (um den U-Bahnhof Sham Shui Po) auch unternehmensbezogene Dienstleistungen.

Am stärksten ausgeprägt ist der wirtschaftliche Strukturwandel in der nördlichsten TPU 261. Dort sind ca. 50 % der Arbeitsplatzverluste der Bekleidungsindustrie, aber auch z. B. der Feinmechanik und metallverarbeitenden Industrie Cheung Sha Wans lokalisiert. Gleichzeitig gab es dort die größten Beschäftigungsgewinne

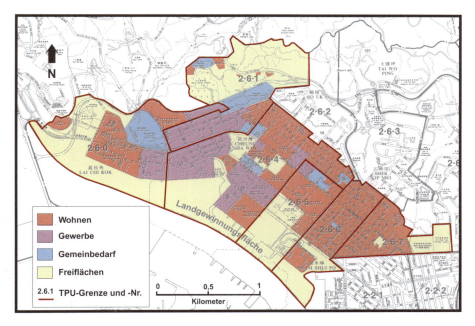

Abb. 6.9 Übersichtskarte des Untersuchungsgebietes Cheung Sha Wan mit Flächennutzung 1997
Kartengrundlage: CENSUS AND STATISTICS DEPARTMENT 1996e, Karteninhalte: eigene Kartierung nach UNIVERSAL PUBLICATIONS 1998 und Ortsbegehung

im Außenhandel (+3.508), in unternehmensbezogenen Dienstleistungen (+2.970), im Druckgewerbe (+1.981) und im Großhandel (+871). Diese Branchen glichen damit gut 60 % der Verluste in der Bekleidungsindustrie aus. In der angrenzenden TPU 260 wurde die Mehrzahl der Industriebeschäftigten durch solche im Außenhandel ersetzt. In den anderen Teilgebieten gab es nur einzelne, geringe Zuwächse (TPU 264: Außenhandel und Banken, TPU 266: unternehmensbezogene Dienstleistungen). Dass im Norden des Untersuchungsgebietes die Beschäftigungsverluste eher ausgeglichen werden konnten als im Süden (vgl. Abb. 6.10), liegt auch daran dass durch die Landgewinnung vor der Küste der direkte Zugangs zum Meer verloren gegangen ist. Dieser war aber ein wichtiger Standortfaktor des südlichen Teiles, z. B. für Groß- und Außenhandel und Schiffbau.

Für das Untersuchungsgebiet bedeutet die aufgezeigte Entwicklung Leerstände, Verödung (problematisch auch für Einzelhandel, Restaurants etc.) und die Gefahr des baulichen Verfalls. Man versucht dem durch einzelne Flächenumwidmungen zu Büro- oder Wohnnutzung und durch eine neue Mischkategorie I/O (*industrial/*

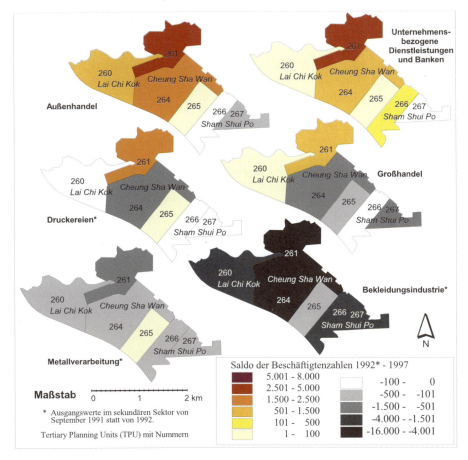

Abb. 6.10. Beschäftigungsentwicklung ausgewählter Branchen in Cheung Sha Wan 1991-1997
Daten: CENSUS AND STATISTICS DEPT. 1991b, 1997d, Geometrien: LANDS DEPARTMENT 1996b

office) zu begegnen. Gebäude auf I/O-Flächen müssen baulich für industrielle Nutzungen ausgelegt sein (Statik, Lastenaufzüge, Brandschutz etc.), können aber weitgehend auch für Büros genutzt werden (YEH 1997, S. 36ff). In der Praxis dienen sie ganz überwiegend nicht-industriellen Nutzungen (CHENG 1996). 1997 wurde auch für Industrieflächen der zulässige Anteil nicht-industrieller Nutzung erhöht (KO 1997). Ein umfassendes Planungskonzept für Cheung Sha Wan und andere Altindustriegebiete liegt aber bisher nicht vor.

6.5 Fazit

Für Hongkong insgesamt bedeutet die Entwicklung in den Industriegebieten Kowloons eine ungleichmäßigere Verteilung der Arbeitsplätze im Stadtgebiet und eine wachsende räumliche Trennung von Arbeit und Wohnen. Von Kowloon, das ehemals die höchste Dichte sowohl der Bevölkerung als auch an Arbeitsplätzen hatte, verschiebt sich der Schwerpunkt der Bevölkerung in die New Territories und der Schwerpunkt der Arbeitsplätze zum CBD auf der Insel Hongkong. Diese gegenläufigen Entwicklungen führen zu planerischen Problemen, vor allem einer steigenden Verkehrsbelastung. Man kann den Rückgang an industrieller Nutzung aber auch als Potenzial für eine Bürodezentralisierung sehen. Die Probleme der hohen Verdichtung im CBD, die der Globalstadtstatus mit sich bringt, lassen sich möglicherweise lösen, indem man auf die durch die Integration mit dem chinesischen Umland in Kowloon frei geworden Flächen zurückgreift (vgl. Kapitel 8.4.2).

Die wichtigsten in Hongkong festgestellten wirtschaftsräumlichen Trends sind die Deindustrialisierung und die Konzentrations- und Verdrängungsprozesse im CBD. Beides sind typische Globalstadterscheinungen. In Globalstädten konzentrieren sich Lenkungs- und Steuerungsfunktionen und damit wirtschaftliche Aktivitäten, die auf einer hohen Informationsdichte beruhen oder die den internationalen Austausch von Informationen, Gütern, Personen und Finanzen organisieren. Die betreffenden Unternehmen können für die Fühlungsvorteile eines zentralen Standortes hohe Büromieten und Immobilienpreise in Kauf nehmen. Kleingewerbe, Wohnen und andere nicht globalstadtbezogenen Nutzungen haben diese Möglichkeit nicht und müssen an andere Standorte ausweichen. Gleichzeitig steigt das Lohnniveau. Produzierende Betriebe, die als Standortfaktoren ein großes Angebot billiger und gut ausgebildeter Arbeitskräfte und niedrige Produktionskosten suchen, finden diese nur noch außerhalb der Stadt.

Im Falle Hongkong verstärkt sich diese globalstadttypische Erscheinung durch die nahe Grenze zur VR China, die die Möglichkeit bietet, auf engstem Raum von den unterschiedlichen Vorteilen zweier sehr verschiedener Regulations- und Akkumulationsregime zu profitieren. Die Deindustrialisierung hängt daher aufs engste mit der Herausbildung einer grenzübergreifenden Agglomeration zusammen. Diese ist nirgends so fortgeschritten wie in der Industrie, gleichzeitig als eine Ursache und eine Folge der Deindustrialisierung Hongkongs.

Für die beiden anderen Hypothesen, eine Megastadtentwicklung und eine verstärkte Suburbanisierung, bietet die wirtschaftsräumliche Entwicklung wenig Anhaltspunkte. Eine Suburbanisierung von Arbeitsplätzen und Einzelhandel ist in Hongkong zum Beispiel nur sehr begrenzt feststellbar.

7 Raumnutzungskonflikte: Fallbeispiel nordwestliche New Territories

Die raumstrukturellen Veränderungen in Hongkong rufen Raumnutzungskonflikte hervor. An zwei Beispielen sollen nun solche Konflikte und Lösungsansätze diskutiert werden. Das erste Fallbeispiel ist der sehr peripher in den nordwestlichen New Territories (NWNT) gelegene größte natürliche Flachlandbereich Hongkongs. Durch Suburbanisierung und verstärkte grenzübergreifende Kontakte ausgelöste planerische Konflikte werden dort anhand der Mai Po Marshes und vor allem eines geplanten Wohngebietes in Nam Sang Wai näher untersucht (vgl. Abb. 7.1).

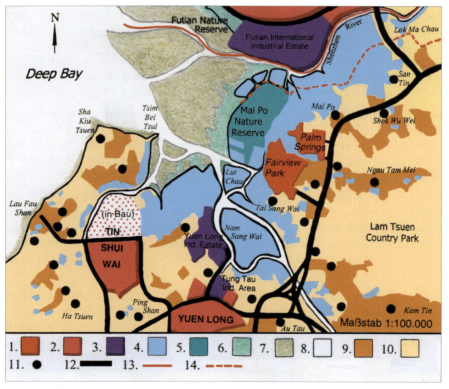

Abb. 7.1. Übersichtskarte Landnutzung nordwestliche New Territories (NWNT) um 1998

Legende: 1. Wohngebiet (niedrige Bebauung), 2. Wohngebiet (Hochhäuser), 3. Industriegebiet, 4. Fischteiche, 5. Gei Wai, 6. Mangroven, 7. Watt, 8. Gewässer, 9. Landwirtschaft, 10. sonstiges (Ödland, Lagerfläche, Einzelbebauung etc.), 11. Dorf, 12. wichtige Straße, 13. Grenze zu Shenzhen, 14. Grenzsperrgebiet

7.1
Landnutzung in den nordwestlichen New Territories

7.1.1
Konkurrierende Nutzungsarten

Landwirtschaft und Fischerei: Es gibt in den NWNT noch Fischerei (Austern, Krabben, Fische etc.), *Gei Wai farming* (vgl. Kap. 7.1.3), Fischzucht, Viehhaltung (Geflügel, Schweine) und Ackerbau (Gemüse, Zierpflanzen), im wesentlichen für den Absatz in der Stadt. Der Selbstversorgungsgrad Hongkongs sinkt aber (1999: Schweine 22 %, Geflügel 18 %, Süßwasserfisch 10 %, Gemüse 12 %, Schnittblumen 57 %; INFORMATION SERVICES DEPARTMENT 2000a). Der Reisanbau wurde in Hongkong völlig aufgegeben. Eine Unabhängigkeit von Importen aus China wird nicht mehr als notwendig erachtet. Die Landwirtschaft wird trotz ihrer hohen Produktivität wirtschaftlich uninteressant und weicht anderen Nutzungen.

Wohnen: Traditionell gab es die Dörfer der Bauern und Fischer und eine städtische Siedlung (Yuen Long) als Marktort. Erst in den 70er und 90er Jahren traten suburbane Wohnsiedlungen (Fairview Park, Palm Springs) und New Towns (Yuen Long, Tin Shui Wai) hinzu. Bei steigender Bevölkerungszahl und höheren individuellen Wohnansprüchen nimmt die Nachfrage nach Wohnbauland weiter zu. Mit einer verbesserten Verkehrsanbindung sowohl an Hongkong als auch an Shenzhen sind die westlichen New Territories jetzt ein Hauptzielgebiet der Stadtexpansion.

Industrie: Neben die traditionelle Kleinindustrie in Yuen Long und in einigen Dörfern (z. B. Molkereien) treten nun auch extensive Industriegebiete (*Tung Tau Industrial Area, Yuen Long Industrial Estate*). Sie sollen einen entsprechenden Bedarf für Hongkong decken, den Charakter der New Towns als Schlafstädte abmildern und zur gleichmäßigeren Verteilung der Arbeitsplätze beitragen.

Erholung: Das Naturschutzgebiet Mai Po als attraktivster Landschaftsraum ist nur in Gruppen mit Voranmeldung zu betreten. Die übrige Landschaft der NWNT ist (außer der Küste bei Lau Fau Shan) zur Zeit als Naherholungsgebiet wenig interessant. Durch die zunehmende Wohnnutzung und den Zuzug neuer Bevölkerungsschichten steigt aber der Bedarf. In Nam Sang Wai wurde jetzt erstmals ein Golfplatz beantragt (vgl. Kap. 7.2.3).

Verkehr und Lagerung: Erst durch die New Town Yuen Long entstand nennenswerter Verkehr, der seither stark zunimmt und immer mehr Fläche beansprucht. Mit Öffnung des Grenzübergangs Lok Ma Chau und zunehmendem Außenhandel Chinas via Hongkong wuchs der Schwerlastverkehr. Es wurden großzügige Autobahnen angelegt, und eine oft illegale Nutzung von Freiflächen der NWNT als LKW-, Container- oder Schrottlagerflächen breitete sich aus (vgl. Kap. 7.1.3).

Grenze: Der Grenzverlauf im Norden hat sich 1997 nur geringfügig geändert (vgl. BATHA 1997). Er ist nach wie vor durch einen Zaun und ein Grenzsperrgebiet gesichert, das nur mit Genehmigung betreten werden darf und daher zur Bebauung nicht zur Verfügung steht. Zudem gibt es in den NWNT wegen der Grenze einige militärische Objekte und seit 1989 den Grenzübergang Lok Ma Chau.

7.1.2
Naturschutz

Die Feuchtgebiete der NWNT sind eine wichtige Zwischenstation für Zugvögel zwischen Australien und Sibirien. Ihre Bedeutung ist durch den hohen Verlust von Feuchtgebieten in Südostasien und China noch weiter gestiegen. Die Mangroven der Mai Po Marshes sind die besterhaltenen der Region und eine ergiebige Brutstätte von Vögeln, Insekten und Meerestieren. Auch das Wattgebiet der Deep Bay ist ökologisch bedeutend, während der ökologische Wert der Fischteiche umstritten ist (vgl. Kap. 7.2). Hinzu kommt die Bedeutung der Region für die Luftqualität der Stadt und der Bildungswert gerade für Schüler aus dem städtischen Hongkong.

Mit den ersten Planungen zur Bebauung der NWNT in den 70er Jahren wurden Stimmen laut, v. a. die Mai Po Marshes unter Schutz zu stellen. Wichtige Auslöser waren die Kontroverse um Fairview Park (vgl. Kap. 7.1.4) und die Umwandlung von Shenzhen aus genutzter Austernbänke am Nordrand der Mai Po Marshes in Fischteiche (LAI 1981, S. 225). Es wurden dann folgende Maßnahmen getroffen:

1972 Pachtverträge für *Gei Wai* mit Nutzungsbeschränkungen versehen (LAI 1981, S. 220)
1973 Mai Po Marshes werden *No Hunting Area* (LAI 1978, S. 149)
1975 Mai Po Marshes werden *Nature Conservation Area* (LAI 1981, S. 225)
1976 Mai Po Marshes werden *Site of Special Scientific Interest* (WWF HK 1994)
1979 Mai Po Egretry beim Dorf Mai Po wird ebenfalls *SSSI* (WWF HK 1994)
1979 Lam Tsuen wird *Country Park* (GOVERNMENT INFORMATION SERVICES 1994)
1981 Mai Po Marshes als *Nature Reserve* vom WWF gemanaged (WILLIAMS 1994, S. 99)
1984 Futien Nature Reserve in Shenzhen unter Schutz gestellt (WILLIAMS 1994, S. 103)
1985 Tsim Bei Tsui zum *SSSI* erklärt (WWF HK 1994)
1986 Ein Teil des Wattgebietes der Inneren Deep Bay wird *SSSI* (WWF HK 1994)
1989 Tsim Bei Tsui *Egretry* zum *SSSI* erklärt (WWF HK 1994)
1992 Pufferzonen um Mai Po Marshes ausgewiesen (PLANNING DEPARTMENT 1997b).
1993 Futien Nature Reserve zum nationalen Schutzgebiet erhoben (WILLIAMS 1994, S. 103)
1994 *Outline Zoning Plans* legen *Conservation Zones* und *SSSI* fest (YOUNG 1998, S. 27)
1995 Mai Po Marshes werden *Ramsar*-Gebiet (PLANNING DEPARTMENT 1997b).
1997 Mai Po Marshes von der VR China als ihr 7. Ramsar-Gebiet anerkannt (YOUNG 1997)
1999 Wetland Conservation Area in NWNT geschaffen (TOWN PLANNING BOARD 1999)

SSSI (*Site of Special Scientific Interest*): In einer Liste beim *Agriculture, Fisheries and Conservation Department* als schützenswert gekennzeichnetes Gebiet, rechtswirksamer Schutz aber nur nach Aufnahme in die *Outline Zoning Plans*

Nature Conservation Area: Schutz nach *Wild Birds & Wild Mammals Protection Ordinance* (kein freier Zutritt, keine Bauten aber Nutzung möglich: z. B. *Gei Wai*)
- *Pufferzone 1*: wirtschaftliche Nutzung möglich, Gebäude nur in Ausnahmen
- *Pufferzone 2*: Bebauung mit Einschränkungen möglich, keine Hochhäuser

Ramsar-Gebiet: Internationaler Status; mit der Unterzeichnung der *Erklärung von Ramsar* und der Aufnahme der Mai Po Marshes in die *List of Wetlands of International Importance* verpflichtet sich die Regierung zu einer Politik des Schutzes von Feuchtgebieten. Das *Ramsar*-Gebiet schließt neben dem *Nature Reserve* auch einen Teil der inneren Deep Bay (*SSSI*) und fast die gesamte Pufferzone eins ein.

Wetland Conservation Area: Planungsrechtliches Schutzgebiet (vgl. Kap. 7.2.5), umfasst die Feuchtgebiete der NWNT, Bebauung von Fischteichen nur in Ausnahmefällen möglich; umgeben von einer Pufferzone (TOWN PLANNING BOARD 1999).

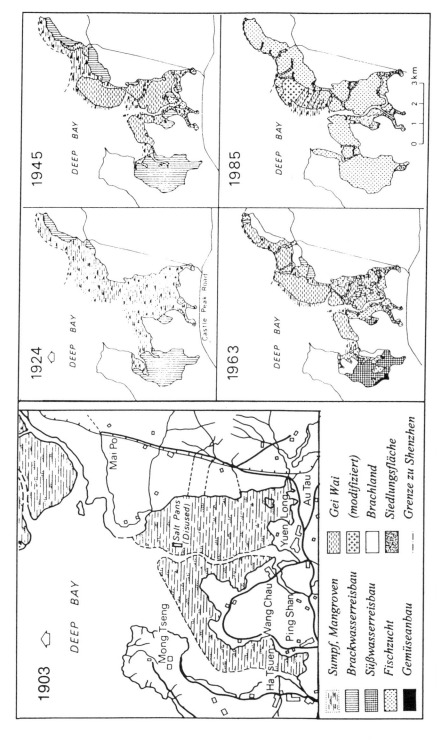

Abb. 7.3 Historische Entwicklung der Landnutzung in der Deep-Bay-Region der nordwestlichen New Territories (nach IRVING & MORTON 1988. S. 9, 13)

7.1.3
Historische Entwicklung der Landnutzung

Die erste Besiedlung der NWNT durch Fischer aus benachbarten Gebieten erfolgte vermutlich um 4.000 v. Chr. Die Deep Bay war durch reiche Sedimentation, auch aus dem Perlfluss, zum flachen Wattgebiet geworden, in dem sich gut fischen und nach Meerestieren suchen ließ. Durch Schutz und Nährstoffe der Mangroven gab es eine ungewöhnliche reiche Tierwelt (IRVING & MORTON 1988). Erst im 10.-13. Jahrhundert kamen aus entfernteren Landesteilen Reisbauern in die NWNT. Sie ließen sich zuerst in den Tälern und an Bergfüßen nieder und betrieben dort Brandrodung für den Reisanbau. Im 20. Jahrhundert wurde diese ins Küstengebiet ausgeweitet. Mangroven wurden niedergebrannt und Wattflächen trockengelegt (vgl. Abb. 7.2). Dabei dauerte es lange bis der Boden so weit entsalzt war, dass gute Reissorten gediehen. Es wurden weiter Meerestiere gefangen und bei den Dörfern kleine Fischteiche angelegt. Um 1940 entstanden sogenannte *Gei-Wai* zum Krabbenfang. Diese bis zu 10 ha großen, von Wällen eingefassten Felder werden bei Springflut mit Seewasser geflutet. Dabei gelangen durch ein Netz am Einlass junge Garnelen hinein, wachsen dort heran und bleiben beim späteren Herausspülen im Netz hängen. So sind ohne größere Investitionen etwa 100 „Ernten" pro Jahr möglich. Die Garnelen finden in den im Becken belassenen Mangroven Nahrung und Schutz (vgl. IRVING & MORTON 1988, S. 27ff).

Mitte der 50er Jahre war der Höhepunkt des Reisanbaus in Hongkong erreicht (100 km² Süßwasser-, 12 km² Brackwasserreis; IRVING & MORTON 1988, S. 12ff). Nach dem II. Weltkrieg kamen mit einer neuen Flüchtlingswelle aus China Fischzüchter und Gemüsebauern nach Hongkong. Beide Nutzungen erwiesen sich rasch als rentabler und verdrängten Reisanbau und *Gei Wai* fast vollständig. Vorausset-

Tabelle 7.1. Landnutzung im Gebiet um die Deep Bay* 1903-1997 in Prozent der Gesamtfläche

Jahr	1903	1924	1938	1945	1956	1963	1974	1979	1985	1997
Sumpf/ Mangroven	100	70	67	33	20	17	16	6	7	9
Gei Wai	0	0	0	35	44	38	14	12	10	10
Fischteiche	0	1	2	3	7	17	66	76	75	43
Brackwasserreisbau	0	30	31	29	26	4	0	0	0	0
Süßwasserreisbau	0	0	0	1	2	12	0	0	0	0
aufgegebene Flächen	0	0	0	0	0	11	3	2	0	0
Gemüseanbau	0	0	0	0	1	1	0	0	0	0
Siedlung/Verkehr/ Lager/Baustellen	0	0	0	0	0	0	1	4	8	38

* zur Abgrenzung des Gebiets vgl. Abb. 7.2; Daten für 1903-1985 nach IRVING 1990, S. 112; Daten für 1997 eigene Erhebungen nach Luftaufnahmen

Abb. 7.3. Mangroven vor den Mai Po Marshes in den NWNT (Foto: Breitung, Frühjahr 1996)

zung dafür waren die Möglichkeit zum Reisimport und die verbesserte Erreichbarkeit der Märkte in Hongkong durch den Bau einer direkten Straße über Pat Heung nach Kowloon. Bis zum II. Weltkrieg gab es nur die Landstraße über Tuen Mun oder Fanling. In den NWNT wurden bis in die 70er Jahre zahlreiche Fischteiche angelegt, die anders als *Gei Wai* vegetationsfrei sind und gedüngt werden müssen. Mit dem Einsatz von Baggern konnte ihre Fläche erheblich vergrößert werden.

Dem Rückgang des Reisanbaus folgte eine Abwanderung ansässiger Bauern. Viele emigrierten nach Großbritannien, Malaysia oder in die Niederlande, um in Restaurants zu arbeiten. Andere zogen nur nach Kowloon oder in die entstehenden New Towns. Für die Dörfer hatte die Abwanderung der ökonomisch aktiven Bevölkerung fatale Folgen (KÜCHLER & SUM 1971, S. 164ff, IRVING & MORTON 1988, S. 48). So erklärt sich der hohe Anteil aufgegebenen Flächen in den 60er Jahren (vgl. Tabelle 7.1). Die Regierung bemühte sich daraufhin, die Fischzucht als agrarische Nutzung in den New Territories zu fördern.

Seit Mitte der 70er Jahre wird diese nun durch städtische Bebauung verdrängt. Damals begann im alten Marktort Yuen Long der Bau einer New Town (vgl. Kartenserie in EMPSON 1992, S. 199ff), und in den Fischteichen bei Mai Po wurde die Siedlung Fairview Park errichtet (vgl. Kap. 7.1.4). Auch das *Yuen Long Industrial Estate* entstand auf zugeschütteten Teichen. Seine Standortvorteile sind die Lage zwischen Containerhafen und Grenzübergang (Lok Ma Chau) und das Arbeitskräftepotential der New Town. Jenseits des Überganges entstand im ehemaligen Feuchtgebiet Futian, direkt gegenüber der Mai Po Marshes, ein weiteres großes Industriegebiet, das mit der Lage am Grenzübergang um internationale Investoren wirbt. In den 90er Jahren schob sich die Bebauung Shenzhens bis zur Grenze der NWNT vor. Die Skylines von Shenzhen in Norden und Yuen Long im Süden sind im Flachland weithin sichtbar. In den 90er Jahren kam im Südosten die New Town

Abb. 7.4. Wilde Containerlagerung bei Tin Shui Wai in den NWNT (Foto: Breitung, März 1998)

Tin Shui Wai hinzu. Sie entstand anders als Yuen Long ohne alten Siedlungskern auf Fischteichen im Marschland. Die Einfamilienhaussiedlung Palm Springs (vgl. Kap. 7.1.4) wurde gebaut, und die Dörfer wurden durch die Kleinhauspolitik um eher suburbane als rurale Elemente erweitert (vgl. Kap. 4.3.1).

Ebenfalls deutlich zugenommen hat in den 90er Jahren die Nutzung ehemaliger Landwirtschaftsflächen zu Lagerzwecken, speziell für Container. Der Mangel an Stellfläche im Hafengebiet, die Zollbestimmungen der VR China (Zollpflicht für eingeführte Leercontainer) und logistische Erfordernisse schaffen eine hohe Nachfrage. Der Rückgang der Landwirtschaft, Gesetzeslücken und fehlende Kontrolle sorgen für ein entsprechendes Angebot. Mit der Revision der *Town Planning Ordinance* von 1991 (vgl. Kap. 4.3.2) haben sich die Möglichkeiten solche Nutzungen zu unterbinden verbessert. Bis Ende 1998 hat das *Planning Department* in 849 Fällen von seinen neuen Rechten Gebrauch gemacht und Verfügungen gegen Betreiber illegaler Containerdepots, Schrottlager oder Autowerkstätten sowie deren Grundbesitzer erlassen (PLANNING DEPARTMENT 1998c). Ein weiterer landschaftsverschandelnder Faktor sind die zahlreichen Baustellen (vgl. Abb. 7.6).

Abb. 7.5./7.6. (nächste Seiten). Luftbilder zum Landnutzungswandel 1972-1992 in den NWNT:

1 Mai Po Marshes: Ersatz einiger Gei Wai durch Fischteiche, aber Ausweitung der Mangroven.
2 Fairview Park: 1972 sind erst die Bauvorbereitungen für das Vorgängerprojekt sichtbar.
3 Palm Springs: 1992 Baustelle, das Fischerdorf Wo Sang Wai ist völlig eingemauert.
4 Lagerflächen für Container, Schrottplätze, Reparaturwerkstätten
5 Straßenbau: Die alte Landstraße ist durch eine Autobahn ersetzt, Ergänzungen sind in Bau.
6 Nam Sang Wei: Alle Gei Wai wurden bis 1992 durch vegetationslose Fischteiche ersetzt.
7 Yuen Long Industrial Estate: 1992 fertiggestellt, aber viele Flächen damals noch nicht belegt.
8 Fischteiche ersetzen Gei Wai, Mangroven und Wattflächen, aber Bildung neuer Mangroven.
9 New Town Yuen Long: 1972 Straßenraster angelegt, einzelne Hochhäuser bereits gebaut.

Abb. 7.5. Luftaufnahme der nordwestlichen New Territories vom 3.10.1972 (aus dem Archiv des LANDS DEPARTMENT, Nr. 2240 – abgedruckt mit freundlicher Genehmigung The Director of Lands, © Government of Hong Kong SAR, Lizenz Nr. 23/2001)

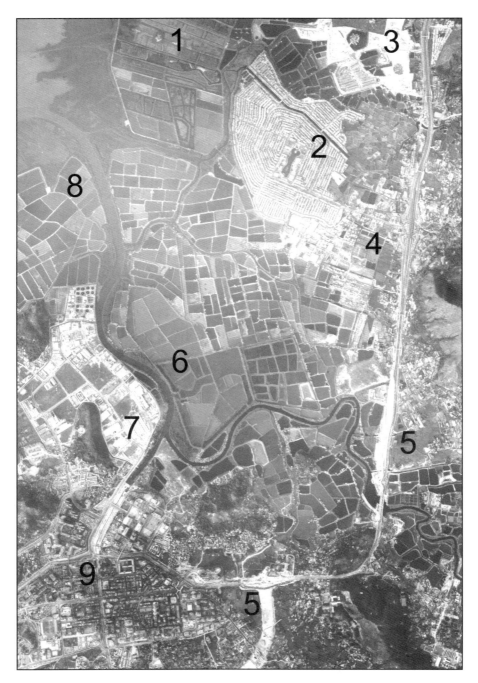

Abb. 7.6. Luftaufnahme der nordwestlichen New Territories vom 17.12.1992
(aus dem Archiv des LANDS DEPARTMENT, Nr. A33639 – abgedruckt mit freundlicher Genehmigung The Director of Lands, © Government of Hong Kong SAR, Lizenz Nr. 23/2001)

7.1.4
Bau suburbaner Siedlungen

Fairview Park: An der Stelle, die früher von Osten am weitesten in die Mangrovensümpfe hineinragte, wurde vor 25 Jahren die erste suburbane Einzelhaussiedlung gebaut. Obwohl höher als die umliegenden anthropogenen Flächen, lag dieser Standort noch im Überflutungsbereich der unregelmäßig wasserführenden Flüsse. Es war also eine Baugrunderhöhung notwendig. Das 116 ha große Gebiet grenzt an die Mai Po Marshes und war vor der Bebauung überwiegend für Fisch- und Ententeiche, teilweise auch *Gei Wai* genutzt (vgl. Abb. 7.5). Es gehörte zum Ort Tai Sang Wai, nach dem es zunächst auch benannt wurde.

1962 wurde es von einer Hongkonger Firma erworben, um eine Feriensiedlung mit Hotels und Golfplatz zu errichten. 1967 wurden die Pläne genehmigt und erste Bauarbeiten unternommen. Infolge technischer und finanzieller Probleme kam das Projekt aber nicht in Gang, und das Land wurde 1971 an eine kanadische Gesellschaft verkauft, die eine Wohnsiedlung mit 5.000 zweistöckigen Doppelhäusern mit Garten und Garage für 30.000 Einwohner plante, das spätere Fairview Park. Der Bauantrag war von den Behörden bereits bewilligt, als er durch eine Zeitungsveröffentlichung publik wurde. Darauf wurde viel Kritik laut – an den Folgen für die Mai Po Marshes, an der Verkehrsanbindung und an dem heimlichen Genehmigungsverfahren. Damals galt in den New Territories die *Town Planning Ordinance* (vgl. Kap. 4.3.2) noch nicht. Üblicherweise wurden Baupläne durch Aushang in den betroffenen Dörfern bekannt gegeben. In diesem Fall, argumentierte die Behörde, sei kein Dorf betroffen gewesen. Erstaunlicher Weise verteidigte gerade der Umweltstaatssekretär das Projekt vehement mit der Begründung Menschen gingen vor Vögel (LAI 1981, S. 220ff). Die öffentliche Anteilnahme an dieser Diskussion blieb aber begrenzt (LAI 1978, S. 150ff), und 1975 wurde mit dem Bau begonnen.

Abb. 7.7. Fairview Park (Foto: Breitung, Frühjahr 1996)

Fairview Park ist eine äußerst dicht bebaute Siedlung, die ringförmig in absolut parallelen Reihen um einen künstlichen See herum angelegt ist. Die Bebauung ist sehr einheitlich. Zielgruppe sind Familien mittleren Einkommens mit dem Wunsch nach ruhiger Wohnumgebung. Es gibt keinen direkten Zugang zu den Mai Po Marshes sondern nur einen einzigen Ausgang zur Hauptverkehrsstraße. Die Verkehrsanbindung ist über private Zubringerbusse und individuell per PKW gewährleistet. In der Siedlung sind nur sehr grundlegende Dienstleistungen angesiedelt. Um den zentralen See gruppieren sich Einkaufszentrum, Postamt, Feuerwache, Gemeindezentrum und das Büro der Siedlungsverwaltung. Hinzu kommen zwei städtische Grundschulen und eine Mittelschule sowie eine Kläranlage am Rand der Siedlung.

Palm Springs: Das zweite größere Projekt in niedriger Bauweise ist fast 20 Jahre jünger. Das Areal grenzt an Fairview Park an, und die natürlichen Voraussetzungen sind ähnlich. Palm Springs entstand in sieben Bauphasen (ab 1993) um das Dorf Wo Sang Wai herum, das kurzerhand ummauert wurde (vgl. Abb. 7.6). Baulich ist es weniger geschlossen. Es gibt klarer abgegrenzte *neighbourhoods*, und auch sonst unterscheidet sich sein Konzept von dem von Fairview Park. Es gibt mehr gestalterische Varianten bezüglich der Gebäude, der Gärten und des Straßengrundrisses. Die gesamte Anlage ist etwas großzügiger. Viele Straßen sind als Sackgassen angelegt, um Durchgangsverkehr zu vermeiden. Auffällig ist die Farbgebung der Häuser in kräftigen Pastelltönen. Dies soll wie die Namensgebung (auch Straßennamen) und die Bepflanzung an kalifornische Vorbilder erinnern. In der Werbung für die Siedlung wird wiederholt der „American Dream" bemüht. Ein Immobilienprospekt liest sich z. B. so (aus SUN HUNG KAI PROPERTIES 1996):

> At Royal Palms we bring to Hong Kong the look, feel and beauty of southern California. You can hear gentle laughter as you walk along the streets and sense the warmth of your neighbourhood as it welcomes you with open arms. You cruise along the Tolo Highway with a cool breeze behind you. You feel you can touch the clouds. The greenery unfolds like a sheet of silk. On it a silver dragon is racing ahead. It's a symbol that your lovely home is not far away.

Es ist offensichtlich, dass hier ein Lebensstil angesprochen wird, der dem Hongkonger diametral entgegen steht (Nachbarschaftsgefühl, ruhiges Leben, Schönheit der Natur, PKW-Besitz). Weder die „Reize" des Tolo Highway noch die Siedlung selber können diese Versprechungen einlösen, aber es ist interessant, mit welchen Bildern man Werbung betreibt. Eine Zielgruppe sind sicherlich westliche Ausländer und Remigranten aus Nordamerika. Die müssen dann allerdings doch mit Doppel- und Reihenhäusern vorlieb nehmen, die 120-180 m² Wohnfläche und teilweise kaum 30 m² Garten haben. DOYLE (1996, S. 24) sieht in ihnen eher ein Anknüpfen an Strukturen der Hongkonger Dörfer (Abb. 7.8).

In vielem ähneln sowohl Fairview Park als auch Palm Springs tatsächlich amerikanischen Wohnsiedlungen. Sie sind privatwirtschaftlich erstellt und verwaltet, Ansprechpartner für die meisten Fragen ist die private Siedlungsverwaltung und nicht die Bezirksverwaltung. Auch der Busverkehr in die Stadt und zum nächsten Schnellbahnhof ist unabhängig vom sonstigen ÖPNV Hongkongs von der Siedlungsverwaltung organisiert. Fairview Park und Palm Springs sind als *Gated Communities* physisch gegen ihre Umgebung abgesperrt und nur durch ein (Fairview Park) bzw. zwei (Palm Springs) bewachte Tore zugänglich.

Abb. 7.8. Palm Springs von den Mai Po Marshes aus gesehen (Foto: Breitung, Frühjahr 1996)

7.2
Das „Sunnyville"-Projekt und seine stadtplanerischen Implikationen

Die beiden Siedlungen werden nicht die einzigen bleiben. Alle großen Bauträgergesellschaften Hongkongs verfügen über beträchtliche Landreserven in den New Territories. Eine Umfrage ergab für Anfang 1997 folgende Bestände an unbebautem Agrarland (Angaben der Firmen, nach LO 1997):

Sun Hung Kai Properties	167 ha	New World Development	146 ha
Henderson Land Development	139 ha	Cheung Kong (Holdings)	121 ha

Es wurde zum Teil vor langem billig von Bauern erworben. Heute werden höhere Preise verlangt, doch da eine schnellere Rendite zu erwarten ist, nehmen die Kaufaktivitäten zu. Der Erwerb erfolgt üblicherweise über Mittelsmänner, geht aber letztlich zugunsten der genannten Firmen und zunehmend auch Käufern aus der VR China. Räumlich ist der größte Teil der aufgekauften Flächen in den NWNT gelegen, weil dort die größten Potentiale gesehen werden (LYONS 1997).

Nach der Ausweitung der formalen Stadtplanung auf die New Territories gab es 1991-1994 eine kurze Zeit, in der Bauanträge an das *Town Planning Board* bereits möglich, aber noch keine *Outline Zoning Plans* (vgl. Kap. 4.3.3) verabschiedet waren, was die meisten Bauträgergesellschaften nutzten, um auf ihren Flächen in den NWNT Wohnsiedlungen zu beantragen (vgl. Abb. 7.9). Bewilligungskriterium war damals nur, ob sie das *Town Planning Board* überzeugen können, dass ihr Projekt „keine signifikanten Auswirkungen auf Umwelt, Entwässerung und Verkehr des Umfeldes mit dem *Mai Po Nature Reserve*" hat (TOWN PLANNING APPEAL BOARD 1994, S. 11). Das umfangreichste und am gründlichsten diskutierte ist das „Sunnyville"-Projekt der *Henderson Land Development Co.* in Nam Sang Wai. Die Firma ist eine der profitreichsten Hongkongs (HONG KONG BUSINESS ANNUAL 1997, S. 74) und wird von Lee Shau-Kee, einem der zwei reichsten Männer der Stadt, geleitet.

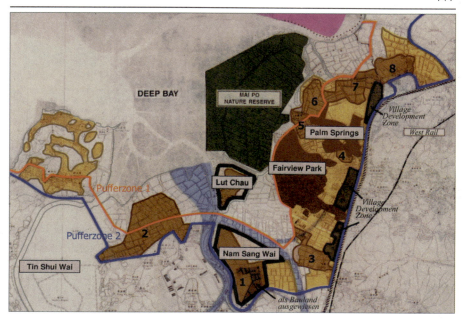

Abb. 7.9. Beantragte Wohnungsbauprojekte in den NWNT (nach WWF HK (o. J.), WAN 1998)

Legende: dunkelbraun: bestehende Bebauung; hellbraun: Planungsantrag; gelb: in Privatbesitz

1 Nam Sang Wei (98,3 ha, ca. 7.000 Einw.)
2 Fung Lok Wei (80 ha, ca. 4.000 Einw.)
3 Wing Kei Tsuen (31,2 ha, ca. 1.200 Einw.)
4 Yau Mei San Tsuen (3,4 ha, ca. 150 Einw.)
5 Pak Hok Chau (15,4 ha, ca. 1.100 Einw.)
6 Mai Po Tsuen (43 ha, ca. 1.500 Einw.)
7 Tam Kon Chau (58,3 ha, ca. 2.250 Einw.)
8 Lin Barn Tsuen (36 ha, ca. 950 Einw.)

7.2.1
Ausgangssituation Nam Sang Wai

Das gut 1 km² große Nam Sang Wai wurde 1927 trockengelegt und als *Gei Wais*, später Fischteiche genutzt (IRVING 1990, S. 100). Anders als Fairview Park und Palm Springs ist es eine relativ junge Landfläche. Sie liegt ca. 2 m über dem mittleren Meeresspiegel (IRVING 1990, S. 107, vgl. LANDS DEPARTMENT 1996a) und zwischen zwei Flüssen, ist also überschwemmungsgefährdet. Mit fortschreitender Bodenversiegelung in den NWNT steigt die Gefahr, so dass nun Drainagekanäle durch das Gebiet gezogen werden. Ein 1996-97 angelegter knapp 200 m breiter Kanal machte Nam Sang Wai zur Insel. Benachbart liegen im Westen das *Yuen Long Industrial Estate* und in allen anderen Richtungen Fischteiche. Henderson Land hat 76,4 ha Land dort aufgekauft (in Abb. 7.6 durch die trübere Farbe zu erkennen, da die Teiche nicht mehr genutzt werden) und 21,9 ha in Lut Chau als ökologische Ausgleichsfläche zum Tausch gegen eine staatliche Fläche im Osten Nam Sang Wais (vgl. Abb. 7.9). Ein Teil im Südosten ließ sich nicht hinzu erwerben, da er einer rivalisierenden Familie gehört. Der *Outline Zoning Plan* weist 16,6 ha als *Residential (C)* aus, den Rest als *Recreation* und *Conservation Area*. Bei Antragstellung galt aber noch ein wenig konkreter DPA-Plan (vgl. Kap. 4.3.3).

7.2.2
Mögliche Nutzungskonzepte

Renaturierung. Nam Sang Wei ist von seinem natürlichen Zustand weit entfernt. Bewirtschaftete Fischteiche sind oft vegetationslos, artenarm und zu tief für die meisten Vögel. Wie vielerorts in Asien (vgl. UTHOFF 1994, S. 178ff) ist die Vernichtung von Mangroven für Aquakultur auch in Hongkong ein ökologisches Problem. Wünschenswerter als ein Erhalt der Fischteiche wäre daher ihre Renaturierung. Wie im *Mai Po Nature Reserve* könnten in einem Teil der Becken Brutmöglichkeiten für Vögel geschaffen und der Wuchs von Mangroven gefördert werden.

Bebauung. Das andere Extrem wäre die Entscheidung für eine urbane Bebauung des Areals. Es gibt in Hongkong gute Gründe für eine weitere Ausweitung der Siedlungsfläche auf die New Territories, insbesondere im Zusammenhang mit der Integration Hongkongs in eine weitere Agglomeration *Pearl City*. Neben solchen planerischen Überlegungen sprechen natürlich vor allem ökonomische für diese Option. Der Staatskasse blieben dann auch Kompensationszahlungen erspart.

Status Quo. Die Ablehnung der zwei genannten Optionen führte in der Praxis zu einer Beibehaltung des Status Quo. Es wurden keine aktiven Maßnahmen zur ökologischen Aufwertung getroffen, aber Bauanträge von privater Seite wurden abgelehnt. Abstriche wurden allerdings gemacht, wenn es um öffentliche Bauprojekte wie Industriegebiete, New Towns, Straßen und Drainagekanäle ging. Außerdem führte die große Differenz zwischen potentieller und zulässiger Nutzung bei mangelnder Kontrolle zu illegalen Umnutzungen (Containerlager, Parkplätze etc.), und das Landschaftsbild wurde durch Verschmutzungen beeinträchtigt.

7.2.3
Das "Sunnyville"-Konzept

Mit der Kritik an diesem „Status Quo mit Abstrichen" wird das Konzept von *Henderson Land* begründet. Ziel war es, eine Siedlung zu beantragen, die aus ökologischer Sicht besser ist als der Status Quo und die daher vom *Town Planning Board* nicht abgelehnt werden kann. Die folgenden Punkte wurden dafür in das Konzept integriert (TOWNLAND CONSULTANTS LIMITED 1995):

- Klärung und Wiederverwendung (zu Bewässerungszwecken) des Abwassers
- Aktive Reinigung der zwei angrenzenden Flüsse (bereits oberhalb von Nam Sang Wai!) um das 72-fache des selbst verursachten BSB-Wertes als Ausgleichsmaßnahme
- Minderung der Überschwemmungsgefahr durch Wälle, die bis zu 500.000 m³ Regenwasser auf dem Areal zurückhalten können
- Verhinderung des unterirdischen Austretens verunreinigten Wassers durch eine undurchlässige Bodenschicht
- Unterhaltung des im Konzept enthaltenen Golfplatzes mit minimalem Chemikalieneinsatz
- Integration von Feuchtbiotopen und ca. 22 ha Wasserflächen in den Siedlungsplan
- Eintausch von 21,9 ha Ersatzflächen in Lut Chau zur Erweiterung des *Mai Po Nature Reserve* gegen noch benötigtes Land in Nam Sang Wai
- Renaturierung der Fischteiche in Lut Chau und Errichtung einer Besucherstation
- Laufende Finanzierung des *Nature Reserve* in Lut Chau durch eine Abgabe der Bewohner
- Einbindung eines Umweltrates (mit Vertretern von Regierung und NGOs) und fest angestellter Ökologen in das spätere Management der Siedlung.

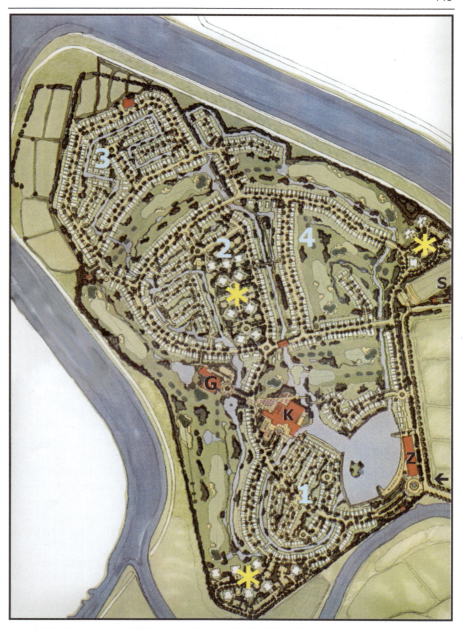

Abb. 7.10. Siedlungsplan 2000 für das „Sunnyville"-Projekt in Nam Sang Wei (WAN 1999)

Legende:
- **Z** Einkaufszentrum
- **G** Golfklub
- **S** Schulen
- **K** Anwohnerklub
- **1 2 3 4** *Neighbourhoods*/Bauphasen
- ← Ein- und Ausfahrt

Die Gruppen sechsgeschossiger Gebäude sind mit einem gelben Stern gekennzeichnet.

Die Bebauung soll wesentlich lockerer werden als in Fairview Park und in Palm Springs. Die Mehrkosten durch das ökologische Konzept sind nur finanzierbar, wenn die Siedlung im oberen Preissegment angesiedelt ist. Mit dem klaren Profil einer umweltfreundlichen und naturnahen Siedlung fasst man als Zielgruppe Intellektuelle ins Auge und erwartet einen hohen Ausländeranteil (YAU 2000).

Der Siedlungsplan (Abb. 7.10) wurde 1999 gegenüber dem ursprünglichen noch einmal geändert. Vor allem wurde der Hochhausanteil reduziert. Die Zahl der WE verringert sich um 25 %, die WE wurden dafür im Schnitt größer. Außerdem wurde die Golfanlage von 18 auf 9 Löcher verkleinert und Wasserflächen vergrößert (dies und folgendes nach Interviews mit TO 1997, WAN 1998 und YAU 2000). „Sunnyville" ist jetzt mit 1.900 WE in 1.420 Einzel- und Doppelhäusern und in 20 sechsgeschossigen Hochhäusern auf 9,3 ha geplant. Die Einwohnerzahl wird voraussichtlich unter 6.000 Einwohner liegen. Im Einzelnen verteilen sich die 306.580 m² Bruttogeschossfläche (BGF) folgendermaßen:

40 Häuser à ca. 150 m²	6.132 m²	360 Wohnungen à ca. 60 m²	21.739 m²
920 Häuser à ca. 175 m²	162.394 m²	120 Wohnungen à ca. 80 m²	9.476 m²
460 Häuser à ca. 230 m²	106.838 m²		

Die Geschossflächenzahl (berechnet als BGF/Gesamtfläche) beträgt damit 0.32. Es ist allerdings zu erwarten, dass die genaue Aufteilung der Haustypen sich bedarfsabhängig noch einmal ändern wird. Insbesondere ist vorgesehen, einige sehr große Einzelhäuser (um 400 m² BGF) aufzunehmen. So lange die Änderungen als geringfügig erachtet werden, ist dafür keine erneute Genehmigung notwendig. Die Siedlung wird in vier Phasen errichtet (vgl. Abb. 7.10), denen später vier *neighbourhoods* mit unterschiedlicher thematischer Gestaltung entsprechen. Die erste Phase (Fertigstellung 2004 geplant) wird am dichtesten bebaut, die letzte (Fertigstellung 2007-2008 geplant) am wenigsten dicht. Zwischen den *neighbourhoods* und als Puffer zum Industriegebiet im Westen zieht sich die Golfanlage durch die Siedlung. Daneben sind maximal 5.000 m² kommerziell genutzter Fläche und 8.000 m² Klubhäuser vorgesehen. Zwei Schulen (Grund- und Oberschule) sollen auf einem separaten öffentlichen Grundstück östlich des Areals entstehen. Private Kindergärten wären Teil des kommerziellen Komplexes, wie die Grundversorgung an Einzelhandel und Dienstleistungen. Für mittel- und langfristig nachgefragte Güter und Unterhaltung (Kino, Karaoke etc.) müssen die Bewohner nach Yuen Long oder in die Kernstadt fahren.

Dafür werden siedlungseigene Busse verkehren. In Yuen Long wird zudem ab 2003 ein Schnellbahnanschluss mit der *West Rail* bestehen. Diese für die NWNT wichtige Linie wird zunächst von Kowloon via Tsuen Wan nach Tuen Mun führen. Stationen sind in Kam Tin, Yuen Long, Long Ping, Tin Shui Wai und Siu Hong vorgesehen (KCRC 1999). Später soll eine Verbindung über Lok Ma Chau nach Shenzhen gebaut werden (vgl. Kap. 3.3.4), die bislang ohne Zwischenhalt bis zur Grenze projektiert ist (vgl. Abb. 7.9), obwohl zu erwarten ist, dass die Bewohner der NWNT oft nach Shenzhen fahren werden. Auch die Planung von „Sunnyville" verlässt sich auf eine Mobilität mit dem privaten PKW. Wegen des erwartet hohen Einkommensniveaus werden 0,4-0,5 Fahrten pro WE pro Hauptverkehrszeit veranschlagt. In Fairview Park sind es 0,3-0,4 und in der New Town Yuen Long 0,2 (TO 1997). Auf des Grundlage des revidierten Einwohnerzielwerts entspricht das je ca. 900 zusätzliche Fahrten.

7.2.4
Rechtliche Auseinandersetzung

Das *Town Planning Board* (TPB) hatte nicht vor, sich vor Erstellung der *Outline Zoning Plans* tatsächlich von irgendeinem Antragsteller überzeugen zu lassen, dass ein Projekt keine signifikanten Umweltauswirkungen habe. Es lehnte sämtliche Anträge ab. *Henderson Land* aber fügte noch zusätzliche Umweltmerkmale zu seinem Projekt hinzu (die Kläranlagen an den Vorflutern) und ging in die Revision. Es schlossen sich schließlich mehrjährige Prozesse bis zum obersten Gericht in London an, wo das TPB schließlich verlor (WAN 1998).

Die Instanzen im Einzelnen:

August 1992	Antrag beim TPB eingereicht	im Nov. 1992	abgelehnt
Dez. 1992	Revision beim TPB beantragt	im Juli 1993	abgelehnt
Sept. 1993	Town Planning Appeal Board angerufen	im August 1994	stattgegeben
Nov. 1994	Klage des TPB vor dem High Court	im April 1995	abgewiesen
Juni 1995	Zweite Instanz (Court of Appeal)	im Januar 1996	stattgegeben
Frühjahr 1996	Klage von Henderson vor Privy Council	im Dez. 1996	stattgegeben

In den Verfahren standen zunächst die Auswirkungen des Projekts auf das *Mai Po Nature Reserve* im Mittelpunkt, wobei die Instanzen die Kompensation der Nachteile durch die in Aussicht gestellten Maßnahmen unterschiedlich bewerteten. Dabei spielte eine Rolle, dass die Regierung nicht erkennbar bereit war, ohne eine Beteiligung Privater in absehbarer Zeit vergleichbare Maßnahmen zu treffen (TOWN PLANNING APPEAL BOARD 1994, Abs. 22, 51). Das TPB änderte dann die Argumentation und brachte den ökologischen Wert der Teiche selber in die Debatte (ebd., Abs. 41, 43). Diese Planungsintention spiegelte sich aber letztlich nicht hinreichend in den Planfestlegungen für dieses Gebiet wieder. Zum Beispiel wäre es nach geltenden Plänen dem Landbesitzer unbenommen gewesen, seine Flächen aufzuforsten oder zu Erholungszwecken umzugestalten. Fischteiche waren nicht explizit geschützt, und es war auch umstritten, ob dies sinnvoll wäre.

In dem Verfahren zeigte sich der Antragsteller wesentlich flexibler als die Gegenseite. Er hatte erkannt, dass sein Hauptziel der Gewinnzielung in diesem Fall nur mit einem sehr ökologisch geprägten Konzept durchsetzbar war, und er hat ein tragfähiges Konzept entwickelt. Die staatliche Seite hatte ein Glaubwürdigkeitsproblem durch ihren ansonsten sehr nachlässigen bis rücksichtslosen Umgang mit dem Gebiet. Insbesondere wurden ihr Versäumnisse bei der Gewässerreinhaltung und die Vernichtung von Feuchtgebieten für Infrastrukturprojekte vorgeworfen. Eine schwierige Position hatte auch der WWF HK, der das *Mai Po Nature Reserve* unterhält und dessen Fachmeinung verschiedentlich gefragt war. Er zeigte zunächst viel Kompromissbereitschaft, da er auch den Bauträger als kompromissbereit wahrnahm, und da er es als unrealistisch einschätzte, den Schutz der Feuchtgebiete in den NWNT ohne private Beteiligung erreichen zu können. Dann stellte sich jedoch auch ihm die Glaubwürdigkeitsfrage, wenn er als Interessenvertreter selber Kompromisse aushandelt. Dies sei vielmehr Aufgabe der Politik (ANDERSON-RIBADENEIRA 1994, S. 31). Der WWF HK forderte dann schließlich als Idealposition, den Erhalt aller Feuchtgebiete, ging aber in die Verhandlungsprotokolle auch mit differenzierteren Äußerungen ein (TOWN PLANNING APPEAL BOARD 1994, Abs. 47-50).

7.2.5
Entwicklung nach der Entscheidung

Nach der letztinstanzlichen Entscheidung des *Privy Council* konnte *Henderson Land* mit der konkreten Bauplanung fortfahren. Zunächst wurde ein neuer *Master Layout Plan* (Abb. 7.10) erstellt. Im Sommer 2000 folgt eine Umweltverträglichkeitsprüfung, und der Landtausch. Es sollen 21,9 ha Land in Lut Chau gegen ein gleich großes oder etwas größeres staatliches Landstück in Nam Sang Wei getauscht werden. Des weiteren müssen für die landwirtschaftlichen Flächen die Pachtbestimmungen geändert werden. Der letzte Schritt, die Baugenehmigungen, wird als eher technisch und daher relativ einfach angesehen (YAU 2000).

Die Entscheidung beeinflusst aber über Nam Sang Wai hinaus auch die anderen noch schwebenden Verfahren. Präzedenz ist im Hongkonger *Common Law* sehr entscheidend. Andere Anträge wurden inzwischen auf den Präzedenzfall hin überarbeitet (YOUNG 1997), und zwei weitere Projekte sind genehmigt. Ende 1999 genehmigte das TPB in Fung Lok Wei (vgl. Abb. 7.9) den Bau von über 1.000 WE in bis zu 20-stöckigen Häusern, wenn *Cheung Kong* dafür 95 % seiner Flächen in ein Naturschutzgebiet umwandelt (CHEUNG 1999), und das vergleichsweise kleine Projekt in Yau Mei San Tsuen wurde genehmigt (WOO 1999b). Darauf wurden neue Anträge eingereicht, so für Tin Fook Wai (unmittelbar südöstlich von Nam Sang Wai) und die Umgebung des Grenzkontrollpunkts Lok Ma Chau (WOO 2000). Dort soll ein Komplex mit bis zu 30-stöckigen Häusern und mehr als dreimal so viel Wohnraum wie „Sunnyville" entstehen,. Dafür ist der Bauträger bereit 78 % seines insgesamt 157 ha großen Areals in einen „Ökopark" umzuwandeln.

Für die Planungsbehörden hatte nach dem Urteil die Schließung der rechtlichen Schlupflöcher Priorität. Es wurde eine Studie erstellt, die den ökologischen Wert der Fischteiche feststellt und ein umfassendes Schutzgebiet mit Pufferzone vorschlägt (PLANNING DEPARTMENT 1997b). Dies griff das TPB mit seinen neuen Richtlinien für Bauanträge in der Deep-Bay-Region auf (TOWN PLANNING BOARD 1999). Es wies eine *Wetland Conservation Area* (WCA) und eine *Wetland Buffer Area* (WBA) aus, die dezidert dem Erhalt von Fischteichen dienen. Die Grenze der WCA zeichnet ziemlich genau die bestehenden Teichflächen nach. Die WBA entspricht weitgehend der Pufferzone 2. Das Prinzip „kein Netto-Verlust von Wasserflächen" wird jetzt als Erhalt ihres ökologischen Wertes interpretiert. Das heißt, jeder Verlust ist andernorts durch eine adäquate Aufwertung auszugleichen. Auf solchen Kompensationsleistungen beruhen die genannten Genehmigungen. Die „Sunnyville"-Debatte hat somit einen Wandel von defensivem zu aktivem Landschaftsschutz bewirkt. Der Staat teilt privaten Akteuren in gewissem Umfang Verwertungsrechte zu und erhält dafür die erwünschten Schutzgebiete. Solche *public-private partnerships* können Maßnahmen finanzieren, die aus Steuermitteln nicht zu leisten wären. Auf beiden Seiten des Geschäfts sind aber noch Verbesserungen denkbar. Die entstehenden Schutzgebiete und ihre finanzielle Ausstattung sollten in einen zentral koordinierten Fonds eingehen (YOUNG 1998), und bei den Baugenehmigungen wäre zu überlegen, ob der Staat nicht Tauschflächen an ökologisch weniger sensibler Stelle zur Verfügung stellen könnte, statt 20-geschossige Hochhäuser in der Anflugroute der Zugvögel zu genehmigen (NG 2000). Schließlich stört noch, dass der Staat die eigenen Infrastrukturprojekte ausgenommen hat und nun ein 68 ha großes Containerlager in den Fischteichen von San Tin plant.

7.3
Die Entwicklung der NWNT im größeren Kontext

Mit der neuen planungspolitischen Strategie folgt Hongkong der Erkenntnis, dass es schwer ist, den Bebauungsdruck abzuwehren, wenn er logische Konsequenz der Entwicklungen ist. Der *public-private-partnership*-Ansatz ist aber eine Möglichkeit ihn zu steuern. Man nutzt die Energien und finanziellen Ressourcen der Bauwilligen und lenkt sie auf die angestrebten Planungsziele. Dass der Bebauungsdruck in den nordwestlichen New Territories eine Konsequenz der Entwicklungen im größeren Hongkonger Kontext ist, wird im Folgenden deutlich.

7.3.1
Ursachen der Veränderungen in den NWNT

Die New Territories sind durch den Bau der New Towns und durch die fortschreitende Integration mit dem chinesischen Umland sowohl objektiv als auch subjektiv erreichbarer geworden. Noch bis 1968 waren sie telefonisch von Hongkong aus nur über Fernamt zu erreichen (KÜCHLER & SUM 1971, S. 160) und erst 1983 war die KCR eine voll ausgebaute, zweispurige und elektrifizierte S-Bahn. Seitdem wird die Verkehrsinfrastruktur der New Territories für den grenzüberschreitenden Verkehr und die Bevölkerung der New Towns erheblich ausgebaut. Speziell die Anbindung der NWNT an Innenstadt und Flughafen wird mit einer Schnellstraße über Kam Tin nach Tsuen Wan (*Route 3*) sowie der *West Rail* sehr verbessert. Psychologisch sind die New Territories erst für die heutige junge Generation, die in den New Towns aufgewachsen ist, ein integraler Bestandteil Hongkongs. Dort zu wohnen, ist erst mit ihr zu einer weithin akzeptierten Option geworden. Für die Stadtplanung setzte die Einbeziehung der New Territories eine mentale Annäherung an die Integration mit China voraus. Dieser Prozess wurde in den 70er Jahren von Gouverneur MacLehose begonnen und bekam 1997 zusätzliches Moment.

Die Lage des Standortes hat sich auch dadurch verbessert, dass mehr Arbeitsplätze außerhalb der Kernstadt entstanden sind (in New Towns, Industrial Estates, Universitäten, Hafen, Flughafen). Diese Arbeitsplätze sind von den New Territories aus oft besser zu erreichen als von der Innenstadt. Entsprechend wandelt sich auch die Grenznähe der NWNT vom Standortnachteil zum Standortvorteil. Für diejenigen, die regelmäßig nach Shenzhen fahren, ist ein Wohnsitz in den NWNT besonders interessant. Durch familiäre Bindungen und die wirtschaftliche Verflechtung wächst diese Gruppe erheblich (vgl. Kap. 3.3.6).

Neben der veränderten Bewertung des konkreten Standortes sind generelle Veränderungen auf der Nachfrageseite relevant. Der quantitative Flächenbedarf steigt bei wachsender Einwohnerzahl Hongkongs ständig. Hinzu kommt eine qualitative Komponente. Durch gesellschaftliche Trends, Immigration und gestiegenen Wohlstand ändert sich die Bedarfsstruktur an Wohnraum. Es werden vermehrt Luxuswohnraum, wohnungsnahe Erholung und Golfplätze nachgefragt. Diese Art von Flächenbedarf ist am ehesten auf den Freiflächen der NWNT zu decken.

Dass die Agrarflächen zur Versorgung der Stadt mit landwirtschaftlichen Produkten inzwischen verzichtbar sind, da eine Unabhängigkeit von der VR China nicht mehr aus politischen Gründen angestrebt wird, kommt begünstigend hinzu.

7.3.2
Planerische Konsequenzen

Diese Ursachen führen dazu, dass der Veränderungsdruck auf die nordwestlichen New Territories weiter steigen wird. Dies wird in noch stärkerem Maße zu Landnutzungskonflikten führen (Containerlagerung vs. Wohnnutzung, Landwirtschaft vs. Bebauung, Naturschutz vs. Erholung etc.). Diese Grundentwicklung wäre nur dann nicht unvermeidlich, wenn sich die als Ursachen angeführten Bedingungen ändern. Das aber ist unrealistisch und jedenfalls nicht wünschenswert. Die Stadt wird weiter wachsen, ihre hohen Dichtedisparitäten werden weiter abgebaut werden, und die NWNT werden von diese Entwicklung massiv erfasst, da dort die schützende Wirkung der Grenze zunehmend entfällt.

Andererseits birgt die langfristige Auflösung der engen Begrenzung der Stadt auch Chancen. Sie könnte den hohen Nutzungsdruck abmindern, der auf allen Flächen in Hongkong liegt, und dadurch auch in den nordwestlichen New Territories neue Gestaltungsspielräume schaffen. Zum Beispiel kann der unangemessen hohe Flächenverbrauch durch Containerlager dort beseitigt werden, wenn mehr Hafenfunktionen aus Hongkong hinaus nach Guangdong verlagert werden. Auch für Wohnsiedlungen wird durch eine stärkere Durchlässigkeit der Grenze ein weiterer Einpendelradius als heute möglich werden (vgl. Kapitel 9.4.1).

Aufgabe der Stadtplanung ist es jetzt, in den nordwestlichen New Territories raumordnend einzugreifen. Sie muss Ausbaupotentiale suchen und im Rahmen eines grenzübergreifenden Gesamtkonzeptes auch schützenswerte Flächen identifizieren. Die Ausweisung der *Wetland Conservation Area* und der *NWNT Subregional Plan* sind eine gute Grundlage dafür. Neubebauungen sollten ästhetischen und ökologischen Kriterien standhalten, flächensparend sein und durch Ausgleichsmaßnahmen kompensiert werden. Dies muss gleichermaßen für private und staatliche Projekte gelten. Bislang stellten staatliche Baumaßnahmen immer die stärksten Eingriffe dar. Im Sinne eines aktiven Landschaftsschutzes ist die Beseitigung unerwünschter Nutzungen (Schrott- und Lagerplätze) ebenso wichtig wie das Bewahren erhaltenswerter Elemente.

Dringend vorangetrieben werden muss die Reduzierung der Umweltbelastung, besonders der Gewässerverschmutzung. Etwa die Hälfte der Verschmutzung in der Deep Bay geht von Hongkong aus (v. a. durch intensive Hühner- und Schweinehaltung), die andere Hälfte von Shenzhen (YOUNG 1998). Hier muss grenzübergreifend nach Lösungsstrategien gesucht werden, da sauberes Wasser für den Wohnstandort und v. a. auch das Ökosystem der nordwestlichen New Territories unabdingbar ist. Die beste Naturschutzgesetzgebung nutzt nichts, wenn die schützenswerten Zug- und Wasservögel in den Gewässern keine Nahrung mehr finden.

Die nordwestlichen New Territories sind wahrscheinlich der Teilraum Hongkongs, der sich durch die Integration mit der Volksrepublik China am stärksten verändern wird. Mit einer weitsichtigen Planung und aktiver Unterstützung des Staates und privater Investoren ließe sich hier innerhalb der entstehenden Metropolitanregion *Pearl City* durchaus eine ökologisch funktionierende Insel schaffen, die gleichzeitig ein hoch attraktiver Wohnstandort sein kann. Werden allerdings die weitsichtige Planung und eine klare staatliche Zielsetzung nicht bald erkennbar, ist eher eine Zersiedelung und ökologische Verarmung zu erwarten.

8 Raumnutzungskonflikte: Fallbeispiel Wanchai

Das zweite Fallbeispiel ist vor allem von der Globalstadtentwicklung betroffen. Der Bezirk Wanchai grenzt östlich an den Central and Western District, das einstige Victoria. Außerhalb des traditionellen CBD (z. B. nach SIT 1981) gelegen, ist er inzwischen so sehr von Cityfunktionen überprägt, dass er als dessen Teil angesehen werden muss (vgl. auch Kap. 6.4.1). Wie der Ortsteil Central ist daher auch Wanchai Gegenstand von Landgewinnungsplänen zur CBD-Erweiterung. Die Debatte um diese Pläne und ihre Einordnung in den größeren Kontext der Entwicklung Hongkongs stehen im Zentrum dieses zweiten Fallbeispiels.

8.1 Nutzung und Bebauung Wanchais

8.1.1 Historische Entwicklung

Die natürliche Küstenlinie in Wanchai verlief etwa entlang der Queen's Road East, heute bis zu 800 m landeinwärts. Gleich nach Beginn der britischen Besiedlung Hongkongs entstanden dort erste vornehme europäische Wohnbauten. Schon in den 1850er Jahren änderte sich aber der Charakter Wanchais durch die Ansiedlung von Gewerbe und weniger wohlhabenden Zuwanderern (vgl. SMITH 1990, S. 68f). Wanchai erschien dann lange als ärmeres und chinesischeres Anhängsel Victorias, von dem es durch einen großen Militärkomplex (*Admiralty*) räumlich getrennt war.

Aufgrund des begrenzten Platzes wurde wie im Ortsteil Central schon im 19. Jh. die Küstenlinie zur Praya East (heute Johnston Road) vorgeschoben. Auf dieser Uferstraße wurde 1904 die erste, heute noch verkehrende, Straßenbahn Hongkongs angelegt. Erst Ende der 20er Jahre konnte die nächste, sehr viel größere, Landgewinnung abgeschlossen werden, die bis zur Gloucester Road reichte (vgl. historische Fotos in SMITH 1990, S. 78; Kartenserie in EMPSON 1992, S. 161-173 und Abb. 8.1). Das Füllmaterial für dieses ca. 20 ha umfassende Areal wurde am nahegelegenen Morrison Hill abgetragen, womit dort ebenfalls neues Bauland entstand (HACKER 1997, S. 76f). Die Neulandfläche wurde in großen Blocks an Firmen verpachtet, die sie kleinteilig untergliedert weiterverpachteten (LAI 1998, S. 99). Die Häuser selber hatten eine sehr schmale Front zur Straße, oft mit überdachten Kolonnaden, und reichten tief in die Grundstücke. Im Erdgeschoss befanden sich Läden oder Werkstätten, darüber Wohn- und Lagerflächen. Das Gebiet war fast ausnahmslos chinesisch besiedelt (SMITH 1990, S. 67, 69). Während das Straßenraster noch heute gut erkennbar ist, wurde die kleinteilige Untergliederung der Blocks in einzelne Häuser inzwischen vielfach aufgegeben (Abb. 8.2).

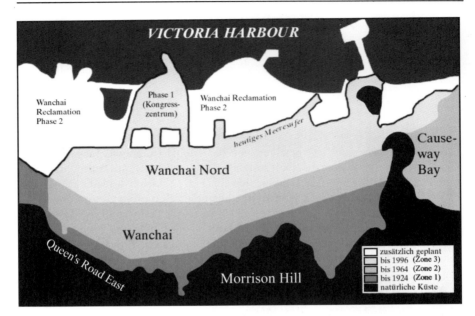

Abb. 8.1. Phasen der Landgewinnung in Wanchai (verändert nach HACKER 1997, S. 113)

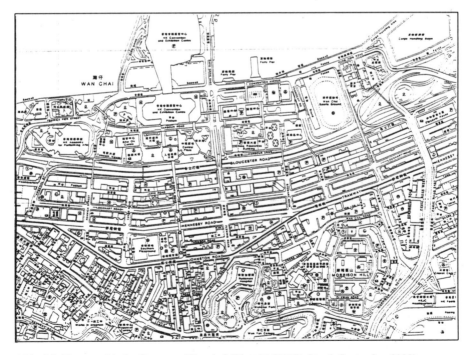

Abb. 8.2. Topographische Karte von Wanchai (Blatt 11-SW-B, Stand: September 2000).

Originalmaßstab 1:5.000 verkleinert auf ca. 1:12.500 (abgedruckt mit freundlicher Genehmigung The Director of Lands, © Government of Hong Kong SAR, Lizenz Nr. 23/2001)

Die größeren Gebäudegrundrisse und -höhen kam mit dem Einzug von Citynutzungen (vgl. Kap. 6.4.1). Wohnen und Produktion wurden von Büros verdrängt, die Bodenpreise stiegen. Nach der Erhöhung der zulässigen GFZ in den 50er und 60er Jahren entstanden Wohn- und Geschäftshochhäuser (vgl. Abb. 8.4; LAI 1998, S. 99). Voraussetzung dafür war die Beseitigung des Militärkomplexes zwischen Wanchai und dem Ortsteil Central nach 1959 (HACKER 1997, S. 11). Die Ausdehnung des CBD nach Wanchai verursachte erneuten Flächenbedarf in Wanchai.

1967 begann die dritte Landgewinnungsphase (Wanchai-Nord). In den 70er bis 90er Jahren wurden dort kulturelle und Sporteinrichtungen, öffentliche und private Bürogebäude gebaut (Abb. 8.5). Die jüngsten und prominentesten sind das höchste Haus Hongkongs, *Central Plaza*, und das *Convention and Exhibition Centre* (vgl. CUTHBERT & MCKINNELL 1997, S. 302f, 305ff) mit seinem zur chinesischen Übergabefeier 1997 ebenfalls auf Neuland eröffneten stadtbildprägenden Anbau. Mit ihnen erhob Wanchai erstmals den Anspruch, nicht nur Cityergänzungsgebiet sondern integraler Teil des CBD, wenn nicht das neue Zentrum Hongkongs zu sein (vgl. Abb. 6.5a). Der Name *Central Plaza* ist dabei Programm.

Dass die chinesische (anders als die britische) Übergabefeier in Wanchai stattfand, ist vermutlich kein Zufall. Der Bezirk ist seit jeher chinesischer als der von den traditionsreichen britischen Firmen (*Jardine Matheson*, *Hongkong Land*, *Swire Pacific*, HSBC etc.) dominierte Ortsteil Central. Wanchai ist auch Sitz wichtiger Vertretungen der Volksrepublik in Hongkong.

Neben der Errichtung von Bürobauten in Wanchai-Nord hielt auch die Verdrängung bestehender Nutzungen in den älteren Teilen des Bezirks an. Die Bevölkerung sank von 1991 bis 1996 um 5,8 % (bezogen auf die *XL TPU* Group, vgl. Abb. 5.3). Auf Seiten des Gewerbes waren vor allem der sekundäre Sektor und die Außenhandelsbranche betroffen (vgl. Kap. 6.4.1). Stattdessen siedeln sich unternehmensbezogene Dienstleistungen, Gastronomie und z. B. Konsulate (WOO 1999a) an. Eine wichtige Voraussetzung für diesen Strukturwandel war der U-Bahnbau. Seit 1980 gibt es die Station Admiralty und seit 1985 die Station Wanchai). Inzwischen plant auch die KCR eine Verlängerung ihrer bisher in Kowloon endenden Linie nach Wanchai-Nord. Damit wäre der Bezirk von den New Territories und der VR China aus besser erreichbar als der traditionelle CBD, der allerdings durch die Flughafenbahn und verschiedene Hochhausprojekte seine Stellung ebenso verbessert hat. Da die Lücke um die alte Admiralität mit zentralen Nutzungen gefüllt wurde, kann von einem Cityband von Causeway Bay im Osten Wanchais bis in den alten Western District gesprochen werden.

8.1.2
Gliederung in Teilgebiete

Zone 1 (südlich von Johnston und Wan Chai Road): älteste Bauphase, schmale Straßen, überwiegend kleinteiliger Gebäudegrundriss, 4-5-geschossige Gebäude (z. T. höhere Neubauten), Erdgeschosse durch Einzelhandel, Werkstätten, Imbisse und persönliche Dienstleistungen genutzt, die Läden beziehen den Straßenraum mit ein, so dass vielfach eine Marktatmosphäre herrscht (WILL 2000), mobile Straßenhändler verstärken diesen Eindruck, bis auf vereinzelte Anlieger kein Autoverkehr, in den Obergeschossen überwiegend Wohnnutzung, teilweise durch Büros oder Lagerräume verdrängt (Abb. 8.3 a/b).

Abb. 8.3 a/b. Zone 1 (Gebiet um Wan Chai Road und Cross Street)

Fotos: Breitung 1995

Abb. 8.4 a/b. Zone 2 (Gebiet um Hennessy Road und O'Brien Road)

Fotos: Breitung 1995

Abb. 8.5 a/b. Zone 3 (Gebiet um Gloucester Road und Fleming Road), Fotos: Breitung 1995

Zone 2 (zwischen Johnston und Gloucester Road): mittlere Bauphase, weiteres Raster von breiten Straßen, Gebäudegrundriss sehr unterschiedlich, überwiegend größere Einheiten, Hochhäuser der 60er und 70er Jahre (10-15 Etagen), gemischt mit neueren und mit älteren Gebäuden, Erdgeschosse und die ersten zwei Etagen meist durch Geschäfte, Restaurants und Dienstleistungen genutzt, in den Obergeschossen Wohn- und Geschäftsnutzung, starker Fußgängerverkehr auf den Bürgersteigen, die Straßen sind dem Autoverkehr vorbehalten (vgl. Abb. 8.4 a/b).

Zone 3 (nördlich der Gloucester Road): jüngste Bauphase (Wanchai-Nord), Auflösung der Blockstruktur, freistehende Hochhäuser der 80er bis 90er Jahre (ca. 30-70 Etagen), sehr große Gebäudegrundrisse, breite Autostraßen, Fußgänger sind auf ein System von Brücken, Gebäudelobbys und Freiflächen zwischen den Gebäuden verwiesen – dies sind halböffentliche Bereiche von geringer Aufenthaltsqualität, die vom Management der Gebäude erstellt und unterhalten werden müssen (CUTHBERT & MCKINNELL 1997) – weitgehend ungenutzte und abweisende Sockelbereiche der Gebäude, etwas Einzelhandel im Gebäudeinnern und an Taxiständen bzw. Haltestellen, fast keine Wohnbauten, Nutzung der Obergeschosse fast nur durch Büros (vgl. Abb. 8.5 a/b).

Die verschiedenen konkurrierenden Bau- und Nutzungsformen verkörpern auch zwei verschiedene kulturelle Hintergründe. Sie sind Ausdruck der Auseinandersetzung zwischen traditionell-chinesischer und modern-westlicher Kultur, von der viele Lebensbereiche Hongkongs geprägt sind. Diese kulturelle Auseinandersetzung ist auch eine um den Raum, speziell den Straßenraum. Typisch für Hongkong ist eine vertikale, durch moderne Hochhäuser und damit die Einflüsse der Globalisierung geprägte Baustruktur, in Kombination mit traditionell-chinesischem Markttreiben in der Horizontale, d. h. auf Straßenniveau (WILL 2000). In einigen Stadtteilen wie in Wanchai-Nord oder im Ortsteil Central ist der Raum bereits vollständig von der Globalstadt in Anspruch genommen. Andere wie das kleine Gebiet südlich von Johnston und Wan Chai Road (Zone 1) spiegeln noch stärker den lokalen kulturellen Hintergrund wider.

8.2
Exkurs: Landgewinnung in Hongkong

Das Beispiel Wanchai ist auch insofern typisch, als Hongkong seinen Landbedarf immer wieder mit Landgewinnung aus dem Meer gedeckt hat. In China wurde schon weit vor der Kolonialzeit Land für den Reisanbau trockengelegt, auch im Nordwesten der heutigen New Territories (vgl. Kap. 7.1.3). Erste innerstädtische Landgewinnungen (gut 6 ha) wurden von einzelnen Küstenanrainern der Kolonie unkoordiniert betrieben (NG & COOK 1996, S. 7). Seit 1887 wird der Meeresboden als staatlicher Besitz angesehen, und „wilde" Landgewinnung ist nicht mehr möglich. Das erste koordinierte Großprojekt war das *Great-Praya-Project* 1890-1904 (vgl. Kap. 8.1.1; Abb. 8.1), weitere folgten v. a. in Kowloon. Für das New-Town-Programm ganz besonders auf Landgewinnung zurückgegriffen, so dass mehr als die Hälfte des Flächenzuwachses von etwa 60 km² seit 1842 in New Towns wie Shatin, Tsuen Wan und Tseung Kwan O liegt (NG & COOK 1996, S. 9f).

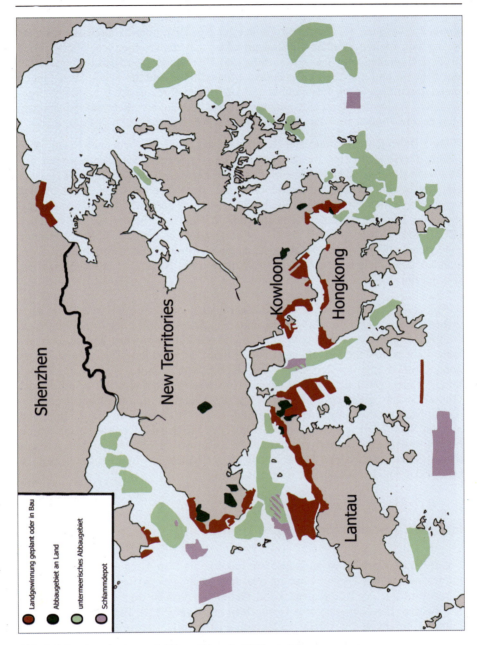

Abb. 8.6. Landgewinnung und Abbaugebiete des Füllmaterials
Karte: Breitung nach CIVIL ENGINEERING DEPARTMENT 1995

Ökologische Folgeschäden können nicht nur an den Landgewinnungsflächen auftreten sondern vor allem an den Abbaugebieten des Füllmaterials und an Flächen, auf die der abgetragene, oft giftige Schlamm verbracht wird, der vor dem untermeerischen Sandabbau abgetragen werden muss. Für Abbau und Schlammlagerung wird auch auf Flächen jenseits der marinen Grenzen Hongkongs zurückgegriffen.

Die rechtliche Grundlage für Landgewinnungen ist die *Foreshore and Sea-Bed (Reclamations) Ordinance*, nach der Pläne öffentlich ausgelegt werden müssen, um Betroffenen Entschädigungsforderungen zu ermöglichen. Ein Einspruchsrecht haben weder betroffene Bürger noch das *Town Planning Board*, das erst für die Planungen auf dem dann neugewonnenen Land zuständig ist (PANG & NG 1996, S. 279; KU 1997). Die Durchführung der Projekte wird vom *Territory Development Department* koordiniert und vom *Civil Engineering Department* und Privatfirmen ausgeführt. Das notwendige Füllmaterial wird entweder durch den Abbau von Hügeln und Felsen gewonnen (z. B. Morrison Hill, Chek Lap Kok) oder vom Meeresgrund abgebaggert (vgl. Abb. 8.6). Wenn Sand vom Meeresgrund verwendet wird, müssen zunächst große Mengen oft giftigen Schlamms beseitigt werden. Bei den Projekten Penny's Bay (Disneyland) und Green Island ist nun als Alternative vorgesehen, Bauschutt als Füllmaterial zu verwenden.

Tabelle 8.1. Staatseinnahmen durch Landtransaktionen in Hongkong in Millionen HK$. (nach NG & COOK 1996, Table 1; GOVERNMENT INFORMATION SERVICES 1995, Appendix 10; CENSUS AND STATISTICS DEPARTMENT 1995, 1997a, Table 11.1; INFORMATION SERVICES DEPARTMENT 1997, 2000a, Appendix 11/13 und PANG 2000)

Haushaltsjahr[a]	Einnahmen[b]	Pachterträge[c]	CWRF[d]	SAR Land Fund[e]	Summe[f]	Anteil[g]
1984/85	38.525	4.267	0	0	4.267	11 %
1986/87	48.603	756	2.330	2.330	5.416	11 %
1989/90	82.429	212	7.457	7.457	15.126	17 %
1990/91	89.524	241	4.002	4.002	8.245	9 %
1991/92	114.700	412	9.074	9.074	18.560	15 %
1992/93	135.311	267	8.957	8.957	18.181	13 %
1993/94	166.602	264	19.112	19.112	38.488	21 %
1994/95	174.998	393	20.193	20.193	40.779	21 %
1995/96	180.045	418	22.478	22.478	45.374	22 %
1996/97	208.358	451	29.057	29.057	58.565	25 %
1997/98	281.226	17.864	48.067	40.604	106.535	33 %
1998/99	216.115	0	25.686	0	25.686	12 %

[a] jeweils 1. April bis 31. März;   [b] Gesamteinnahmen des Hongkonger Landeshaushalts
[c] Bis 5/1985 und 7-12/1997 einschließlich Prämien für Erstverpachtungen und Pachtänderungen
[d] *Capital Works Reserve Fund* (5/1985 bis 6/1997: 50 % der Prämien, ab 1/1998: 100 %)
[e] Für die (künftige) SAR-Regierung zurückgelegter Anteil der Einnahmen (5/1985 bis 6/1997)
[f] Gesamteinnahmen aus Landtransaktionen (einschließlich CWRF und SAR Land Fund)
[g] Anteil dieser Summe an den Gesamteinnahmen des Landeshaushalts plus SAR Land Fund

In den SAR Land Fund flossen nach der britisch-chinesischen Einigung (*Joint Declaration*) von Mai 1985 bis Juni 1997 die Hälfte aller Nettoerlöse aus Erstverpachtungen und Pachtänderungen, um die Verfügungsgewalt der Kolonialregierung zu begrenzen. Da der SAR Land Fund am 1.7.1997 an die Hongkonger Regierung übergeben wurde, müssen dessen Einnahmen zu den laufenden des Haushalts hinzugezählt werden (was NG & COOK 1996 nicht tun). Nach der Übergabe des Land Funds flossen Neuerlöse zunächst in den normalen Landeshaushalt (s. o.: Pachterträge) und seit Januar 1998 in den CWRF, aus dem aber jederzeit der Landeshaushalt bedient werden kann (PROVISIONAL LEGISLATIVE COUNCIL 1997). Um den Preisverfall durch die Wirtschaftskrise zu stoppen, wurden von Juni 1998 bis März 1999 keine Landflächen auf den Markt gebracht.

Landgewinnung ist einfacher als die Erschließung bestehender Landflächen, da die Flächen weder von verschiedenen Besitzern zurückerworben, noch bestehende Nutzungen beseitigt werden müssen. Man erhält am Ende ebene, oft verkehrsgünstig gelegene Landflächen. Noch gravierender ist aber der finanzielle Aspekt. Da der Meeresgrund zunächst in staatlichem Besitz ist, können alle gewonnenen Flächen neu verpachtet werden. Neuverpachtungen bringen die höchsten Prämien. Bei den chronisch hohen Bodenpreisen Hongkongs ließen sich damit, je nach aktueller Lage auf dem Immobilienmarkt, stets ca. 10 bis 40 % des Landeshaushalts finanzieren (vgl. Tabelle 8.1 und für frühere Jahre NG & COOK 1996, Tab. 1).

Dieser hohe Anteil bringt den Staat allerdings in eine problematische Doppelrolle. Er soll einerseits neutrale Planungsinstanz sein, bestimmt aber andererseits mit seinen Planungsentscheidungen auch die eigenen Einnahmen als wichtigster Grundbesitzer (NG & COOK 1996, S. 9f). So wundert es nicht, dass die profitabelste Variante, die Landgewinnung aus dem Meer, in den staatlichen Planungen stets präferiert wurde.

Die amtlichen Planwerke von der *Territorial Development Strategy* (TDS) 1984 über die *Port and Airport Development Strategy* (PADS) 1989 und den *Metroplan 1990* (vgl. Kapitel 4.3.3) griffen zunehmend auf Landgewinnung zurück (PLANNING, ENVIRONMENT AND LANDS BRANCH 1995). Bei Vorlage der *Territorial Development Strategy Review* (TDSR) 1996 wurde dies zu einem Hauptdiskussionspunkt (vgl. Kapitel 4.4). Nach Abschluss der Projekte im Zusammenhang mit dem *Airport Core Programme* (v. a. des neuen Flughafens, West-Kowloons und des ersten Bauabschnitts der *Central Reclamation*) waren als nächstes folgende Landgewinnungen geplant (PANG & NG 1996, S. 280ff – Die Flächenangaben und Nutzungen entsprechen nicht mehr dem heutigen Stand der Planung):

- *Central Wanchai Reclamation Scheme:* 110 ha groß, mehrere Bauphasen, vor allem für Straßenbau und CBD-Erweiterung (vgl. Kapitel 8.3)
- *Kowloon Point:* 42 ha groß, vor allem für Freiflächen, Hotels, Bürogebäude
- *Kowloon Bay:* mit 202 ha das größte Areal, vor allem für Wohngebiete und Parks um das alte Flughafengelände (in Kombination mit Stadterneuerung)
- *Green Island:* 187 ha groß (einschließlich der bestehenden Inseln), vor allem für ein Wohngebiet und für eine Verkehrsverbindung zwischen den Inseln Hongkong und Lantau
- *New Towns:* Erweiterungen bestehender New Towns auf Landgewinnungsflächen, größte Projekte in den New Towns Tung Chung, Tseung Kwan O und Tsuen Wan
- *Sonderprojekte* Landgewinnungen für den Cyber-Port (Telekommunikations- und Medienpark) in Pok Fu Lam, den Science Park bei Tai Po (zu beiden vgl. BREITUNG 1999) und das Hong Kong Disneyland auf Lantau (vgl. Kap. 3.2.6).

Die Ziele der Landgewinnung sind unterschiedlich. Während die Projekte in den New Towns, bei Green Island und Kowloon Bay hauptsächlich der Wohnraumversorgung dienen, spielt dieser Gesichtspunkt bei anderen eine untergeordnete Rolle. Entsprechend der unterschiedlichen Zielrichtung müssen die Projekte auch unterschiedlich bewertet werden. Hier soll exemplarisch das meistdiskutierte Projekt, das *Central Wanchai Reclamation Scheme*, untersucht werden, das vor allem der Schaffung von Büroraum und Verkehrsflächen dient.

Abb. 8.7. Regierungschef Tung Chee Hwa schafft auf die einfachste Art neues Bauland. (Cartoon aus der *South China Morning Post* vom 16.7.1997)

8.3
Central Wanchai Reclamation Scheme

Dieses Projekt im Stadtzentrum wurde Anfang der 80er Jahre erstmals vorgeschlagen. 1989 ist eine konkrete Machbarkeitsstudie erstellt worden, auf der die ursprünglichen Pläne beruhten. Sie sahen fünf Bauabschnitte vor (vgl. Abb. 8.8), von denen drei bereits fertiggestellt sind. Für das Gesamtprojekt waren folgende Nutzungen geplant: 42 % Straßen u. a., 26 % Freiflächen, 20 % Geschäftsnutzung, 6 % Regierung und Verwaltung. Die zwei ausstehenden Bauabschnitte werden nun voraussichtlich in stark reduziertem Umfang realisiert (PANG & NG 1996, TERRITORY DEVELOPMENT DEPARTMENT 2000).

- *Central Reclamation Phase 1 (20 ha):* Im Rahmen des *Airport Core Program* 1993-1996 fertiggestellt, Kosten: 2,71 Mrd. HK$ (ca. 350 Mio. US$), vorgesehene Nutzung: Endbahnhof der Flughafenbahn, neuer Fähranleger, Bürobauten (*Financial Centre*), höchstes Gebäude Hongkongs geplant
- *Central Reclamation Phase 2 (5 ha):* Ehemaliger Ankerplatz der britischen Marine, vor Abzug der Briten 1994-1997 aufgefüllt, Kosten: 0,32 Mrd. HK$ (ca. 40 Mio. US$), Ort der britischen Übergabefeier am 30.6.1997, vorgesehene Nutzung: Regierungsbauten, Freifläche
- *Wanchai Reclamation Phase 1 (7 ha):* Für den Anbau des *Convention & Exhibition Centre* 1994-1997 fertiggestellt, Kosten: 0,59 Mrd HK$ (ca. 75 Mio. US$), Ort der chinesischen Übergabefeier am 1.7.1997

- *Central Reclamation Phase 3 (30 ha):* Zentralster und umstrittenster Bereich, ursprünglich für 1997-2000 geplant, Hauptnutzungen: neue Ost-West-Schnellstraße, Erweiterung des CBD; Plan in Folge öffentlicher Kritik überarbeitet, im Umfang reduziert und auf 2002-2006 verschoben; gegenwärtig veranschlagter Kostenrahmen: 4,25 Mrd. HK$ (ca. 544 Mio. US$)
- *Wanchai Reclamation Phase 2 (48 ha):* Östliche Fortsetzung der Central Reclamation, v. a. für Ost-West-Verkehrsverbindungen, ursprünglich für 1999-2003 geplant, Pläne werden überarbeitet, jetziger Zeithorizont: 2003-08, Kosten: ca. 4,28 Mrd. HK$ (ca. 547 Mio. US$)

In Folge dieses Projektes in seiner ursprünglichen Form wäre den Victoria Harbour auf 860 m verengt worden. Damit wäre er nur noch etwa halb so breit wie ursprünglich und etwa 300 m enger als ohne das *Central Wanchai Reclamation Scheme* (PLANNING ENVIRONMENT AND LANDS BRANCH 1995, S. 116f, 125).

8.3.1
Argumente für und gegen das Projekt

Neben den allgemeinen planerisch-finanziellen Vorteilen der Landgewinnung (vgl. Kap. 8.2) gab es im Stadtzentrum konkreten ortsgebundenen Flächenbedarf. Offizielle Ziele des Projekts waren (Punkt 1-3 nach PANG & NG 1996, S. 281):

- *CBD-Erweiterung.* Durch das Wachstum des CBD werden dringend Erweiterungsflächen für hochrangige Geschäfts- und Wohnnutzungen benötigt. Neben Komplexen wie dem *Financial Centre* und dem *Convention and Exhibition Centre* sollen Hotels gebaut werden und Regierungsbauten für die post-koloniale Regierung entstehen.
- *Verkehr.* Das zweite wichtige Ziel ist die Verbesserung der prekären Verkehrssituation. Ein Großteil der neuen Flächen ist für Infrastrukturmaßnahmen wie neue Fähranleger, den Endbahnhof der Flughafenbahn, eine zweite Ost-West U-Bahnlinie, leistungsfähigere Ost-West-Schnellstraßen und den S- und Fernbahnhof der Kowloon Canton Railway (KCR) vorgesehen.
- *Innenstadtentlastung.* Die Bereitstellung von Flächen für eine CBD-Erweiterung und neuer Verkehrswege kann die stark verdichteten älteren Teile des Central and Western Districts und Wanchais entlasten, ihre Umwelt- und Verkehrssituation verbessern helfen und die Verdrängung von Wohn- und Gewerbebetrieben dort vermeiden.
- *Erlebnisfaktor.* Im Verlaufe der Debatte wurden zunehmend gestalterische Gesichtspunkte, insbesondere die Verbindung zwischen Stadt und Meer durch eine Fußgängerpromenade mit Aufenthaltsqualität, herausgestellt. Da Fußgänger bisher nur an wenigen Stellen Zugang zum Wasser haben, ist das Potential des Victoria Harbour als Erholungslandschaft und Touristenattraktion nicht wirklich genutzt (HUNG 1998, S. 24ff). In mehreren Publikationen (SHRESTA & GANESAN 1996, SMITH 1996, HUNG 1998) wurden Hongkongs Pläne mit *Waterfront*-Projekten im internationalen Kontext verglichen, die mit stärkerer Beteiligung der Betroffenen entwickelt wurden und die Erlebniskomponente für Bewohner und Touristen mehr betonten.

Trotz dieser Argumente stieß das Projekt in Politik, Fachwelt und Öffentlichkeit auf viel Widerstand. Dabei wurden sehr unterschiedliche Argumente vorgebracht (nach CHU 1996a,b, FRIENDS OF THE EARTH 1996, HONG KONG INSTITUTE OF ARCHITECTS 1996, NG & COOK 1996, LAI 1996a).

- *Stadtbild.* Das meistgebrauchte Argument war die befürchtete Zerstörung der markanten Stadtlandschaft, der Skyline und der Erscheinung Hongkongs als Stadt am offenen Meer. Es wurde die Befürchtung geäußert, ein verengter Victoria Harbour würde optisch nur noch als Fluss erscheinen. Eine wichtige Rolle spielte dabei eine Fotokollage der *Society for Protection of the Harbour* (Abb. 8.9), die der Bevölkerung das Ausmaß der geplanten Veränderung aus dem sehr bekannten Blickwinkel vom Victoria Peak aus vor Augen geführt hat.
- *Ökologie.* Ökologisch bedenkliche Folgen treten an drei Stellen auf. Erstens führen beim Abbaggern des Sandes vom Meeresgrund aufgewirbelte Sedimente zur Trübung des Wassers und zur Freisetzung von Giftstoffen. Zweitens werden am Ort der Landgewinnung selber im felsigen Küstenbereich wertvolle Lebens- und Bruträume vernichtet, und drittens werden die vor dem Sandabbau abgetragenen toxischen Sedimente in untermeerischen Deponien (vgl. Abb. 8.6) akkumuliert (FRIENDS OF THE EARTH 1996).
- *Hydrologie.* Mit der Verengung des Victoria Harbour werden stärkere Gezeitenströme und unruhigere Wasserverhältnisse befürchtet.
- *Schifffahrt.* Neben diesem Punkt wurde aus Schifffahrtskreisen vor allem die Reduzierung der Wasserfläche kritisiert. Die ohnehin äußerst hohe Verkehrsdichte im Victoria Harbour und damit die Kollisionsgefahr würden noch zunehmen. Dieses Argument wurde bei einer Umfrage der University of Hong Kong erstaunlicher Weise am häufigsten genannt (CHUNG & CHAN 1997).
- *Umwelt.* Die Wasserfläche in der Innenstadt hat eine wichtige Funktion für die Frischluftzufuhr und leider auch die Abwasserentsorgung. Beide Funktionen würden mit der Reduzierung ihrer Fläche bzw. ihres Volumens eingeschränkt.
- *Tourismus.* Die Skyline und der Blick vom Victoria Peak sind die wichtigsten Touristenattraktionen Hongkongs. Wenn sie an Attraktivität verlieren, kann das einen der für die Stadt bedeutendsten Wirtschaftszweige in Mitleidenschaft ziehen.
- *Wirtschaft.* Neben Fremdenverkehr und Schiffahrt schloss sich auch die Immobilienbranche den Kritikern an. Sie fürchtete einen Wertverlust ihrer Landreserven in den New Territories und ihrer Immobilien im CBD.
- *Politik.* Von anderen wurde es als unangemessen empfunden, sich kurz vor der Übergabe der Stadt auf so weitreichende Infrastrukturmaßnahmen festzulegen, ohne die künftigen Machthaber einzubeziehen.
- *Architektur.* Das konkrete städtebauliche Konzept für die neuen Flächen wurde kritisiert, weil es ein architektonisch wenig einfallsreicher Entwurf sei und weil es in unnötigem Maße Flächen verschwende.
- *Verfahren.* Das Planungsverfahren, in dem es keine nennenswerte Bürgerbeteiligung gab, wurde ebenfalls zu einem wesentlichen Kritikpunkt. Es wird von Politikern, Fachleuten und wachsenden Teilen der Bevölkerung als unzeitgemäß empfunden. Bei der genannten Umfrage sprachen sich über 90 % für eine Bürgerbeteiligung und über 80 % für eine Zustimmungspflicht des Parlaments aus (CHUNG & CHAN 1997).

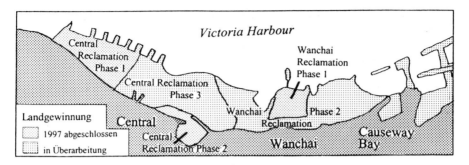

Abb. 8.8 Die Bauabschnitte des *Central Wanchai Reclamation Scheme* (Karte: Baumann).

8.3.2
Gegenvorschläge

Im Verlauf der Debatte wurden von verschiedener Seite Gegenvorschläge erarbeitet. Die *Society for Protection of the Harbour*, die sich in diesem Zusammenhang gegründet hat, forderte die stärkere Inanspruchnahme der New Territories statt innerstädtischer Landgewinnung (CHU 1996a,b). Diese Forderung ist aus zwei Gründen problematisch. Erstens ist auch die Aufnahmekapazität der New Territories nicht zuletzt aus ökologischen Gründen begrenzt (vgl. Kap. 7) und zweitens wäre eine solche Verlagerung bestenfalls für Wohngebiete praktikabel. Die Nutzungen der *Central Wanchai Reclamation* sind an die Zentralität des Standorts gebunden. Für sie wäre die Alternative eine Verdrängung bestehender benachbarter Nutzungen oder die gezielte Schaffung eines zweiten hochrangigen Zentrums.

Diesen Mängeln begegnete die Hongkonger Architektenkammer mit einer Studie, die die einzelnen Projekte getrennt bewertete. Nach ihr sind Landgewinnungen in Green Island und Kowloon Point völlig entbehrlich und in der Kowloon Bay um 50 % zu reduzieren. Für die *Central Wanchai Reclamation* ging sie von nicht verlagerbaren Nutzungen aus, erstellte aber konkrete städtebauliche Entwürfe, die bei gleicher Bruttogeschossfläche ca. 45 % oder bei niedrigerer BGF 51 % weniger Landgewinnung erfordern. Der Victoria Harbour würde ca. 1.030 m breit bleiben. Im Schnitt empfiehlt die Studie eine Reduktion der Landgewinnung um 69 % (HONG KONG INSTITUTE OF ARCHITECTS 1996, S. 13ff). Sie erreicht das mit der Reduzierung des Straßen- und Freiflächenanteils sowie einer um 20 % höheren GFZ. Speziell die unnötig großzügig geplante Straßenführung mit einer Vielzahl nicht nutzbarer Restflächen wird kritisiert. Hinsichtlich der Freiflächen argumentiert der Bericht, der Victoria Harbour könne durch geschickte Planung als erweiterter Freiraum wirken und unattraktive Freiflächen seien entbehrlich.

Im Herbst 1998 stellte sowohl die Architektenkammer als auch das Immobilienunternehmen *Swire Properties* neue Konzepte für den Bereich der *Central Wanchai Reclamation* vor, die beide noch weniger Landgewinnungsfläche erforderten. Während die Architektenkammer an der vorgegebenen Bruttogeschossfläche festhielt, ging *Swire Properties* von einer deutlich reduzierten CBD-Erweiterung aus (KO 1998b, PEGG 1998a). Als eine der wichtigsten Landbesitzerinnen im jetzigen CBD hat die Firma kein Interesse daran, dass vor diesem ein neuer Gürtel attraktiver Bürobauten entsteht.

Abb. 8.9. Flugblatt der *Society for Protection of the Harbour* gegen die innerstädtische Landgewinnung 1996 (mit freundlicher Genehmigung des Vorsitzenden, Prof. Winston Chu).

Die für die Kampagne gegen Landgewinnung auf Plakaten und Flugblättern verbreitete Fotokollage zeigt diejenigen Flächen in Sandfarbe, die 1995 zur Landgewinnung vorgesehen waren. Im Vordergrund die *Central and Wanchai Reclamation*, links hinten Kowloon Point und rechts im Hintergrund Kowloon Bay (mit der Landebahn des alten Flughafens).

Abb. 8.10. Gegenentwurf eines Architekten (HO 2000) für den zweiten Bauabschnitt der *Wan Chai Reclamation* (mit freundlicher Genehmigung der *Society for Protection of the Harbour*)

8.3.3
Verlauf und Ergebnis der politischen Auseinandersetzung

Obwohl die Landgewinnungspläne der Regierung schon länger bekannt waren, formierte sich erst 1995 öffentlicher Widerstand gegen sie. Die Planungsbehörden sahen sich plötzlich einer breiten Front von Gegnern aus sehr unterschiedlichen Lagern und mit sehr unterschiedlichen Interessen gegenüber.

- In der Bevölkerung stießen sie auf verbreitete Ablehnung. Es war nicht schwer, fast 150.000 Unterschriften gegen die Landgewinnungspläne zu sammeln (KU 1997). Im formalen Einspruchsverfahren sind 73 Einsprüche erhoben worden (PLANNING DEPARTMENT 1998d), was in Hongkong sehr viel ist, aber letztlich doch die begrenzte Tragweite des Engagements aufzeigt. LAI (1996a, S. 355) kritisiert zu Recht, dass die Diskussion auch elitäre Züge hatte. Positionspapiere von beiden Seiten waren überwiegend auf Englisch verfasst, und in der chinesischen Presse wurde das Thema wenig behandelt. Dennoch sprachen sich in einer Telefonumfrage (1.002 Interviews) der University of Hong Kong 69 % gegen und nur 9 % für weitere Landgewinnungsmaßnahmen im Victoria Harbour aus. 91 % wünschten sich mehr Bürgerbeteiligung (CHUNG & CHAN 1997)
- Unerwartete Verbündete fanden die Aktivisten gegen Landgewinnung in den großen Immobilien- und Bauträgergesellschaften der Stadt. Sie hatten kein Interesse daran, daß große Mengen neuen Baulandes auf den Markt kommen und den Preis ihrer Landreserven schmälern. Diejenigen mit Immobilien in Küstenlage (z. B. *Hong Kong Land*, *Swire Properties*, *Great Eagle Holding*) hatten das zusätzliche Interesse, deren Wertverlust zu vermeiden. So überraschte es nicht, dass gerade von diesen Einsprüche erhoben wurden (KO 1998a).
- Wesentliche Kräfte im Lager der Landgewinnungsgegner waren Fachverbände der Planer, Architekten, Ingenieure etc., die die Debatte durch fachliche Kritik und konkrete Gegenvorschläge bereicherten und zum Teil beträchtliche Res-

sourcen dafür aufwendeten. Es ist fraglich, ob sie sich ähnlich engagiert hätten, hätten sie nicht ihren wichtigsten Auftraggeber, die Immobilienwirtschaft, auf ihrer Seite gewusst. Diese Überlegung stellt aber weder ihre Motive noch die sehr fundierten Ergebnisse in Frage.
- Umweltverbände wie *Friends of the Earth* und *Conservancy Association* trugen die Proteste gegen die Landgewinnungen aktiv mit, obwohl sie gleichzeitig auch in Sorge um die Naturräume der New Territories waren, deren Bebauung als Alternative vorgeschlagen wurde (LAI 1996a, S. 357).
- Auf Seiten der Politik wurden die Pläne vor allem vom *Urban Council* und vom Parlament (LegCo) scharf kritisiert. In letzterem wurde noch vor der Übergabe Hongkongs eine Verordnung zum Schutz des Victoria Harbour verabschiedet, die Landgewinnungen dort nur noch zulässt, wenn es keine Alternative gibt und das Parlament zustimmt. Die Verordnung musste von der neuen Regierung bestätigt werden, was im März 1998 geschah.
- Die VR China protestierte stets, wenn die alte Regierung kurz vor der Übergabe Hongkongs weitreichende Infrastrukturentscheidungen traf und sich auf erhebliche Ausgaben festlegte. Dies insbesondere dann, wenn wie hier große Beträge in die Taschen britischer Beratungs- und Baufirmen flossen. Zudem wertete sie eine Stärkung des Zentrums statt der New Territories als integrationsfeindliches Signal. Allerdings brachten ihre Vertreter diese Argumente eher vorsichtig vor, da ihnen ein Exempel eines erfolgreichen Widerstandes von Bürgerinitiativen und Parlament noch weniger gelegen kam.

Die anhaltende Kritik von allen Seiten, die neue Verordnung zum Schutz des Victoria Harbour, formelle Einsprüche und öffentlichkeitswirksame Kampagnen zeigten ihre Wirkung. 1998/99 stellte das Planungsamt revidierte, in der Fläche reduzierte Versionen der meisten Landgewinnungsprojekte vor. Das *Central Wanchai Reclamation Scheme* wurde um etwa 40 % der ursprünglich vorgesehenen Fläche reduziert, allerdings anders als von der Architektenkammer vorgeschlagen vor allem durch weniger Bürobebauung. Noch liegen endgültige Entwürfe nicht vor, aber es ist geplant die Landgewinnung auf das für die Verkehrsinfrastruktur und eine Uferpromenade notwendige Maß zu beschränken. Neben den Interessen der Immobilienwirtschaft dürfte für diese Entscheidung die Wirtschaftskrise der Jahre 1997/98 eine Rolle gespielt haben. Es gab plötzlich ein Überangebot an Büroraum, und die mittelfristigen Prognosen wurden korrigiert.

Obwohl die Kehrtwende der Planungsbehörden also nicht nur dem öffentlichen Druck geschuldet ist, sind dessen Auswirkungen auch nicht zu unterschätzen. Zum ersten Mal haben Bürger und Interessengruppen gespürt, dass sie wesentliche Planungsentscheidungen beeinflussen können. Tatsächlich war das auch eine wichtige Zielrichtung des Protests. Neben der Sache selbst stand auch das Ziel, einen offeneren und bürgernäheren Planungsprozess einzufordern. Dies vereinte die unterschiedlichen Gruppen gegen die Planungsbehörde und verdeckte teilweise auch Interessensgegensätze. Das Scheitern ihrer Landgewinnungspolitik haben die Behörden nicht zuletzt dem Mangel an Abklärung mit Bürgern und Trägern öffentlicher Belange im Vorfeld zuzuschreiben. Verlauf und Ausgang dieser Debatte haben ein deutliches Signal für mehr Bürgerbeteiligung in der Stadtplanung Hongkongs gesetzt, das im Zusammenhang mit dem Entkolonialisierungs- und Demokratisierungsprozess zu sehen ist.

8.4
Die Entwicklung Wanchais im größeren Kontext

8.4.1
Der wachsende CBD als Auslöser der Veränderungen

Neben den unzureichenden Mechanismen des Interessenausgleichs im Hongkonger Planungssystem ist im Kontext dieser Arbeit die Ursache des Konflikts von Interesse. Der große Flächenbedarf im Stadtzentrum ist in erster Linie auf die Zunahme zentraler Lenkungs- und Steuerungsfunktionen Hongkongs und deren Konzentration auf den CBD zurückzuführen. Das erste Argument für die Landgewinnung im Ortsteil Central und in Wanchai war die Notwendigkeit, neue hochrangige Bürogebäude, Hotels und Kongresseinrichtungen sowie deren Anbindung an den Flughafen bereitzustellen. Dieser Bedarf geht unmittelbar auf die Bedeutung Hongkongs als Globalstadt zurück. Bei zunehmender chinesischer Investitionstätigkeit verstärkt die Integration Hongkongs diese Bedeutung als Globalstadt und die Nachfrage nach entsprechenden Einrichtungen im Stadtzentrum. Die vorübergehende Wirtschaftskrise hat diese langfristigen Trends nicht aufgehalten. Deshalb war es möglicherweise keine nachhaltige Lösung, unter ihrem Eindruck die Flächen für Bürobauten und Hotels auf den neuen Landgewinnungsflächen zu reduzieren, insbesondere zumal platzsparendere Konzepte vorlagen. Es ist zu erwarten, dass mit wieder zunehmendem Bedarf die Diskussion erneut aufgerollt wird, entweder über eine Neukonzeption der Bebauung oder sogar über die Gewinnung weiterer Flächen. Bei der hohen Sensibilität der Öffentlichkeit für die Gestaltung des Ortsteils Central ist zu erwarten, dass eine erneute Expansion der Landfläche in Wanchai leichter durchzusetzen sein wird. Mit dem *Convention and Exhibition Centre* und dem neuen KCR-Endbahnhof hätte Wanchai auch die notwendige Ausstrahlung, um höchstrangige Nutzer anzuziehen.

Auch das zweite Argument für das *Central Wanchai Reclamation Scheme*, der hohe Flächenbedarf für Verkehr ist in der starken Zentralisierung begründet. Bei einer zunehmenden Konzentration der Arbeitsplätze auf den CBD und der gleichzeitigen Dekonzentration der Wohnstandorte steigt das Verkehrsaufkommen. Auch werden die Pendeldistanzen länger, und ein zunehmender Teil der Einpendler wohnt in suburbanen Siedlungen mit schlechtem ÖPNV-Anschluss. Den dadurch ohnehin schon verursachten Anstieg des PKW-Anteils verstärkt noch der Zuwachs einkommensstarker Bevölkerungsteile an der Hongkonger Bevölkerung (vgl. Kap. 5.3.3). Für die Verkehrssituation des CBD, der durch den Victoria Harbour vom größeren Teil der Stadt getrennt ist, ist der Zuwachs des PKW-Verkehrs wegen dessen großen Flächenbedarfs besonders gravierend. Auch andere Verkehrsträger sind aber an die Grenzen ihrer Kapazität gelangt.

Der CBD ist neben Hafen und Flughafen der Ort, an dem sich die Globalstadtentwicklung Hongkongs besonders deutlich im Raum manifestiert. Entsprechend treten dort auch die Konflikte zwischen den Raumansprüchen der Bevölkerung und denen der Globalstadt besonders deutlich zu Tage.

Die Entwicklung des CBD kann aber auch im regionalen Kontext gesehen werden. Geht man von einem Metropolitanraum *Pearl City* aus, so ist es plausibel, dass der CBD dieses urbanen Gebildes weit größer sein muss als der nur von

Hongkong. Im CBD Hongkongs laufen nicht nur globale Netze zusammen, sondern ebenso die regionalen der Perlflussdeltaregion, sofern diese bereits auf Hongkong als neues Zentrum orientiert sind. In Zukunft wird Hongkongs Rolle als Zentrum regionaler Interaktionen in der Perlflussdeltaregion ebenso zunehmen wie seine globale Vernetzung. Aus diesem Grunde müssen räumliche Lösungen für die Ausweitung seines CBD gefunden werden.

8.4.2
Dezentralisierung als Strategie für Hongkong

Die forcierte Dezentralisierung des expandierenden Dienstleistungssektors unter Einbeziehung von Standorten in Kowloon erscheint vor diesem Hintergrund wünschenswert. Es spricht auch einiges dafür, dass eine solche Entwicklung nicht unrealistisch ist:

- Die Expansionsmöglichkeiten des CBD sind weitgehend erschöpft, insbesondere seit die Verordnung zum Schutz des Victoria Harbour die Möglichkeiten zur Landgewinnung stark einschränkt.
- Durch die Suburbanisierung und zunehmende grenzüberschreitende Interaktionen sind manche Standorte in Kowloon oder Tsuen Wan leichter zu erreichen als der CBD. Insbesondere dass dieser durch den Victoria Harbour von der übrigen Stadt abgetrennt ist, erschwert seine Erreichbarkeit.
- Durch die Deindustrialisierung und die Verlagerung des Flughafens sind Lager- und Industriebauten in New Kowloon, vor allem in Kwun Tong, Kowloon Bay und Cheung Sha Wan (vgl. Kap. 6.4.2) nicht mehr voll genutzt.
- Die Aufhebung der Bauhöhenbeschränkung nach dem Umzug des Flughafens ermöglicht nun auch in Kowloon Bürohochhäuser und schafft damit ein erhebliches Verdichtungspotential.

Das Planungsamt in Hongkong hat nun in einer mehrjährigen Studie mit 2.700 Interviews die Bedürfnisse und wichtigsten Entscheidungskriterien von Hongkonger Büronutzern ermittelt. Dabei ergaben sich unter anderem folgende Ergebnisse (PLANNING DEPARTMENT 1998e):

- Hongkonger Unternehmen weisen generell eine hohe Mobilität auf, und eine Dezentralisierung wird von den meisten nicht grundsätzlich abgelehnt.
- Der wichtigste nachgefragte Standortfaktor ist Erreichbarkeit (v. a. per U-Bahn), der zweitwichtigste sind Fühlungsvorteile. Eine Relativierung der Bedeutung von *face-to-face*-Kontakten durch die Telekommunikation ist nicht erkennbar.
- Es gibt eine Abwägung zwischen Kosten, Qualität und Lage von Büroraum, bei der individuell unterschiedliche Prioritäten gesetzt werden.
- Die Nähe zu Standorten der öffentlichen Verwaltung ist als Kriterium vernachlässigbar.
- In der Verwaltung selber werden eine gute Ausstattung und die Nähe zu anderen Abteilungen höher geschätzt als die zentrale Lage der Dienstsitze.
- Die Eröffnung von Büros in der VR China wird nicht zu einer nennenswerten Reduzierung des Büroraumbedarfes in Hongkong führen.
- Die Büroraumnachfrage wird sich bis 2011 etwa verdoppeln (vgl. Tabelle 8.2) und qualitativ stärker nach Gebäudetypen variieren (I/O, *business estates* etc.).

Tabelle 8.2. Büroraumprognose für die drei Teilbereiche Hongkongs bis 2011

	Nettogeschossfläche	Anteile: CBD[a]	Metroarea	New Territories[b]
Bestand 1996	8,1 Mio. m²	71 %	26 %	3 %
bestehende Planung 2011	12,2 Mio. m²	59 %	39 %	2 %
prognostizierter Bedarf 2011	16,8 Mio. m²	51 %	42 %	6 %

Quelle: PLANNING DEPARTMENT 1998c; [a] etwas enger definiert als Teilbereich A aus Abb. 6.3: Tsim Sha Tsui, Central, Sheung Wan, Wanchai, Causeway Bay; [b] Teilbereich C aus Abb. 6.3

Die Voraussetzung für eine Dezentralisierung von Arbeitsplätzen im privaten und staatlichen Sektor ist also nicht schlecht. Die Nutzer kennen die Vorteile einer Dezentralisierung und könnten an Angeboten qualitativ hochwertigen Büroraums mit U-Bahnanschluss interessiert sein. Wichtig ist dabei eine kritische Masse anderer Nutzer, mit denen man Kontakte unterhält. So wird entscheidend sein, ob es gelingt, das Interesse auf einige dezentrale Standorte zu konzentrieren. Diese könnten z. B. branchenspezifisch ausgewählt werden (Außenhandel in Hafennähe, Versicherungen in North Point etc.). Auf jeden Fall ist angesichts des Hongkonger *modal split* und der notwendigen verkehrspolitischen Zielsetzung eine Standortwahl an Nahverkehrsknotenpunkten unabdingbar (COOK & WANG 1996, S. 22f). Beispiele für integrierte Planungen sind die Stationen der neuen Flughafenbahn.

Bei einer prognostizierten Verdoppelung der gesamten Büroraumnachfrage in Hongkong bis 2011 würde allerdings trotz des von 71 % auf 51 % sinkenden Anteils des CBD der Flächenbedarf dort noch um 50 % steigen (vgl. Tabelle 8.2). Realistischer Weise muss zudem mittelfristig von der Standortpersistenz besonders zentraler und wertschöpfungsintensiver Funktionen im CBD ausgegangen werden. Für sie stehen Imagefaktoren und Fühlungsvorteile im Vordergrund. Da der Standort diesbezüglich im globalen Wettbewerb steht, bekennt sich die Planungsbehörde dezidiert zu einem starken CBD, was ihre gleichzeitigen Dezentralisierungsbemühungen etwas relativiert.

Zu erwarten ist zunächst der Verbleib des CBD in den Ortsteilen Central und Wanchai und für einzelne Funktionen und Branchen die vorsichtige Dezentralisierung nach North Point, Kwun Tong oder Kowloon-West. Wirklich dezentrale Subzentren in den New Territories werden bei der starken globalen Mobilität des Kapitals und dessen offensichtlichen Standortpräferenzen nur ergänzende Bedeutung haben können. Wirkliches Potenzial, zu einem zweiten Hauptzentrum zu werden, hat vor allem der neue Flughafenbahnhof Kowloon, der direkt an den CBD angebunden ist und nach der Eröffnung der *West Rail* auch von Shenzhen aus gut erreichbar sein wird. An diesem völlig neu entstehenden Standort wird eine hochmoderne Büroinfrastruktur geschaffen. Wenn dieser Standort gut angenommen wird, erscheint langfristig eine Verlagerung des CBD nach Kowloon möglich. Von den räumlichen Relationen her wäre solch ein Schritt ein logistischer Vorteil und die folgerichtige Antwort auf die Raumentwicklung der Stadt. Die Lage des heutigen CBD spiegelt die relative Lagegunst zur Zeit der Entstehung Hongkongs im 19. Jahrhundert wider. Im Stadtgebiet des 21. Jahrhunderts und in einer größeren Metropolitanregion liegt der Ortsteil Central eher randlich und technisch ungünstig.

9 Synthese: Konzepte zur Raumentwicklung und -planung in Hongkong

Im Sinne der drei Ziele dieser Arbeit (vgl. Kap. 1.1.2) sollen nun zuerst die festgestellten raumwirksamen Trends zusammengefasst und anhand der in Kapitel 1.3 aufgeführten Konzepte analysiert werden. Als zweites werden diese Trends in Beziehung zu übergeordneten Prozessen gesetzt und erklärt. Der dritte Schritt ist die Evaluation planerischer Konsequenzen, gefolgt von einem kurzen Ausblick.

9.1 Zusammenfassung der raumwirksamen Veränderungen

Die 10 wichtigsten festgestellten raumwirksamen Trends in Hongkong sind:

(1) *Stärkere wirtschaftliche Verflechtung auf globaler Ebene*, starker Anstieg des Außenhandels über Hafen, Flughafen und Landverbindungen, daher hoher neuer Infrastrukturbedarf, wachsende Bedeutung der Telekommunikation

(2) *Zunahme des tertiären Sektors*, insbesondere der Finanzwirtschaft und unternehmensbezogener Dienstleistungen, großer Arbeitskräfte- und Büroflächenbedarf, wegen der Relevanz von Fühlungsvorteilen v. a. im Stadtzentrum

(3) *Auslagerung des sekundären Sektors nach Südchina*, dadurch Expansion der Hongkonger Industrie bei gleichzeitiger Abnahme industrieller Arbeitsplätze in der Stadt, Auswirkungen auf Energiebedarf, Produktivität, Flächennutzung

(4) *Grenzübergreifende Kontakte und Familien*, häufige grenzüberschreitende Interaktionen, daher: Überlastung der Grenzübergänge, erhöhte Attraktivität der New Territories, Immigrationsdruck, weniger Geburten, mehr Scheidungen

(5) *Mehr Immigration* (westliche *expatriates*, südostasiatisches Hauspersonal, chinesische Familienangehörige), höhere Bedeutung von Englisch und Putonghua im Alltag, andere Wohnansprüche, wachsende Bevölkerungsdichte

(6) *Abmilderung der extremen Dichteunterschiede in der Bevölkerungsverteilung*, Nordverlagerung des Bevölkerungsschwerpunktes (in die New Territories) durch New Towns, Verdrängung aus dem CBD und Sanierung in Kowloon

(7) *Zuspitzung von Dichteunterschieden in der Arbeitsplatzverteilung*, Südverlagerung des Beschäftigungsschwerpunktes (in Richtung CBD) durch Abbau in den Industriegebieten und Zunahme in der hochverdichteten Innenstadt

(8) *Verschärfung sozialräumlicher und sozialer Disparitäten bei gleichzeitiger Wohlstandssteigerung*, Zunahme sowohl im Hoch- als auch im Niedriglohnsektor v. a. in Vierteln mit hohem Ausländeranteil (*expatriates*, Hauspersonal)

(9) *Überalterung der einheimischen Bevölkerung* durch geringe Kinderzahl und gestiegene Lebenserwartung, kann nur z. T. durch Immigration ausgeglichen werden, räumlich betroffen sind vor allem Kowloon und die New Towns

(10) *Auflösung traditioneller Familienstrukturen*, Abkehr von der Großfamilie und steigende Frauenerwerbstätigkeit mit Auswirkungen auf Geburtenrate und Arbeitsmarkt, steigende individuelle Wohnraumansprüche und Haushaltszahl.

Diese Entwicklungen sind nur zum Teil Hongkong-spezifisch. In vielen Städten und Kulturen weltweit gibt es ähnliche Prozesse. Speziell ist deren Kombination am spezifischen Ort Hongkong. Die 10 Trends stehen, wie in einigen Fällen gezeigt werden konnte, in vielfältigen Zusammenhängen untereinander. Die globale Verflechtung ermöglicht die Konzentration auf den tertiären Sektor, die wiederum die Arbeitsplatzkonzentration im CBD fördert. Durch *outward processing* nehmen grenzüberschreitende Kontakte zu, was Auswirkungen auf Immigration, Familienstrukturen und die Attraktivität der New Territories als Wohn- und Gewerbestandort hat. Durch Tertiärisierung und *outward processing* steigen Produktivität und Wohlstand, aber v. a. im Zusammenhang mit der erhöhten Immigration auch soziale und sozialräumliche Disparitäten. Die Immigration hängt gleichermaßen mit gewachsenen globalen wie regionalen Verflechtungen zusammen. Durch fremde Wohnideale fördert sie auch die Bevölkerungsdekonzentration. Gesellschaftlich-kulturelle Trends (z. B. ein erhöhtes Selbstverwirklichungsbedürfnis) beeinflussen Familienstrukturen, Altersstruktur und Suburbanisierungsprozesse (vgl. Abb. 9.1).

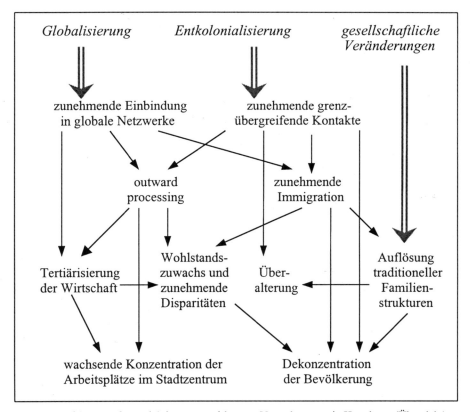

Abb. 9.1. Wirkungsgefüge wichtiger raumwirksamer Veränderungen in Hongkong (Übersicht)

9.2
Vier Konzepte zur Analyse der aufgezeigten Prozesse

In der Einleitung (vgl. Kap. 1.3) wurden vier in der Geographie gängige Konzepte herausgestellt, die zur Beschreibung und Erklärung jeweils eines Teiles der raumwirksamen Prozesse in Hongkong dienlich sind. Sie werden nun im Lichte der Erkenntnisse dieser Arbeit auf ihre Relevanz in Bezug auf Hongkong untersucht.

9.2.1
Suburbanisierung

Die Frage nach Suburbanisierungstendenzen, wie sie v. a. aus dem angloamerikanischen Kontext bekannt sind, soll hier in drei Schritten beantwortet werden:
(a) Ändert sich die Stadtstruktur in Richtung Abbau der hohen Konzentration?
(b) Handelt es sich dabei eher um Suburbanisierung oder um Stadtwachstum?
(c) Folgt eine Suburbanisierung angloamerikanischen Vorbildern?

Änderung der Stadtstruktur? Umfang und Ausprägung der Bevölkerungssuburbanisierung in Hongkong sind bisher im internationalen Vergleich sehr untypisch. Formal gesehen ist die Stadtstruktur mit ihrer dicht besiedelten Kernstadt, fehlender flächenhafter Suburbanisierung und einem Ring wiederum dicht besiedelter Trabantenstädte am ehesten mit dem Typ der sozialistischen Stadt zu vergleichen. Trotz der kapitalistischen, non-interventionalistischen Wirtschaftsordnung Hongkongs ist das kein Zufall. Sein Bodenrecht (vgl. Kap. 4.3.1) gibt dem Staat eine sehr starke Stellung in der Flächennutzungsplanung. Dadurch dass er a priori alles Land besitzt, unterliegt die Frage welche Flächen wann zur Entwicklung freigegeben werden zentraler Steuerung. Einer Landschaftszersiedelung konnte auf diese Weise sehr wirkungsvoll entgegengewirkt werden.

Hinzu kam ein zweiter, etwas subtilerer Punkt, die psychologische Wirkung der Grenze zur VR China. Das Interesse der Briten an Hongkong galt von Anfang an dem Hafen und den Außenbeziehungen über das Meer. Räumlich konzentrierte man sich also auf einen relativ schmalen Streifen Land beiderseits des Victoria Harbour. Die New Territories blieben sehr chinesisch geprägt und standen auch die meiste Zeit in engem Austausch mit China. Nicht nur für die Briten, auch für die später von der neuen Hongkonger Elite geprägte Regierung hatten sie immer etwas Unkontrollierbares. Es galten dort in vielen Fragen nicht die Hongkonger Gesetze (vgl. Kap. 4.3.1) oder sie wurden nicht durchgesetzt (vgl. Kap. 7.1.3). Auch war die Zukunft der New Territories angesichts des zeitlich befristeten Pachtvertrages lange Zeit alles andere als klar. Die Planung von Wohngebieten in diesem Raum bot sich daher aus Sicht der Kolonialregierung zunächst nicht an. Erst als die Verdichtungsprobleme in der Innenstadt in den 60er Jahren unkontrollierbar zu werden drohten (Aufstände, Brandkatastrophen), entschloss man sich in einem ersten Schritt zu dem New-Town-Programm, mit dem inselartig Teile der New Territories in das Gefüge der Stadt und damit in den vollen Einflussbereich der Regierung integriert wurden. Der zweite Schritt, die volle Integration der New Territories insgesamt in die *mental map* Hongkongs erfolgt erst jetzt.

Die Raumstruktur Hongkongs und v. a. der New Territories wird das maßgeblich verändern. Zur Lösung des Wohnungsproblems und zur Senkung des Immobilienpreisniveaus soll künftig mehr Land zur Bebauung freigegeben werden, das bei der dichten Bebauung in Hongkong und Kowloon ganz überwiegend in den New Territories (v. a. NWNT und Lantau) liegen wird. Diese durch neue Verbindungen in die New Towns, zum Flughafen und nach Shenzhen nun besser erschlossenen Gebiete werden ihren ländlichen Charakter dadurch einbüßen.

Suburbanisierung oder Stadtwachstum? Eine Ausdehnung der Kernstadt in die New Territories hinein deutet noch nicht unbedingt auf Suburbanisierungsprozesse hin. Indizien für eine wirkliche Suburbanisierung in Hongkong sind die zeitgleich abnehmende Bevölkerungsdichte in der Kernstadt, die in Kapitel 5.2.4 nachgewiesene Binnenmigration und die zunehmende Zahl von Einzel- und Reihenhaussiedlungen oder auch lockererer Hochhaussiedlungen, die auf suburbane Lebensstile ausgerichtet sind. Beispiele wie Discovery Bay, Sai Kung oder Palm Springs mit viel Grünfläche, wenig Verkehr und wenig Gewerbe weisen in diese Richtung. Der Bau dichter New Towns nahe der Kernstadt (z. B. Tseung Kwan O, Shatin), die den größeren Teil der Entwicklungen in den New Territories ausmacht, ist hingegen als Stadterweiterung zur Aufnahme des Bevölkerungswachstums zu sehen.

Auch bezüglich der Arten von Suburbanisierung muss in Hongkong unterschieden werden. Es gibt fast ausschließlich Bevölkerungssuburbanisierung. Hinzu tritt durch den Bau von *Industrial Estates* eine gewisse Suburbanisierung der Industrie, die allerdings insgesamt drastisch an Bedeutung verliert. Im Dienstleistungsbereich werden Ansätze einer Suburbanisierung (z. B. Hochschulen, persönliche Dienstleistungen) durch den wesentlich stärkeren Konzentrationsprozess im CBD mehr als relativiert. Eine in anderen Ländern typische Form der Suburbanisierung, die des Einzelhandels in Form großer Einkaufszentren, fehlt in Hongkong vollständig. Gründe dafür sind der ungewöhnlich geringe Motorisierungsgrad, die kulturell deutlich abweichenden Einkaufsgewohnheiten (häufiger Einkauf frischer Waren auf Märkten) und die relativ hohen Grundstückspreise auch in den New Territories. Generell kann man sagen, dass der Dekonzentration von Bevölkerung in Hongkong eine zunehmende Konzentration von Arbeitsplätzen gegenübersteht.

Die treibenden Kräfte der Bevölkerungssuburbanisierung in Hongkong sind die wachsende Nachfrage einer sehr kaufkräftigen Bevölkerungsgruppe sowie das Verwertungsinteresse und die große wirtschaftliche Macht der Bauträgergesellschaften. Die Planungsbehörden hingegen halten an dem prinzipiellen Leitbild der hochverdichteten Stadt fest, um den knappen verfügbaren Raum effizient zu nutzen, Freiflächen zu schützen und Verkehrsprobleme einzudämmen. Dennoch ist die weitere Ausbreitung der Stadt in die New Territories durch New Towns vorgesehen, und der Entdichtungsprozess in Teilen Kowloons soll fortgeführt werden. Für den weiteren Bau und Ausbau von New Towns wird noch ein erhebliches Potential gesehen. Teilweise werden dabei auch neue Konzepte ausprobiert, die höhere Umwelt- und Landschaftsverträglichkeit und mehr Lebensqualität versprechen (z. B. Fanling Nord, Kwu Tung, Hung Shui Kiu). Eine Annäherung zwischen den Bauformen New Town und suburbane Siedlung ist damit zu erwarten (auch private Bauträger müssen angesichts hoher Bodenpreise mit relativ hohen Bebauungsdichten planen). Derartige Zwischenformen werden den Adressatenkreis für suburbanes Wohnen weiter in die Mittelschicht ausdehnen.

Amerikanische Vorbilder? Die Stadtstruktur Hongkongs wird sich auch künftig fundamental von der amerikanischer Städte unterscheiden. Die hohe Bebauungs- und Bevölkerungsdichte auch in den Siedlungen des Außenbereichs, die geringe Bedeutung des Individualverkehrs und das Fehlen von Supermärkten „auf der grünen Wiese" sind deutliche Unterschiede. Dennoch gibt es Einflüsse des Leitbildes amerikanischer Städte, so die Anlage neuer Einzel- und Reihenhaussiedlungen, insbesondere sogenannter *gated communities* (wie in den USA durch private Bauträgergesellschaften). Am Beispiel Palm Springs wurde gezeigt, dass sogar explizit mit US-amerikanischen Attributen Werbung betrieben wurde. Der amerikanische Lebensstil entfaltet in einer bestimmten Bevölkerungsschicht eine Anziehungskraft. Hinzu kommt durch die Globalstadtfunktion Hongkongs eine zunehmende Zahl von Nordamerikanern, die einen Teil der Bewohner suburbaner Siedlungen ausmachen. In welchem Maße sich auch die Remigration aus den USA, Kanada oder Australien auswirkt, wäre eine interessante Fragestellung für weitere (auch qualitative) Untersuchungen. Es gibt Anzeichen, dass die Wohnpräferenzen der Remigranten eher nordamerikanischen als asiatischen Mustern entsprechen.

Auch die Folgen der Suburbanisierung, namentlich die in dieser Arbeit aufgezeigte Zunahme der sozialräumlichen Segregation, sind aus Nordamerika bekannt. Soziale Disparitäten wirken sich über die Suburbanisierung auch in Hongkong zunehmend räumlich aus, da nun ein Teil des Wohlstandszuwachses in bessere Wohnbedingungen und Schutz vor der Außenwelt (*gated communities*) investiert wird. Weitere bekannte Folgen sind höherer Flächenverbrauch und zunehmender Individualverkehr. Es bleibt aber festzuhalten, dass die beschriebenen Erscheinungen nur ein begrenztes Segment der Entwicklung im suburbanen Bereich darstellen, und dass der allgemeine Charakter der Suburbanisierung in Hongkong (keine flächenhafte Zersiedlung sondern punktuell konzentrierte Entwicklung) deutlich von dem amerikanischen Modell divergiert. Auch mit einer Verödung der Innenstadt als Folgeerscheinung ist in Hongkong nicht zu rechnen.

9.2.2
Grenzübergreifende Metropolitanregion

Bezüglich der regionalen Entwicklungen, die über interne Umordnungsprozesse in Hongkong hinaus gehenden, stellen sich folgende Fragen:

(a) in welchem Umfang grenzüberschreitende Interaktionen bereits stattfinden,
(b) wie weit sich daraus feste grenzübergreifende Strukturen entwickelt haben
(c) und ob die räumlichen Veränderungen auf beiden Seiten bereits rechtfertigen, von einem einheitlichen, grenzübergreifenden Metropolitanraum zu reden.

Grenzüberschreitende Interaktionen. Alle Interaktionen zwischen Hongkong und Shenzhen haben in den letzten Jahren erheblich zugenommen. Dies konnte anhand der Grenzübertritte, der Arbeitsverhältnisse, der Partnersuche und des Einkaufsverhaltens gezeigt werden. Es betrifft ebenso die Telekommunikationsverbindungen, Finanztransaktionen und die Freizeitgestaltung. Es ist unübersehbar, dass die Grenze ihre psychologische Trennfunktion verliert. Andererseits verliert sie bislang kaum von ihrer rechtlich-administrativen Trennfunktion. Ein- und Ausreisebestimmungen sind von Erleichterungen für Touristen aus der Volksrepublik abgesehen weitgehend unverändert. Die festgestellten Pendlerbeziehungen richten sich fast nur von Hongkong nach Shenzhen, obwohl der Bedarf in umgekehrter Richtung größer ist. Die Grenze bildet vor allem im Personenverkehr weiterhin eine Barriere mit ausgeprägter Filterwirkung. So lange ein regelmäßiges Pendeln zur Arbeit nach Hongkong für Bürger ohne Niederlassungsberechtigung in der SAR fast unmöglich und auch für Hongkonger Bürger beschwerlich ist, werden sich keine nennenswerte grenzüberschreitende Suburbanisierung aus Hongkong heraus und keine höheren Einpendlerzahlen nach Hongkong hinein entwickeln.

Grenzübergreifende Strukturen. Eine Vorreiterrolle haben betriebliche Strukturen schon seit Beginn der 80er Jahre gespielt. Finanzielle Verflechtungen und betriebliche Abläufe werden kaum mehr an der Grenze gebrochen. Das Perlflussdelta erscheint daher inzwischen als einheitlicher Wirtschaftsraum. Allerdings bleibt festzuhalten, dass die enge Integration überhaupt nur durch die Existenz der Grenze und die mit ihr verbundenen unterschiedlichen komparativen Standortvorteile entstanden ist. Die enge Verflechtung beruht damit paradoxer Weise auf der fortbestehenden Teilung des Wirtschaftsraumes. Inzwischen gibt es jedoch weit über die Wirtschaft hinaus grenzübergreifende Strukturen, von der Mitgliedschaft Hongkonger Bürger in Golfklubs jenseits der Grenze über institutionalisierte Kooperationen von Verwaltungen und Verbänden bis zu grenzübergreifenden Familienstrukturen. Letztere entwickeln die stärkste verbindende Wirkung. Die rapide Zunahme grenzübergreifender Ehen und Vater- bzw. Mutterschaften ist neben beruflichen Gründen der wichtigste Antrieb, dass immer mehr Menschen von beiden Seiten die Mühe auf sich nehmen, die Grenze zu überqueren. Die dadurch geschaffenen Strukturen werden zwangsläufig die Integrationsdynamik vorantreiben. Es ist zum Beispiel absehbar, dass die gegenwärtigen Einwanderungsquoten dem Druck der unabwendbar immer zahlreicher werdenden Anträge auf Familienzusammenführung nicht unbegrenzt werden standhalten können.

Räumliche Veränderungen. Die räumlichen Veränderungen durch zunehmende grenzüberschreitende Interaktionen sind bislang noch recht asymmetrisch verteilt. Shenzhen und die angrenzenden Teile der Perlflussdeltaregion haben ihre traditionelle räumliche Orientierung auf Guangzhou (Kanton) gegen eine auf Hongkong eingetauscht (vgl. SANJUAN 1997). Die Hongkonger New Territories hingegen, die noch bis in die Kolonialzeit hinein funktional auf Shenzhen und nicht auf Hongkong ausgerichtet waren, beginnen erst in den letzten Jahren wieder, kleinräumige Bindungen über die Grenze aufzubauen. Die räumlichen Strukturen auf Hongkonger Seite sind noch nicht dafür ausgelegt. Am deutlichsten wird das darin, dass es noch immer nur drei grenzüberschreitende Straßen und nur eine grenzüberschreitende Bahnlinie gibt. Von Shenzhen aus enden viele Straßen an der Grenze.

Anders als in Shenzhen, wo die Bebauung bis unmittelbar an die Grenze reicht, ist die Entwicklung des Grenzgebietes auf Hongkonger Seite noch nicht weit fortgeschritten. Hongkong und Shenzhen bilden dadurch noch keine baulich geschlossene Einheit. Sie sind durch einen ca. 20 km breiten, nur punktuell städtisch bebauten Gürtel voneinander getrennt. Ähnliche Strukturen können in Metropolitanräumen auch unter anderen Bedingungen entstehen (z. B. in Seoul, wo eine sehr strikte Grüngürtel-Politik zu in Ansätzen vergleichbaren Brüchen in der räumlichen Entwicklung geführt hat, vgl. DEGE 2000, S. 6f). Dennoch kann man im Falle Hongkong die Anomalie in der räumlichen Entwicklung als Indiz werten, dass man von „normalen" Metropolitanraumstrukturen noch weit entfernt ist.

Insgesamt erscheinen Hongkong und das Perlflussdelta absehbar und beschleunigt auf dem Wege zu einer grenzübergreifenden Metropolitanregion. Die Verflechtungen zwischen beiden Seiten haben in einem Maße zugenommen, das vielfach noch unterschätzt wird. Andererseits ist es aber auch verfrüht, sie schon jetzt als einheitliche Region *Pearl City* zu bezeichnen. Diese Entwicklung wird noch länger anhalten, muss aber heute schon planerisch vorbereitet und begleitet werden.

9.2.3
Globalstadt

Neben den neuen regionalen Verflechtungen wurden die ebenso stark zunehmenden internationalen Verflechtungen als Hauptursache für Veränderungen in Hongkong identifiziert. In Hinblick auf die Rolle als Globalstadt ist zu untersuchen:

(a) welche Merkmale einer Globalstadt in Hongkong festgestellt werden konnten,
(b) welche Abweichungen von der gängigen Globalstadtentwicklung bestehen
(c) wie es um die Zukunftsfähigkeit Hongkongs als Globalstadt bestellt ist.

Typische Merkmale. Obwohl Hongkong im Gegensatz zu Tokio, New York und London in manchen Listen der wichtigsten Globalstädte nicht erwähnt ist (z. B. FRIEDMANN 1986, SASSEN 1991), steht seine Einstufung als Globalstadt außer Frage. Dies lässt sich mit seinen Funktionen, mit seiner Einbindung in globale Netze, mit baulich-physiognomischen, mit ökonomischen, kulturellen und demographischen Merkmalen begründen. Neben der in Kapitel 3.2 thematisierten Konzentration von Lenkungs- und Steuerungsfunktionen und internationalen Vernetzung ist die starke Immigration von Erwerbstätigen an beiden Enden der Lohnskala besonders typisch. Diese meistens nur temporäre Immigration führt, wie in allen Globalstädten, zu einer Anhebung des mittleren Lohnniveaus – mit Folgen z. B. für die Lebenshaltungskosten. Gleichzeitig führt sie, ebenso typisch, zu einer starken sozialen Polarisierung. Eine Eskalation sozialer Konflikte wie in den Metropolen Afrikas und Südamerikas verhindern die strikte Zuzugskontrolle der noch von ihrem Hinterland abgeriegelten Stadt und möglicherweise auch kulturelle Prägungen der Bevölkerung. Aus wirtschaftlicher Sicht zeigt Hongkong die für Globalstädte charakteristische Tertiärisierung der Wirtschaftsstruktur mit einer räumlichen Konzentration der Lenkungs- und Steuerungsfunktionen auf den stark wachsenden CBD, aus dem durch Bodenpreissteigerungen traditionelle Nutzungen (Wohnen, Kleingewerbe) verdrängt werden.

Besonderheiten. Neben der Besonderheit, dass Hongkong eine der wenigen Globalstädte in einem nicht-westlichen Kulturkreis und außerhalb der traditionellen Industrieländer Europas, Nordamerikas und Japans ist, gibt es noch eine weitere. Die meisten Globalstädte haben eine leistungsfähige Volkswirtschaft als Hinterland. Neben die Funktionen innerhalb des Netzes von Globalstädten treten bei ihnen zentrale Funktionen auf nationaler Ebene und die Mittlerfunktion zur globalen Ebene. Diese drei Funktionsebenen sind methodisch schwer zu trennen, weswegen in gängigen Klassifikationen oft die in eine potente Volkswirtschaft eingebetteten Globalstädte bevorteilt werden. Hongkong erschien früher als eine Art „exterritoriale Globalstadt", die als *Offshore*-Finanzzentrum und Drehscheibe des Handels funktionierte und in keine Volkswirtschaft eingebunden war. Obwohl China schon immer eine besondere Bedeutung als inoffizielles Hinterland Hongkongs hatte, und obwohl auch andere Globalstädte ihre globalen Funktionen ohne eine große Volkswirtschaft im Hintergrund ausüben (z. B. Singapur, Zürich), war Hongkong das größte und isolierteste Beispiel einer „exterritorialen Globalstadt". Durch die zunehmende Einbindung in die VR China, die sich im Anteil des „Mutterlandes" an den grenzüberschreitenden Interaktionen (z. B. Telekommunikation, Flugverkehr, Außenhandel, Finanztransaktionen) zeigt, entwickelt sich Hongkong immer mehr zu einer (oder der) integrierten Globalstadt Chinas, obwohl die Volksrepublik und Hongkong formal noch getrennte Volkswirtschaften sind. Die Gleichzeitigkeit von nationaler und globaler Integration spitzt manche Entwicklungen zu, hat aber auch gegenläufige Effekte, wie z. B. bei der Frage der Unterrichtssprache an den allgemeinbildenden Schulen deutlich wurde.

Zukunft als Globalstadt. Für die Zukunft Hongkongs als Globalstadt gibt es innere und äußere Determinanten. Zu letzteren zählt die Entwicklung seiner Märkte. Da Hongkong sowohl regional (China) als auch sektoral (Finanzwesen) deutliche Schwerpunkte entwickelt hat, ist es von der Entwicklung in diesen Schwerpunktmärkten abhängig. Zur Zeit erscheinen sowohl der regionale Markt China als auch der sektorale Finanzwirtschaft als Wachstumsmärkte, aber das kann sich ändern. Eine weitere äußere Determinante ist die Entwicklung der Konkurrenzstandorte. Im Flugverkehr wurde aufgezeigt, dass Seoul, Kuala Lumpur und viele andere Städte in verstärkte Konkurrenz zu Hongkong treten, im Finanzwesen ist das für Singapur und Shanghai der Fall. Vor allem die Konkurrenz Hongkongs zu Shanghai um die Rolle als Globalstadt Chinas wird oft als Schicksalsfrage für Hongkong dargestellt. Es ist allerdings gut möglich, dass der Funktionsverlust Hongkongs an Shanghai durch ein anhaltendes Wachstum und eine zunehmende globale Integration der gesamten chinesischen Volkswirtschaft mehr als ausgeglichen wird. Langfristig hat China das Potential für mehrere prosperierende Globalstädte.

Zu den inneren Determinanten zählt der Erhalt seiner Attraktivität für globale Entscheidungsträger. Zu nennen sind hier Punkte wie Weltoffenheit, Fremdsprachenkenntnisse (neben Englisch zunehmend auch Putonghua), Umweltqualität, Stadtbild, kulturelles Angebot, innere und äußere Sicherheit, Wohnraumversorgung, Infrastruktur und Innovationsfreundlichkeit. All dies sind lokal steuerbare Voraussetzungen für Erhalt und Ausbau der Globalstadtfunktionen. So hängt auch von lokalen Akteuren in Politik und Planung und von der Bevölkerung ein Teil der Zukunft Hongkongs als Globalstadt ab. Drei kritische Punkte seien als Beispiele herausgegriffen: Für die Verbreitung der englischen Sprache wurden gegenläufige Entwicklungen aufgezeigt. Einerseits nimmt ihr Gebrauch unter der einheimischen Bevölkerung ab, andererseits wächst die Zahl der Zuwanderer, die im Alltag überwiegend Englisch sprechen. Für die Globalstadtentwicklung ist die Divergenz dieser Trends schädlich, wenn eine Verständigung der Globalstadtzuwanderer im Alltag und die Rekrutierung lokaler Arbeitskräfte für internationale Firmen nicht mehr problemlos möglich sind. Eine zweite Gefährdung der Standortattraktivität ist die bedenkliche Luftqualität in der Innenstadt und eine dritte die zunehmende Überalterung der Bevölkerung. Ein wachsendes Durchschnittsalter erhöht die Kosten für die Sozialsysteme und mindert die Innovationsfreudigkeit der Stadt. Schon aus diesem Grund ist die Ausweitung der Zuwanderung notwendig.

9.2.4
Megastadt

Bereits Ende 2000 hat Hongkong etwa 7 Millionen Einwohner erreicht. Das Überschreiten der kritischen 8-Millionen-Marke ist nur eine Frage der Zeit. In Frage steht also weniger die Entwicklung Hongkongs zur Megastadt, sondern nur noch:

(a) Wie stark, oder besser wie schnell wird die Bevölkerung anwachsen?
(b) Wie kontrolliert verläuft diese Entwicklung, und welche Konsequenzen hat sie für die Lebensqualität, Stabilität und Regierbarkeit Hongkongs?

Je nach der Antwort auf diese zwei Fragen gibt es drei mögliche Szenarien:

1. *Kontrolle der Zuwanderung:* Es gelingt Hongkong, durch restriktive Maßnahmen, die Zuwanderung aus China im bisherigen Rahmen zu halten. Damit wird sie zeitlich so gestreckt, dass einerseits die notwendige Infrastruktur in Hongkong zur Verfügung gestellt werden kann und andererseits durch Entwicklungen in China das Wohlstandsgefälle und damit der Zuwanderungsdruck reduziert wird. Bei verbesserten Aufstiegsmöglichkeiten in anderen Städten der VR China nimmt das Attraktivitätsgefälle zu Hongkong ab und die Grenze kann irgendwann geöffnet werden, ohne dass die Entwicklung außer Kontrolle gerät.
2. *Hohe Zuwanderung, kein Verlust der Steuerungsfähigkeit:* Die Zahl der Zuwanderer steigt stark, aber wie bei früheren Immigrationswellen ist ihre Integration durch die Aufnahme bei Familienmitgliedern unproblematisch. Durch das gute Ausbildungsniveau, die hohe Arbeitsbereitschaft und die Verbindungen der Zugezogenen nach China profitiert die Stadt nach einer problematischen Übergangszeit von ihrem Humankapital ebenso wie bei früheren Immigrationswellen. Hongkong wächst zwar wieder sehr schnell, aber die politische und wirtschaftliche Stabilität ist dadurch nicht gefährdet.
3. *Hohe Zuwanderung, Verlust der Steuerungsfähigkeit:* Im Gegensatz zu früheren Phasen stark ansteigender Immigration könnte sich der heutige Arbeitsmarkt Hongkongs aufgrund des wirtschaftlichen Strukturwandels als weniger aufnahmefähig erweisen. Es könnte zu hoher Arbeitslosigkeit und Kriminalität, zur Entstehung von Marginalsiedlungen und anderen Erscheinungen von Megastädten der Dritten Welt kommen. Dadurch würde der Status Hongkongs als Finanzzentrum und Globalstadt gefährdet. Eine Abwanderung von Leistungsträgern der Gesellschaft setzte ein und gefährdete die Steuerungsfähigkeit.

Aus den in Szenario 2 genannten Gründen erscheint die Aufnahmefähigkeit Hongkongs für junge Immigranten aus China noch nicht ausgeschöpft. Der Anteil der in der VR China geborenen Bewohner Hongkongs sinkt, denn im Vergleich zu früheren Phasen ist die Immigration aus dem „Mutterland" zur Zeit eher niedrig. Zudem haben viele Zuwanderer ein Hongkonger Elternteil. Sie gleichen sozusagen das Geburtendefizit in der Stadt aus. Eine zu strikte Eindämmung dieser Immigration ist nicht nur verfassungsrechtlich und aus humanitären Gründen problematisch, sondern auch für Hongkong nicht sinnvoll. Die Stadt ist in Hinblick auf ihre Altersstruktur und ihre Innovationsfähigkeit auf Zuwanderung angewiesen. Dennoch wird diese mit Problemen, insbesondere bei der Bereitstellung von Schulen und Wohnraum verbunden sein. Die Probleme sind aber durch verstärkte Infrastrukturinvestitionen und mehr grenzübergreifende Zusammenarbeit lösbar. Die Stadt ist finanziell gut ausgestattet und hat durch die niedrige Geburtenrate gegenwärtig relativ geringe Ausgaben für das Schulwesen. Entscheidend wird aber sein, wie es gelingt, Shenzhen in die Entwicklung einzubeziehen und durch verstärkte Kooperation Druck von Hongkong zu nehmen. Beispiele könnten hier auch Wohnungsbau und Hafenerweiterungen sein. Die Belastung des Hongkonger Arbeitsmarktes durch verstärkte Zuwanderung wird eher überbewertet. Im Grunde ist ein Anwachsen der gesamten Volkswirtschaft mit Arbeitnehmern, Arbeitgebern und Konsumenten zu erwarten. Die Zahl der Arbeitsplätze wird langfristig mit der Zahl der Bewohner steigen, wenn die Qualifikationsstruktur der Zuwanderer nicht sehr ungünstig ist oder ein größerer Nettotransfer des in Hongkong verdienten Geldes ins Ausland stattfindet. Ersteres ist nicht erkennbar und letzteres beim gegenwärtigen Import von Arbeitskräften aus den Philippinen bzw. den USA eher stärker.

9.3
Übergeordnete Ursachen

Die wichtigsten für die gezeigten Veränderungen in Hongkong verantwortlichen übergeordneten Prozesse sind die Globalstadtentwicklung und die Integration in die VR China. In den meisten Fällen wirken beide Prozesse zusammen (Immigration, Bedeutungszuwachs für Flughafen und Hafen, Wachstum des Finanzsektors), in anderen überwiegt einer von beiden (die Globalstadtentwicklung bei sozialen und sozialräumlichen Veränderungen, die Integration mit der VR China bei der Zunahme grenzüberschreitender Interaktionen), und einige Veränderungen werden auch von anderen Kräften, z. B. generellen gesellschaftlichen Trends, verursacht. Letzteres ist vor allem für die Auflösung traditioneller Familienstrukturen der Fall.

Geht man in der Wirkungskette noch einen Schritt zurück, kommt man auf die in der Einleitung und in Kapitel 2.1 bereits diskutierten zentralen Trends Globalisierung, Entkolonialisierung und gesellschaftlicher Wandel als Erklärungsansätze. Diese globalen, nicht von Entwicklungen in Hongkong abhängigen Trends bestimmen das ökonomische, politische und gesellschaftliche Umfeld, in dem sich Hongkong verändert. Ohne dieses Umfeld vollständig erfassen zu können und zu wollen wird die Entwicklung Hongkongs nun in diesem Kontext betrachtet.

Ökonomisches Umfeld. Das ökonomische Umfeld Hongkongs wird von der Globalisierung der Weltwirtschaft und dem Wachstum der ostasiatischen Volkswirtschaften bestimmt. Die Globalisierung intensiviert die internationale Verflechtung von Produktion, Handel und Dienstleistungen. Die Zentren wie Hongkong konzentrieren sich auf ihre Lenkungs- und Steuerungsfunktionen. Sie sind nicht mehr zwangsläufig Produktionsstandort sondern koordinieren die gesamte Logistik der Wertschöpfungskette von Produktentwicklung, Finanzierung, Produktion und Vertrieb. In Hongkong zeigen sich exemplarisch die Konsequenzen: Deindustrialisierung, Tertiärisierung, Bedeutungszunahme des Faktors Kapital gegenüber dem Faktor Arbeit, sowie Wachstum aller Branchen, die internationale Interaktionen abwickeln (Außenhandel, Verkehr, Börsen und *Investmentbanking*, Telekommunikation). Die Folgen der ökonomischen Globalisierung wurden besonders im CBD, aber auch zum Beispiel an der Entwicklung von Flughafen und Hafen aufgezeigt.

Der Aufstieg der *Newly Industrialised Countries* (NIC) hat Ost- und Südostasien nicht nur, aber vor allem auch aus ökonomischer Sicht grundlegend verändert. Beginnend mit Hongkong, Singapur, Taiwan und Südkorea, dann Malaysia, Thailand und anderen, betrifft das nun in zunehmendem Maße auch die VR China. Sowohl die Industrialisierung als auch die Deindustrialisierung Hongkongs sind in diesem Kontext zu sehen. Eine weitere Konsequenz ist der zunehmende innerasiatische Anteil an Handel und ausländischen Direktinvestitionen. An den Flug- und Telekommunikationsverbindungen Hongkongs ließen sich exemplarisch Interaktionsdichten vergleichen. Die rasante Entwicklung der VR China verstärkt nun die wirtschaftlichen Verflechtungen innerhalb Asiens weiter und bringt insbesondere Hongkong in eine Schlüsselrolle.

Die wirtschaftliche Entwicklung Asiens und die Globalisierung stehen in einer engen Beziehung zueinander. Die Auslagerung einfacher Fertigungsschritte nach Südostasien war ein wesentlicher Auslöser für die Globalisierung der Weltwirtschaft. Umgekehrt waren es vor allem ausländische Direktinvestitionen, zum Teil auch durch auslandschinesische Netzwerke, sowie exportorientierte staatliche Entwicklungskonzepte, die die Entwicklung der NIC in Gang brachten. Im Gegensatz zur europäischen Industrialisierung beruhte die asiatische von Beginn an auf globalen Produktions- und Distributionsnetzwerken. Entsprechend spielte von Beginn an die globale Einbindung der Städte eine besondere Rolle. In den Städten liefen die Verbindungen der Überseechinesen zusammen, sie waren für westliche Investoren am ehesten zu erreichen, und auf sie konzentrierten sich die staatlichen Entwicklungsprogramme. Für die betreffenden Länder bedeutet das besonders starke Stadt-Land-Gegensätze (KRAAS 2000 übersetzt NIC ironisch als *Newly Industrialised Cities*), für die Städte eine größere funktionale Konzentration auf wenige Globalstädte als in Europa und Nordamerika. In Ostasien können daher die Muster einer Globalstadtentwicklung besonders pointiert beobachtet werden.

Auch in ihrer Dynamik unterscheiden sich die Städte der NIC Asiens von denen der altindustrialisierten Welt. Die hohe Akzeptanz, die auch grundlegende Wandlungsprozesse erfahren, erklärt sich aus dem bedeutenden Wohlstandszuwachs noch in jüngster Zeit und der Tatsache, dass keine lang eingespielten industriellen Traditionen durch die Globalisierung bedroht werden. In beiden Punkten unterscheidet sich die Situation fundamental von den häufiger untersuchten Globalstädten Europas und Nordamerikas. Eine Deindustrialisierung, in einem Umfang wie sie Hongkong erlebt hat und städtebauliche Veränderungen durch Infrastrukturmaßnahmen, wie sie in vielen asiatischen Städten zu beobachten sind, wären in Europa und Nordamerika Auslöser erheblicher sozialer Konflikte.

Politisches Umfeld. Durch die Rückgabe an China haben die Veränderungen in Hongkong eine starke politische Komponente. Die Bedeutung der Entkolonialisierung, die im weiteren Sinne auch für die Entwicklung ganz Asiens eine Rolle spielte, wird durch sie in Hongkong besonders deutlich. Es ist nicht einfach, die Rückgabe Hongkongs mit ihren singulären Umständen in einen größeren politisch-historischen Kontext zu stellen. Die Entkolonialisierung ist gewiss ein wesentlicher Zusammenhang, aber auch die Entwicklung der VR China und das Ende des kalten Krieges. Anfang der 80er Jahre, als die Rückgabeentscheidung fiel, hatte der kalte Krieg seinen Höhepunkt bereits überschritten. Entscheidend ist aber der Fakt, dass die wirtschaftliche und militärische Entwicklung Chinas nach der

Revolution und vor allem nach dem Ende der Mao-Ära das Land in eine Position gebracht hatte, selbstbewusst die Rückgabe des in einer historischen Schwächephase im 19. Jahrhundert verlorenen Hongkong zu fordern. Dieses wiedergewonnene Selbstbewusstsein traf auf eine Kolonialmacht, die bereits die meisten Kolonien und ihre einstige Weltmachtrolle verloren hatte, und bei der sich Zweifel sowohl an der wirtschaftlichen Bedeutung als auch an der moralischen Legitimität der Kolonialherrschaft breit gemacht hatten. Für die Akzeptanz der Rückgabe bei der Hongkonger Bevölkerung (die ja an den diesbezüglichen Entscheidungen nicht beteiligt war) waren einerseits eine latent vorhandene antikoloniale Haltung und andererseits das Ende des kalten Krieges verantwortlich. Die Kolonialherrschaft war in Hongkong nicht verhasst, aber auch nicht wirklich beliebt. Während zunächst eine Unabhängigkeit des Territoriums in Hongkong die populärste Lösung gewesen wäre, wendete sich in den Jahren vor der Übergabe die Stimmung zugunsten der Lösung „Ein Land, zwei Systeme". Gefördert wurde dieser Stimmungsumschwung durch die Reformen in China und engere Kontakte zum „Mutterland". Beides wäre ohne ein Ende des kalten Krieges so nicht möglich gewesen, beides war aber unabdingbar für den heute beobachteten Integrationsprozess.

Die Rückgabe Hongkongs an China ist der überragende politische Aspekt, aber nicht der einzige. Die Globalisierung bringt auch auf politischer Ebene eine stärkere transnationale Integration mit sich. Hongkong ist Mitglied in der WTO, nimmt aktiv an den APEC- und ASEM-Prozessen teil und hält gute Beziehungen zu den ASEAN-Staaten. Die Bank für Internationalen Zahlungsausgleich (BIZ) hat die erste Filiale neben ihrem Basler Hauptsitz in Hongkong, und andere internationale Organisationen halten bedeutende Sitzungen dort ab (1997: Weltbank und IWF). Hongkong, das anders als andere Globalstädte keine nationalen politischen Funktionen hat, profitiert relativ zu diesen davon, dass nationale und politische Regulationsmöglichkeiten zugunsten transnationaler und politikfremder abgebaut werden.

Gesellschaftliches Umfeld. Die Hongkonger Gesellschaft ist durch ihre chinesischen kulturellen Wurzeln und durch westliche Einflüsse geprägt. Sie ist eine Immigrantengesellschaft und sie hat in jüngster Zeit eine gewaltige wirtschaftliche Entwicklung erlebt. Diese vier Tatsachen müssen berücksichtigt werden, wenn man versucht, gesellschaftliche Prozesse in Hongkong mit übergeordneten Trends zu erklären und zur Erklärung räumlicher Veränderungen heranzuziehen.

Die in Kapitel 2.1.3 genannten gesellschaftlichen Trends haben sich in der Analyse der Hongkonger Entwicklungen bestätigt. Die Partizipation von Frauen in Gesellschaft und Wirtschaft nimmt zu, Kinderzahl und familiäre Bindungen nehmen ab. Verantwortung für die ältere Generation wird nicht mehr so selbstverständlich übernommen wie bisher, und individuelle Ansprüche an Wohnraum und Freizeit steigen. Dies alles sind Trends, die wesentlich stärker und bereits länger in westlichen Gesellschaften zu beobachten sind. Es ist daher naheliegend, sie in Hongkong mit westlichen kulturellen Einflüssen zu erklären. Westliche, insbesondere US-amerikanische Lebensformen haben für einen Teil der Hongkonger Gesellschaft, besonders jüngere Menschen, eine gewisse Vorbildfunktion. Dies betrifft vor allem äußerliche Attribute, aber offenbar doch auch Werthaltungen. Traditionelle asiatische Werte, wie die Einordnung in Familie und Gesellschaft, weichen daher westlichen, mehr an der Verfolgung des individuellen Glücks orientierten.

Ein anderer Erklärungsansatz wäre es, solche Veränderungen als direkte Folgen wachsenden Wohlstandes anzusehen. Auch in der traditionellen christlichen Gesellschaft war die Rolle der Familie eine andere, da man auf sie angewiesen war. Je mehr Leistungen man sich aber mit Geld verschaffen kann (von Haushaltshilfen bis zur Altersversorgung), desto individualistischer kann man sein Leben gestalten. So gesehen wäre die in Hongkong festgestellte gesellschaftliche Entwicklung auch ohne westlichen Einfluss in ähnlicher Weise eingetreten. Der Wohlstandszuwachs wird zwar noch stärker als im Westen in die Bildung der Kinder und die Fürsorge für andere Familienmitglieder investiert, aber inzwischen eben auch in Freizeit (z. B. Reisen oder Golfspiel), Mobilität und Wohnraum. Es konnte gezeigt werden, dass die gestiegenen Wohnraumansprüche die Suburbanisierung vorantreiben und auch Freizeitnutzung und Individualverkehr mit zusätzlichem Flächenverbrauch verbunden sind. Ähnliches ist in allen NICs Asiens zu beobachten.

Die fehlende Verwurzelung vieler Bewohner in Hongkong („Immigranten- und Transitgesellschaft") führt zu geringer Bereitschaft, sich für die Gestaltung der Stadt einzusetzen, was für Denkmal- und Landschaftsschutz wie für Planung allgemein misslich ist. Die geringe Zahl von Stellungnahmen aus der Bevölkerung zur grundlegenden *Territorial Development Strategy Review* (vgl. Kap. 4.4.3) wie zu Planungen auf Nachbarschaftsebene ist ein Indiz dafür. Sie erklärt sich damit, dass die Menschen unter der Kolonialregierung nicht an Mitwirkungsmöglichkeiten gewöhnt wurden, aber auch aus den besonderen Bedingungen der „Immigranten- und Transitgesellschaft" und damit dass das gesamte Konzept einer Planung der Zukunft nicht traditionellem chinesischem Denken entspricht (SCHMIDT 1999). Die Diskussion um die Landgewinnung in der Innenstadt hat in jüngster Zeit diesbezügliche Veränderungen gezeigt. Diese können nun wiederum durch den Abschied von der Kolonialherrschaft, durch die Tatsache, dass eine zunehmende Zahl von Hongkongern in der Stadt geboren ist und ihre Zukunft dort sieht oder durch wachsende westliche Einflüsse erklärt werden.

9.4
Konsequenzen für die Planung

Planung ist auch in der Erklärung der beschriebenen Prozesse bereits eine wichtige Determinante. Die Nordverlagerung des Bevölkerungsschwerpunktes wird aktiv von der Stadtplanung vorangetrieben, andere Entwicklungen zumindest durch den bewussten Verzicht auf Gegenmaßnahmen gefördert. Umgekehrt ist eine genaue Beobachtung räumlicher Prozesse auch Grundlage der Raumplanung. Aus der in dieser Arbeit erfolgten Identifizierung von raumwirksamen Trends ergeben sich unmittelbar Handlungsfelder der Planung. Das Ziel muss sein, die Wettbewerbsfähigkeit Hongkongs im globalen Kontext mit den gewandelten Ansprüchen der eigenen Bewohner und den Erfordernissen des Landschafts- und Naturschutzes in Einklang bringen. Wie das bei begrenzten Flächenressourcen oft ein schwieriger Abwägungsprozess ist, haben die Fallbeispiele gezeigt. Hongkong steht jetzt aber mit dem Entstehen der regionalen Ebene in der Raumentwicklung an einem Wendepunkt. Die Planung muss dem Rechnung tragen und den Schritt von einer Stadtplanung zur Stadt- und Regionalplanung vollziehen. Für die Probleme Hongkongs ergeben sich dabei oft völlig neue Lösungsmöglichkeiten.

9.4.1
Konkrete Aufgaben der Planung für Hongkong

Immigration: Eine völlige Öffnung der Grenze zur VR Chinas wäre für Hongkong nicht zu verkraften und hätte auch für die Volksrepublik negative Folgen. Andererseits ist es aus vielfältigen Gründen wichtig, den starken und langfristig weiter steigenden Antragsstau bei Familienzusammenführungen abzubauen. Es wird also darum gehen, wie bisher ein wünschenswertes Zuwanderungsniveau gemeinsam festzulegen, das vermutlich über dem gegenwärtigen von 150 Personen pro Tag aber unterhalb des Nachfrageniveaus liegen wird. Entscheidend für die Verträglichkeit der Zuwanderung wird sein, wie sehr sich die Raumplanung darauf einstellt. Dies betrifft ausdrücklich Maßnahmen auf beiden Seiten der Grenze. Zum Beispiel ist bei dem hohen Anteil minderjähriger Immigranten die Versorgung mit Schulplätzen in Hongkong zu verbessern. Gleichzeitig wäre es aber sinnvoll, in Shenzhen Schulen einzurichten, die nach Hongkonger Lehrplänen unterrichten und zu Hongkonger Schulabschlüssen hinführen. Eine solche Maßnahme würde nicht nur das für die Beteiligten belastende Grenzpendeln von Schulkindern unnötig machen sondern auch den Zuwanderungsdruck etwas eindämmen. Viele Eltern würden mit dem Nachzug der Kinder (zumeist zum Vater in Hongkong) gerne noch warten, wenn sie sie schon in Shenzhen auf einen Hongkonger Schulabschluss vorbereiten könnten.

Wohnraum: Das größte Problem ist die Schaffung neuen Wohnraumes für die ohnehin stark wachsende Bevölkerung Hongkongs. Dies zumal der zur Verfügung stehende Platz in Hongkong umkämpft ist und der individuelle Flächenbedarf steigt. Die New Territories bieten ein Ausbaupotential, das sicher weit über den offiziell kalkulierten zusätzlichen 750.000 Einwohnern liegt. Dennoch ist die zur Verfügung stehende Fläche begrenzt, und man wird irgendwann auf jeden Fall über die Grenzen Hongkongs hinausschauen müssen, um Erweiterungspotentiale zu finden. Angesichts dieser Perspektive erscheint es sinnvoll, jetzt eine umfassende Planung einzuleiten, die Flächennutzungspotentiale für Wohnen und andere Nutzungen aber auch schützenswerte Landschaftsräume beiderseits der Grenze identifiziert. Diese Planung sollte die Erschließung von Wohngebieten für Hongkonger Bürger jenseits der SAR-Grenze vorsehen. Den Einwand, die Entfernung zur Innenstadt sei zu groß, entkräftet der Vergleich zu Metropolen mit größeren Einpendelradien als Hongkong (vgl. Abb. 9.2). Auch die zunehmende Zahl von Menschen, die bereits ohne derartige Wohngebiete nach Shenzhen ziehen um nach Hongkong zu pendeln, bestätigt dies. Es gibt bereits Pläne Hongkonger Bauträgergesellschaften, solche Siedlungen in privater Regie bereitzustellen und zu unterhalten. Schon deshalb ist die Planung gefordert, hier ordnend einzugreifen. Es sind z. B. Konzepte notwendig, wie solche Siedlungen angebunden werden könnten und wie der Zeitverlust durch Grenzkontrollen reduziert werden kann. Man muss überlegen, ob man Hongkonger Exklaven schaffen möchte (ohne Passkontrolle zugänglich, aber gegen Shenzhen abgezäunt) oder eine Mischung mit der Bevölkerung Shenzhens anstrebt. Letzteres erscheint heute realistischer. Des weiteren sind Fragen hinsichtlich des Status der Bewohner (Aufenthaltsgenehmigung, Steuerpflicht etc.) sowie der Aufwendungen und Rechte Hongkongs im Zusammenhang mit solchen Siedlungen zu klären.

183

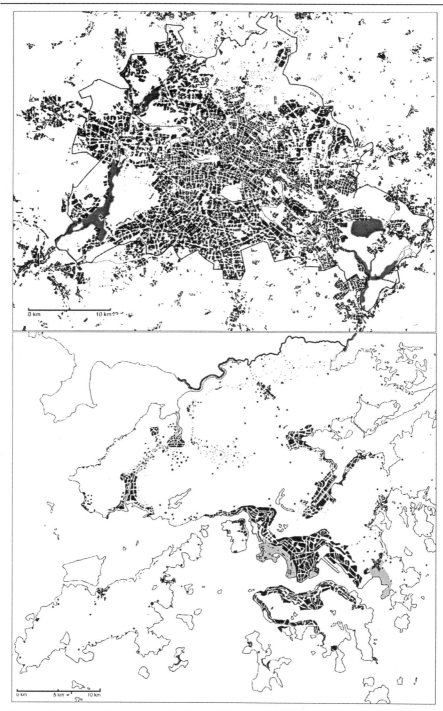

Abb. 9.2. Die Metropolitanregionen Berlin und Hongkong im gleichen Maßstab (verändert nach MARTIN & HOFFMANN 1997, S. 1993), mit freundlicher Genehmigung von Prof. Volker Martin.

Infrastruktur: Außer für das Bevölkerungswachstum muss auch für die wachsende globale und regionale Vernetzung Infrastruktur geschaffen werden. Auf regionaler Ebene bedeutet dies z. B. eine gemeinsame Verkehrsplanung, mehr Grenzübergänge und schnellere Grenzkontrollen, auf globaler Ebene z. B. den Ausbau von Häfen und Flughäfen. Auch dabei liegt der Schlüssel in regionaler Kooperation. So gibt es an der Perlflussmündung vier moderne Flughäfen, die jeweils im Abstand von etwa 40 km voneinander am Meer liegen (vgl. Abb. 3.7). Wenn es zwischen diesen eine sinnvolle Arbeitsteilung gäbe, könnte ein schneller und unkomplizierter Transfer in ca. 30 Minuten ohne neues Einchecken des Gepäcks und ohne Passkontrollen durch Schnellboote organisiert werden. Noch dringender erscheint eine Kooperation bei Hafenplanungen. Die Pläne für neue Terminals vor Lantau sind durch die Ansiedlung des Disney-Themenparks hinfällig geworden. Gleichzeitig sind der Schwerlastverkehr und die Lagerung leerer Container in den New Territories ein zunehmendes Ärgernis für Hongkong. Die Stadt würde profitieren, wenn Güter, die ohnehin für die VR China bestimmt sind, auch gleich in deren Häfen gelöscht würden. Die Beteiligung privater Hafenbetreiber aus Hongkong an Ausbau und Modernisierung von Häfen jenseits der Grenze (z. B. in Yantian) zeigt hier einen Weg zur Integration auf, der ausgebaut werden sollte.

Natur- und Landschaftsschutz. Verbunden mit der Ausweisung neuer Entwicklungspotentiale muss auch eine abgestimmte Strategie zum Schutz erhaltenswerter Landschaftsräume und wichtiger ökologischer Refugien entwickelt werden. Eine solche Strategie darf nicht nur ökologische Kernräume wie die Mai Po Marshes unter Schutz stellen sondern muss weiträumige Pufferzonen vorsehen, ohne die vereinzelte Naturreservate in der zu erwartenden Urbanisierungswelle in den New Territories keine Überlebenschance haben würden. In diesen Pufferzonen müssen nicht genehmigte Nutzungen verfolgt und ökologische Verbesserungsmaßnahmen ergriffen werden, um sie langfristig vor dem Entwicklungsdruck zu schützen. Eine Abstimmung mit Shenzhen ist nach der überwiegenden Vernichtung des ökologisch sehr wertvollen Feuchtgebietes bei Futian nun besonders zum Schutz der Deep Bay als einzigem bedeutenden Wattgebiet der Region wichtig.

Umweltschutz. Unumgänglich ist die rasche Verbesserung der Luftqualität in der Innenstadt. Hier decken sich die Bewohnerinteressen mit den Erfordernissen der Globalstadt. Den Emissionsabbau erleichtert die begrenzte Bandbreite der Emittenten. Hausbrand entfällt klimabedingt, die Industrie durch die Wirtschaftsstrukturwandel weitgehend. Kraftwerke liegen außerhalb der Innenstadt am Meer und spielen für die hohen Immissionen in den Straßenschluchten Hongkongs nur eine begrenzte Rolle. Der entscheidende Faktor ist der Autoverkehr. Durch den hohen ÖPNV-Anteil gibt es hier vergleichsweise gute Eingriffsmöglichkeiten des Staates. Schon die Umrüstung der Bus- und Taxiflotten würde die Lebensqualität erheblich erhöhen. Zusätzlich muss das Schnellbahnnetz forciert ausgebaut werden.

Wesentliche Umweltprobleme neben der Luftbelastung sind Lärm, Müll und Abwasser. Bei den beiden ersten sind besonders die zahlreichen Baustellen in Hongkong als Verursacher zu adressieren. In Zusammenarbeit mit Guangdong müssen nachhaltige Entsorgungskonzepte erstellt werden. Es dürfen nicht nur Müll, Bauschutt und Klärschlamm gegen Devisen in die VR China exportiert werden, sondern dem Recycling muss mehr Beachtung geschenkt werden.

Wirtschaftsstruktur- und Standortpolitik. Generell hat sich die Politik des positiven Non-Interventionalismus bewährt. Eine begrenzte aktive Mitgestaltung wirtschaftsräumlicher und wirtschaftsstruktureller Prozesse wird aber auch künftig sinnvoll sein. Ein Beispiel ist die gegenwärtig prioritär verfolgte Unterstützung des High-Tech-Sektors. Gemeinsam mit Guangdong sollte der Wandel der Perlflussdeltaregion zu einer führenden High-Tech-Region vorangetrieben werden. Dabei sollte kein Geld in die Unterstützung des Standortes Hongkong gegenüber seinem Umland fließen, sondern die Region insgesamt sollte in eine konkurrenzfähige Position gebracht werden. Das würde Hongkong sogar dann zugute kommen, wenn in der Stadt selber nur ein geringer Teil der Betriebe angesiedelt wäre.

Wirtschaftsräumlich ist die Dezentralisierung von Arbeitsplätzen im tertiären Sektor ein Projekt, für das planerisches Engagement notwendig ist. Um den Verkehrsinfarkt zwischen dem Zentrum und Kowloon zu vermeiden, muss der Nordverlagerung des Bevölkerungsschwerpunktes Rechnung getragen und ein höherer Anteil an tertiären Arbeitsplätzen nach Kowloon verlagert werden. Das Potential ist grundsätzlich gegeben, da durch Abwanderung von Bevölkerung und Industrie Flächen frei geworden und die Bauhöhenbeschränkungen um den alten Flughafen entfallen sind. Außerdem ist die Nähe zum neuen Flughafen ein Standortvorteil. Notwendig ist nun die Verbesserung von Infrastruktur und Image ganzer Quartiere und die gezielte Entwicklung von Bürokomplexen um ausgewählte U-Bahnhöfe. Da Fühlungsvorteile für die Globalstadtfunktionen besonders wichtig sind, sollten Standorte gezielt ausgesucht und branchenspezifisch entwickelt werden.

Alters- und Sozialpolitik. Mit der zunehmenden Überalterung der Gesellschaft und nachlassenden familiären Bindungen gewinnt die staatliche Sorge für Alte und Sozialfälle eine zunehmende Bedeutung. Die Einführung der obligatorischen privaten Altersvorsorge ist eine Reaktion auf diese Entwicklung. Eine zweite ist die Möglichkeit für Hongkonger Bürger, ihre Sozialhilfe auch bei einem Umzug nach Guangdong weiter zu beziehen. Die von den Wohlfahrtsverbänden begonnene Errichtung von Hongkonger Seniorenheimen in Guangdong sollte fortgesetzt und die mit dem Umzug verbundenen Probleme gelöst werden (vgl. Kap. 3.3.6), aber auch in der Stadt muss ein würdiges Leben im Alter gesichert sein. Ob der Staat über die Sorge für explizite Sozialfälle hinaus stärker, z. B. durch die Steuerpolitik, zum Ausgleich sozialer Unterschiede beitragen soll, muss in der Hongkonger Gesellschaft geklärt werden.

9.4.2
Von der Stadt- zur Regionalplanung

Es ist deutlich geworden, dass die gegenwärtig größte Herausforderung im Planungsbereich der Übergang von einer reinen Stadtplanung zu einer weiter verstandenen Stadt- und Regionalplanung ist. Diese kann nur in enger Kooperation mit den Instanzen im benachbarten Guangdong realisiert werden. Neben den oben an verschiedener Stelle angesprochen Chancen sind mit einer solchen Kooperation allerdings auch planerische, politische und rechtliche Konflikte verbunden. Diese Konflikte sind für das regionalplanerische Defizit mitverantwortlich und dürfen daher nicht ignoriert werden.

Planerische Konflikte: Wie in Kapitel 7 diskutiert, hat die schützende Funktion der Grenze auch positive Auswirkungen, speziell für die nördlichen New Territories. Durch die periphere Lage konnten dort wertvolle Naturräume und Biotope erhalten werden. Ein Abbau von Grenzfunktionen wird das sehr erschweren. Das gravierendste planerische Problem ist aber der zu erwartene Verkehrszuwachs. Aus diesem Grund stand die Hongkonger Planungsbehörde lange Zeit weiteren Grenzübergängen ablehnend gegenüber. Die Grenzöffnung für den normalen Individualverkehr ohne doppelte Zulassung (vgl. Abb. 3.5) wäre tatsächlich sehr problematisch, da mit ihr der bisher niedrige PKW-Besatz in Gefahr geriete. Die Aufgaben der Planung nehmen durch eine regionale Integration an Umfang und Komplexität zu.

Politische Konflikte: Die Frage der Integration Hongkongs mit der VR China ist auch eine hochpolitische. Es gibt starke pro-chinesische Kräfte, die eine Stärkung der grenzübergreifenden Bindungen aus ideologisch-politischen Gründen anstreben, und das sogenannte „Demokratische Lager", bei dem aus eben solchen Gründen Bedenken und eine emotionale Distanz vorherrschen. Die Ablehnung des totalitären Systems in Peking und das Bedürfnis nach eigenständiger Gestaltung der Zukunft Hongkongs lassen alles was als Einmischung von außen gedeutet werden kann, mit großer Skepsis sehen. Solche oft unterschwellig bei Politikern, Planern und Bürgern Hongkongs vorhandenen Haltungen schließen eine sinnvolle Planungskooperation nicht aus, aber sie können sie behindern und müssen daher bei ihrer Diskussion berücksichtigt werden.

Rechtliche Konflikte: Hongkongs Status und Rechtssystem unterscheiden sich von dem des Umlandes. Die Autonomie ist gesetzlich festgelegt und darf nicht berührt werden. Das erschwert die Einsetzung einer wirklich mit Kompetenzen ausgestatteten regionalen Planungsinstanz und schafft praktische Probleme. Zum Beispiel scheitert eine Straffung der Kontrollprozeduren an der Grenze u. a. daran, dass die chinesischen Instanzen keinen Zugriff auf die Hongkonger Meldedaten erhalten sollen. Auch Unterschiede im Rechtssystem können ein gravierendes Hindernis sein. Im Planungsrecht unterscheiden sich Zuständigkeiten, Verfahren, Planmaßstäbe und Verbindlichkeiten. Durch den dreistufigen Verwaltungsaufbau in der VR China (Zentralregierung, Provinz, Kommune) ergeben sich Hierarchieunterschiede und – trotz der Dezentralisierung von Zuständigkeiten – Kompetenzprobleme, da der Umgang mit Hongkong oft noch als äußere Angelegenheit betrachtet wird. Erschwerend wirkt auch, dass die VR China noch weniger Demokratie, Rechtsverantwortlichkeit des Staates und Bürgerbeteiligung kennt als Hongkong.

Zurückkommend auf SCOTT (1992, S. 14) muss Planung als Mittler kultureller Werte und als Instrument der Machtausübung gesehen werden (vgl. Kap. 2.3). Hinsichtlich sowohl der Werte als auch der Machtstrukturen unterscheiden sich die beiden Seiten der Grenze nach wie vor erheblich. Es gibt unzählige wertbezogene Konfliktlinien zwischen Hongkong und der VR China, die eine grenzübergreifende Planung aufheben müsste (Schutz von Natur- und Kulturlandschaft vs. „Inwertsetzung", Bürgerbeteiligung vs. schnelle Umsetzung von Konzepten, staatliche Planung vs. Marktregulation etc.). Gleichzeitig birgt auch die Machtebene große Probleme, da keine Seite Befugnisse an ein politisches System abgeben will, das völlig andersartig legitimiert ist als das jeweils eigene.

Einige der Konflikte sind speziell, die meisten sind aber generell mit grenzübergreifender Planung verbunden (vgl. Aufstellung nach CLEV 1999 in Kapitel 2.3). Entsprechend lassen sich auch die Schritte zum Abbau der Planungshemmnisse übertragen. So wie in Europa nach dem Zweiten Weltkrieg die Kooperation von gegenseitiger Information über Konsultation, Mitspracherechte und die Entwicklung gemeinsamer Zielvorstellungen teilweise bis zur Erstellung gemeinsamer rechtswirksamer Pläne gewachsen ist, beginnt sie das jetzt auch in Hongkong zu tun. Gegenwärtig ist man allerdings noch kaum über den ersten Schritt hinaus.

Perspektivisch erscheinen die verstärkte Schaffung gemeinsamer Gremien und Vereinheitlichungen im Planungsverfahren wünschenswert. Praktische Schritte könnten an der Grenze selber ansetzen. Hier wären eine 24-stündige Öffnung und vereinfachte Grenzkontrollen anzustreben. Als Beispiel kann die Grenze zwischen Singapur und Johore Baru in Malaysia dienen, wo malaysische Grenzpendler computerlesbare *smart cards* besitzen, mit denen der Grenzübertritt ohne größere Verzögerung möglich ist. WANG (1999) weist darauf hin, dass derartige Schritte in Hongkong nicht an technischen sondern an politischen Gründen scheitern. Wenn mit fortschreitendem Integrationsprozess die „Grenze in den Köpfen" weiter abgebaut worden ist, wird man in der Lage sein, noch weitergehende Lösungen zu finden. Langfristig wird die historisch bedingte Trennung Hongkongs von seinem Umland überwunden werden. Wenn es nicht durch unvorhersehbare Entwicklungen des Transformationsprozesses in der VR China zu Brüchen kommt, wird das vermutlich auch nicht einmal wie ursprünglich vorgesehen bis zum Jahr 2047 dauern. YEH (1996, S. 308f) weist darauf hin, dass im Hongkonger Grundgesetz die Grenze der SAR nicht explizit festgelegt ist. Ihre Ausweitung nach Norden unter Einschluss Shenzhens wäre also theoretisch später möglich. Perspektivisch wäre das eine interessante Variante, die ein Fortschreiten der regionalen Integration ermöglichte, ohne Hongkong gleich für die Immigration aus der ganzen VR China zu öffnen. Dies kann allerdings nicht der erste Schritt sein. Vorher müsste eine Annäherung auf breiter Basis erfolgt sein.

9.5
Allgemeine Schlussfolgerungen

Die Annäherung hat offenbar schon weit vor der Übergabe Hongkongs begonnen und ist andererseits noch lange nicht abgeschlossen. Hinter den empirisch nachgewiesenen raumwirksamen Veränderungen wurde immer auch ein kulturell-gesellschaftlicher Wandel deutlich, der wesentlichen Anteil am Umbau des „Systems Hongkong" hat. In Kapitel 3 wurde er als Identitätswandel von der kolonialen zur globalen und regionalen Stadt formuliert. Es wurde deutlich, dass es sich um zwei parallel ablaufende Prozesse handelt, die gleichzeitig auf Hongkong einwirken. Die Einflüsse von Globalisierung und regionaler Integration lassen sich am besten als zwei Netzwerke verdeutlichen, in die Hongkong zugleich integriert wird. Die doppelte globale und regionale Einbindung der Stadt entwickelt verstärkende Effekte (z. B. die Rolle als globales und nationales Finanzzentrum), aber auch konfligierende (z. B. die abnehmende oder zunehmende Bedeutung der englischen Sprache).

Neben der Erklärung der Veränderungen durch supralokale Prozesse stand die Frage der planerischen Reaktion aus lokaler Sicht im Zentrum dieser Arbeit. Insgesamt kann gesagt werden, dass den erheblichen Umwälzungen meist sehr wirkungsvoll begegnet wurde. Das trifft auf die massiven Infrastrukturinvestitionen (z. B. *Airport Core Programme*) ebenso zu wie auf den wirtschaftlichen Strukturwandel, der sich nicht auf den Erhalt bestehender Strukturen sondern auf die Nutzung neuer Chancen konzentrierte. Auch für aufkommende Probleme wie die Altersversorgung und den Naturschutz wurden Antworten gefunden, deren Nachhaltigkeit sich allerdings erst noch erweisen muss. Die Herausforderung der Integration Hongkongs in sein Umland ist stadtplanerisch bisher weit weniger aufgenommen worden als die der Globalstadtentwicklung. Die Gründe dafür dürften vor allem auf politischer Ebene liegen. Trotz des erheblichen stadt- und regionalplanerischen Nachholbedarfs ist der Übergang Hongkongs an die VR China bisher sehr gut verlaufen. Gerade im Vergleich zu den oft chaotischen Prozessen im Zusammenhang mit System- und Grenzfunktionswandel in Europa, v. a. Deutschland, scheinen hier Entwicklungen von den Entscheidungsträgern in Peking und London sowie von lokalen Akteuren sehr weitsichtig geplant worden zu sein, und zwar nicht im Sinne eines im Voraus entworfenen Gesamtkonzeptes, sondern mit flexibler, vorausschauender Steuerung. Dieser Prozess war mitnichten konfliktfrei, aber insgesamt gesehen sehr erfolgreich.

Für künftige Integrationsprozesse (z. B. in Korea, Taiwan oder Singapur) stellt sich nun die Frage der Übertragbarkeit. Es wäre z. B. wünschenswert, dass sich koreanische Geographen, Ökonomen und Politikwissenschaftler in Hinblick auf den bevorstehenden Transformationsprozess im eigenen Land mit dem Modell Hongkong ebenso auseinander setzten wie mit dem Modell Deutschland. Obwohl eine langsame Integration in einer Demokratie und angesichts der anderen Macht- und Größenverhältnisse zwischen Nord- und Südkorea schwerer durchzuhalten sein wird, könnte das Hongkonger Beispiel dazu ermutigen. Aus Hongkonger Sicht wäre es umgekehrt lohnend, sich intensiver mit dem Thema der grenzüberschreitenden Zusammenarbeit in Europa zu beschäftigen. Viele Erfahrungen wären unmittelbar übertragbar (vgl. Kap. 9.4.2).

Auch hinsichtlich der Globalstadtentwicklung wären ähnliche Fallstudien und die Möglichkeit zu interregionalen Vergleichen wünschenswert. Dabei sollte auch auf die Bedeutung von Grenzen in Metropolitanräumen allgemein und auf das Zusammenwirken globaler und regionaler Netzwerke eingegangen werden. Interessant wären genauere Untersuchungen zu der Frage, welcher Natur die Verbindungen in solchen Netzwerken genau sind. Analog zu den regionalen Netzwerken Hongkongs könnten sich auch bei den globalen Netzwerken persönliche Bindungen neben geschäftlichen, infrastrukturellen und institutionellen als wichtiger Faktor herausstellen. Das Beispiel Hongkong bleibt sowohl in Hinblick auf seine regionale Integration als auch in Hinblick auf seine globale Einbindung auch künftig ein lohnendes Studienobjekt.

Literaturverzeichnis

AIRPORT AUTHORITY (2000a): Departure flight information.
Internet: http://www.hkairport.com/ eng/flight_info/FlightInfoFrame.jsp (Stand 2000).
—— (2000b): Provisional civil international air traffic statistics at HKIA.
Internet: http://www.hkairport.com/ms1/ms200009.htm (Stand 2000).
ALDRICH, R. & J. CONELL (1998): The last colonies. Cambridge: Cambridge University Press.
ALTENBURG, T. (1996): Entwicklungsländer im Schatten der Triade? - In: Zeitschrift für Wirtschaftsgeographie 40, Heft 1-2: 59-70.
ALTVATER, E. & B. MAHNKOPF (1996): Grenzen der Globalisierung: Ökonomie, Ökologie und Politik in der Weltgesellschaft. Münster: Westfälisches Dampfboot.
AMSDEN, A. H. (1997): Manufacturing capabilities: Hong Kong's new engine of growth? - In: BERGER, S. & R. LESTER (Hrsg.): Made by Hong Kong. Hongkong: 320-366.
ANDERSON-RIBADENEIRA, A. (1994): Sleeping with the enemy. - In: Window Magazine 3, Heft 41: 27-31 - abgedruckt in WWF HK (o. J.).
AU, K. N. & K. LULLA (1997): Hong Kong and the Pearl River Delta as seen from space images. Hongkong: Geocarto International Centre.
BAILEY, M. (1996): Airports point to growing status. - In: South China Morning Post, 14.3.1996.
BARD, S. (1993): Traders of Hong Kong: some foreign merchant houses, 1841-1899. Hongkong.
BARTHELT, H. (1994): Die Bedeutung der Regulationstheorie in der wirtschaftsgeographischen Forschung. - In: Geographische Zeitschrift 82, Heft 1: 63-90.
BATHA, E. (1997): Border deal to cut incursions. - In: South China Morning Post, 18.1.1997.
BEAVERSTOCK, J. W. et al. (1999): A roster of world cities. - In: Cities 16, Heft 6: 445-458.
—— et al. (2000): World-City Network: A New Metageography? - In: Annals of the Association of American Geographers 90, Heft 1: 123-134.
BECK, U. (1997): Was ist Globalisierung? Irrtümer des Globalismus - Antworten auf die Globalisierung. Frankfurt/M.: Suhrkamp.
BERGER, S. & R. K. LESTER (1997): Made by Hong Kong. Hongkong: Oxford University Press.
BERRY, B. J. L. (1973): The human consequences of urbanization. Divergent paths in the urban experience of the twentieth century. New York: St. Martin's Press.
—— (1976): The counterurbanization process. Urban America since 1970. - In: BERRY, B. J. L. (Hrsg.): Urbanization and counterurbanization. Beverly Hills.
BLAKELY, E. J. & M. G. SNYDER (1997): Fortress America. Gated communities in the United States. Washington D. C.: Brookings Institution Press.
BOUSTEDT, O. et al. (1975): Beiträge zum Problem der Suburbanisierung. (= Veröffentlichungen der Akademie für Raumforschung und Landesplanung, Forschungs- und Sitzungsberichte. 102), Hannover: Schroedel.
BRADBURY, K. et al. (1982): Urban decline and the future of American cities. Washington D. C.: Brookings Institute.
BRAKE, K. (1988): Phönix in der Asche - New York verändert seine Stadtstruktur. Tertiäre Restrukturierung zwischen globaler Dynamik und innerstädtischer Polarisierung. (= Beiträge der Universität Oldenburg zur Stadt- und Regionalplanung 5), Oldenburg.
BRAUN, B. (1996): Neue Cities australischer Metropolen. Die Entstehung multifunktionaler Vorortzentren als Folge der Suburbanisierung. (= Bonner Geographische Abhandlungen 94), Bonn: Dümmler.

BREITUNG, W. (1999): The end of "Made in Hong Kong"? - De-industrialisation and industrial promotion policy in Hong Kong. - In: Geographica Helvetica 54, Heft 4: 242-251.
—— (2000): The Hong Kong-Mainland China border: The transformation of a border regime. Vortrag auf dem 29th International Geographical Congress (Seoul, Korea), 16.8.2000.
—— & R. SCHNEIDER-SLIWA (1997): Hongkong vor neuen Herausforderungen. Eine "Global City" im Wandel. - In: Geographische Rundschau 49, Heft 7-8: 441-449.
—— & —— (2000): Das neue Berlin - vereinigte Stadt, gespaltene Stadt. - In: Petermanns Geographische Mitteilungen 144, Heft 5: 6-17.
BRONGER, D. (1996): Megastädte. - In: Geographische Rundschau 48, Heft 2: 74-81.
—— (1997): Megastädte - Global Cities. 5 Thesen. - In: FELDBAUER, P. et al. (Hrsg.): Mega-Cities. Die Metropolen des Südens zwischen Globalisierung und Fragmentierung. (= Historische Sozialkunde 12), Frankfurt/M.: 37-65.
BROWN, F. N. (1996): Roads. - In: YEH, A. G.-O. (Hrsg.): Planning Hong Kong for the 21st century. Hongkong: 197-209.
BUCHHOLZ, H.-J. (1978): Bevölkerungsmobilität und Wohnverhalten im sozialgeographischen Gefüge Hong Kongs. (= Bochumer Geographische Arbeiten. Sonderreihe 10), Paderborn.
—— (1986): Europäischer Handelsvorposten Hong Kong. Industriekolonie - Transferzentrum für China. - In: Geographische Rundschau 38, Heft 10: 510-516.
—— (1987): Hong Kong - Britische Kronkolonie und ostasiatische Millionenstadt. (= Problemräume der Welt 10), Köln: Aulis, Deubner & Co.
—— & P. SCHÖLLER (1985): Hong Kong - Finanz- und Wirtschaftsmetropole. Entwicklungspol für Chinas Wandel. (Forum Erde), Braunschweig: Westermann.
CABLE AND WIRELESS HKT (2000): Second Guangzhou-Shenzhen-Hong Kong SDH fibre optic network inaugurated. Transmission capacity between the mainland and Hong Kong surges six times. Presseerklärung vom 30.6.2000. Internet: http://www.cwhkt.com/about/press/pressre100/000630.htm (Stand 2000).
CARAÇA, J. et al. ("GRUPPE VON LISSABON") (1997): Grenzen des Wettbewerbs. Die Globalisierung der Wirtschaft und die Zukunft der Menschheit. München: Luchterhand.
CARDOSO, F. H. & E. FALETTO (1976): Abhängigkeit und Entwicklung in Lateinamerika. Frankfurt/M.: Suhrkamp.
CASTELLS, M. (1995): The informational city. Information technology, economic restructuring and the urban-regional process. Oxford, Cambridge (Mass.): Blackwell.
—— (1999): Space flow - der Raum der Ströme. - In: BOLLMANN, S. (Hrsg.): Kursbuch Stadt. Stadtleben und Stadtkultur an der Jahrtausendwende. Köln: 39-81.
CENSUS AND STATISTICS DEPARTMENT (1991a): 1991 population census.
—— (1991b): Employment and vacancies statistics (detailed tables). Series C (industrial sectors).
—— (1992): Employment and vacancies statistics (detailed tables). Series A (service sectors), B (wholesale and retail trades, restaurants and hotels), D (import/export trades).
—— (1995): Hong Kong social and economic trends. Hongkong: Government Printer.
—— (1996a): 1996 population by-census. (Daten auf TPU-Basis).
—— (1996b): 1996 population by-census. Summary results. Hongkong: Government Printer.
—— (1996c): 1996 population by-census. Main tables. Hongkong: Government Printer.
—— (1996d): Hong Kong monthly digest of statistics, November. Hongkong: Government Printer.
—— (1996e): 1996 population by-census. Boundary maps to tables for tertiary planning units.
—— (1997a): Hong Kong social and economic trends. Hongkong: Printing Department.
—— (1997b): Hong Kong residents working in China. - In: Special Topics Report 14: 1-13.
—— (1997c): Hong Kong residents married in Mainland China. - In: Special Topics Report 15.
—— (1997d): Employment and vacancies statistics (detailed tables). Series A-D.
—— (1998): Hong Kong in figures. Hongkong: Printing Department.
—— (1999): Hong Kong annual digest of statistics. Hongkong: Printing Department.
—— (2000a): Hong Kong in figures. Hongkong: Printing Department.
—— (2000b): Hong Kong monthly digest of statistics, March. Hongkong: Printing Department.
CHAN, A. (1998a): The Town Planning Appeal Board in Hong Kong - an historical perspective. - In: Planning & Development 15, Heft 2: 32-36.
CHAN, M. (1998b): Interview.

CHAN, R. C. K. (1998c): Cross-border regional development in Southern China. - In: GeoJournal 44, Heft 3: 225-237.
CHENG, G. (1996): Interview.
CHENG, J. (1998): It's time to start planning reform. - In: South China Morning Post, 2.5.1998.
CHEUNG, C.-F. (1999): Greens want trust set up for wetlands. - In: South China Morning Post, 30.11.1999.
CHING, F. (1999): Scare tactics. - In: Far Eastern Economic Review, 13.5.1999
CHIU, S. et al. (1997): City-states in the global economy. Industrial restructuring in Hong Kong and Singapore. Boulder, Oxford: Westview Press.
CHIU, T. N. & C. L. SO (1986): A geography of Hong Kong. Hongkong: Oxford University Press.
CHU, D. K. Y. (1996): The Hong Kong - Zhujiang Delta and the world city system. - In: LO, F. C. & Y. M. YEUNG (Hrsg.): Emerging world cities in Pacific Asia. Tokio u. a.: 465-497.
CHU, T. (1997): Interview.
CHU, W. (1996a): Direction of development - Metro or New Territories. - In: YEH, A. G. O. (Hrsg.): Planning Hong Kong for the 21st century. Hongkong: 291-301.
—— (1996b): Planning Hong Kong's future. Vortrag am University College London, 2.12.1996.
CHUNG, R. T. Y. & N. M. S. CHAN (1997): Opinion survey on reclamation. Summary of survey results. Social Sciences Research Centre. The University of Hong Kong Public Opinion Programme.
CINI, F. (1993): Métropole régionale ou place internationale? - In: BEJA, J.-P. (Hrsg.): Hong Kong 1997, fin de siècle, fin d'un monde? Paris: 118-152.
CIVIL ENGINEERING DEPARTMENT (1999): Fill resources, mud disposal areas and major reclamations. Internet: http://www.info.gov.hk/ced/eng/services/fm/fmdhome_f.htm (Stand 2000).
CLARKE, R. (1999): Tung announces Disney deal. - In: South China Morning Post, 2.11.1999.
CLEV, H.-G. (1999): Vom potenziellen Mehrwert des Gemeinsamen. Einige Gedanken zum Modellcharakter Staatsgrenzen überschreitender Kooperationsräume. - In: CLEV, H.-G. et al. (Hrsg.): Raumplanung als notwendiges Element der Zukunftsgestaltung. Kaiserslautern: 33-48.
COHEN, R. B. (1981): The new international division of labour, multinational corporations and urban hierarchy. - In: DEAR, M. & A. J. SCOTT (Hrsg.): Urbanisation and urban planning in capitalist society. London: 287-315.
CONSULTATIVE COMMITTEE FOR THE BASIC LAW (1990): The Basic Law of the Hong Kong Special Administrative Region of the People's Republic of China. Peking.
CONTI, S. (1997): Interdependent and uneven development. A systemic view of the global-local dialectic. - In: IGU-Bulletin 47, Heft 2: 195-205.
—— & P. GIACCARIA (1998): Globalization: a geographical discourse. - In: GeoJournal 45, Heft 1-2: 17-25.
COOK, A. H. S. & J. J. WANG (1996): Employment concentrations in Hong Kong 1981-1991. Changing patterns - changing structure. (= Occasional Paper 133), Hongkong.
CUTHBERT, A. R. & K. G. MCKINNELL (1997): Ambiguous space, ambiguous rights - corporate power and social control in Hong Kong. - In: Cities 14, Heft 5: 295-311.
DARWIN, J. (1988): Britain and decolonisation. The retreat from empire in the post-war world. Barsingstoke: Macmillan.
DAVIES, H. (1995): High IQ, low technology and superior performance: Lessons from the Hong Kong experience (unveröffentlichtes Manuskript). Hongkong.
DAVIES, K. (1996): Hong Kong after 1997. London: The Economist Intelligence Unit.
DEGE, E. (2000): Seoul - von der Metropole zur Metropolregion. - In: Geographische Rundschau 52, Heft 7-8: 4-10.
DEGOLYER, M. E. (1997): Sticking your neck out. The first ten years of the HK SAR: A study in unintended consequences. Vortrag auf der Hong Kong Special Administrative Region of the PRC conference, Hongkong, Juli 1997.
DEMOCRATIC ALLIANCE FOR BETTERMENT OF HONG KONG (1999): 1999 Summer consumer behaviour survey (unveröffentlicht).

DICKEN, P. & H. W. C. YEUNG (1999): Investing in the future. East and Southeast Asian firms in the global economy. - In: OLDS, C. et al. (Hrsg.): Globalisation and the Asia-Pacific. Contested territories. (Warwick Studies in Globalisation), London, New York: 107-128.

DIERCKE WELTRAUMBILD-ATLAS (1981). Braunschweig: Westermann.

DOYLE, J. (1996): California Dreaming. - In: Building Journal Hongkong China, 3/1996: 24-29.

DUNNING, J. H. & G. NORMAN (1987): The location choice of offices of international companies. - In: Environment and Planning A 19: 613-631.

EDER, S. & M. SANDTNER (1999): Staatsgrenzen in der TriRhena - Barriere oder Stimulus? - In: Regio Basiliensis 41, Heft 1: 15-26.

EMPSON, H. (1992): Mapping Hong Kong. A historical atlas. Hongkong: Government Printer.

ENG, I. (1997a): The rise of manufacturing towns: externally driven industrialization and urban development in the Pearl River Delta of China. - In: International Journal of Urban and Regional Research 21, Heft 4: 554-568.

—— (1997b): Flexible production in late industrialization: the case of Hong Kong. - In: Economic Geography 73, Heft 1: 26-42.

ENRIGHT, M. J. et al. (1997): The Hong Kong advantage. Hongkong: Oxford University Press.

FAINSTEIN, S. S. et al. (1992): Divided Cities. New York and London in the contemporary world. Oxford et al.: Blackwell.

FAU, N. (1999): Hong Kong et Singapour, des métropoles transfrontalières. - In: L'Espace géographique 1999, Heft 3: 241-255.

FEAGIN, J. R. & M. P. SMITH (1987): Cities and the new international division of labour. - In: SMITH, M. P. & J. R. FEAGIN (Hrsg.): The capitalist city: global restructuring and community politics. Oxford: 3-36.

FEI, C. (1997): Sovereignty issue was not negotiable. - In: China Daily, 24.3.1997.

FELDBAUER, P. et al. (Hrsg.) (1997): Mega-Cities. Die Metropolen des Südens zwischen Globalisierung und Fragmentierung. (= Historische Sozialkunde 12), Frankfurt/M.: Brandes und Apsel.

—— & C. PARNREITER (1997): Einleitung: Megastädte - Weltstädte - Global Cities. - In: FELDBAUER, P. et al. (Hrsg.): Mega-Cities. Die Metropolen des Südens zwischen Globalisierung und Fragmentierung. (= Historische Sozialkunde 12), Frankfurt/M.: 9-19.

FLÜCHTER, W. (2000): Geographie und Ostasienforschung. - In: Rundbrief Geographie, Heft 163: 11-14.

FOUCHER, M. (1989): Cross border interactions: realities and representations. - In: GRUNDY-WARR, C. (Hrsg.): International boundaries and boundary conflict resolution. Proceedings of the 1989 IBRU Conference. Durham: 175-179.

FRIEDMANN, J. (1986): The world city hypothesis. - In: Development and Change 17: 69-83.

—— (1995): Where we stand: A decade of world city research. - In: KNOX, P. L. & P. J. TAYLOR (Hrsg.): World cities in a world system. Cambridge u. a.: 21-47.

FRIEDRICH, K. & R. HELMSTÄDT (1985): Deutsche in Hong Kong - Wohnverhalten zwischen Tradition und Transformation. - In: Zeitschrift für Wirtschaftsgeographie 29, Heft 1: 38-51.

FRIENDS OF THE EARTH (1995): Concerns about the Lantau port development. Positionspapier.

—— (1996): Friends of the Earth's (FoE) position on reclamation. Paper for LegCo panel on Planning, Lands and Works and LegCo panel on Environmental Affairs.

FUNG, T. (1997): Mapping land cover changes in the inner Deep Bay Area of Hong Kong. - In: AU, K. N. & K. LULLA (Hrsg.): Hong Kong and the Pearl River Delta as seen from space images. Hongkong: 83-92.

FURTADO, C. (1981): Elements of a theory of underdevelopment - The underdeveloped structures. - In: BERNSTEIN, H. (Hrsg.): Underdevelopment and development. The third world today. Middlesex: 33-42.

GANS, P. & T. OTT (1996): Dynamik und Probleme der Stadtentwicklung in Thüringen. - In: Geographische Rundschau 48, Heft 1: 25-32.

GAO, Z. (1996): The development and roles of Zhuhai. - In: YEH, A. G. O. (Hrsg.): Planning Hong Kong for the 21st century. Hongkong: 77-86.

GARNER, B. & M. YEATES (1980): The North American city. San Francisco u.a.: Harper and Row.

GEOGHEAN, J. P. (Britisches Generalkonsulat in Hongkong) (2000): Schriftliche Auskunft.

GMÜNDER, M. et al. (2000): Gated Communities. Ein Vergleich privatisierter Wohnsiedlungen in Südkalifornien. - In: Geographica Helvetica 55, Heft 3: 193-203.

GORMSEN, E. & A. THIMM (Hrsg.) (1994): Megastädte in der Dritten Welt. (= Interdisziplinärer Arbeitskreis Dritte Welt. Veröffentlichungen. 8), Mainz: Universität Mainz.

GOVERNMENT INFORMATION SERVICES (1994): Hong Kong: The Facts. Country Parks.

—— (1995): Hong Kong 1995. A review of 1994. Hongkong: Government Printer.

GRIMM, F.-D. (1995): Veränderte Grenzen und Grenzregionen, veränderte Grenzbewertungen in Deutschland und Europa. - In: GRIMM, F.-D. (Hrsg.): Regionen an deutschen Grenzen. Strukturwandel an der ehemaligen innerdeutschen Grenze und an der deutschen Ostgrenze. (= Beiträge zur Regionalen Geographie 38), Leipzig: 1-16.

GULDIN, G. E. (1995): Toward a Greater Guangdong: Hong Kong's sociocultural impact on the Pearl River Delta and beyond. - In: KWOK, R. Y. W. & A. Y. SO (Hrsg.): The Hong Kong-Guangdong Link. Partnership in Flux. (Hong Kong becoming China: The transition to 1997), Hongkong: 89-118.

HACKER, A. (1997): Arthur Hacker's Wanchai. Hongkong: Odyssey Publications/The Guidebook Company Ltd.

HAGA, H. (1997): Banking centres and the network of international banks in Pacific Asia. - In: Asian Geographer 16, Heft 1-2: 1-20.

HALL, P. G. (1966): Weltstädte. München.

HAMER, A. M. (1997): Planning urban development with a change of sovereignty in mind: A Hong Kong case study. - In: Cities 14, Heft 5: 287-294.

HAMM, B. (1999): Globalisierung und Stadtentwicklung. - In: Geographische Revue 1, Heft 1: 35-63.

HANG SENG BANK (1999): The rise in cross-border consumption. - In: Hang Seng Economic Monthly, Februar 1999.

—— (2000): Hong Kong and Shenzhen: A tale of two neighbouring cities. - In: Hang Seng Economic Monthly, Mai 2000.

HARRIS, N. (1997): Cities in a global economy: structural change and policy reactions. - In: Urban Studies 34, Heft 10: 1693-1703.

HAUSER, J. A. (1991): Bevölkerungs- und Umweltprobleme der Dritten Welt. 2, Bern, Stuttgart: Paul Haupt.

HEALY, T. (1998): Singapore versus Hong Kong. - In: Asiaweek, 11.12.1998.

HEATH, R. (1996): Singapore makes bid for financial hub role. - In: South China Morning Post, 16.10.1996.

HEIGL, F. (1974): Zur Theorie der Grenze. - In: HEIGL, F. (Hrsg.): Probleme grenznaher Räume. (= Schriftenreihe des Instituts für Städtebau und Raumordnung 2), Innsbruck: 44-56.

HELLIWELL, J. F. (1998): How much do national borders matter? Washington, D.C.: The Brookings Institution.

HIRST, P. & G. THOMPSON (1995): Globalization and the future of the nation state. - In: Economy and Society 24, Heft 3: 408-442.

HITZ, H. et al. (1992): Zur Dialektik der Metropole: Headquarter Economy und urbane Bewegungen. - In: Geographische Zeitschrift 80, Heft 2: 67-83.

HO, C. W. (2000): A pedestrian oriented Central Wan Chai/Causeway Bay waterfront for "A World Class City". (Alternativentwurf für die Society for Protection of the Harbour).

HO, K. C. & A. Y. SO (1997): Semi-periphery and borderland integration: Singapore and Hong Kong experiences. - In: Political Geography 16, Heft 3: 241-259.

HOLLAND, R. F. (1985): European decolonization 1918-1981. Basingstoke: Macmillan.

HONG KONG BUSINESS ANNUAL (1997). Hong Kong's 100 top listed companies - ranked by net profits. Hongkong, S. 74f.

HONG KONG FEDERATION OF INDUSTRIES (1992): Hong Kong's industrial investment in the Pearl River Delta. Hongkong.

HONG KONG GOVERNMENT (1996): Consultation paper on town planning bill. Hongkong: Government Printer.

HONG KONG INSTITUTE OF ARCHITECTS (1996): Alternative Harbour Reclamation Study (AHRS). Final Report. Hongkong.

Hong Kong Institute of Surveyors (1997): HKIS comments on the TDS Review. - In: Surveying Newsletter 6, Heft 1.
Hong Kong Port and Maritime Board (2000): Up-to-date statistics.
Internet: http://www.info.gov.hk/ pmb/update/index.htm (Stand 2000).
Huang, C. (1994): A decade of joint ventures. - In: Hongkong Standard, 25.9.1994.
Huang, C. (2000): The myth of labour relations in overseas Chinese enterprises. - In: IIAS Newsletter, Heft 21: 29.
Huang, L. (1997): Hong Kong finally coming home. A tale of violence, blood, humiliation, and struggle. - In: China Daily, 24.3.1997.
Hughes, D. (1998): Singapore adopts aggressive search for corporate HQs. - In: South China Morning Post, 3.3.1998.
Hung, M. (1998): A waterfront development strategy for Victoria Harbour. - In: Planning & Development 15, Heft 2: 18-31.
Huntington, S. P. (1996): Der Kampf der Kulturen. Die Neugestaltung der Weltpolitik im 21. Jahrhundert. München: Europaverlag.
IDG (Informations- und Dokumentationszentrum für die Geographie der Niederlande) (1997): Die Randstad Holland und das Grüne Herz. - In: IDG-Newsletter, Heft 2: 1-6.
Information Services Department (1991): Metroplan. The selected strategy. An overview. Hongkong: Government Printer.
—— (1997): Hong Kong 1997. A review of 1996. Hongkong: Government Printer.
—— (1998): Hong Kong 1998. A review of 1997. Hongkong: Government Printer.
—— (1999): Factsheet: Town planning. Hongkong.
Internet: http://www.info.gov.hk/hkfacts/townplan.htm (Stand 1999).
—— (2000a): Hong Kong 1999. Hongkong: Government Printer.
Internet: http://www.info.gov.hk/hkar99/eng/index.htm (Stand 2000).
—— (2000b): Topical information. Mainland investment in Hong Kong.
Internet: http://www.info.gov.hk/info/china1.htm (Stand 2000).
Irving, R. (1990): Land use and land use change in the reclaimed coastal areas of Deep Bay. - In: Sinn, E. (Hrsg.): Between east and west. Aspects of social and political development in Hong Kong. Hongkong: 94-116.
—— & B. Morton (1988): A geography of the Mai Po Marshes. Hongkong: Hong Kong University Press.
Ishihara, S. (1992): Wir sind die Weltmacht. Warum Japan die Zukunft gehört. Bergisch Gladbach: Lübbe.
Jenner, S. et al. (1998): Sourcing strategies of Asian manufactures and the development of local linkages in San Diego and Tijuana. - In: Journal of Borderlands Studies 13, Heft 2: 19-48.
Kampschulte, A. (1997): Das österreichisch-ungarische Grenzgebiet - Entwicklungschancen und -probleme im Zuge der Grenzöffnung. - In: Geographica Helvetica 52, Heft 3: 97-105.
Karger, A. & F. Werner (1982): Die sozialistische Stadt. - In: Geographische Rundschau 34, Heft 11: 519-528.
KCRC (Kowloon Canton Railway Corporation) (1999): West Rail introduction. Internet: http://www.kcrc.com/eng/company/ddwr.html (Stand 2000).
Kim, K. & C. T. Wu (1998): Regional planning's last hurrah: the political economy of the Tumen River regional development plan. - In: GeoJournal 44, Heft 3: 239-247.
Klaus, D. (1998): Systemtheoretische Grundlagen räumlicher Komplexität. - In: Geographie und Schule 20, Heft 116: 2-17.
Klemencic, V. & M. Bufon (1994): Cultural elements of integration and transformation of border regions. The case of Slovenia. - In: Political Geography 13, Heft 1: 73-83.
Ko, K. (1997): Review to give lift to composite building sector. - In: South China Morning Post, 17.9.1997.
—— (1998a): Developers join fray over reclamation. - In: South China Morning Post, 2.7.1998.
—— (1998b): Crunch nears for reclamation plan. - In: South China Morning Post, 28.10.1998.
—— (1998c): New supply to put I/O sector under pressure. - In: South China Morning Post, 19.8.1998.
—— (2000): HK buyers drawn to value over the border. - In: South China Morning Post, 27.9.2000.

KONG, L.-F. (1999): Officials perpetuating stereotypes, claims lobby. - In: South China Morning Post, 18.5.1999.

KORFF, H.-R. (1996): Globalisierung und Megastadt. Ein Phänomen aus soziologischer Perspektive. - In: Geographische Rundschau 48, Heft 2: 120-123.

KOSCHATZKY, K. (1986): Malaysia. Exportorientierte Industrialisierung und Raumentwicklung. - In: Geographische Rundschau 38, Heft 10: 495-500.

KRAAS, F. (1997): Megastädte: Urbanisierung der Erde und Probleme der Regierbarkeit von Metropolen in Entwicklungsländern. - In: HOLTZ, U. (Hrsg.): Probleme der Entwicklungspolitik. (= Cicero-Schriftenreihe 2), Bonn: 139-178.

—— (1998): Macau: Koloniales Relikt vor der Übergabe an China. - In: Geographische Rundschau 50, Heft 6: 369-375.

—— (2000): Regional socio-economic disparities in Southeast Asia: theoretical deficits and analytical concepts. Vortrag auf dem 29th International Geographical Congress (Seoul, Korea), 16.8.2000.

—— & W. TAUBMANN (2000): German Geographical Research on East and Southeast Asia. - (= Bonner Geographische Abhandlungen 102), Sankt Augustin: Asgard.

KRÄTKE, S. (1995): Stadt - Raum - Ökonomie. Einführung in aktuelle Problemfelder der Stadtökonomie und Wirtschaftsgeographie. (= Stadtforschung aktuell 53), Basel et al.: Birkhäuser.

—— (1996): Regulationstheoretische Perspektiven in der Wirtschaftsgeographie. - In: Zeitschrift für Wirtschaftsgeographie 40, Heft 1-2: 6-19.

KU, G. (1997): Family united over the harbour. - In: South China Morning Post, 11.1.1997.

KUAN, H.-C. (1979): Political stability and change in Hong Kong. - In: LIN, T.-B. et al. (Hrsg.): Hong Kong. Economic, social and political studies in development. Hamburg: 145-166.

KÜCHLER, J. & K. S. SUM (1971): Das räumliche Ungleichgewicht Hong Kongs. Resultat einer liberalistischen Wirtschafts- und Raumpolitik. - In: Die Erde 102, Heft 2-3: 141-179.

KULKE, E. (1999): Wirtschaftsgeographische Untersuchungen zur Entwicklung des Einzelhandels im Raum Berlin-Brandenburg. - In: SCHULZ, H. D. (Hrsg.): Quodlibet Geographicum. Einblicke in unsere Arbeit. (= Berliner Geographische Arbeiten 90), Berlin: 123-140.

KWOK, S. (1998): Elderly fear cost of dying in Guangdong. - In: South China Morning Post, 27.10.1998.

KWOK, Y. (2000). Emigration numbers reach record low. - In: South China Morning Post, 3.2.2000.

LAI, D. C. Y. (1978): The Tai Shang Wai Housing Project Controversy. - In: HILL, R. D. & J. M. BRAY (Hrsg.): Geography and the environment in Southeast Asia. Proceedings of the Department of Geography and Geology Jubilee Symposium, University of Hong Kong, 21-25 June, 1976. Hongkong: 145-163.

—— (1981): The Mai Po Marshes in Hong Kong: Speculative development versus the environment. - In: SIT, V. (Hrsg.): Urban Hong Kong. Hongkong: 213-249.

LAI, L. W. C. (1995): Some political economy aspects of the Hong Kong Port and Airport Development Strategy. (= Discussion paper series S0025), Hongkong.

—— (1996a): The Harbour Reclamation Debate 1995/96. - In: NYAW, M. K. & S. M. LI (Hrsg.): The other Hong Kong Report 1996. Hongkong: 349-366.

—— (1996b): Evaluating office decentralization of a financial centre. - In: Planning and Development 12, Heft 1: 2-20.

—— (1997): Town planning in Hong Kong - A critical review. (The Hong Kong economic policy studies series), Hongkong: City University of Hong Kong Press.

—— (1998): Zoning and property rights: A Hong Kong case study. Hongkong: Hong Kong University Press.

LAI, O. K. (1996): The socio-politics of community participation in territorial planning - The challenge of Hong Kong's governance towards the 21st century. - In: YEH, A. G. O. (Hrsg.): Planning Hong Kong for the 21st century. Hongkong: 275-282.

LANDES, D. S. (1998): The wealth and poverty of nations. Why some are so rich and some so poor. London: Abacus.

LANDS DEPARTMENT (1996a): Hong Kong geographic data. Hongkong.

—— (1996b): Digitale Karte der Tertiary Planning Units (TPU) und District Board Districts.

—— (1997): The New Territories small house policy, how to apply for a small house grant.
LAU, C. K. (1997): New life for old property. - In: South China Morning Post, 10.7.1997.
LEE, M. K. (1998): Hong Kong identity - past and present. - In: WONG, S.-L. & T. MARUYA (Hrsg.): Hong Kong economy and society: challenges in the new era. Hongkong: 153-175.
LEE, S. & A. LO (1999): Mainland visitor limits to be eased. - In: South China Morning Post, 4.11.1999.
LEE, V. (1997): Elderly set for homes in China. - In: South China Morning Post, 2.6.1997.
LEE, W. K. M. (1996): Women employment in Hong Kong. - In: NYAW, M.-K. & S. M. LI (Hrsg.): The other Hong Kong report 1996. Hongkong: 277-306.
LEIMGRUBER, W. (1980): Die Grenze als Forschungsobjekt der Geographie. - In: Regio Basiliensis 21, Heft 1-2: 67-78.
LESER, H. (1993): Die Regio-Ringstadt aus ökologischer Sicht. - In: Regio Basiliensis 34, Heft 2: 115-126.
LEZZI, M. (1994): Competition - cooperation: a creative interplay of border regions in economic development planning and in transborder institutions. - In: GALLUSSER, W. (Hrsg.): Political boundaries and coexistence: Proceedings of the IGU-Symposium in Basle/Switzerland, 24-27 May 1994. Bern: 322-332.
LI, S. (2000): Bargain hunters cross the border. - In: South China Morning Post, 26.4.2000.
LI, S. M. (1994): The changing spatial distribution of Hong Kong's population: An analysis of the 1991 population census. - In: Asian Geographer 13, Heft 1: 1-16
—— (1997): Hong Kong: from a colony to a model for China. - In: KIM, W. B. et al. (Hrsg.): Culture and the city in East Asia. Oxford: 185-211.
—— et al. (1995): Economic integration between Hong Kong and Mainland China and its implications for industrial relocation in Hong Kong. - In: Bulletin of the Geographical Society of China. 23: 1-24.
LICHTENBERGER, E. (1991): Stadtgeographie. 1, Stuttgart: Teubner.
LO, C. P. (1986): The population: a spatial analysis. - In: CHIU, T. N. & C. L. SO (Hrsg.): A geography of Hong Kong. New York: 148-184.
—— (1992): Hong Kong. (World Cities Series), London: Belhaven.
LO, J. (1997): Developers sit on a fortune in NT farm land. - In: South China Morning Post, 20.8.1997.
—— (1999): SAR on track as base for region. - In: South China Morning Post, 14.12.1999.
LU, P. (1996). The future according to Lu Ping. Interview von ABC News mit dem Direktor des Hong Kong and Macau Affairs Office. - nach: South China Morning Post, 30.5.1996.
LYNCH, K. (1961): The pattern of the metropolis. - In: Daedalus 90: 79-98.
LYONS, D. (1996a): Surveyors demand bigger say for public in planning. - In: South China Morning Post, 13.11.1996.
—— (1996b): Professionals divided over planning body. - In: South China Morning Post, 27.11.1996.
—— (1997): Conservation-zone land lures optimistic buyers. - In: South China Morning Post, 19.3.1997.
MAHBUBANI, K. (1998): Can Asians think? Singapur, Kuala Lumpur: Times Books International.
MARTIN, V. & W. HOFFMANN (1997): Jenseits von Hongkong: Pearl City. - In: Stadtbauwelt, Heft 135: 1992-1998.
MARTINEZ, O. J. (1994): Border people. Life and society in the U.S.-Mexico borderlands. Tuscon: University of Arizona Press.
MARUYA, T. (1995): Foreign investment in Hong Kong. - In: LETHBRIDGE, D. G. & S. H. NG (Hrsg.): The business environment in Hong Kong. Hongkong: 131-161.
MASSEY, D. B. & P. JESS (1995): A place in the world? Places, cultures and globalization. (= The Shape of the World 4), Milton Keynes.
MATTHEWS, M. J. (1996): Other infrastructures: water supplies, sewerage, drainage. - In: YEH, A. G. O. (Hrsg.): Planning Hong Kong for the 21st century. Hongkong: 251-256.
MERTINS, G. (1984): Marginalsiedlungen in Großstädten der Dritten Welt. - In: Geographische Rundschau 36, Heft 9: 434-442.

MINAMIDE, S. (1991): The impact of sovereignty transfer on the settlement pattern of Sakhalin Island. - In: RUMLEY, D. & J. V. MINGHI (Hrsg.): The geography of border landscapes. London, New York: 104-128.

MINGHI, J. V. (1991): From conflict to harmony in border landscapes. - In: RUMLEY, D. & J. V. MINGHI (Hrsg.): The geography of border landscapes. London, New York: 15-30.

MOHR, B. (1999): Grenzgängerverflechtungen in der Regio TriRhena. Entwicklungen und Strukturen. - In: Regio Basiliensis 41, Heft 1: 27-37.

MUSTERD, S. & W. OSTENDORF (1996): Entwicklung und Raumplanung in der Randstad. - In: Geographische Rundschau 48, Heft 7-8: 406-411.

NAISBITT, J. (1995): Megatrends Asien. Wien: Signum.

NEWMAN, D. & A. PAASI (1998): Fences and neighbours in the postmodern world: boundary narratives in political geography. - In: Progress in Human Geography 22, Heft 2: 186-207.

NG, K. C. (2000): Land exchange to protect wetlands proposed. - In: South China Morning Post, 13.3.2000.

NG, M. K. (1992): The politics of planning and regional development: A case study of the container port and airport-development in Hong Kong. Los Angeles, Ann Arbor.

—— (1996): Economics, planning & politics: Sharing my views with Lawrence Lai & Samuel Staley. - In: Planning & Development 12, Heft 2: 54-59.

—— & A. COOK (1996): Are there feasible alternatives to the reclamation-led urban development strategy in Hong Kong? (= Occasional Paper 132), Hongkong.

—— & W. S. TANG (1997): The Pearl River Delta Urban System Plan. An analysis. (= Occasional Paper 71), Hongkong: Hong Kong Institute of Asia-Pacific Studies.

NIEH, Y. H. (1984): Chinesisch-britische Vereinbarung über Hongkong. - In: China Aktuell 13, Heft 9: 528-543 (beinhaltet den vollständigen Text der Vereinbarung auf Deutsch).

NISSIM, R. (1996): Analysis and report on Town Planning White Bill contents. Hongkong: Hong Kong Institute of Surveyors.

NOBRE, J. (1996): Planning of Macau in the Pearl River Delta context. - In: YEH, A. G.-O. (Hrsg.): Planning Hong Kong for the 21st century. Hongkong: 87-109.

NOHLEN, D. H. (1984): Lexikon Dritte Welt. Hamburg: Rowohlt.

NUHN, H. (1997): Globalisierung und Regionalisierung im Wirtschaftsraum. - In: Geographische Rundschau 49, Heft 3: 136-143.

O'BRIEN, R. (1992): Global financial integration. The end of geography. London: Pinter.

ODERMATT, A. (1999): Räumlich-soziale Entmischung und die Finanzkrise der Kernstädte - das Beispiel Zürich. - In: Geographica Helvetica 54, Heft 1: 18-28.

OFFICE OF THE TELECOMMUNICATIONS AUTHORITY (2000): Monthly External Traffic Statistics. Internet: http://www.ofta.gov.hk/datastat/estimate.html (Stand 2000).

OHMAE, K. (1995): The end of the nation state. The rise of regional economies. London: Harper Collins.

—— (1999): Unterwegs in eine völlig andere Welt. - In: Süddeutsche Zeitung, 3.4.1999.

OLDS, C. (1997): Globalizing Shanghai: the "Global Intelligence Corps" and the building of Pudong. - In: Cities 14, Heft 2: 109-123.

OOI, G.-L. (1995): The Indonesia-Malaysia-Singapore Growth Triangle: Sub-regional economic cooperation and integration. - In: GeoJournal 36, Heft 4: 337-344.

OPITZ, P. J. (1999): Die Wahlen zum ersten Hongkonger Legislativrat in historischer Perspektive. - In: BÖS, G. & R. PTAK (Hrsg.): Hongkong, Macau, Südchina: Wandel und Wachstum. Köln: 48-69.

OSSENBRÜGGE, J. (1994): Economic interaction and cooperation along the German-Polish border in comparative perspective. - In: GALLUSSER, W. (Hrsg.): Political boundaries and coexistence: Proceedings of the IGU-Symposium in Basle/Switzerland, 24-27 May 1994. Bern: 95-102.

—— (1998): Globalisierung und Umbrüche im Verhältnis von Politik und Raum. - In: Geographie und Schule, Heft 115: 2-7.

—— & G. SANDNER (1994): Zum Status der Politischen Geographie in einer unübersichtlichen Welt. - In: Geographische Rundschau 46, Heft 12: 676-684.

PANG, H. C. & A. NG (1996): Major reclamations for urban development. - In: CIVIL ENGINEERING OFFICE, CIVIL ENGINEERING DEPARTMENT (Hrsg.): Coastal infrastructure development in Hong Kong. Hongkong: 277-298.
PANG, K. L. (2000): Schriftliche Auskunft
PATTEN, C. (1998): Asien. Das Ende der Zukunft. Bergisch Gladbach: Lübbe.
PEGG, J. (1998a): Harbour plan includes tram and park. - In: South China Morning Post, 14.11.1998.
—— (1998b): Emigration fall a sign of faith in SAR. - In: South China Morning Post, 30.12.1998.
PEPPER, S. (1996): Hong Kong in 1995. Institution-building and citizenship between two sovereigns. - In: Asian Survey 36, Heft 1: 25-32.
PERRY, M. et al. (1998): Regional office mobility: the case of corporate control in Singapore and Hong Kong. - In: Geoforum 29, Heft 3: 237-255.
PLANNING DEPARTMENT (1995a): Town planning in Hong Kong. A quick reference. Hongkong.
—— (1995b): Port Development Strategy, second review. Executive summary. Hongkong.
—— (1996a): Town Planning White Bill. - In: Planning Department Newsletter, Heft 2: 3-4.
—— (1996b): Consolidated technical report on the Territorial Development Strategy Review '96. Hongkong: Government Printer.
—— (1996c): Final technical report on Territorial Development Strategy Review, part 3, section A: Recommended long-term strategy. Hongkong: Government Printer.
—— (1996d): A review of Hong Kong's capacity to cope with additional traffic movement associated with proposed new cross-border links (crosslinks). Final report. Hongkong.
—— (1997a): Here comes our 50th anniversary. - In: Planning Department Newsletter, Heft 1: 6.
—— (1997b): Study on the ecological value of fish ponds in Deep Bay Area. Executive summary. Hongkong.
—— (1998a): Planning Department annual report 1997. Hongkong: Printing Department.
—— (1998b): Hong Kong Planning Standards and Guidelines - A Summary. Internet: http://www.info.gov.hk/planning/tech_doc/hkpsg/E_sum/E_index.htm (Stand 1999)
—— (1998c): Planning enforcement in the rural New Territories. - In: Planning Department Newsletter 1998, Heft 3: 1-6.
—— (1998d): Planning news. - In: Planning Department Newsletter 1998, Heft 2: 7-9.
—— (1998e): Study on the propensity for office decentralisation and the formulation of an office land development strategy. Executive summary. Hongkong.
—— (1999): Port Development Strategy third review. - In: Planning Department Newsletter, Heft 1: 1-5.
—— (2000): Cross-boundary travel survey. MDR Technology und Planning Department, Hongkong.
PLANNING ENVIRONMENT AND LANDS BRANCH (1995): The shape of the things to come. An overview of the role of harbour reclamations in the future development of Hong Kong. Hongkong: Hinge Marketing Ltd.
PLANNING ENVIRONMENT AND LANDS BUREAU (1998a): Territorial Development Strategy Review 1996. Report on public consultation. Hongkong: Government Printer.
—— (1998b): Territorial Development Strategy Review. A response to change and challenges. Hongkong: Government Printer.
PORTER, B. (1997): Planning changes may cost territory $14b a year. - In: Sunday Morning Post, 9.3.1997.
PRESCOTT, J. R. V. (1987): Political frontiers and boundaries. London u. a.: Allen and Unwin.
PRIEBS, A. (1998): Die Region - notwendige Planungs- und Handlungsebene in Verdichtungsräumen. Erfahrungen und Perspektiven im Großraum Hannover. - In: WOLF, K. & E. THARUN (Hrsg.): Auf dem Weg zu einer neuen regionalen Organisation? Vorträge eines Symposiums in Frankfurt am Main am 20. November 1998. (= Rhein-Mainische Forschungen 116), Frankfurt/M.: 11-33.
PROVISIONAL LEGISLATIVE COUNCIL (1997): Official Record of Proceedings. 17.12.1997, Hongkong.

RAMM, M. (1999): Saarländer im grenznahen Lothringen. "Invasion" oder Integration? - In: Geographische Rundschau 51, Heft 2: 110-115.
RATING AND VALUATION DEPARTMENT (2000): Quarterly market statistics. Internet: http://www.info.gov.hk/rvd/property/index.htm
RATTI, R. (1993): Strategies to overcome barriers: From theory to practice. - In: RATTI, R. & S. REICHMANN (Hrsg.): Theory and practice of transborder cooperation. Basel u. a.: 241-267.
RIMMER, P. J. (1996): International transport and communications interactions between Pacific Asia's emerging world cities. - In: LO, F.C. & Y. M. YEUNG (Hrsg.): Emerging world cities in Pacific Asia. Tokio u. a.: 48-97.
RÖPKE, J. (1997): Hongkong. - In: DRAGUHN, W. (Hrsg.): Asiens Schwellenländer: Dritte Wirtschaftsregion? Wirtschaftsentwicklung und Politik der "vier kleinen Tiger" sowie Thailands, Malaysias und Indonesiens. (= Mitteilungen des Instituts für Asienkunde 195), Hamburg: 82-115.
SANJUAN, T. (1997): À l'ombre de Hong Kong, le delta de la rivière des Perles. Paris: L'Harmattan.
SASSEN, S. (1991): The global city. New York, London, Tokyo. Princeton (N.J.): Princeton University Press.
—— (1994): Cities in a world economy. Thousand Oaks u. a.: Pine Forge Press.
—— (1996): Losing control? Sovereignty in an age of globalization. New York: Columbia University Press.
SAUNIER, V. (1998): Macau plays low-cost card to lure SAR firms. - In: South China Morning Post, 15.12.1998.
SCHAMP, E. (1995): Die Bildung neuer grenzüberschreitender Regionen im östlichen Mitteleuropa. - In: INSTITUT FÜR WIRTSCHAFTS- UND SOZIALGEOGRAPHIE DER J.-W.-GOETHE-UNIVERSITÄT (Hrsg.): Neue grenzüberschreitende Regionen im östlichen Mitteleuropa. (= Frankfurter Wirtschafts- und sozialgeographische Schriften 67), Frankfurt/M.: 1-18.
—— (1996): Globalisierung von Produktionsnetzen und Standortsystemen. - In: Geographische Zeitschrift 84, Heft 3-4: 205-219.
SCHÄTZL, L. (1986): Wachstumsregion Ost-/Südostasien. - In: Geographische Rundschau 38, Heft 10: 490-494.
—— (1992): Raumwirtschaftspolitische Ansätze in den Wachstumsländern Ost-/Südostasiens. - In: Geographische Rundschau 44, Heft 1: 18-24.
SCHEINER, J. (1999): Gibt es die Mauer in den Köpfen? Räumliche Wahrnehmung in der deutschen Hauptstadt. - In: Geographie heute 20, Heft 170: 36-39.
—— (2000): Eine Stadt - zwei Alltagswelten? Ein Beitrag zur Aktionsraumforschung und Wahrnehmungsgeographie im vereinten Berlin. (=Abhandlungen - Anthropogeographie, Institut für Geographische Wissenschaften. Freie Universität Berlin 62), Berlin: Reimer.
SCHLOSS, G. (1998): Expatriate numbers hit record. - In: South China Morning Post, 4.5.1998.
SCHMID, C. (1996): Headquarter Economy und territorialer Kompromiß. - In: Zeitschrift für Wirtschaftsgeographie 40, Heft 1-2: 28-43.
SCHMIDT, A. (1999): Wie das Wasser. Chinesisches und westliches Denken. - In: Basler Magazin (Basler Zeitung), Heft 49: 9.
SCHNEIDER-SLIWA, R. (1996): Kernstadtverfall und Modelle der Erneuerung in den USA. Berlin: Reimer.
—— (1998): Städte unter neuen Rahmenbedingungen: Trends und Chancen. - In: Regio Basiliensis 39, Heft 2: 111-121.
SCHOETTLI, U. (1996): Politische und kulturelle Reizschwellen der Globalisierung. Beunruhigende Beobachtungen im östlichen Asien. - In: Neue Zürcher Zeitung, 2.11.1996.
SCHRYEN, R. (1992): Hong Kong und Shenzhen. Entwicklungen, Verflechtungen und Abhängigkeiten. Eine wirtschaftsgeographische Untersuchung. (= Mitteilungen des Instituts für Asienkunde Hamburg 202), Hamburg: Institut für Asienkunde.
SCHÜLLER, M. & F. HÖPPNER (1996): Shanghai auf dem Weg zu einem regionalen und internationalen Wirtschaftszentrum? - In: China Aktuell 25, Heft 5: 493-505.

SCOTT, J. W. (1992): The challenge of the regional city. Political traditions, the planning process, and their roles in metropolitan growth management. (=Abhandlungen - Anthropogeographie, Institut für Geographische Wissenschaften. Freie Universität Berlin 50), Berlin: Reimer.

SENATSVERWALTUNG FÜR STADTENTWICKLUNG UND UMWELTSCHUTZ (1990): Räumliche Entwicklung in der Region Berlin - Planungsgrundlagen. Berlin.

SHEN, G. (1995): A challenging decade for the business community: A productivity perspective. - In: WANG, G. & S. L. WONG (Hrsg.): Hong Kong's transition. A decade after the deal. Hongkong: 46-71.

SHIU, S. (2000): Open meetings to public, planning board urged. - In: South China Morning Post, 2.3.2000.

SHRESTA, B. K. & S. GANESAN (1996): An urban design approach for waterfront transformation in Hong Kong. - In: Planning & Development 12, Heft 2: 2-9.

SIBLEY, D. (1995): Geographies of exclusion. Society and difference in the West. London, New York: Routledge.

SIEVERTS, T. (1997): Zwischenstadt. (= Bauwelt Fundamente 118), Braunschweig, Wiesbaden: Vieweg.

SIMON, D. (1995): The world city hypothesis: reflections from the periphery. - In: KNOX, P. L. & P. J. TAYLOR (Hrsg.): World cities in a world system. Cambridge u. a.: 132-155.

SINCLAIR, K. (1997): Small policy ruins village environment. - In: South China Morning Post, 17.2.1997.

—— (1998): Travel body eyes SAR. - In: South China Morning Post, 9.3.1998.

SIT, V. (1981): The changing frontiers of the central business district. - In: SIT, V. (Hrsg.): Urban Hong Kong. Hongkong: 78-102.

—— (1995): Industrial transformation of Hong Kong. - In: KWOK, R. Y. W. & A. Y. SO (Hrsg.): The Hong Kong-Guangdong link. Partnership in flux. (Hong Kong becoming China: The transition to 1997), Hongkong: 163-186.

—— & S. L. WONG (1989): Small and medium industries in an export-oriented economy. The case of Hong Kong. Hongkong: University of Hong Kong Press.

—— & C. YANG (1997): Foreign-investment-induced exo-urbanisation in the Pearl River Delta, China. - In: Urban Studies 34, Heft 4: 647-677.

SITO, P. (1998): Hongkong Bank in $4b office block bid. - In: South China Morning Post, 12.3.1998.

—— (2000): Planning bill improves public role in process. - In: South China Morning Post, 22.1.2000.

SIU, Y. M. (1996): Population and immigration: with a special account on Chinese immigrants. - In: NYAW, M. K. & S. M. LI (Hrsg.): The other Hong Kong report 1996. Hongkong: 324-347.

SKELDON, R. (1991): Emigration, immigration and the fertility decline: Demographic integration or disintegration? - In: SUNG, Y. W. & M. K. LEE (Hrsg.): The other Hong Kong report 1991. Hongkong: 233-258.

—— (1997): Hong Kong: Colonial city to global city to provincial city? - In: Cities 14, Heft 5: 265-271.

SKLAIR, L. (1986): From conquest to compromise: A study of the China-Hong Kong border. - In: Journal of Borderlands Studies 1, Heft 2: 75-90.

SMART, A. & J. SMART (1998): Transnational social networks and negotiated identities in interactions between Hong Kong and China. - In: SMITH, M. P. (Hrsg.): Transnationalism from below. (= Comparative Urban and Community Research 6), New Brunswick: 103-129.

SMITH, C. T. (1990): Wan Chai - in search of an identity. - In: SINN, E. (Hrsg.): Between east and west. Aspects of social and political development in Hong Kong. Hongkong: 47-93.

SMITH, P. C. (1996): Central Wanchai Reclamation: urban design parameters. - In: Planning & Development 12, Heft 2: 10-28.

SO, A. (1999): Huge reclamation task ahead. - In: South China Morning Post, 2.11.1999.

STALEY, S. R. (1994): Planning rules and urban economic performance - The case of Hong Kong. Hongkong: Chinese University Press.

STEPHAN, K. & M. HIEBERT (1996): Singapore steals the crown. - In: Far Eastern Economic Review, 26.12.1997, S. 50-52.
SUM, N. L. (1995): More than a "war of words": identity, politics and the struggle for dominance during the recent "political reform" period in Hong Kong. - In: Economy and Society 24, Heft 1: 67-99.
SUN, H. (1996): Planning of Shenzhen in the Pearl River Delta context. - In: YEH, A. G. O. (Hrsg.): Planning Hong Kong for the 21st century. Hongkong: 61-76.
SUN HUNG KAI PROPERTIES (1996): Royal Palms. Hongkong. Werbebroschüre.
SUNG, Y. W. (1998): Hong Kong and South China. The economic synergy. (The Hong Kong Economic Policy Studies Series), Hongkong: City University of Hong Kong Press.
SZETO, W. (1997): Plea for pupils crossing border. - In: South China Morning Post, 24.11.1997.
TAUBE, M. (1996): Währungssubstitution in Südchina: Monetäre Aspekte der Hongkong-chinesischen Wirtschaftsintegration. - In: Asien. Deutsche Zeitschrift für Politik, Wirtschaft und Kultur. Heft 58: 40-49.
TAUBMANN, W. (1996a): Weltstädte und Metropolen im Spannungsfeld zwischen "Globalität" und "Lokalität". - In: Geographie heute 17, Heft 142: 4-9.
—— (1996b): Greater China oder Greater Hong Kong? - In: Geographische Rundschau 48, Heft 12: 688-694.
TAYLOR, P. J. (1996): Territorial absolutism and its evasions. - In: Geography Research Forum 16: 1-12.
TERRITORY DEVELOPMENT DEPARTMENT (1983): 20 years of new town development. Hongkong.
—— (2000): Hong Kong Island and Islands Development Office. Notes on development. Hongkong. Internet: http://www.info.gov.hk/tdd/public/images/hk.pdf (Stand 2000).
THOMPSON, P. (2000): Hong Kong - International cargo hub and gateway to Southern China. Rede am 18.12.2000. Internet: http://www.info.gov.hk/pmb/speeches/pdb20000218.htm
TO, K. (1997): Interview.
TOWN PLANNING APPEAL BOARD (1994): Town planning appeal no. 13 of 1993 in the matter of the Town Planning Ordinance cap. 131 and in the matter of an appeal under section 17B by Henderson Real Estate Agency Limited. Decision. Hongkong.
TOWN PLANNING BOARD (1996): Town Planning Board annual report 1995. Hongkong.
—— (1997): Town Planning Board annual report 1996. Hongkong.
—— (1999): Town Planning Board guidelines for application for developments within Deep Bay Area under Section 16 of the Town Planning Ordinance. Hongkong.
TOWNLAND CONSULTANTS LIMITED (1995): Sunnyville Estate Proposal. - In: Planning & Development 11, Heft 2: 2-8.
UNIVERSAL PUBLICATIONS LTD. (1998): Hong Kong Directory. Hongkong.
UTHOFF, D. (1994): Die marine Aquakultur von Garnelen in Thailand. Erfolge und Probleme einer exportorientierten Intensivkultur. - In: BRAUNS, T. & U. SCHOLZ (Hrsg.): Naturraum und Landnutzung in Südostasien. (= Gießener Beiträge zur Entwicklungsforschung, Reihe 1 21), Gießen: 161-183.
VAN DER KNAAP, B. & G.-J. SMITS (1997): Hong Kong's industrial structure and growth of advanced business services. - In: Tijdschrift voor Economische en Sociale Geografie 88, Heft 1: 3-14.
VAN DER WUSTEN, H. (1994): Variations of territoriality: States and borders in present-day Europe. - In: GALLUSSER, W. (Hrsg.): Political boundaries and coexistence: Proceedings of the IGU-Symposium in Basle/Switzerland, 24-27 May 1994. Bern: 402-412.
WAN, M.-Y. (1998): Interview.
—— (1999): Master layout plan for Nam Sang Wai development.
WANG, J. J. (1997): Hong Kong container port: the South China load center under threat. - In: Journal of the Eastern Asia Society for Transportation Studies 2, Heft 1: 101-114.
—— (1999): Transport: Where to go from Chek Lap Kok? - In: Chow, L. C.-H. & Y.-K. Fan (Hrsg.): The other Hong Kong report 1998. Hongkong: 353-363

WASTL-WALTER, D. & A. KOFLER (2000): Grenzforschung als Thema der Politischen Geographie - Rückblick und Perspektiven. - In: PALENCSAR, F. (Hrsg.): Festschrift für Martin Seger. (= Klagenfurter Geographische Schriften 18), Klagenfurt: 259-269.

WILL, B. F. (2000): Texture and Grain: The Importance of Urban Scale. Vortrag auf dem Symposium Stadtkultur - Kultur in der Stadt. Stadtkonzepte in Hongkong und Deutschland. Berlin, 29.7.2000.

WILLIAMS, M. (1994): The Mai Po Marshes. - In: WILLIAMS, M. (Hrsg.): The green dragon. Hong Kong's living environment. Hongkong: 81-112.

WIRTH, E. (1979): Theoretische Geographie. Grundzüge einer theoretischen Kulturgeographie. Stuttgart: Teubner.

WONG, J. S. (1998): Rise of harbours in mainland cuts SAR's prospects for growth. - In: South China Morning Post, 5.1.1998.

WONG, S. L. (1988): Emigrant entrepreneurs. Shanghai industrialists in Hong Kong. Hongkong: Oxford University Press.

WOO, R. (1999a): Diplomats join trek to Wan Chai. - In: South China Morning Post, 20.10.1999.

—— (1999b): Henderson gets go-ahead to revise residential plan. - In: South China Morning Post, 11.12.1999.

—— (2000): Groups submit plans for new border town. - In: South China Morning Post, 19.7.2000.

WU, C.-T. (1998): Cross-border development in Europe and Asia. - In: GeoJournal 44, Heft 3: 189-201.

WWF HK (o. J.): Wetland conservation discussion pack. Hongkong.

—— (1994): WWF HK Factsheets Nr. 8, 16, 25. Hongkong.

XU, J. & M. K. NG (1998): Socialist urban planning in transition. The case of Guangzhou, China. - In: Third World Planning Revue 20, Heft 1: 35-51.

XU, X. et al. (1995): Production change in Guangdong. - In: KWOK, R. Y. W. & A. Y. SO (Hrsg.): The Hong Kong-Guangdong link. Partnership in flux. (Hong Kong becoming China: The transition to 1997). Hongkong: 135-162.

YAU, W. (2000): Interview.

YEH, A. G. O. (1994): Land leasing and urban planning: Lessons from Hong Kong. - In: Regional Development Dialogue 15, Heft 2: 3-21.

—— (1996): Planning of Hong Kong's border area. - In: YEH, A. G. O. (Hrsg.): Planning Hong Kong for the 21st century. Hongkong: 303-328.

—— (1997): Economic restructuring and land use planning in Hong Kong. - In: Land Use Policy 14: 25-39.

—— & M. K. NG (1994): The changing role of the state in high-tech industrial development: the experience of Hong Kong. - In: Environment and Planning C: Government and Policy 12: 449-472.

—— & X. LI (1997): Economic reform and land use changes in Dongguan, the Pearl River Delta. - In: AU, K. N. & K. LULLA (Hrsg.): Hong Kong and the Pearl River Delta as seen from space images. Hongkong: 101-110.

YEUNG, H. W. C. (1997): Business networks and transnational corporations: a study of Hong Kong firms in the ASEAN region. - In: Economic Geography 73, Heft 1: 1-25.

YEUNG, L. (1997): The rights and wrongs of village housing., Sunday Morning Post, 4.5.1997.

YEUNG, Y. M. (1997): Planning for Pearl City: Hong Kong's future, 1997 and beyond. - In: Cities 14, Heft 5: 249-256.

YIU, E. & S. KOHLI (1998): Hong Kong to host BIS. - In: South China Morning Post, 22.4.1998.

YOUNG, L. (1997): Deep Bay update. - In: Hong Kong Bird-Watching Society Bulletin, Heft 165.

—— (1998): A bird's eye view of planning in the Deep Bay wetlands. - In: Planning & Development 14, Heft 1: 26-29.

Liste der Informanten

Mündliche und schriftliche Auskünfte

AU, H. K. und TSANG, T. S.	Census and Statistics Department – Employment and Vacancies Statistics Branch
AU, K. N.	Geocarto International Centre
CHAN, B.	Territory Development Department
CHAN, M. C.	Immigration Department
CHENG, G.	Cheng & Lo Associates Ltd.
CHOW, S. M.	Office of the Telecommunications Authority
CHU, A. und CHAN, F.	Lands Department – Survey and Mapping Office
CHU, T. und CHAN, M.	Planning Department – Strategic Planning Section
CHU, W. K. C. und CHAN, E.	Society for Protection of the Harbour
CHUNG, A. P. L	Democratic Alliance for Betterment of Hong Kong – Northern District Office
CHUNG, T.	Planning Department
GEOGHEGAN, J. P.	British Consulate General Hong Kong – Passport Sections
HO, E.	Planning Department
HOPKINSON, L.	Friends of the Earth HK
KAM, Y.	Henderson Land Development Co. Ltd.
LAI, A.	Planning Department
LAI, R.	New Airport Projects Co-ordination Office
LAM, G. und KWAN, M.	Urbis Ltd.
LAU, D.	The Hong Kong Institute of Architects
LAU, D.	Worldwide Fund for Nature HK
LAU, K. S. und MAK, A.	Census and Statistics Department – Census and Demographic Statistics Branch
LEUNG, J.	Cable and Wireless HKT
LI, B.	Census and Statistics Department
LOH, C.	Citizens Party – Legislative Council
PANG, K. L.	Lands Department
TO, K.	Townland Consultants
TSE, K.	Yantian International Container Terminals
WAN, M. Y. und YAU, W.	M. Y. Wan and Associates Ltd.
WHITESIDE, P.	Civil Engineering Department

Experteninterviews

Giletta CHENG
Cheng & Lo Associates Ltd., privates Planungsbüro
Thema: Praxis und Akteure der Stadtplanung in Hongkong 5.12.1996

Eunice CHAN
Society for Protection of the Harbour, Bürgerinitiative
Thema: Kampagne gegen Landgewinnung .... 18.11.1996 und 6.12.1996

Theresa CHU
Planning Department, Behörde
Thema: Grenzüberschreitende Kontakte der Planungsbehörde 20.1.1997

Kenneth TO
Townland Consultants, privates Planungsbüro
Thema: Wohnsiedlungen in den nordwestlichen New Territories 11.12.1997

M. Y. WAN
M. Y. Wan and Associates Ltd., privates Planungsbüro
Thema: Das „Sunnyville"-Projekt in Nam Sang Wai 14.3.1998

Michael CHAN
Planning Department, Behörde
Thema: Grenzüberschreitende Entwicklungen in Hongkong 24.3.1998

Edmund HO
Planning Department, Behörde
Thema: Bürodezentralisierung 27.3.1998

Tony CHUNG
Planning Department, Behörde
Thema: Untersuchung zu Grenzgängern 12.4.2000

Wilson YAU
M. Y. Wan and Associates Ltd., privates Planungsbüro
Thema: Aktueller Stand des „Sunnyville"-Projekts 18.4.2000

Abkürzungsverzeichnis

APEC	Asia-Pacific Economic Cooperation
ASEAN	Association of Southeast Asian Nations.
ASEM	Asia-Europe Meeting
BDTC	British Dependent Territories Citizen
BGF	Bruttogeschossfläche
BIP	Bruttoinlandsprodukt
BIZ	Bank für Internationalen Zahlungsausgleich
BNO	British National (Overseas) – Britischer Überseebürger
BSB	Biochemischer Sauerstoffbedarf
CBD	Central Business District
CI	Identitätszertifikat *(Reisedokument)*
CITIC	China International Trust and Investment Corporation Ltd.
CPLD	Committee on Planning and Land Development
CWRF	Capital Works Reserve Fund
Dept.	Department
DPA	Development Permission Area
EDV	Elektronische Datenverarbeitung
EU	Europäische Union
ExCo	Executive Council *(oberstes Gremium der Exekutive)*
GATT	General Agreement on Tariffs and Trade
GFZ	Geschossflächenzahl *(Engl.: plot ratio)*
GIS	Geographical Information Systems
HK	Hongkong
HK$	Hongkong Dollar *(1 US$ = 7,77 HK$)*
HSBC	The Hongkong and Shanghai Banking Corporation Ltd.
HSIC	Hong Kong Standard Industrial Classification
I/O	Industrial/Office
ISIC	International Standard Industrial Classification
IWF	Internationaler Währungsfonds
KCR	Kowloon Canton Railway
LDC	Land Development Corporation
LegCo	Legislative Council *(Parlament)*
LKW	Lastkraftwagen
LP	Layout Plan
LTG	Large TPU Group
NAFTA	North American Free Trade Agreement
NGO	Non-Governmental Organisation
NIC	Newly Industrialised Country
NIE	Newly Industrialised Economy

NWNT	Nordwestliche New Territories
ODP	Outline Development Plan
ÖPNV	Öffentlicher Personennahverkehr
OZP	Outline Zoning Plan
PADS	Port and Airport Development Strategy
PATA	Pacific-Asia Travel Association
PKW	Personenkraftwagen
QSEV	Quarterly Survey of Employment and Vacancies
SAR	Special Administrative Region
SPU	Strategic Planning Unit
SSSI	Site of Special Scientific Interest
SWZ	Sonderwirtschaftszone
TDS	Territorial Development Strategy
TDSR	Territorial Development Strategy Review
TEU	Twenty-feet Equivalent Unit *(Volumenmaß für Container)*
TPAB	Town Planning Appeal Board
TPB	Town Planning Board
TPO	Town Planning Ordinance
TPU	Tertiary Planning Unit(s)
USA	United States of America
VR	Volksrepublik
WBA	Wetland Buffer Area
WCA	Wetland Conservation Area
WE	Wohneinheit(en)
WTO	World Trade Organization
WWF	World Wide Fund for Nature
XL TPU	*Eigene Gruppierung von Tertiary Planning Units (vgl. Abb. 5.2)*

Rechts: Übersichtskarte von Hongkong (Quelle: Schweizer Weltatlas, Ausgabe 2001, © EDK, Abdruck mit freundlicher Genehmigung der Schweizerischen Erziehungsdirektorenkonferenz)

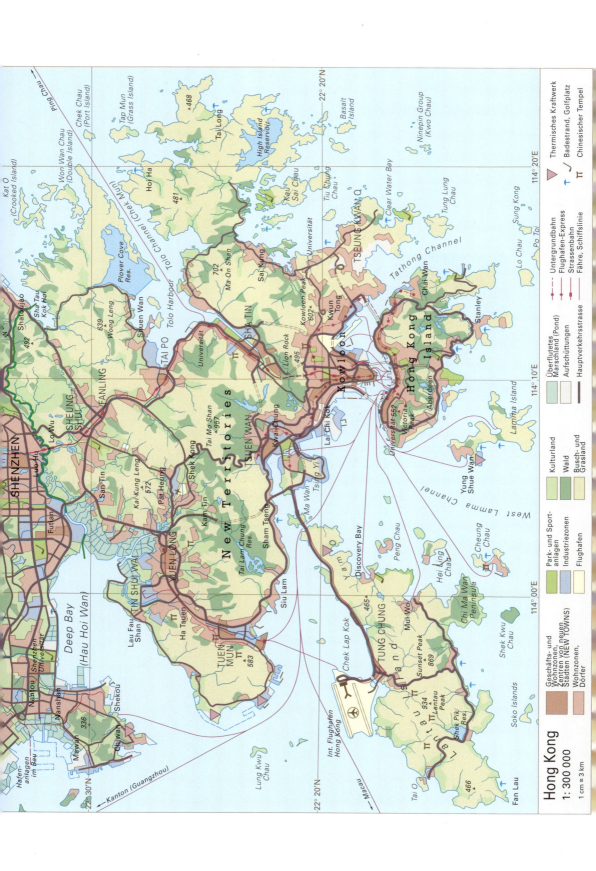

Werner Breitung

Geboren 1963 in Westberlin.
Studium der Geographie und Mathematik an der FU Berlin.
1990 Erstes Staatsexamen für das Amt des Studienrates.
Thema der Arbeit: Berliner Villenvororte der Gründerzeit und ihre Überformung.
1993 Zweites Staatsexamen für das Amt des Studienrates.
Thema der Arbeit: Wirtschaftsentwicklung im Berliner Umland (Beispiel Teltow).
1994-1997 Lehrtätigkeit an der *Deutsch-Schweizerischen Internationalen Schule* in Hongkong und Beginn der Recherchen für diese Arbeit.
1998-2000 Wissenschaftlicher Mitarbeiter am Geographischen Institut der Universität Basel. Promotion zum Dr. phil. mit dieser Arbeit am 12. Februar 2001.
2001 Lehrauftrag an der University of Macau.